国家社会科学基金项目（项目批准号：15XJL021）
"丝绸之路经济带高等教育区域合作发展战略研究"

中国—东盟高等教育
共同体建设行动框架

李化树◎著

中国社会科学出版社

图书在版编目（CIP）数据

中国—东盟高等教育共同体建设行动框架/李化树著 . —北京：
中国社会科学出版社，2017.12
ISBN 978 - 7 - 5203 - 1449 - 7

Ⅰ. ①中…　Ⅱ. ①李…　Ⅲ. ①高等教育—国际合作—研究—中国、
东南亚国家联盟　Ⅳ. ①G648.9

中国版本图书馆 CIP 数据核字（2017）第 280178 号

出 版 人	赵剑英
责任编辑	刘晓红
责任校对	杨　林
责任印制	戴　宽

出　　　版	中国社会科学出版社
社　　　址	北京鼓楼西大街甲 158 号
邮　　　编	100720
网　　　址	http：//www.csspw.cn
发 行 部	010 - 84083685
门 市 部	010 - 84029450
经　　　销	新华书店及其他书店

印刷装订	北京君升印刷有限公司
版　　　次	2017 年 12 月第 1 版
印　　　次	2017 年 12 月第 1 次印刷

开　　　本	710×1000　1/16
印　　　张	22
插　　　页	2
字　　　数	353 千字
定　　　价	96.00 元

凡购买中国社会科学出版社图书，如有质量问题请与本社营销中心联系调换
电话：010 - 84083683

前　言

　　中国与东盟山水相依、陆海相连，地理相接、人缘相亲，区域一体、文化一脉。文化习俗相通同源，历史交往源远流长。地缘相邻为伴，文明借重共享。相似的历史际遇，共同的发展使命，将中国和东盟紧紧维系在一起。双方精诚合作，攥指成拳，守望相助，携手同行，共享发展红利，谋求自身和地区和平与发展的共同利益，具有深远的区域价值、全球意义。1991 年中国与东盟开启对话，2002 年共同签署《中国—东盟全面经济合作框架协议》，2003 年签署《面向和平与繁荣的战略伙伴关系联合宣言》，2007 年东盟决定建设以安全、经济和社会文化共同体为支柱的东盟共同体，2010 年中国—东盟自贸区全面建成。中国—东盟关系进入战略合作的"钻石十年"。

　　着眼建立面向和平与繁荣的战略伙伴关系，推动建设一个和平、稳定、融合、繁荣和充满关爱的东盟共同体，强化人文交流，夯实民意基础，增进文化认同和身份认同，打造中国—东盟自由贸易区升级版，加强"一带一路"倡议和东盟发展规划对接，深化更高水平的中国—东盟战略伙伴关系，构建更为紧密的中国—东盟命运共同体、利益共同体和责任共同体，保持东南亚地区的和平和稳定，为区域内各国人民谋求福祉，为地区一体化和经济全球化注入正能量，为世界和平与发展做出新的更大的贡献，中国—东盟共同体建设站在了新的历史起点上。

　　2016 年是中国—东盟建立对话关系的 25 周年。25 年的历史经验告诉我们，中国—东盟合作符合双方的利益，只有加强合作，才能实现共同发展、造福双方人民。中国与东盟各国在经济贸易、环保卫生、交通运输、文化教育等领域具有优势互补性。在推动和实施高等教育国际交流合作方面，双方有着得天独厚的地缘以及文化传统优势。尤其是近25 年来，中方高度重视与东盟的友好合作，视东盟为周边外交优先方向和推进"一带一路"合作的重点地区，加强发展战略对接，共同推动包容性发展，与东盟相继开展一系列经贸、投资、科教、旅游等领域的相关合作，签署了一系列双边合作文件及合作项目，合作机制走深走实，合作道路行稳致远，合作关系广泛紧密，为中国—东盟高等教育共同体建设奠定了良好的物质基础，营造了稳定的政策制度环境。

深化中国—东盟高等教育战略合作伙伴关系，建设中国—东盟高等教育共同体，打造亚洲知识中心，塑造 21 世纪亚洲公民，是落实全球国家共同体战略构想的重大举措，是推动"一带一路"倡议实施的布局设计，是打造中国—东盟自贸区建设升级版的强力抓手，是顺应高等教育国际化发展的现实抉择，对强化中国—东盟高等教育区域合作，推进中国—东盟高等教育一体化发展，提升区域高等教育内生动力和国际竞争力，促进"一带一路"倡议与"海洋支点战略"对接，打造中国—东盟经济共同体、文化共同体、安全共同体，建设中国—东盟命运共同体、利益共同体、责任共同体，必将创造新机遇，注入新动力。

本书以中国、东盟高等教育区域战略合作为主线，综合运用文献研究法、案例分析法、比较研究法等方法，坚持理论研究与实证分析相结合，定性研究与定量研究相结合，全方位审视中国—东盟高等教育区域合作战略构想，对深化中国—东盟战略合作伙伴关系，维护地区安全稳定，推动区域经济一体化，具有重要的决策参考价值和实践指导意义。本书首先从政治、经济、文化、教育和安全多视角对中国—东盟高等教育共同体建设进行战略审视，继而探析中国—东盟高等教育共同体建设从"意向阶段""起步阶段"到"拓展阶段"的发展历程，系统梳理中国—东盟高等教育共同体建设制度框架、机制建立、组织建设、平台搭建等工作行动，并对中国—东盟高等教育共同体建设的内外环境进行了综合评估，提出了中国—东盟共同体打造新形势下中国—东盟高等教育共同体建设的战略架构，最后勾画了中国—东盟高等教育共同体建设合约化、信息化、国际化的发展愿景。

Preface

Bordered geographically, only separated by mountains and rivers, China and ASEAN are enjoying good public support, regional integration and similar cultural traditions. Sharing similar cultural customs and long histories, China and ASEAN are bonded by the same development opportunities and missions. It is of regional and global significance that China and ASEAN are forming a joint force, helping each other, making progress together and sharing development fruits based on sincere cooperation and reciprocal interaction. In 1991, China and ASEAN initiated dialogue and signed the China – ASEAN Framework Agreement on Comprehensive Economic Cooperation in 2002. In 2003, Joint Declaration on Strategic Partnership for Peace and Prosperity was signed and in 2007, ASEAN Community was set up in the aspect of security, economy and social culture. The complete establishment of China – ASEAN TFA brought the bilateral strategic relationship to a diamond decade.

To upgrade China – ASEAN TFA and reinforce the articulation of B&R Initiative with blueprint of China and ASEAN, both parties are focusing on building a strategic relationship with peace and prosperity and a stable community full of humanistic caring which is based on cultural and people – to – people exchanges and cultural identification. China and ASEAN are standing at a new historical starting point which requires a strategic relationship with higher level and a closer community of shared future, interests and responsibilities. The good relationship of China and ASEAN which infuses positive energy in the regional integration and globalization also contributes to the peace and stability in Southeast Asia and the well – being of people in this region. 2016 is the 25th anniversary of China – ASEAN dialogue relationship. History has shown us the cooperation of China and ASEAN is in the interests of both parties. Only by strengthening the cooperation can achieve development and bring benefits to people. Both China and ASEAN have respective advantages in the fields of economy trades, environmental protection, transportation and cultural education etc. In the aspect of promoting the cooperation of higher education, both parties are enjoying unique geographical and cultural advantages. Especially in recent 25 years, the cooperation relationship with ASEAN which has been given priority to develop promotes the articulation of strategy with inclusive development. A series of bilateral cooperation documents and projects in the fields of economy, investment, science and travel etc. make cooperation mechanism deeper and more consolidated, cooperation path sustainable and cooperation relationship closer and more extensive. All these have laid a solid substance foundation and created stable policy system for the establishment of China – ASEAN Community in higher education.

Deepening China – ASEAN strategic cooperation, building the China – ASEAN higher education community, branding Asia intellectual center and cultivating Asian citizen in 21st century is a important step towards strategy of global community and B&R Initiative which is the driving force of upgrading China – ASEAN Community and the realistic choice of higher education internationalization. It could create new opportunities and infuse energy for strengthening the educational cooperation, promoting the China – ASEAN regional integrated development in higher education, improving the internal impetus and international competitiveness of regional higher education, promoting the articulation of B&R Initiative with Global Maritime Fulcrum Plan, building the China – ASEAN Community in economy, culture and security and establishing a community of shared future, interests and responsibilities.

The backbone of this book is the regional strategic cooperation in higher education of China and ASEAN. With the method of literature research, case analysis and comparative research and combination of theoretical research with empirical analysis, qualitative research with quantitative research, the book takes a comprehensive review on the regional strategic cooperation of China and ASEAN in higher education which is of great significance to deep the China – ASEAN strategic cooperation, maintain regional security and promote regional integration.

Starting with the overall review on China – ASEAN higher education community from multiple perspectives of politic, economy, culture, education and security, the book deeply analyses the development steps of China – ASEAN higher education community from intentional stage, initial stage to expansion stage and systematically summarizes the China – ASEAN higher education community construction from the institutional framework, mechanism establishment, organizational construction to platform building. And it also assesses the external and internal environments of the China – ASEAN higher education community construction comprehensively and proposes the strategic framework of China – ASEAN higher education community construction under the new trend. In the end, the book blueprints a contracted, informational and international future of China – ASEAN higher education community construction.

目　　录

绪　论

　　进入 21 世纪，伴随着大数据时代的到来，一场以应对区域经济一体化发展的高等教育改革，正在世界各国、各地区之间蓬勃展开。从拉丁美洲高等教育一体化，到非洲高等教育与研究空间的创建；从东盟高等教育合作发展，到美国 CIC 联盟建设；从中国长三角高等教育区域合作，到澳大利亚大学与社区联盟构建，不同形式的高等教育区域合作不断涌现，从最初的地理位置邻近的区域高等教育合作到以区域社会经济中心为依托的大学城建设，再到国际性质的高校战略联盟的发展，高等教育区域合作推动大学职能从社会边缘走向社会中心，成为国际高等教育改革发展的大势所趋。高等教育区域合作与发展，是区域政治经济一体化的"外溢"，对"一带一路"倡议实施、中国—东盟命运共同体建设目标的实现发挥着支撑作用。本章着重对高等教育区域合作发展的研究成果进行梳理，结合中国与东盟国家高等教育发展实际，提出中国—东盟高等教育共同体建设的研究设计，以期为中国—东盟高等教育共同体建设行动框架的建构提供理论参考。

一　问题的提出

　　推进中国—东盟高等教育共同体建设，是落实"全球国家共同体"战略构想的重大举措，是推动"一带一路"倡议实施的布局设计，是打造中国—东盟自贸区建设升级版的现实需要，是顺应高等教育国际化发展的战略抉择。

（一）落实"全球国家共同体"的战略构想

　　面对经济全球化、区域一体化发展的崭新形势，2011 年 11 月 17 日，东南亚国家联盟（以下简称"东盟"）领导人在印度尼西亚巴厘岛举行了主题为"在全球国家共同体中的东盟共同体"的第十九届峰会，共同签署了《在全球国家共同体中的东盟共同体巴厘宣言》（又称《巴厘第三协约宣言》），首次提出"全球国家共同体概念"。宣言指出，增强东盟与全球国家共同体的融合互动，发挥东盟共同体在国际事务中的角色作用，对东盟发展具有深远的战略意义。东盟领导人在宣言中承诺，推进东盟理念，在全球国家共同体中打造东盟作为可信赖区域组织的形象，到 2022 年力争把东盟打造成关注全球性事务的合作平台。宣言提到，当前在国家、地区和全球层面所面临的问题、机遇与挑战，更为复杂，更加严峻，东盟要做出更加协调一致的反应和努力。东盟将在共同关心和具有共同利益的国际问题上，在更大范围内，采取协同一致的立场，加强与外部世界互联互通，在国际事务中发挥更重要作用，更加积极地参与建设一个和平、公正、民主和繁荣的世界。

《在全球国家共同体中的东盟共同体巴厘宣言》，是对《巴厘第一协约宣言》《巴厘第二协约宣言》的继承和发展。1976 年，东南亚各国在巴厘岛签署了《东南亚友好合作条约》和《东南亚国家联盟协调一致宣言》（又称《巴厘第一协约宣言》）。迄今为止，相继有包括非东盟国家在内的 29 个国家加入《东南亚友好合作条约》。2003 年，《巴厘第二协约宣言》又在巴厘岛问世。东盟正式提出建设以政治安全、经济和社会文化三大支柱构成的东盟共同体。《巴厘第三协约宣言》，其主旨就是使东盟更加积极地参与建设一个和平、公正、民主和繁荣的世界，并为此做出更大贡献。东盟号召各成员国要采取切实措施加速共同体建设进程，保证东盟共同体三大支柱平衡发展，相关行动计划全部按时在 2015 年实现。

伴随历届东盟峰会的举办，东盟离实现"一个目标、一个身份、一个声音"的愿景越来越近。当前，恐怖主义、移民危机、南海问题等给东盟发展带来冲击，东盟各成员国经济的民族主义、政治或意识形态的部分冲突对立，国家之间的差异性、多元化和相对脆弱，是共同体未来面临的挑战，但也为东盟各成员国团结一致应对挑战提供了动力。挑战与机遇并存，东盟内联外合，加强与地区外大国和世界的融合已是必然。随着组织不断壮大、影响力进一步提升、话语权切实增强，东盟必将成为"全球国家共同体"中一个更大的合作平台，而巴厘岛将成为东盟下一个 10 年发展的新起点。

2015 年 11 月 23 日，东盟各成员国领导人在吉隆坡批准了一份未来 10 年发展"路线图"，即"成立东盟共同体吉隆坡宣言"的《东盟 2025：携手前行》声明。提出确保政治稳定与安全、建立强大的经济体、发展社会文化领域三大目标。东盟自 1967 年成立，成员国包括印度尼西亚、泰国、新加坡、菲律宾、文莱、马来西亚、越南、老挝、柬埔寨和缅甸 10 个国家，从东盟到东盟共同体历经 48 年。整合后的东盟共同体，将是以政治安全共同体、经济发展共同体和社会文化共同体三大支柱为基础的共同体，涵盖 6.4 亿人口，GDP 总额高达 2.6 万亿美元，占世界 GDP 的 3.4%，贸易额大约占世界总贸易额的 7%，体量上相当于世界的第七大经济体，是不容忽视的全球性经济力量。东盟共同体的成立，标志着第一个亚洲版"共同体"的诞生，届时 10 个东盟国家将变成一个统一的大市场，在政治安全、经济发展、社会文化等领域也将形成一致声音。未来"钻石十年"，东盟在坚持包容性、尊重各自差异原则基础上，学习借鉴葡萄牙语国家共同体、南美国家共同体、拉美及加勒比国家共同体、欧洲共同体等建设经验，协商一致，团结合作，继续遵循大国平衡外交政策，协调中日韩自贸区发展、美国主导的 TPP 谈判以及中国—东盟自贸区升级协定 CAFTA，到 2025 年必将如期建立共同体。建设中国—东盟高等教育共同体，也是建设东盟共同体的一个重要组成部分，是落实全球国家共同体战略构想的重大举措。建立中国—东盟高等教育共同体，将可在该区域国家内，在高等教育的一系列领域，形成统一的人力资源市场、共同的高等教育服务贸易区、相互认可的学位资格和学分转换，推进跨境课程开发、项目合作、人员流动，提高区域高等教育发展内生动力和国际竞争力，提升高等教育质量，为建设东盟共同体，推动"一带一路"倡议与"海洋支点战略"的对接，打造亚洲知识中心，提供人才支撑、智力支持、知识贡献。

（二）推动"一带一路"倡议的实施

中国与东南亚国家关系源远流长，向上可追溯至 2000 多年以前。千百年来，中国人民借助季风的力量不断探索，促使了海上丝绸之路的形成。在此过程中，通过往来于南海之上的经贸活动，中国和东南亚各国逐渐结成深厚友谊，而东南亚也因此天然地成为古代中国海上丝绸之路的必经之地和重要枢纽。

2013 年 10 月 3 日，习近平主席在印度尼西亚国会发表题为"携手建设中国—东盟命运共同体"的重要演讲时表示："中国致力于加强同东盟国家互联互通建设，倡议筹建亚洲基础设施投资银行，愿同东盟国家发展好海洋合作伙伴关系，共同建设 21 世纪'海上丝绸之路'。"①"促进青年、智库、议会、非政府组织、社会团体友好交流。中国愿向东盟派出更多志愿者，支持东盟国家文化、教育、卫生、医疗等领域事业发展，倡议将 2014 年确定为中国—东盟文化交流年"。② 国家主席习近平先后提出共建"丝绸之路经济带"和"21 世纪海上丝绸之路"（以下简称"一带一路"）的重大倡议，强调相关各国要打造互利共赢的"利益共同体"和共同发展繁荣的"命运共同体"。这一倡议，得到国际社会高度关注和有关国家的积极响应。

2013 年 9 月 3 日，国务院总理李克强参加第十届中国—东盟博览会和中国—东盟商务与投资峰会期间，在参观中国—东盟博览会展馆时强调，"铺就面向东盟的海上丝绸之路，打造带动腹地发展的战略支点"。

2013 年 11 月 9 日，中国共产党十八届三中全会在北京召开，会议审议通过《中共中央关于全面深化改革若干重大问题的决定》，明确指出，"推进丝绸之路经济带、海上丝绸之路建设，形成全方位开放新格局"③，进一步明确了丝绸之路经济带、海上丝绸之路建设将成为我国未来对外开放的重点内容之一。

2014 年 11 月 10—11 日，亚太经济合作组织（APEC）第二十二次领导人非正式会议在北京召开，会议主题是：共建面向未来的亚太伙伴关系。会议通过了《北京纲领：构建融合、创新、互联的亚太—亚太经合组织领导人宣言》，就推动区域经济一体化，促进经济创新发展、改革与增长，加强全方位基础设施与互联互通建设等重点议题达成了广泛而深入的共识。④ 宣言提出，"鼓励各经济体采取更加便利的移民政策，基于利益共享和互利，切实促进区域内包括商务人员、游客、科研人员、学生、劳务人员的流动"。支持"旨在通过进一步增加学生、研

---

① 习近平：《携手建设中国—东盟命运共同体——在印度尼西亚国会的演讲》，《人民日报》2013 年 10 月 4 日第 1 版。

② 同上。

③ 《中共中央关于全面深化改革若干重大问题的决定》，《人民日报》2013 年 11 月 16 日第 1 版。

④ 习近平：《倡导推进区域经济一体化　共建互信、包容、合作、共赢的亚太伙伴关系》，《人民日报》2014 年 11 月 12 日第 1 版。

究人员和教育提供者三方面人员流动性，促进亚太经合组织跨境教育的倡议和活动"。"鼓励人员交流，利用网上资源和创新学习实践，推进虚拟学术交流卡。"①

2015 年 3 月 26 日，在博鳌亚洲论坛 2015 年年会上，国家主席习近平围绕"亚洲新未来：迈向命运共同体"年会主题做主旨演讲，提出"一带一路"倡议实施秉持共商、共建、共享原则，中国愿同所有周边国家商签睦邻友好合作条约，为双边关系发展和地区繁荣稳定提供有力保障。

2015 年 3 月 28 日，为推进实施"一带一路"重大倡议，让古丝绸之路焕发新的生机活力，以新的形式使亚欧非各国联系更加紧密，互利合作迈向新的历史高度，经国务院授权，国家发展改革委员会、外交部、商务部联合发布了《推动共建丝绸之路经济带和 21 世纪海上丝绸之路的愿景与行动》。② 该文件指出，"一带一路"贯穿亚欧非大陆，陆上依托国际大通道，以沿线中心城市为支撑，以重点经贸产业园区为合作平台，共同打造新亚欧大陆桥、中蒙俄、中国—中亚—西亚、中国—中南半岛等国际经济合作走廊。海上以重点港口为节点，共同建设通畅安全高效的运输大通道。根据文件精神，中国政府每年将向沿线国家提供 1 万个政府奖学金名额，以扩大相互间的留学生规模，深化沿线国家间人才交流合作。

"一带一路"倡议的实施，是在共商、共建、共享的原则下，中国与东盟通过互惠互利的"双赢"合作，以相互尊重与信任为基础，秉持开放与包容的理念，不断促进双边文化认同与互鉴，实现中国与东盟全方位的共生共荣的共同发展。同时，中国将与东盟各国更加积极地协调与推进包括亚太经合组织在内的各项区域合作，不断加强各国海上互联互通建设，使海洋成为连接沿线各国利益的纽带，从而打造亚洲海洋合作新篇章。"一带一路"沿线各国和衷共济、共同努力，坚持以合作促共赢，必将做大共同利益的"蛋糕"，使丝绸之路经济带和 21 世纪海上丝绸之路重现辉煌，惠及各国人民。2015 年是"中国—东盟海洋

---

① 《北京纲领：构建融合、创新、互联的亚太——亚太经合组织第二十二次领导人非正式会议宣言》，《人民日报》2014 年 11 月 12 日第 3 版。

② 国家发展改革委、外交部、商务部：《推动共建丝绸之路经济带和 21 世纪海上丝绸之路的愿景与行动》，http://news.xinhuanet.com/world/2015-03/28/c_1114793986.htm。

合作年",共同建设21世纪海上丝绸之路,无疑是中国—东盟合作关系发展过程中的一个耀眼的里程碑,这对促进中国与东盟的共同繁荣与发展具有极大的现实意义。关系是否长久,关键在得不得民心,而大力推进人文交流,可以使中国与东盟的关系走得更近更亲。而且,中国与东盟国家文化是相通的,传统也很相近。中国应继续加强与东盟在教育、文化等领域的合作,大力推进区域内学生与教师流动、学术研讨与项目合作、各国人民多重交流,发挥好"中国—东盟中心""中国—东盟教育交流周"等平台的作用,进一步支持中国—东盟思想库网络建设,从而共同夯实双方关系的社会和人文基础。所以,开展并深化与东盟的高等教育合作,具有推动"一带一路"建设倡议实施的重要作用。

(三)打造中国—东盟自贸区建设升级版

中国和东南亚各国是山水相依、陆海相连的邻居,同属于亚洲区域圈。无论是古代的儒家文化圈,还是当今的经济贸易圈,中国和东盟各国一直都有着非常紧密的联系。正是由于这种文化的相似性与经贸合作的紧密性,中国—东盟政治安全共同体、经济共同体和社会文化共同体建设才得以深入推进,中国与东盟的经贸总量连年攀升,为打造中国—东盟自贸区建设升级版打下了坚实的基础。

当今世界,经济全球化、政治多极化、文化多元化、区域经济一体化风起云涌。作为发展中国家的中国和东盟成员,经济实力有限,经济增长对外部市场的依赖度高,全球经济变动会对其产生重大影响。中国—东盟自由贸易区正是为应对经济全球化中的负面影响和应对区域经济一体化快速发展而产生的。自1991年中国与东盟展开对话,经过近10年的共同努力,2002年11月4日,朱镕基总理和东盟10国领导人共同签署了《中国—东盟全面经济合作框架协议》(以下简称"《框架协议》"),标志着中国与东盟正式启动双边自由贸易区的建设进程,中国与东盟的经贸合作进入了一个新的历史阶段。《框架协议》是未来自贸区建设的法律基础,共有16个条款,总体确定了中国—东盟自贸区的基本架构。根据《框架协议》,中国—东盟自贸区将包括货物贸易、服务贸易、投资和经济合作等内容。其中,货物贸易是自贸区的核心内容,除涉及国家安全、人类健康、公共道德、文化艺术保护等WTO允许例外的产品以及少数敏感产品外,其他全部产品的关税和贸易限制措施都应逐步取消。在经济合作方面,双方商定将以农业、信息通信技术、人力资源开发、投资促进和湄公河流域开发为重点，并逐步向其他领域拓展。《框架协议》规定，2010 年中国与东盟老成员，即文莱、印度尼西亚、马来西亚、菲律宾、新加坡和泰国，将建成自贸区，2015年和东盟新成员，即越南、老挝、柬埔寨和缅甸，将建成自贸区，届时，中国与东盟的绝大多数产品将实行"零关税"，取消非关税措施，双方的贸易将实现自由化。中国—东盟自由贸易区建成后，将形成一个拥有 17 亿消费者、近 2 万亿美元国内生产总值、1.2 万亿美元贸易总量的经济区。中国—东盟自由贸易区将是世界上人口最多的自由贸易区，也将是发展中国家组成的最大的自由贸易区。它将为中国和东盟带来互利"双赢"的局面，为亚洲和世界经济的稳定和发展做出积极的贡献。

2004 年 11 月，在第八次中国—东盟领导人会议上，中国—东盟双方签署了《中国—东盟全面经济合作框架协议货物贸易协议》和《中国—东盟全面经济合作框架协议争端解决机制协议》两份重要文件，标志着中国—东盟自由贸易区建设进入了实质性操作阶段。

2005 年 7 月，中国—东盟自由贸易区《货物贸易协议》开始实施，双方对相互间的 7000 多种产品开始全面降税，促进了双边贸易额的大幅度增长。2005 年 12 月，在第九次中国—东盟领导人会议上，东盟宣布中国成为其东部增长区的发展伙伴。2005 年，中国—东盟双方贸易额达到 1303.7 亿美元。东盟对华实际投资总额达到 31 亿美元，中国对东盟成员国投资为 1.58 亿美元。《框架协议》取得积极成效。

2006 年 10 月 30 日，即"中国—东盟友好合作年"，中国和东盟成员国国家元首、政府首脑会聚中国南宁，纪念中国—东盟建立对话关系 15 周年。纪念峰会签署联合声明《致力于加强中国—东盟战略伙伴关系》，决心按时于 2010 年建成中国—东盟自由贸易区，包括 2010 年与东盟 6 个老成员国、2015 年与柬埔寨、老挝、缅甸和越南实现货物贸易自由化。鼓励中国与东盟在支持次区域开发方面进一步加强合作，包括在以下地区开发经济合作区：中国西南地区、东盟东部增长区、三河流域、印度尼西亚—马来西亚—泰国增长三角、大湄公河次区域经济合作以及包括建成泛亚铁路（新加坡—昆明）和其他地区在内的东盟湄公河流域开发。

2007 年 1 月 14 日，中国与东盟签署了中国—东盟自由贸易区《服务贸易协议》，为中国—东盟自由贸易区如期全面建成奠定了更为坚实的基础。为实现东盟与中、日、韩领导人通过的《东亚合作联合声明》提出"深化东盟与中日韩合作基础"的目标和目的，11 月 20 日东盟与中、日、韩制定《2007—2017 年东盟与中、日、韩合作工作计划》，使东盟与中、日、韩在未来 10 年的关系和合作得到全面和共赢的发展。工作计划要求继续努力促进和加强东亚地区的经济合作，支持于 2015 年前建成东盟共同体。

2009 年 10 月 24 日，第十五届东盟峰会发表主席声明，提出促进东盟连通重点在于发展基础设施建设。峰会对用于基础设施开发的 100 亿美元东盟—中国投资合作基金项目表示欢迎。2010 年 11 月 15 日经海关总署署务会议审议通过，《中华人民共和国海关〈中华人民共和国与东南亚国家联盟全面经济合作框架协议〉项下进出口货物原产地管理办法》公布，自 2011 年 1 月 1 日起施行。2011 年 11 月 18 日，第十四次中国—东盟领导人会议在印度尼西亚巴厘岛举行，会议就纪念对话关系 20 周年发表联合声明，将致力于在经济全球化和区域一体化背景下进一步深化和拓展互利经济合作，充分、有效落实中国—东盟自贸区相关协定，通过支持落实《东盟互联互通总体规划》和中国—东盟互联互通项目，加强东盟内部以及中国与东盟之间的互联互通。通过加强"10＋3"框架下的宏观经济与金融合作，防止东南亚地区再次发生金融和货币危机。

2012 年是《中国—东盟全面经济合作框架协议》签署 10 周年和中国—东盟科技合作年。在双方共同努力下，中国—东盟自贸区建设不断深化。中国与东盟双边贸易额达到 3628.5 亿美元，同比增长 23.9%。东盟成为中国第三大贸易伙伴、第四大出口市场和第二大进口来源地。中国连续三年成为东盟第一大贸易伙伴。截至 9 月底，双方贸易额已达 2888.9 亿美元。5 月 17 日，《中国—东盟银行联合体合作协议的补充协议》签署。9 月 21 日至 25 日，第九届中国—东盟博览会、商务与投资峰会和自贸区论坛在广西南宁成功举行。

2013 年 10 月 9 日，中国与东盟成员国领导人在文莱斯里巴加湾市发表《纪念中国—东盟建立战略伙伴关系 10 周年联合声明》，赞赏中国在东盟对话伙伴中率先加入《东南亚友好合作条约》，率先与东盟建立战略伙伴关系，率先与东盟建成自贸区。高度评价中国—东盟自由贸易区为提升双方经贸关系发挥的积极作用，欢迎中国—东盟自贸区

"升级版"倡议，包括改善市场条件和双方贸易差额，以及扩大《中国与东盟全面经济合作框架协议》的范围和覆盖面。赞赏中国持续支持《东盟互联互通总体规划》的落实，根据《中国—东盟航空运输协议》，加强民用航空合作，以促进中国和东盟国家互联互通，支持中国—东盟自贸区的建设。支持为发展中国—东盟海洋合作伙伴关系所作的努力，包括用好中国—东盟海上合作基金。共同努力实施中国—东盟科技伙伴计划。

2014 年 11 月 13 日，第十七次中国—东盟"10 + 1"领导人会议在缅甸内比都举行。会议发表《第十七次中国—东盟"10 + 1"领导人会议主席声明》，积极评价中国—东盟关系取得的进展，并对进一步推进各领域务实合作做出规划。东盟国家领导人欢迎中方支持东盟倡议制定"东盟共同体后 2015 年规划"。东盟国家领导人注意到并赞赏中方提出建设中国—东盟命运共同体和共建 21 世纪海上丝绸之路的倡议，贸易进一步自由化取得令人鼓舞的进展，包括中国—东盟自贸区升级版。肯定东盟—香港自贸区谈判取得的进展，期待谈判早日完成。注意到在包括中国—东盟自贸区在内的"东盟 + 1"自贸协定的基础上开展的"区域全面经济伙伴关系"（RCEP）谈判取得的进展。同意积极加快 RCEP 谈判进程，推动东亚经济进一步融合。同意密切合作，推动亚洲基础设施投资银行投入运营。

2015 年 11 月 20 日至 23 日，第十八次中国—东盟"10 + 1"领导人会议、第十八次东盟与中日韩"10 + 3"领导人会议和第十届东亚峰会在马来西亚吉隆坡举行，峰会完成中国—东盟自贸区升级谈判和"区域全面经济伙伴关系"（RCEP）实质性谈判。11 月 22 日，在马来西亚举行的东盟峰会及系列会议期间，签署了标志着中国—东盟自贸区升级谈判成果文件——《中华人民共和国与东南亚国家联盟关于修订〈中国—东盟全面经济合作框架协议〉及项下部分协议的议定书》。议定书涵盖货物贸易、服务贸易、投资、经济技术合作、金融等领域，体现了双方深化和拓展经贸关系、全面提升经济技术合作水平的共同愿望和现实需求。议定书的签署，是新时期、新形势下中国与东盟十国进一步提升经贸合作水平的又一成果，也必将对构建中国—东盟共同体新未来起到关键性作用。

中国—东盟自贸区的设立，加强了中国与东盟各国的经济往来，增大了熟悉各国语言、法律、经贸、外交等专业人才需求，对推动中国—东盟高等教育合作、建设中国—东盟高等教育共同体提出了现实需要。中国—东盟高等教育共同体建设，自贸区高等教育市场的开放，必将极大促进中国与东盟高等教育合作，为中国—东盟共同体建设培养大批高素质专业人才，提供科技支撑、智力支持。自2003年高等教育毛入学率达到15%，中国高等教育已经进入大众化发展阶段。2016年中国普通高等学校和成人高等学校2880所，其中，普通高等学校2596所，各类高等教育在校学生总规模达到3699万人，高等教育毛入学率达到42.70%。中国高等教育大众化深入发展，提前实现《国家中长期教育改革和发展规划纲要（2010—2020年）》目标，向高等教育普及化方向奋力推进。中国已经是高等教育大国，但还不是高等教育强国。而在东盟各国中，既有像新加坡、泰国这样高等教育发达的国家，也有和中国高等教育发展境况相近的马来西亚等国，更有老挝、越南、柬埔寨等高等教育不发达的国家。无论是顺应高等教育国际化的潮流，还是遵循高等教育发展的特有规律，中国高等教育的全面深化综合改革势在必行。只有不断提高对外合作开放程度，积极推动以量谋大向以质图强的转变，努力寻求"量"与"质"的和谐关系，才能实现高等教育立足国内走向国际的战略。当前，随着中国—东盟自贸区合作机制的不断成熟，中国与东盟在教育领域的合作也不断深化。因此，在推进中国—东盟自贸区建设的进程中，坚持平等互利、合作共赢的原则，加强中国—东盟高等教育共同体建设，开放高等教育领域服务市场，增强中国—东盟高等教育服务贸易往来，进一步为教育领域的服务贸易提供更加优惠的市场准入条件，为双方进一步拓展合作方式和贸易规模创造条件，必将有力推进中国—东盟高等教育梯度合作、结构互补，全面加强中国—东盟人力资源开发，缩小地区发展差距，提高区域整体竞争力，促进区域可持续发展。

（四）顺应高等教育国际化发展的战略选择

国际化正在改变高等教育的世界，而全球化正在改变国际化的世界。进入知识经济时代，伴随信息和通信技术的飞速发展，移动互联网、大数据、云计算等现代信息技术被广泛渗透于人类社会的各个领域，全球经贸一体化不断深入，国家之间的关联日趋紧密，经济全球化和区域一体化势不可当。在信息与知识经济占主体的21世纪，旨在培养高级创新人才的高等教育必然要通过加强交流与深化合作从而进一步走向国际舞台。知识普适性的内在作用与政治经济等外在推动力，使高等教育的各要素与社会其他子系统的联系不断加强，全球高等教育资源的有效整合进程日益加快，共同的利益诉求与教育价值观也逐步渗透全世界。在国际化和大众化的背景下，高等教育超越国家地域限制，不断碰撞与交融，兼容多种特质。高等教育各要素（人口、知识、项目、教育提供者、课程等）的跨国自由流动与各国高等教育特色的不断凸显与融合，不仅扩大了各国高等教育的国际影响，也有效提升了高等教育资源综合利用率，更丰富和繁荣了国际教育市场。同时，在商业资本的推动下，跨国界、跨民族、跨文化的教育融合理念也得以形成和发展，跨境合作发展计划、学术交流项目和商业活动广泛开展，高等教育进入了国际化融合发展时代。[1]

2010 年 7 月 29 日《国家中长期教育改革和发展规划纲要（2010—2020 年）》颁布，提出"开展多层次、宽领域的教育交流与合作，提高我国教育国际化水平。借鉴先进的教育理念和教育经验，促进我国教育改革发展，提升我国教育的国际地位、影响力和竞争力"，"加强与联合国教科文组织等国际组织的合作，积极参与双边、多边和全球性、区域性教育合作。积极参与和推动国际组织教育政策、规则、标准的研究和制定。搭建高层次国际教育交流合作与政策对话平台，加强教育研究领域和教育创新实践活动的国际交流与合作。"[2] 2015 年 10 月 24 日，《国务院关于印发统筹推进世界一流大学和一流学科建设总体方案的通知》（国发〔2015〕64 号）指出，"积极探索中国特色的世界一流大学和一流学科建设之路"，"加强与世界一流大学和学术机构的实质性合作"，"加强国际协同创新"，"积极参与国际教育规则制定、国际教育教学评估和认证，切实提高我国高等教育的国际竞争力和话语权"。2016 年 5 月 19 日，中共中央、国务院印发《国家创新驱动发展战略纲要》，提出"到 2050 年建成世界科技创新强国，成为世界主要科学中

---

[1]　Knight J. （2006a）. Internationalization of Higher Education：New Directions, New Challenges. 2005 International Association of Universities Global Survey Report. Paris：International Association of Universities.

[2]　《国家中长期教育改革和发展规划纲要（2010—2020 年）》，http：//www. gov. cn/jrzg/2010－07/29/content_ 1667143. htm，2010－07－29。

心和创新高地"，全方位推进开放创新，建设世界一流大学和一流学科，建设世界一流科研院所，发展面向市场的新型研发机构，构建专业化技术转移服务体系。"深入参与全球科技创新治理，主动设置全球性创新议题，积极参与重大国际科技合作规则制定"，提高国家科技计划对外开放水平。由此可见，高等教育国际化，已经上升到了一个前所未有的高度，关乎我国世界一流大学和一流学科建设，提升我国高等教育综合实力和国际竞争力；关乎我国创新驱动发展，勇立世界科技创新潮头，谋求竞争优势，赢得发展主动权，实现中华民族伟大复兴的中国梦，为人类文明进步做出更大贡献。

"十三五"时期，是我国高等教育全面深化综合改革、科学发展的重要时期，随着世界经济一体化发展，特别是"一带一路"倡议的实施，在高等教育国际化的崭新形势下，经济发展新常态以及法治中国建设对提高高等教育质量提出了新的更高的要求，培养高素质、创新型人才成为高等教育改革和发展的核心任务。在分层分类建设思想的指导下，在"一带一路"倡议实施和"互联网＋"时代到来的宏观背景下，高校之间的竞争将更趋激烈，高等教育的发展面临着重大机遇与严峻挑战。广泛开展国际高等教育交流合作，开拓国际教育市场，从而实现新的跨越式发展，中国高等教育迎来了新一轮发展的良好机遇。走开放发展道路，坚持公平发展、互利共赢原则，主动顺应我国经济深度融入世界经济的趋势，对接"一带一路"倡议、中国—东盟共同体战略，大力推进国际化办学进程。吸纳借鉴包括东盟在内的世界各国高等教育发展的先进理念，探索建立高校校校协同、校科协同、校企协同、校地协同、海内外合作的"开放、集成、高效"的协同创新机制和模式，构建具有广泛利益的高等教育共同体，努力提高高等教育质量、提升高校办学效益水平，增强高等教育服务国家重大战略需求和经济社会发展需要的能力，这是中国高等教育顺应国际化发展趋势的路径选择。

从东盟看，东盟各国处于东南亚地区，各自历史文化传统、经济社会发展存在较大差异，在继承西方列强"嫁接"在本地区高等教育的"遗产"基础之上，模仿与借鉴发达国家高等教育发展理念、模式，物质和精神上的依附性，使东盟各国形成了发展各异、水平不一的高等教育。东盟与中国同属于亚洲经济圈，地缘紧密，有着深厚的文化基础与人文传统，双边高等教育的合作既是高等教育国际化浪潮冲击的必然，也是建设中国—东盟高等教育共同体的现实所需。中国与东盟各国只有互相吸收各自优势，并形成互补，才能更好地去调整与改革本国高等教育，使之更加适应高等教育国际化和世界经济一体化发展进程。

二　文献综述

中国—东盟高等教育共同体建设经由"意向阶段"（2002 年之前）、"起步阶段"（2002—2007 年）、"拓展阶段"（2008—2016 年），进入规范发展的"深化阶段"（2017 年至今），走过了几十年的发展历程。近年来，随着东盟共同体建设、"一带一路"倡议实施和中国—东盟命运共同体建设的不断推进，国内外专家学者对其研究兴趣逐渐增强。国内外关于中国—东盟高等教育区域合作的发展历程、中国—东盟高等教育战略联盟建设的阶段进展、中国—东盟高等教育一体化的发展趋势等方面的研究成果日渐丰富。通过 CNKI 中国知网全文数据库、读秀学术搜索、万方数据、维普中文科技以及百度等文献资源系统，以"高等教育合作"为主题，按精确检索方式，检索到相关中文文献共计302 条，其中，博士论文 13 条，硕士论文 51 条，期刊文献 238 条，专门研究中国—东盟高等教育区域合作的著作 1 本，专门研究中国—东盟高等教育共同体建设的著作没有，其中部分章节提到的仅有 13 本，涉及的主题主要有中国—东盟高等教育战略伙伴关系、中国—东盟高等教育服务贸易、中国—东盟高等教育区域合作、东盟高等教育改革、高等教育质量保障、国际化政策，等等。通过 CALIS、Wiley‐Blackwell、SAGE、EBSCO、Emerald、Google 等外文资源数据库查阅国外有关中国—东盟高等教育共同体建设相关资料，检索到相关外文文献共计 477条，其中，学位论文 13 条。以下就查找到的资料进行整理、分析，按照四部分进行综述：第一，关于高等教育区域合作发展的研究；第二，关于高等院校战略联盟建设的研究；第三，关于东盟高等教育改革发展的研究；第四，关于中国—东盟高等教育合作的研究。

（一）关于高等教育区域合作发展的研究

对高等教育区域合作的研究，国外主要从高等教育合作、高等教育与经济发展等方面展开。国内主要集中在区域发展和高等教育的关系、区域高等教育的均衡发展、学科创立等方面。

1. 关于高等教育合作形式与效率的研究

国外关于高校联盟的研究早在 20 世纪 60 年代就已开始。多数西方学者认为市场推力比政府力量更能影响高等教育机构间的合作。Beerkens 指出，作为高校之间一种松散性合作形式，高等教育联盟组织具有兼容性和互补性。Martin、Samels 认为，联盟不同于合并，战略联盟是动态的、暂时的、灵机的。Eastman J. 和 Lang D. 根据高校自主性的高低、合作机制的差异以及控制程度的强弱将高校联盟分为协营模式、结盟模式、互营模式、个别单位结盟以及合并模式。[①]

2. 关于高等教育合作的有效性研究

Eckel 提出了课程联合开发体的学术联盟形式，指出高等教育机构合作的首要任务是寻求合适的合作伙伴。Joyce M. Czajkowski 认为，相互尊重与信任、共同的目标、清晰的角色和责任、频繁的沟通、充足的人力资源是高等教育合作成功的要素。朱剑以美国五大联盟为例，探讨了高等教育联盟合作有效性的因素，即大学之间的文化认同、合作内容的丰富多彩、良好的管理保障和资金保障、学校间的互补性。[②]

3. 关于高等教育合作过程研究

Doz、Arino 和 Torre 将高等教育合作分为基础工作建构、正式化以及评价与调整三个发展阶段。Cummings 认为，合作成果与大学之间的协调沟通成本及地理距离等因素有着密切的联系。Griffin G. E. 认为，高校联盟的有效运行需要有效的预算计划、对教育项目市场的快速反应、一个明确而又能有效促进领导协作的沟通技能。为此，要设立一个小而新的委员会，提供快速审批程序与市场研究，不断开发新的项目，发现新的机遇。[③]

4. 关于高等教育合作的聚集性研究

Katz 指出，大学科学合作的影响因素包括地理位置、经济、政策和语言等。Zucker 等强调知识在地理空间溢出现象的存在。综合而言，西

---

① Eastman J. , Lang D. Mergers in Higher Education: Lessons from Theory and Experience [M]. Universify. of Toronto Press, 2001, 15.

② 朱剑:《美国的五校联盟探析》,《现代教育科学》2006 年第 3 期。

③ Griffin G. E. University Center of Northwestern Michigan College (UCNMC) Partnership: A Leadership Model for Promoting Collaboration and Partner Viability [D]. United States – Michigan: Eastern Michigan University, 2003.

方学者普遍认为合作的自愿性、共同的目标、良好的沟通以及充足的资金，是高校合作良好运行的共同要素。

5. 关于高等教育与经济发展关系研究

苏联经济学者斯特鲁米林首次提出基于工资的劳动简化系数法，将劳动质量修正思想运用到20世纪20年代苏联教育对经济贡献的测量中。以Schultz、Denison、Becker等为代表的人力资本理论认为，教育通过增加人力资本的存量提高个体的生产率，进而为经济增长作出贡献。Lucas、Romer强调接受正规学校教育和在职培训等对人力资本形成的重要性。De Meulemeeste和Rochat通过计量经济学评估当代经济发达国家高等教育与经济增长之间存在协整关系。在国内，吕颖认为，高等教育对经济增长作用最直接的表现是通过国家、社会和个人对高等教育的投资来增加消费，并带动相关产业的发展，对GDP的增长作出直接贡献。[①] 崔玉平采用丹尼森的算法——教育综合指数法计算出我国高等教育对经济增长的贡献率为0.48%。[②] 樊华从高等教育对经济增长的内外部作用分析，证明作用是正向的，高等教育与区域经济之间的相关系数是0.84%。[③]

6. 关于高等教育与区域经济的关系研究

高等教育与区域经济的良性互动已经成为推动经济社会发展的重要力量，国内外学者对此研究各有侧重。国外学者在研究二者关系方面，主要着重研究高等教育对区域经济的推动作用，以大学的贡献率为出发点，强调促进区域经济社会的崛起是高等教育不可推卸的责任。19世纪中期，在美国《莫里尔法案》出台的背景下，"威斯康星"思想首次提出大学为社会服务的理念，开辟了高等教育与区域社会互动的先河。英国古典经济学家亚当·斯密（Adam Smith）视劳动力为推动生产力发展的关键因素，提高劳动力的生产效率是经济发展的重要条件。[④] 美国高等教育学家德里克（Derek Bok）认为培养人才以及服务社会是大学的使命和责任。林顿（Layton）和爱尔曼（Airman）指出，大学要与社会部门合作，满足社会对教育资源的需求，组织时效知识来解决实际问

① 吕颖：《高等教育对经济增长贡献的定性分析》，《学术交流》2004年第5期。
② 崔玉平：《中国高等教育对经济增长率的贡献》，《教育与经济》2001年第1期。
③ 樊华：《高等教育对经济增长影响的实证研究》，《辽宁教育研究》2006年第2期。
④ ［美］亚当·斯密：《国富论》（上卷），商务印书馆1964年版，第258页。

题。① 美国州立大学的学院协会会长 A. W. 奥斯塔（Aosta）提倡的
"相互作用"大学不仅使大学所在社区经济健康有序发展，而且为大学
自身摄取资源拓宽了社会范围，双方建立了积极有效的合作伙伴关系，
科学的办学定位实现了"相互作用"大学的最初发展战略。② 美国学者
布鲁斯（Bluestone）在传统经济的影响下修正和推进了研究成果，以培
养熟练劳动者为出发点研究高等教育对区域影响，布鲁斯认为主要影响
包括两方面：第一，直接影响经济增量产生；第二，通过批量培养技能
娴熟的劳动者，提高其工资福利待遇，以此增加二者正比关系，人力资
本最重要的部分就是教育投资，转变人力资本聚积方式，改善地区经济
的税收收入。③ 以 Caffry 和 Isaacs 为代表的美国学者认为，高等教育消
费可以在区域发展中创造更多的就业机会，高等教育可以拓展区域的经
济基础建设。④ 国内学者如张振助在《高等教育与区域互动发展研
究——中国的实证分析及策略选择》中提出，高等教育可以促进区域经
济发展。耿涓涓的《西部省区基于提升竞争力的高等教育发展研究——
以广西壮族自治区为例》，提出竞争力强的高等教育将会带动落后地区
经济的快速发展。王守法在《高等教育与区域经济发展研究》一书中，
分析了优势高等教育在经济发达地区的作用比较明显。

7. 关于高等教育区域合作发展的基础理论和实践应用研究

对高等教育区域合作发展的理论研究大多是围绕教育学、经济学、管
理学等学科展开的，还有的学者从生态学、哲学等特殊视角进行了探讨。

张阳以高等教育规律论、教育经济学和人力资本论作为高等教育区
域合作的理论基础，从三个不同方面进行了阐述。第一，审视区域内的
高等教育如何系统发展的问题。第二，研究如何发挥高等教育为区域发
展服务的职能。第三，论述增强人力资本投资能获得巨大经济社会效
益。贯穿全文的主旨是既要尊重高等教育的元规律，又要坚持区域经济
社会可持续发展的思想。⑤ 董泽芳等提出的高等教育区域化的理论基础

---

① 陶爱珠：《世界一流大学研究》，上海交通大学出版社 1995 年版，第 25 页。

② 《教育服务经济社会国际学术研讨会论文集》，2006 年。

③ Bluestone Barry, "UMASS/Boston: An Economic Impact Analysis", The University of Massa-
chusetts, 1993, pp. 12 – 15.

④ Caffry J. , Isaacs H. H. Estimating the Impacts of a College or University on the Local Econo-
my［M］. Washington, D. C. : American Council on Education, 1971.

⑤ 张阳：《我国高等教育的区域问题研究及其发展简述》，《江苏高教》2002 年第 3 期。

来自三个方面：首先，教育外部关系规律理论，指出外围环境对高等教育的发展提出了更高的要求。高等教育区域化合作，有利于教育及时对所在区域的社会环境转变做出敏锐的反应，为区域经济社会提供更便利的服务。其次，教育成本分担理论，该理论指出"受益"和"能力"双要素，决定了教育的需求和供给，地方政府有责任提高高校综合实力，地方高校不仅要合理配置教育资源，更要拓展投资渠道，增加投资主体。最后，非均衡发展理论从经济学视角探讨高等教育区域化内、外部资源整合的协同机制，区域经济发展的梯度进程，导致高等教育人才培养层次与专业结构设置失衡。加强高等教育区域合作，促进资源顺畅流通，改善区域社会发展的非均衡状态。① 周江林从三个不同的视角进行论述：通过教育学视角利用教育外部关系规律论、第三职能论来阐述高等教育内部规律，就教育论教育，突出元教育的内涵；在哲学视角通过全息结构理论把高等教育作为整体系统进行共性与个性的辩证关系研究；透视交叉学科的教育成本分担论、教育方针论和非均衡发展论说明地方政府与高等教育区域发挥的权利制衡关系。② 贺祖斌的《中国高等教育系统的生态学分析》，从生态学视角透视我国东中西三大区域高等教育发展状态，以高等教育生态承载力为基础，优化生态区域教育资源配置，以生态区域发展的差异性为依据，明确高等教育改革目标，积极推进生态高等教育区域发展战略。③ 夏鲁惠的《我国高等教育区域化发展研究》，基于高等教育区域化理论，对我国高等教育发展水平、高等教育区域布局、高等教育人才培养区域化、高等教育区域化发展模式等进行了系统探讨。④ 吴岩的《高等教育强国梦——中国高等教育区域发展新论》，从国家主体功能区、高等教育集群发展视角，提出中国高等教育区域发展先导、伴生、跟随三种关系，构建了政府主导、科教支撑、生态驱动、市场调节的高等教育区域发展模式。⑤

---

① 董泽芳、柯佑祥：《高等教育区域化研究》，《江苏高教》2000 年第 5 期。

② 周江林：《高等教育区域化理论基础述评》，《理工高教研究》2003 年第 5 期。

③ 贺祖斌：《中国高等教育系统的生态学分析》，博士学位论文，华中科技大学，2004年，第 34—36 页。

④ 夏鲁惠：《我国高等教育区域化发展研究》，广西师范大学出版社 2009 年版，第 1—5页。

⑤ 吴岩：《高等教育强国梦——中国高等教育区域发展新论》，高等教育出版社 2013 年版，第 1—15 页。

8. 高等教育区域合作发展战略研究和个案研究

茹宗志等的《"关—天经济区"高等教育区域合作发展的可行性与对策》，基于"关—天经济区"经济社会一体化发展，对区域高等教育合作发展进行了探讨。睢依凡的《长三角高等教育合作行动》，提出了我国长三角地区高等教育战略合作构想。张铭钟的《西北五省（区）高等教育与区域经济互动模式构建》，从高等教育与区域经济互动关系入手，提出了西北五省（区）高等教育与区域经济互动模式及发展策略。① 张秀琴的《东亚峰会框架下的高等教育合作》，借东亚峰会高等教育合作论坛，勾画了东亚峰会框架下的高等教育合作发展。李汉邦等的《京津冀高等教育区域合作的基础、难点和发展策略》，基于京津冀经济圈的整体构架，对京津冀高等教育区域合作进行了探讨。

9. 区域教育学学科创设研究

从发展学角度，深入探讨区域间教育发展的问题，建构区域教育学的基本理论框架。代表作有彭世华的《发展区域教育学》、焦瑶光的《区域教育的兴起和区域教育学的创立》等。其中，《发展区域教育学》对区域教育发展模式、需求、供给、目标，以及区域教育发展与区域经济发展、区域教育发展与区域社会发展、教育投资的区位选择与区域教育、省域市域和县域教育发展、不同发达程度地区教育的发展、城市教育和农村教育的发展、区域教育发展的国家目标、区域教育发展的积极差别政策、区域教育发展的体制创新等，进行了系统探讨，提出了发展区域教育学的学科架构。②

国外关于高等教育区域合作发展的研究，最初始于对大学战略联盟的探讨。随着世界经济一体化发展，区域合作成为必然趋势，高等教育区域合作发展的研究进入繁荣发展阶段。进入 21 世纪，推进高等教育区域合作发展的研究达到高潮，并呈现专门化、学科化态势。

（二）关于高等院校战略联盟建设的研究

高等院校战略联盟，是高等教育发展到一定阶段的产物。目前，学界主要从战略联盟理论、战略联盟动因、战略联盟价值、战略联盟分

---

① 张铭钟：《西北五省（区）高等教育与区域经济互动模式构建》，中国矿业大学出版社 2011 年版，第 116—144 页。

② 彭世华：《发展区域教育学》，教育科学出版社 2003 年版，第 1—15 页。

类、战略联盟机制和战略联盟绩效评估等方面进行了研究。

1. 关于战略联盟理论的研究

20 世纪末，伴随着经济全球化发展，企业战略联盟急剧增加，战略联盟由此成为重要的研究课题，并产生了对这一时期战略联盟形成的动因、运行、评价进行分析的系列成熟理论。

利斯以新制度主义经济学为理论基础，率先提出交易成本理论概念。威廉姆斯在《资本主义经济制度》中提出交易成本理论，为战略联盟提供了一个分析框架。彭罗斯在《企业成长理论》中首次提出资源基础理论。20 世纪 90 年代中期，法·约翰将资源基础理论引入战略联盟研究领域，提出企业应该从技术、文化、目标及风险四要素寻求建立战略伙伴。Das 与 Teng 构建了更为系统的战略联盟资源基础理论，提出战略联盟是企业共享资源、提升竞争优势的强力手段。Kogut、Zander 在《企业的知识、整合的能力与技术的复制》中提出，知识是组织的基础性资源，它决定了企业的竞争优势、核心能力。

2. 关于战略联盟动因的研究

推动联盟形成的原因，主要有政府推动说。在中央集权制国家，政府在高等学校联盟的形成中发挥着突出作用。其代表作有王英杰的《美国高等教育的发展与改革》，叶文梓的《中国普通高校联合办学发展初探》。市场主导说方面，西方多数学者认为，市场力量比政府力量更能影响高等教育机构之间的合作，战略合作是市场竞争取胜的有效手段。其代表作有柯森的《高校校际合作办学促进论》，郑晓娜的《高等教育大众化使高校战略联盟成为必然》。高校需求说方面，有学者认为高等学校联盟的建立，是基于高等学校自身发展的需要。自我发展，追求利益最大化，是高等学校联盟的终极目标。其代表作有胡蓉的《我国大学城的重要共享问题研究》，湛俊三的《地方高校战略联盟研究》[①]，胡艳婷的《高校战略联盟研究》。[②]

3. 关于战略联盟价值的研究

李卫邦提出高校联盟成立的目的主要有三个：一是为了优化资源配

---

① 湛俊三：《地方高校战略联盟研究》，硕士学位论文，武汉理工大学，2008 年，第 12—17 页。

② 胡艳婷：《高校战略联盟研究》，《中国高教研究》2007 年第 8 期。

置，促进资源共享，避免资源浪费；二是为了促进高校之间的交流与合作，从而更好地服务国家建设；三是为了培养创新人才。

4. 关于战略联盟分类的研究

于洪良、孔爽认为大学联盟的形式目前主要有三种：跨省域的大学联盟发展、省域内的大学联盟发展和大学的校际联盟发展。刘艳红、王庆林（2012），将国际大学联盟分为六种，其中划分依据有三：地理位置、合作范围、成员性质，六大类分别是：区域性联盟、全球性联盟、单一性联盟、全面性联盟、同质性联盟以及异质性联盟。湛俊三按组织模式将其分为星型模式、平等模式与联邦模式三类。樊彩萍按地理位置、合作范围、对象数量、力量对比，对立面模式进行了划分。

5. 关于战略联盟体制机制的研究

王奕、李华通过研究美国大学联合会（AAU）、英国罗素集团、澳洲八校联盟（Go8）这三个国外著名大学联盟的运行机制后归纳推理出一般大学联盟运行方式、机构设置这两个问题其实就是管理体系、决策体系以及质量体系。刘清伶、袁源通过分析东亚研究型大学协会（AE-ARU）的章程推出该协会的机构设置。他认为，该协会每年召开一次会议，选举一名校长作为大会代表，管理体系由理事会负责，在理事会下分社财务处负责财务工作。刘丽、刘丹分析了波罗的海大学联盟的组织机构设置及其职能，该联盟的机构设置和其他大学大致相似，都有董事会和秘书处，但是多了一个国家分理部。

6. 关于战略联盟绩效评估的研究

国外学者指出，高等教育联盟存在组织的、程序的和文化的障碍，联盟成功的因素包括重要机遇的存在、合作的自愿性、清晰的战略、有利的时机，以及耐心与毅力。Joyce Czajkonwski 提出，尊重与信任、共同愿景、角色与责任、频繁沟通和人力资源保障等是高校联盟建设的重要因素。[①] 国内学者朱剑指出，联盟成功的要素主要有：文化认同、合作内容多样、管理和资金保障、学校之间的互补性。概言之，高等学校战略联盟合作的自愿性、共同的目标、良好的沟通，以及充足的资金，

---

① Griffin G. E. University Center of Northwestern Michigan College（UCNMC）Partnership：A Leadership Model for Promoting Collaboration and Partner Viability［D］. United States - Michigan：Eastern Michigan University，2003.

是联盟有效运行的共同要素。

（三）关于东盟高等教育改革发展的研究

目前，学术界主要从东盟高等教育发展的历史及现状、东盟高等教育发展特点与未来发展展望等方面，开展了系列研究。

1. 关于东盟高等教育发展的历史及现状的研究

由于存在殖民地的历史背景，东盟各国高等教育的发展历程大体都是从殖民附属到独立自主，从完全公立到公私立并存，从精英化到大众化，从单一性到多样性。模仿西方殖民宗主国的高等教育模式并移植至本国的方法，使东盟各国高等教育早期发展迅速。强大的示范作用诱使从众趋同和生搬硬套，按照法国、英国、荷兰、美国等发达国家的教育方式加速发展。发达国家的示范作用越强大，后进国家教育现代化的步子就迈得越大，跳跃性发展也就越显著。[①] 但是在高等教育大众化的背景下，大多数东盟国家面临着高等教育盲目扩张后的教育资源严重缺乏以及高等教育质量严重下降的问题。过多的专门人才的培养，不仅超过了国家所需人力资源数量，更使学生质量参差不齐，造成大量学生失业。数量的发展与质量的提高未能同步，导致了"学历主义"或"文凭病"的恶性循环。[②]

21 世纪东盟各国根据新形势重新审视了大学与国家、市场、社会的关系，积极扩大了大学的自治权，建立起相互制约、相互支持、相互协调的新机制，增强了大学的适应能力与学术活力。成立于 1995 年的东盟大学联盟（ASEAN University Network，AUN）更是在东盟的高等教育发展过程中发挥了重大作用，其总体目标是通过促进东盟各国优先发展领域的交流学习与合作研究，加强东盟高校之间的合作。具体目标是促进东盟成员国科学家、学者之间的合作，加强该地区的学术与专业人才的人力资源开发，创造科学知识和传播科学信息；核心目标是促进学术流动、提升东盟意识、增进东盟学生之间的了解。[③] 目前东盟各国的高等教育基于经济社会发展水平的差异性基本可以分为高、中、低三

---

① 张建新：《21 世纪初东盟高等教育的挑战与展望》，《黄河科技大学学报》2009 年第 1期。

② 同上。

③ 张成霞：《东盟大学联盟在促进东盟高等教育发展中的作用》，《世界教育信息》2011年第 2 期。

档,第一档是以新加坡为代表的高等教育发达国家,第二档是以马来西亚为代表的高等教育较发达的国家,第三档是以越南为代表的高等教育不发达的国家。其中,泰国是中南半岛最发达的高等教育国家,其私立高等教育非常发达,占泰国高等教育半壁江山。泰国政府注重为私立高等学校投资,加强立法管理。老挝主要是一个农业国家,高等教育发展起步晚,高等教育法规不完善,体系不健全。20 世纪 50 年代印度尼西亚独立后,开始高等教育发展新的征程,颁布《高等教育法》,制订高等教育发展规划,大力发展私立高等教育。①

2. 关于东盟高等教育改革的研究

东盟国家积极推进高等教育改革,不断强化质量管理、合作办学,努力提升办学效益水平。跨国教育进行的研究主要有 2003 年 Ching - Mei Hsiao 的博士论文,文中指出东盟国家的跨国教育存在地域特点影响下的问题,如文化信仰问题、东盟各国的高等教育发展不均衡问题、区域学生流失问题等。② 例如,菲律宾截至 2014 年其大学数量已经超过 1600 所,入学人数达到了 250 万,已经迈入世界高教大国行列,但其绝大多数大学都是以牺牲质量为代价的“野鸡大学”,毕业生的水平甚至达不到专科水平,实质就是以营利为目的的“文凭车间”。印度尼西亚和泰国也不例外,泰国的开放大学将一些时髦的对经费要求少的专业迅速开设与扩张,用低要求的入学条件将全国学生总数的 70% 收入囊中,教育质量一落千丈。印度尼西亚在 20 世纪 80 年代中后期也放松了对私立高校和开放大学的质量控制,导致大众高等教育阶段学生整体质量相对于精英高等教育阶段明显下降,下降幅度与毛入学率成正比。③ 2006 年 Annick Corbeil 发表了关于新加坡跨国高等教育项目中的国际学生问题的硕士论文 *The Experiences of International Students in Transnational Higher Education Programs in Singapore*,详细地阐述了新加坡与

① 李枭鹰等:《中国—东盟高等教育区域合作研究》,广西师范大学出版社 2015 年版,第 137—164 页。

② Ching - Mei Hsiao. Transnational Education Marketing Strategies for Postsecondary Program Success in Asia: Experiences in Singapore, Hong Kong, and Mainland China [D]. The University of South Dakota, USA, 2003.

③ Deni Friawan. Recent Development to Higher Education in Indonesia: Issues and Challenges [M]. ASAIHL International Conference in Sukhothai Thammathirat Open University on April. 2008: 8 - 9.

国外（主要是亚洲国家）的留学生合作项目的状况，深入地分析了亚洲其他国家的留学生在新加坡留学的基本情况、学习与学术上的问题及背后的原因，更进一步地深刻分析了新加坡的高等教育国际化情况。①

张建新编译的《东盟大学联盟质量保障的经验》一文中指出，东盟大学联盟质量保障不仅被看作为重点大学开展的"精英联盟"，而且也被认为是为本地区所有大学设立的一个组织。只有当本地区所有大学都致力于加强质量保障进程的合作，本地区的高等教育才能得到总体发展。② 东盟的高等教育区域合作在十多年的发展中也存在一定的问题，由张成霞编译、Choltis Dhirathiti 所著的《构建高等教育合作关系：东盟大学联盟在东南亚的实践经验》，将目前东盟高等教育整体问题归纳为信息分享问题、教育质量问题、交流费用问题、教育制度问题、心态意识问题与个人能力问题。更从区域学生流动、跨境学术合作、跨境高等教育合作的体制机制三个方面分析了东盟大学联盟在区域教育合作中的合作与交流项目、机制。最后，对东南亚高等教育合作与交流做出展望，提出五个战略目标：第一，多学科综合协作研究；第二，培养优质劳动力；第三，信息和通信技术发展及能力提升；第四，构建知识型社会；第五，强化东盟意识。③

3. 关于东盟高等教育发展特点与未来发展展望的研究

大学是践行一国高等教育政策与方针的具体组织与机构，更是国与国之间进行高等教育交流与合作的最重要平台。虽然东盟各国在政治、经济、文化、科技等方面存在较大差异，但各国著名大学的发展与壮大都与注重特色的培育密不可分。东盟著名大学的特色可归纳为：第一，革新管理体制，大学自治自主发展；第二，办学理念秉承历史，凸显特色；第三，办学目标明确，发展规划合理；第四，学科专业设置注重本土性、区域性与国际性的结合；第五，积极应对全球化，广泛谋求国际合作与交流；第六，基于特色的大学发展之路。④ 总而言之，东南亚高

---

① Corbeil A. The Experiences of International Students in Transnational Higher Education Programs in Singapore [D]. University of Toronto, 2006.

② 张建新：《东盟大学联盟质量保障的经验》，《学园》2008 年第 4 期。

③ 张成霞：《构建高等教育合作关系：东盟大学联盟在东南亚的实践经验》，《东南亚纵横》2013 年第 11 期。

④ 王喜娟、李枭鹰：《东盟著名大学办学特色探析》，《重庆高教研究》2014 年第 1 期。

等教育国际化的特点有：与国际教育接轨；与本国国情结合；与国际市场联系。①

东盟在高等教育的区域化合作发展中，积极构建基于特有的"东盟方式"下的高等教育一体化，努力为东盟高等教育学术共同体的形成提供合适的土壤。第一，关注语言、技术与能力建设；第二，建设更宽广的网络系统；第三，继续加强东盟认同建构；第四，加大高校教师培训力度，增加交换项目，提高高等教育质量与管理水平，缩短成员国间发展差距；第五，开展对青年基金项目的有效指导和实施过程的阶段性评估。② 同时，东盟区域内高等教育一体化的进程也受到东盟各国的普遍重视。"协商、平等、互惠、无歧视"原则，是东盟传统的工作和决策方式，实践证明也适用于高等教育领域；培养学生就业与创业意识；加强高校间交流，培养东盟认同意识。③

（四）关于中国—东盟高等教育合作的研究

近年来，随着区域经济一体化、政治格局多元化、高等教育国际化的向前推进，中国与东盟战略合作伙伴关系不断深化，双边、多边交流合作切实增强，高等教育区域合作更加密切，并展现出广阔发展前景，引发各界广泛关注。

1. 关于中国与东盟高等教育合作基础、现状及特点的研究

2010 年中国—东盟自贸区建成后，中国与东盟高等教育合作进一步升温，呈现出以下特点：第一，留学生交流成为双方教育交流合作的主轴；第二，语言教学成为双方教育交流的热点；第三，教育合作内容日益丰富。④ 中国与东盟的教育合作，可分为国家层面合作、地方层面合作与学校层面合作。⑤ 中国与东盟的高等教育合作形式主要有留学生

① 王兰：《东南亚高等教育国际化进程研究——以老挝、越南、泰国为例》，《前沿》2013 年第 18 期。

② 覃玉荣：《东盟高等教育政策：价值目标、局限与趋势》，《外国教育研究》2010 年第 7 期。

③ 同上。

④ 刘稚：《中国—东盟高等教育合作的现状与前景》，《思想战线》2010 年第 4 期。

⑤ 唐晓萍：《中国—东盟教育合作的预期、方式及规则分析》，《高教论坛》2008 年第 1 期。

市场的开放、合作办学和汉语推广。①

2. 关于中国与东盟高等教育合作问题的研究

由于在文化传统、高等教育发展程度、经济实力等方面存在很大的差异，中国与东盟在近 10 年的高等教育合作中还是出现了不少问题。根据对孔子学院的发展情况分析，中国与东盟的文化合作中，还是存在师资力量不足、教材编写不规范和缺乏针对性的问题，以及东盟各国普遍具有的所谓的"文化威胁论"和软实力之争。② 同时，中国与东盟的教育合作方面也有很多不足。第一，由于中国与东盟各国教育体制差异，学分、学历和学位不能互相承认；第二，双方合作办学和教学的层次不高，缺乏大量实质性、紧密型的国际合作办学；第三，双方在合作交流中仍受到经济制度、宗教信仰、历史文化等方面的观念影响。③ 在日益重要与活跃的跨国高等教育服务领域，中国与东盟的合作也一直不温不火。第一，中国—东盟留学市场潜力巨大，有待进一步开发；第二，中国与东盟各国之间的学分、学历和学位互认制度尚存分歧，亟待完善；第三，我国留学生教育存在整体结构性失调；第四，留学生奖学金覆盖率与东盟国家留学生总人数不相匹配；第五，与发达国家相比，我国高等教育国际化程度较低。④

3. 关于中国与东盟高等教育合作策略与未来展望的研究

中国和东盟国家的高等教育各有优势和特色，完全可以实现优势互补和合作共赢。第一，继续完善质量评估与资格认证体系；第二，提高留学生教育质量，课程设置国际化；第三，强调民族化，重视道德教育，突现中国传统文化色彩；第四，针对不同层次的形式和内容进行合作与交流；第五，加强师资队伍建设，实施双语教学；第六，组建"高教集团"，规范中介市场；第七，完善高等教育国际合作相关法规。⑤ 中国与东盟高等教育合作未来将朝四个方向演进：第一，留学市

---

① 陆利香：《"南—南"型高等教育合作的形式、绩效与方向》，《商业时代》2011 年第 25 期。

② 彭文平：《中国—东盟高等教育合作中的孔子学院》，《东南亚纵横》2013 年第 1 期。

③ 毛仕舟：《中国—东盟自由贸易区背景下我国跨境教育政策研究》，《科教文汇》（下旬刊）2014 年第 10 期。

④ 王勇辉、管一凡：《中国对东盟教育服务贸易：优势、问题与对策——以东盟来华留学生教育为视角》，《东南亚研究》2014 年第 5 期。

⑤ 刘庆：《中国—东盟高等教育合作与交流的思考》，《大众科技》2009 年第 5 期。

场广度和深度上的延伸；第二，合作办学广度和深度上的延伸；第三，高等教育合作途径上的创新；第四，高等教育合作参与主体的多元化。① 中国与东盟高等教育合作的继续深化发展，仍需各国的共同努力。第一，改进现有的留学生政策，进一步开发东盟留学市场；第二，改革课程内容和授课形式，建立特色课程体系；第三，与东盟各国完善教育领域的学位互认制度；第四，提高双方合作办学的层次和质量；第五，提高我国高等教育的整体质量是加强中国—东盟教育合作的根本措施。②

4. 关于中国西南省级地方政府与东盟高等教育合作的研究

由于地域与经济的双重因素，中国高等教育的资源与规模基本呈现出从东到西依次递减的不均衡分布状况。目前，中国与东盟各国的高等教育合作，主要在西南边疆几个省级地方政府与东盟各国之间进行，尤以广西与云南为典型。

（1）广西壮族自治区省与东盟的高等教育合作。作为中国与东盟高等教育合作的“桥头堡”，广西壮族自治区与东盟的教育主要以留学生教育和合作办学为主③，合作障碍主要有制度层面、文化差异与意识形态等问题。④ 合作办学方面还存在学位证书、学历证书承认问题、生源问题、合作对象问题、办学层次问题、合作办学质量问题和对合作办学的监管问题。⑤ 广西地方高校应结合本身特色，增强区域教育合作意识，进一步优化与调整学科结构，积极推动与东盟合作办学向更高层次、更广领域发展。第一，切实扩大普通高校规模；第二，提高办学层次，协调科类比例；第三，适当调整人才培养规格。⑥

---

① 陆利香：《“南—南”型高等教育合作的形式、绩效与方向》，《商业时代》2011 年第25 期。

② 王勇辉、管一凡：《中国对东盟教育服务贸易：优势、问题与对策——以东盟来华留学生教育为视角》，《东南亚研究》2014 年第5 期。

③ 李玫姬：《关于广西与东盟高等教育合作的战略思考》，《教育与职业》2009 年第36期。

④ 孙维克：《从四种服务贸易形式来看广西—东盟高等教育服务贸易的发展》，《法制与经济》2011 年第6 期。

⑤ 陈秀琼：《广西与东盟高校合作办学的战略思考》，《广西民族大学学报》（哲学社会科学版）2007 年第5 期。

⑥ 黄勇荣、丁丽丽、何亨瑜：《中国—东盟合作背景下广西高校发展战略研究》，《广西社会科学》2013 年第10 期。

（2）云南省、贵州省与东盟的高等教育合作。云南省与东盟高等教育合作现状，第一是作为云南省高等教育"走出去"战略的对外汉语教育稳步发展，第二是面向东盟留学生招生规模不断扩大，第三是东盟留学生招生专业不断扩大。但是，云南省与东盟的高等教育合作还存在着不少问题，高等教育的跨国质量评估与资格认证机制尚未建立，云南省高校课程国际化水平普遍较低，面向东盟国家的留学生教育还处于初步发展阶段。① 当前形势下，一是要整合资源建设以昆明为中心的面向东盟的国际教育基地；二是采取多样化的形式合作办学，并大力发展留学生教育；三是加强重点和特色学科建设，提高高等教育国际化水平。② 目前，贵州省内的东盟留学生大部分是本科生与专科生，主要分布在贵州大学等，主要集中于金融、外贸与计算机等专业。

（五）对已有研究的评价

高等教育区域合作已经成为社会广泛关注的热点话题，国内外关于高等教育区域合作与发展的实践也有很多成功案例。而对于中国—东盟高等教育共同体建设的专题研究，散见于区域发展研究、区域个案研究或高等教育发展战略研究之中，主要集中在国家层面的宏观政策和合作形式方面，全面系统的专题研究极少。大多数关于此方面的研究都停留在政策理论层面，研究视角比较单一，虽然对我国与东盟国家高等教育合作有所借鉴，但没有从根本上解决中国—东盟高等教育共同体建设所面临的一系列核心、关键问题。目前，中国—东盟高等教育共同体建设进入规范化"深化阶段"，对接"一带一路"倡议实施，推进中国—东盟命运共同体建设，相关政策制度迫切需要制定，体制机制需要完善，平台桥梁需要搭建。

1. 关于研究方法问题

从研究方法上看，已有成果既有定性研究，也有定量研究。但定量研究仍显不足，对数据的分析过于简单，大多停留在数据罗列层面。不少研究只采用简单的描述统计方法，对现状和影响因素的分析不够系统深入，提出的对策往往只是凭借主观经验泛泛而谈，缺乏对中国与东盟

---

① 李怀宇：《云南—东盟高等教育国际化的战略思考》，《东南亚纵横》2004 年第 8 期。
② 刘稚：《全球化区域化下的云南—东盟高等教育合作论略》，《学术探索》2009 年第 3 期。

高等教育合作的实证研究，局限于从文本到文本的文献研究。研究视角单一，眼界不够宽阔，缺乏区域经济学、现代政治学、文化现象学、发展战略学等多学科范式研究，研究成果缺少广度和深度。

2. 关于研究对象问题

从研究对象上看，已有成果大多循着高等教育合作背景、合作形式、合作问题及合作策略的思维逻辑而展开，而且仅仅停留于教育学的单一视角层面进行探讨。在面对中国—东盟自贸区提档升级、对接"一带一路"倡议实施、加快东盟共同体建设步伐的宏观背景下，在分析中国与东盟高等教育区域合作、推动中国—东盟高等教育共同体建设的时候，大多数学者未能系统地把握政治、经济、文化、社会与生态等要素影响，捕捉中国—东盟国家与国家、地区与地区、区域与国际之间错综复杂的关系，从更广阔的视野去分析中国—东盟高等教育共同体建设的运行体制机制、政策制度、平台建设等，揭示其面临的挑战及勾勒未来发展愿景。

3. 关于研究意义问题

从研究意义上看，国内学者能够以客观的态度，结合中国高等教育改革发展的实际，站在国家视野和国际视野的高度，借鉴欧盟、北美等国外高校战略联盟、高等教育区域合作的经验，提出中国与东盟高等教育合作运行模式方式。但是，这些研究仍然停留在早期合作现象描述的层面，对于中国—东盟高等教育共同体建设的运行机理、组织架构、政策体系，以及对中国—东盟高等教育共同体建设的政治、经济、安全、文化战略审视，还比较欠缺。而国外学者大多描述的是东盟各国根据高等教育国际化的要求推行高等教育改革，未能深刻揭示中国—东盟高等教育共同体建设不仅是双边高等教育理论发展与实践改革的理性诉求，而且是双方建立战略伙伴关系，增强政治互信，加强经贸往来，促进区域安全，强化文化认同的内在要求。另外，专家学者们对中国—东盟高等教育共同体建设的学科意义的探讨，尚未提上议事日程。

总之，通过已有研究，一方面，可以有效掌握欧盟、北美、非盟及东盟等国家和地区高等教育改革发展状况；另一方面，也可以为中国—东盟高等教育共同体建设的深入推进提供思考方向，有助于推动中国—东盟高等教育一体化发展。中国—东盟高等教育共同体建设实施主体是中国与东盟各国，东南亚国家的民俗、文化、历史、经济、政治等与我国有很大的差别，所以，共同体建设的实施，既要基于文化多样性从整体上谋划设计，做出决策，以顺应各民族要求；又要以各民族文化的同源性、认同感为基础，将亚洲文化认同观念贯穿于共同体建设全过程各方面，为共同体建设夯实文化根基。

三　核心概念界定

在本专题研究中，涉及中国—东盟高等教育共同体建设一些重要概念，为顺利开展专题研究，有必要对这些概念进行界定。这些概念主要是：中国—东盟、高等教育共同体和高等教育区域合作等。

（一）中国—东盟

东盟，全称东南亚国家联盟，英文名称为 Association of Southeast Asian Nations，简称 ASEAN。东盟成员国有印度尼西亚、马来西亚、菲律宾、新加坡、泰国、文莱、越南、老挝、缅甸和柬埔寨 10 个国家。对话伙伴国有中国、日本、韩国、澳大利亚、加拿大、欧盟、印度、新西兰、俄罗斯、美国。

20 世纪 60 年代，为了维护在美国、中国、日本等大国影响下的本国、本地区利益，坚持奉行"大国平衡外交"的策略，通过加强政治、安全、经济和社会文化合作，在一个开放、透明和包容的地区架构内，发展与域外伙伴的关系与合作，维系其主导力量、中心地位和积极作用，以促进本区域的经济繁荣、社会发展、文化进步、和平、安全与稳定，东南亚各国成立了东盟这一区域性国际政治经济合作组织。

东盟前身是马来亚（现马来西亚）、菲律宾和泰国于 1961 年 7 月 31 日在曼谷成立的东南亚联盟。1967 年 8 月 8 日，印度尼西亚、泰国、菲律宾、新加坡四国外长和马来西亚副总理在曼谷签订了《曼谷宣言》（《东南亚国家联盟成立宣言》），标志着东南亚国家联盟的正式成立。[①] 1967 年 8 月 29 日，泰国、菲律宾和马来西亚三国部长级会议在吉隆坡举行，一致决定将东南亚联盟改为东南亚国家联盟，简称东盟。1976

---

① 《东南亚国家联盟（东盟）概况》，http://www.asean - china - center.org/zxgk/#，2015 - 01 - 01.

年 2 月，在巴厘岛召开的第一次东盟首脑会议，通过并发表了《东南亚友好合作条约》和《巴厘宣言》，此后东盟的地区影响力逐步提升。20世纪 80 年代后的 1984 年 1 月 8 日，文莱独立，加入东盟。至此，东盟发展为 6 个成员国，即泰国、新加坡、菲律宾、马来西亚、印度尼西亚、文莱。这 6 个成员被称为原东盟成员，或东盟老成员。其后的 1995 年 7 月 28 日、1997 年 7 月 23 日、1997 年 7 月 23 日、1999 年 4 月 30 日，越南、缅甸、老挝、柬埔寨 4 国分别加入东盟。至此"大东盟"发展成为覆盖整个东南亚地区，人口 5.3 亿、面积达 450 万平方千米的 10 国集团。它不仅为广大发展中国家树立了榜样，是发展中国家团结的典范，也是亚太国际舞台上的一支重要力量。2007 年 11 月，《东盟宪章》与《东盟经济共同体蓝图宣言》顺利签署，标志着东盟共同体法律框架的完成。此后，经过在政治、经济、社会、军事、文化与教育等方面的不断合作，东盟提出建成集经济、安全和社会文化为一体的东盟共同体，从而不断促进区域认同、文化认同与价值观认同。目前，东盟各国正在通过积极行动，一方面努力保持区域经济平衡发展，另一方面积极参与国际竞争，力争使东盟成为具有世界影响力的区域组织。

首脑会议是东盟的最高决策机构，由东盟各国轮流担任主席国，负责召集各类组织活动。现任主席国为文莱，2013 年 1 月接任。东盟秘书长是东盟首席行政官，向东盟首脑会议负责，由东盟各国轮流推荐资深人士担任，任期 5 年。黎良明（Le Luong Minh，越南前副外长）于 2013 年 1 月接任东盟秘书长，任期至 2017 年。东盟组织机构，主要包括：①首脑会议。就东盟发展的重大问题和发展方向做出决策，每年举行两次。②东盟协调理事会。由东盟各国外长组成，是综合协调机构，每年举行两次会议。③东盟共同体理事会。包括东盟政治安全共同体理事会、东盟经济共同体理事会和东盟社会文化共同体理事会，协调其下设各领域工作，由担任东盟主席的成员国相关部长担任主席，每年至少举行两次会议。④东盟领域部长机制。加强各相关领域合作，支持东盟一体化和共同体建设。⑤东盟秘书长和东盟秘书处。负责协助落实东盟的协议和决定，监督落实。⑥常驻东盟代表委员会。由东盟成员国指派的大使级常驻东盟代表组成，代表各自国家与东盟秘书处和东盟领域部长机制进行协调。⑦东盟国家秘书处。是东盟在各成员国的联络点。

⑧东盟人权机构。负责促进和保护人权与基本自由的相关事务。⑨东盟基金会。与东盟相关机构合作，支持东盟共同体建设。⑩与东盟相关的实体。包括各种民间和半官方机构。

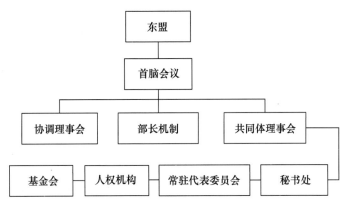

图 0-1　东盟组织结构

东盟自成立以来，积极开展多方位外交，发展对外关系。从 1978 年开始，东盟国家每年与其对话伙伴国（时为美国、日本、澳大利亚、新西兰、加拿大、欧盟，后相继增加韩国、中国、俄罗斯和印度）举行对话会议，就重大国际政治和经济问题交换意见。1994 年 7 月，东盟倡导成立东盟地区论坛（ARF），主要就亚太地区政治和安全问题交换意见。1994 年 10 月，东盟倡议召开亚欧会议（ASEM），促进东亚和欧盟的政治对话与经济合作。1997 年，东盟与中、日、韩等国共同启动了东亚合作，东盟与中日韩"10 + 3"、东亚峰会等机制相继诞生。1999 年 9 月，在东盟的倡议下，东亚—拉美合作论坛（FEALAC）成立。

进入 21 世纪，东盟围绕一体化和共同体建设目标，积极开展组织活动。2003 年 10 月，第九届东盟首脑会议举行，发表《东盟协调一致第二宣言》（亦称《第二巴厘宣言》），提出建设东盟共同体的目标愿景，宣布将于 2020 年建成东盟共同体，其三大支柱分别是"东盟政治安全共同体""东盟经济共同体"和"东盟社会文化共同体"。2004 年 11 月举行的第十届东盟首脑会议通过为期 6 年的《万象行动计划》（VAP），以进一步推进一体化建设，并决定建立"东盟发展基金"以保障其落实。2005 年 12 月举行的第十一届东盟首脑会议签署《关于制定〈东盟宪章〉的吉隆坡宣言》。2007 年 11 月第十三届东盟首脑会议签署《东盟宪章》《东盟经济共同体蓝图宣言》《东盟环境可持续性宣言》等。2009 年 2 月在泰国曼谷举行的第十四届东盟首脑会议以落实《东盟宪章》和合作应对全球金融危机为重点，会议签署《东盟政治安全共同体蓝图》《东盟社会文化共同体蓝图》《东盟共同体 2009—2015 年路线图宣言》。

近年来，美、日、韩、澳等主要域外国家不断加强与东盟的关系。2009 年 7 月，美国签署《东南亚友好合作条约》。2009 年，日本提出"亚洲经济倍增倡议"，对以东盟为主的亚洲发展中国家打出包括官方发展援助、贷款保险、贸易融资担保、环保投资倡议等共约 700 亿美元援助计划。韩国于 2009 年 6 月举行了纪念与东盟建立对话关系 20 周年特别峰会，宣布东盟—韩国自贸区将于 2010 年 1 月正式启动。2009 年，澳、新西兰与东盟签署自贸区协议，2012 年 1 月正式生效。2009 年，印度与东盟签署了货物贸易领域自贸协定，并于 2010 年 1 月开始实施，但针对服务贸易和投资自由化的谈判一直没能取得重大进展。2011 年 11 月，东盟提出"区域全面经济伙伴关系（RCEP）"倡议，旨在构建以东盟为核心的地区自贸安排。2012 年 11 月，在第七届东亚峰会上，东盟国家与中、日、韩、印、澳、新（西兰）6 国领导人同意启动"区域全面经济合作伙伴关系"（RCEP）的谈判。

自 1991 年中国与东盟开启对话进程。1997 年，双方建立睦邻互信伙伴关系。经过近 10 年的共同努力，2002 年 11 月，中国同东盟共同签署了《中国—东盟全面经济合作框架协议》，决定于 2010 年建成中国—东盟自贸区，正式启动了中国—东盟自贸区的建设进程。2003 年，双方建立"面向和平与繁荣的战略伙伴关系"，中国作为域外大国率先加入《东南亚友好合作条约》。2004 年 11 月，在第八次中国—东盟领导人会议上，中国—东盟双方签署了《中国—东盟全面经济合作框架协议货物贸易协议》和《中国—东盟全面经济合作框架协议争端解决机制协议》两份重要文件。2005 年 7 月，中国—东盟自由贸易区《货物贸易协议》开始实施。2006 年 10 月 30 日，即"中国—东盟友好合作年"，中国和东盟成员国国家元首、政府首脑会聚中国南宁，纪念中国—东盟建立对话关系 15 周年。纪念峰会签署联合声明《致力于加强中国—东盟战略伙伴关系》，决心按时于 2010 年建成中国—东盟自由贸易区。2007 年 1 月 14 日，中国与东盟签署了中国—东盟自由贸易区《服务贸易协议》，为中国—东盟自由贸易区如期全面建成奠定了更为坚实的基础。2011 年 11 月 18 日，第十四次中国—东盟领导人会议在印度尼西亚巴厘岛举行，会议就纪念对话关系 20 周年发表联合声明，将充分、有效落实中国—东盟自贸区相关协定，通过加强"10＋3"框架下的宏观经济与金融合作，防止东南亚地区再次发生金融和货币危机。2012 年 5 月 17 日，《中国—东盟银行联合体合作协议的补充协议》签署。2013 年 10 月 9 日，中国与东盟成员国领导人在文莱斯里巴加湾市发表《纪念中国—东盟建立战略伙伴关系 10 周年联合声明》，欢迎中国—东盟自贸区"升级版"倡议，支持为发展中国—东盟海洋合作伙伴关系所作的努力，包括用好中国—东盟海上合作基金。共同努力实施中国—东盟科技伙伴计划。2014 年 11 月 13 日，第十七次中国—东盟"10＋1"领导人会议发表《第十七次中国—东盟"10＋1"领导人会议主席声明》，赞赏中方提出建设中国—东盟命运共同体和共建 21 世纪海上丝绸之路的倡议。同意积极加快 RCEP 谈判进程，推动东亚经济进一步融合。同意密切合作，推动亚洲基础设施投资银行投入运营。2015 年 11 月 20 日至 23 日，第十八次中国—东盟"10＋1"领导人会议、第十八次东盟与中日韩"10＋3"领导人会议和第十届东亚峰会在马来西亚吉隆坡举行，峰会完成中国—东盟自贸区升级谈判和"区域全面经济伙伴关系"（RCEP）实质性谈判。11 月 22 日，在马来西亚举行的东盟峰会及系列会议期间，签署了标志着中国—东盟自贸区升级谈判成果文件——《中华人民共和国与东南亚国家联盟关于修订〈中国—东盟全面经济合作框架协议〉及项下部分协议的议定书》。议定书的签署，是新时期、新形势下中国与东盟 10 国进一步提升经贸合作水平的又一成果，也必将对构建中国—东盟共同体新未来起到关键性作用。多年来，中国与东盟政治互信不断增强，经济合作成效显著，各领域合作持续拓展。中国—东盟合作已成为中国周边外交一大亮点。

中国同东盟已建立起一套完整的对话合作机制，主要有领导人、部长级和工作层三个层次。①领导人会议。领导人会议是中国—东盟合作框架下最高层级的机制，每年一次，主要对中国—东盟合作及其长远发展做出战略规划和指导，自 1997 年起已举行 19 次。此外还召开过 5 次领导人特别会议，即中国—东盟领导人关于非典型性肺炎问题特别会议、东盟地震和海啸灾后问题领导人特别会议和中国—东盟建立对话关系15周年纪念峰会。②部长级会议。部长级会议负责政策规划和协调，大多一年一次。迄今已建立外交、经济、交通、海关署长、总检察长、青年事务、卫生、电信、新闻、质检和打击跨国犯罪11个部长级会议机制。③工作层会议。中国—东盟合作框架下共有5个工作层会议机制，分别是外交高官磋商、联合合作委员会及工作组会议、经贸联委会、科技联委会和商务理事会。由东盟10国驻华大使组成的东盟北京委员会也是双方沟通和合作的渠道之一。2010年10月，双方还建立了中国—东盟银行联合体。2011年11月，中国—东盟中心正式成立，成为推进双方务实合作的又一个重要平台。

中国—东盟，是指地处东亚、东南亚的中国与东盟各成员国，为了共同利益和共同政策而结成的一个区域性合作组织，是基于共同价值认同基础上通过系列战略协商对话机制，加强沟通、强化合作、互利共赢的联合体。具有独立的组织约章、成员国、组织机构、活动程序和国际法律人格。1919年，《国际联盟盟约》提到加强"区域协商"。1945年《联合国宪章》以专门条款确认了区域组织的法律地位，规定联合国并不排除"用以应付关于维持国际和平及安全而宜于区域行动之事件"的区域协定或区域机构的存在。由此，确立了中国—东盟区域组织的合法地位。中国与东盟国家山水相连、唇齿相依，相互间有着悠久的传统友谊和相似的历史际遇，在民族、历史、文化、语言、宗教等方面有着密切的联系。在国际社会有着共同而广泛关心的问题和一致的利益，对政治稳定、环境安全、经济发展、民生福祉有着共同的期待，在和平解决区域和国际争端、维持本区域和平与安全、保障共同利益及发展经济文化关系等方面，形成了一种广泛合作、相互依存的关系。中国自改革开放以来，积极改善和发展与东盟及其成员国的友好关系，相互间政治关系、经济关系、文化关系不断有新的发展，尤其是自1991年中国与东盟建立对话伙伴关系以来，已演绎发展中国—东盟"10+1"、中国—东盟"10+3"等区域性国际组织。当前，中国—东盟相互间合作关系进入一个新的发展阶段。打造中国—东盟经济共同体、文化共同体、教育共同体、安全共同体，建设中国—东盟命运共同体、利益共同体，有利于全面、深入、快速巩固和加强中国与东盟之间的友好合作关系；有利于推动中国与发展中国家、周边国家的团结合作，加快建立国际新秩序，共同应对各种新挑战；有利于东盟在国际事务上不断提高地位，努力发挥平衡协调的积极作用；有利于进一步促进中国—东盟经济一体化发展，提升本地区整体竞争力，为区域内各国人民谋求福祉，为世界和平与发展做出新的更大的贡献。

（二）高等教育共同体

"共同体"一词的英文单词为 Community，其最普遍的意义是"社会"，衍生意义为"居民""地区""区域"等。该词的原义是"团体"，语出拉丁词汇 Communit，意思是"公众团体"。共同体，一般具有三层含义：一是指人们在共同条件下，基于一致的利益驱使所结成的集体；二是由若干国家或者地区，在平等互利、合作共赢原则指导下，为谋求某种共同利益，有可能是"解决问题"，有可能是"使命召唤"，也可能是"随机变量"等，所组成的集体组织，如东盟、欧盟、非盟等；三是在爱情方面，指最具同心力的一个集体。双方具有非常深厚的感情基础。可以做到同声誉、同生死、同生活。任何共同体，就其本质而言，都是利益共同体，这个利益可以是国家利益、民族利益、地区利益，也可以是经济利益、政治利益、文化利益、生态利益，等等。

从社会学视角看，"共同体"一词最早由德国古典社会学家滕尼斯在其著作《共同体与社会》一书中提出。滕尼斯将共同体分为血缘共同体、地缘共同体、精神共同体三类。他认为，血缘共同体作为行为的统一体发展、分离为地缘共同体，地缘共同体直接表现为居住在一起，而地缘共同体又发展为精神共同体，作为在相同的方向上和意义上的纯粹的相互作用和支配。滕尼斯的"共同体"一词的含义引入中国后，由著名社会学家费孝通等翻译为"社区"，与"社会"一词相对应，"共同体—社会"成为现代性发展的一对常用的变量模式。共同体是一个温馨而舒适的场所，其成员在此彼此信任、相互依赖。然而，共同体不是一个已经获得并分享的世界，而是一个全体成员热切期盼栖息、重新拥有的世界。在这个世界，唯有利益一体化，行动方能一体化。共同体的形成及维系，其制约因素主要有：背景是否一致，目标是否集中，成员是否具有思想独立性，成员之间信息透明度，解散需求是否存在，成员情绪是否稳定，共同体行为所受制约程度，领导人的个人因素，等等。

　　共同体是一个开放、合作、分享、互助、创造的平台和组织，一般涵括科学共同体、文化共同体、政治共同体、教育共同体，等等。

　　科学共同体，是指遵守同一科学规范的科学家所组成的群体。在同一科学规范的约束和自我认同下，科学共同体的成员掌握大体一致的文献和接受相近的理论，有着共同的探索目标。它是科学社会学研究的范畴之一。1942年，英国科学家、哲学家和社会学家 M. 波兰尼就曾探讨过科学共同体问题。美国社会学家 R. K. 默顿十分强调科学共同体的作用，认为科学的目的是获取可靠的知识，其任务则是建立和发展科学家之间为获得可靠知识而必需的最佳关系。1962年，美国科学史家和科学哲学家 T. S. 库恩的《科学革命的结构》出版，提出了科学共同体形成、发展和转变的认识论思想。自此，科学共同体更加引起科学社会学界的广泛重视。科学共同体按其内部社会分层标准，主要分为两类：一是按人的属性如性别、年龄、籍贯来分层；二是依据人的社会属性如职业、受教育程度、收入、权力、权威、声望等来分层。科学共同体有多种功能，其中比较重要的包括借助科学自身的本性和逻辑，生发、培植、训练和强化科学规范、原则和方法，为科学家提供行为准则和研究工具，形成持续的科学研究能力。完善制度保证，严守科学标准，出于公正之心，对科学成果进行同行评议、论文审查。出版刊物，小组讨论，定期报告，学术会议，短期的学术访问和人员交流，较长时间的协作，为科学家提供更多的学术交流的机会。培育科学新人，争取和分配资源，与社会的适应和互动，推进科学普及与科学传播，推动科学发展，促进社会繁荣。

　　文化共同体，是指在同一核心价值观念的约束和引导下，持有共同的文化记忆、接受大致相同的文化理念、拥有共同的文化精神生活的相对稳定的社会群体。英国现代思想家齐格蒙特·鲍曼认为，"共同体是指社会中存在的、基于主观上或客观上的共同特征而组成的各种层次的团体、组织"，"既包括有形的共同体，也有无形的共同体"。文化共同体涵括三要素：共同的文化记忆、共同的文化生活以及共同的文化精神。打造文化共同体，可以在文化主体间建立起共同的社会价值观和共同的理想追求，建设共同的精神家园，为经济社会发展提供强大的思想源泉和精神动力；可以有效协调多元文化之间的关系，增强民族凝聚力、向心力、战斗力；可以塑造国家形象，提升社会品位，吸纳更多高素质境外人才；可以强化社会认同，弥合社会矛盾，推进社会和谐稳定。中国是一个统一的多民族国家，中华文化具有多维性的特点，是由境内 56 个各具鲜明特色的民族文化所构成的共同体文化，即多元一体的文化。在中华文化这个多元一体的共同体文化中，汉族文化处于主导地位，是主流文化，其他 55 个少数民族文化处于从属地位，是非主流文化。民族文化都是一种独特的文化，就其价值而言，均处于平等的地位，对于中华文化的形成和发展都是不可或缺的重要组成部分。文化的发展，决定于社会生产力水平。在中国历史上，汉族社会的物质生产力的发展水平以及与这种生产力水平相适应的生产方式始终处于领先地位，这就决定了其文化的发展也处于领先地位，在中华文化共同体的形成和发展中起着主导作用，影响、团结和凝聚着各民族的文化。多元一体的中华文化，在历史发展过程中相互交流、相互浸透、融合发展。当前，面对社会主义文化大发展、大繁荣的崭新形势，弘扬传统文化，发展乡村文化，繁荣城市文化，交融中西文化，厚植创新文化，推进文化产业发展、文化事业繁荣，建构中华文化共同体，增强文化自觉与文化自信，提升文化厚度与文化气象，提高文化生命力与影响力，奋力建设中华文化巨轮，这是我们的责任、使命和担当。

政治共同体，又称政治社区，西方政治学的概念之一，是指具有共同政治、经济、文化、安全等利益，以及公认的政治机构和特定的居住地域的人们所构成的社会集合体。当代西方政治学家非常重视政治共同体问题，但他们对它的理解却不尽相同。S. P. 亨廷顿认为，政治共同体是以种族、宗教、职业和共同的政治机构为基础，对政治和道德规范具有某种共识和共同的利益，体现道德一致性和共同利益的政治机构及政治制度。K. W. 多伊奇把政治共同体看作是类似于政治系统的东西，认为政治共同体是"辅之以强制和服从的社会互动者"，它由形形色色的政治行为者构成。E. B. 哈斯把政治共同体当作是一个理想的、典型的政治单元，认为政治共同体最主要的要素不是地理区域而是政治关系，尤其是公共的政治权利以及公民对核心政治机构的忠诚。D. 伊斯顿把政治共同体看作是连接政治系统成员的一种纽带，"是政治系统的一个方面，它是由政治分工联合在一起的人群团体"，一般涵括国内政治共同体和国际政治共同体两种类型。在任何民族国家内部，必然存在着各种具有共同政治利益和政治权威机构的社会集合体，这些政治共同体构成了国家政治生活有序性的结构基础。国际政治共同体一般是不同的国家、地区，出于共同的政治、经济、文化、安全等利益而组成的国家集团，并为此设置有处理相关事务的专门政治机构。当前，国际具有重大影响的政治共同体有 1973 年 8 月 1 日正式建立的加勒比共同体和共同市场（Caribbean Community and Common Market，CARICOM），1996 年 7 月 17 日正式宣布成立的葡萄牙语国家共同体（Comunidadedos Paísesde Língua Portuguesa，CPLP），2004 年 12 月 8 日成立的南美洲国家联盟（葡萄牙语：União Sul – Americana de Nações、西班牙语：Unión de Naciones Suramericanas，联盟原名为南美洲国家共同体，2007 年 4 月 16 日改名为南美洲国家联盟，西班牙语缩写为 UNASUR），1947 年 2 月 6 日宣布成立的南太平洋委员会（South Pacific Commission，从 1998 年 10 月起改名为太平洋共同体，Pacific Community，PC），1945 年 3 月正式成立的阿拉伯国家联盟，1967 年 7 月建立的欧洲共同体（1993 年改为欧洲联盟），1963 年 5 月成立的非洲统一组织，1961 年 7 月成立的东南亚国家联盟，2001 年成立的上海合作组织，等等。

教育共同体，是政府、学校、企业、社会等以办好教育、提升质量、培养人才为目的，通过制定政策，建立机制，整合资源，协调关系，推进教育改革发展而共同构建的社会组织。教育共同体涵括学习共同体、教学共同体、高等教育共同体等社会组织。在我国，20 世纪 90 年代末期，国内部分著名高校着手合作办学，建设高校教学共同体。1999 年，在北京市教委的大力支持下，在 1952 年院系调整建设的"八大学院"基础上，北京航空航天大学、北京科技大学等 13 所高校联合成立北京学院路地区高校教学共同体，2002 年发展为包括北京师范大学在内的 16 所高校教学共同体。学院路共同体注重资源共享，强化学生综合素质培养，培育国家急需的高素质创新人才，取得了辉煌发展成就。《现代大学教育》2009 年第 3 期徐丹、徐娟撰写的《不为高等教育共同体代言：卡内基高等教育委员会与政策研究理事会的立场及影响》一文，首次使用"高等教育共同体"概念。2010 年中国民办教育共同体联盟成立，由全国 24 个省、自治区、直辖市的 303 个地市的民办教育行业联盟组建，至今联盟成员已达 3500 家，形成了国内业界顶尖级的行业组织。2014 年 4 月 25 日至 26 日，由应用技术大学（学院）联盟和中国教育国际交流协会主办的产教融合发展战略国际论坛·春季论坛在驻马店举行。会议发布了《驻马店共识》，共同落实国务院常务会议做出"引导部分普通本科高校向应用技术型高校转型"的战略部署，以产教融合发展为主题，探讨"部分地方本科高校转型发展"和"中国特色应用技术大学建设之路"。明确了高校所承担的使命与责任，提出了"统筹规划区域产业转型升级和高校转型发展，推进校企合作，建立地方经济社会与高等教育发展共同体"的战略构想，提出"高等教育发展共同体"概念。

高等教育共同体概念的产生，源于美国科学史和科学哲学家托马斯·S. 库恩关于"科学共同体"定义的提出。高等教育共同体是基于高等教育的特定内涵和特定要求而逐步形成的。在我国，学者们对高等教育共同体还没有一致的释义。高等教育共同体可以描述为：国家、地区、区域之间，以及政府、教育行政部门、学校、企业、社会之间，以办好高等教育，发挥高等教育培养专门人才、推进科学研究、服务经济社会发展、推动文化传承创新功能为目标，通过签署合约，制定政策，建立机制，搭建平台，促进区域高等教育合作，实现高等教育一体化发展而共同构建的社会组织。高等教育共同体一般要签署专门法律政策文件、公约，规范成员合作行为，是具有相同的时代发展背景、模式化思维方式、合作价值认同的政治共同体。它以推进高等教育发展为本，是有着共同的发展利益和价值认同，并努力维护发展共同利益的利益共同体。其成员间通过长期对高等教育事业的参与和投入，达成了改革发展共识，是生死攸关、目标高度统一的命运共同体。高等教育共同体是一个开放、创新、合作、包容、共享的平台，一个社群式的教育生态系统，一个没有域界的教育共同体，一个没有围墙的巨型大学，一个底蕴深厚的文化团体。高等教育共同体的形成与发展，是一个人力资源强国赖以存在的基础和保障。高等教育共同体是以区域高等教育合作为形式的社会组织，具有组织目的性、系统性、有序性、开放性等基本特性。

（三）高等教育区域合作

高等教育区域合作，既是高等教育发展的动态过程，又是其发展到一定阶段的状态。其内涵是指：两个或两个以上的高等院校打破地域和隶属关系的限制，坚持互惠互利、优势互补、利益"双赢"的原则，按照自然地域的内在联系、民族文化传统以及社会发展需要①，加强互动与合作，整合教育资源，调整教育结构，促进区域高等教育"超常规、跨越式"可持续发展的办学思路与发展模式。高等教育区域合作是实现高等教育统筹、协调以及均衡发展的必然趋势，有利于实现区域内高等教育资源共享、优势互补、协同发展的目标。

高等教育区域合作具体有四层含义：一是区域高等学校办学模式的选择和服务区域指向的变化；二是强化省级政府决策统筹职能，发挥中心城市辐射带动作用的政策体制变革；三是高等教育与区域经济、社会、政治、文化、生态相适应，互动发展；四是顺应高等教育国际化发展趋势，推进高等教育区域合作，建设高等教育共同体，打造高等教育增长极，提升高等教育质量，增强区域、国家高等教育内生动力，继而推动经济一体化发展。

高等教育区域合作涵括了四个层次：一是区域内高等院校之间的合作。是同一区域内的合作共同体或教学共同体，同质的高等院校进行联合，实施优质资源共享，降低重复投资的成本，实现"双赢"。二是跨区域高等院校之间的合作。中央政府、地方政府、教育行政部门是区域合作的政策协调者，是主导，而高等院校则是具体措施的实施者，是主体，合作内容包括互补性合作、整合性合作及拓展性合作。三是高等院校与非高等院校组织（政府、科研院所、企业）的合作。主要指产学研合作模式的发展，促进高校知识、技术转化为生产力，服务区域经济社会发展。四是跨国家、地区之间的合作。国家元首、政府首脑、相关部门建立多层面、多层次沟通交流、合作协商机制，定期举行会议，研究解决合作事宜，制定合作政策法规，评估合作效益水平，确定下一步合作工作方案。

高等教育区域合作与发展，本质上是承认高校之间的差异而改变合作机制的联合体，为区域社会提供特色教育资源，实现合作与共赢。

高等教育区域合作发展共同体，涵盖了区域合作发展主体、区域合作发展体制、区域合作发展区划等要素，这些要素依据相关原理，按照一定的程式，有效运行运作，继而达成预期的功能目标。

---

① 王鲜萍：《关于高等教育区域合作绩效评价指标体系的探讨》，《江苏高教》2012 年第 3 期。

高等教育区域合作发展主体。就其体制而言，区域合作发展存在如下几个相互联系的行为主体：①教育发展者，即对一定区域高等教育合作与发展负主要责任的主体，这自然就是政府，包括地方政府和中央政府。中国—东盟高等教育共同体的主体就是中国政府和东南亚国家联盟以及东盟各国政府。②教育投资者，抑或办学者，即投资举办各级各类高等教育机构的主体，主要是政府和个体（企业和个人）。③学校经营者，即承担特定高校教育教学任务的主体，主要是大学校长和教职工。④教育管理者，即对特定区域高等教育发展和运行进行管理的主体，主要是各级政府，包括地方政府和中央政府。中国—东盟高等教育共同体的管理者，就是中国政府和东南亚国家联盟。

在市场经济条件下，政府作为区域合作发展的重要主体，其角色定位是教育合作发展宏观政策的制定者，合作风险防范的调控者，教育经费的提供者。投资区域合作与发展的主体，可以分为政府、个体和社会募捐集资者。对中国—东盟高等教育区域合作而言，除了中国政府和东南亚国家联盟自身努力外，还要争取外部的援助，包括域外国家、国际组织以及个体援助等。

高等教育区域合作发展体制。所谓区域合作发展体制，是一种体系化的区域合作发展组织制度，是关系到区域合作发展机构设置、隶属关系及职责划分的体系与制度的总称。具体而言，是指区域合作的主要责任者及其相互关系，即区域合作发展由谁负责，它们之间的关系怎样。中国—东盟高等教育区域合作发展体制主要有中国、东盟各国各级政府、教育行政部门对区域合作发展的管理体制，区域合作发展组织的管理体制，以及高校自身的管理体制。从宏观层面说，它是政府、社会和高校各要素间的关系运行方式；从微观层面看，它主要包括高校合作办学体制、内部管理体制等。根据政府是区域合作的发展者的定义，区域合作发展体制的实质就是确定一定区域的高等教育由哪一级政府或者几级政府负责发展，确定上下级政府之间的关系。在中国—东盟高等教育区域合作发展过程中，中国、东盟各国政府应当承担主体职责。根据高等教育的层次、类型及区域分布，区域合作发展体制一般存在如下三种模式：

（1）中央政府发展体制。即由中国、东盟各国中央政府直接负责中国—东盟高等教育合作发展，包括确立中国—东盟高等教育合作发展的目标，制定中国—东盟高等教育合作发展的政策框架、发展蓝图，加强中国—东盟高等教育合作发展的评估监督，等等。

（2）地方政府发展体制。即由中国、东盟各国地方政府直接负责中国—东盟高等教育合作发展，包括制定中国—东盟高等教育合作发展的目标，承担中国—东盟高等教育合作发展的资金投入，组织中国—东盟高等教育合作发展的协议协商、会议举办、效益评估，等等。

（3）分级共同发展体制。即按照高等教育的不同层次，由中国、东盟各国不同层次的政府在中国、东盟有关方针、政策的框架内，共同负责中国—东盟高等教育合作发展。具体而言，即是以一级政府为主，上级政府支持。目前，我国形成了中央和省两级负责，以省为主的高等教育管理体制。我国高等教育管理体制和布局结构发生了深刻变化，初步建立了适应社会主义市场经济体制的高等教育宏观结构和新型高等教育管理体制的框架，为中国—东盟高等教育合作发展奠定了基础。近年来，高等教育有逐步延伸到市的发展趋势（大多是发展远程高等教育、高等职业教育、高等教育培训），极个别经济发达的县也举办了高等教育。

高等教育区域合作发展规划。区域合作发展规划，包含如下三方面的含义：

（1）按照既定的原则和指标，识别客观存在的区域，划分它们的空间界限，并对各区域的经济社会和高等教育发展的环境进行分析，剖析其优势，查找劣势，分析存在的问题，为区域合作发展规划做好铺垫。对区域进行划分，是实施中国—东盟高等教育合作发展的前提和基础。一般而言，按照区域的具体条件，包括经济社会发展水平和区位因素进行划分。就我国而言，大致划分为东部区域、中部区域和西部区域三大区域，三大区域内部还可细分为若干不同的地区。区域划分不一样，其合作的驱动力就不一样，合作模式的选择也就不一样。

（2）按照一定评价指标体系，依据相关原则、指导思想，对高等教育实践进行划分。高等教育实践的划分，按照实践类型，一般分为普通高等教育、成人高等教育、高等继续教育、电大开放教育和远程网络教育五种。按照办学层次，一般分为研究生教育、大学本科教育、专科教育三个层次。按照高校办学类型，一般分为研究型大学、教学研究型大学、教学型本科院校、高等专科学校和高等职业学校。对高等教育实践进行划分，是为中国—东盟同类型学校建立战略联盟、推进合作发展提供依据。

（3）根据区域的划分以及高等教育发展的总体要求，对高等教育区域合作发展进行区域间的战略布局规划。这种战略布局规划，是区域生产力发展和高等教育发展的客观需要。高等教育区域合作发展规划的主体，一般而言是政府、企业和大学战略联盟组织，其中，政府的规划最为重要。在我国，目前高等教育由中央和省两级政府进行规划，其中中央政府负责全国高等教育发展的区域总体规划，对中央政府投资的公办高校进行具体的区域布局，对省级政府的省域高等教育发展规划加以指导和把关。相应地，对高等教育区域合作发展，中央政府负责总体宏观规划指导。

本书所指的区域合作发展模式，是指中国—东盟国家和区域组织之间、高校校际之间以及高校与其他组织之间，依据区域合作发展主体、区域合作发展体制、区域合作发展规划等要素，通过有效的合作契约，围绕着特定的战略目标，实现高等教育资源最优配置的松散型合作发展的战略联盟组织。根据中国—东盟区域经济社会宏观环境的特点，构建中国—东盟高等教育共同体，不仅保持了联盟成员相对的独立性，实现了联盟成员间的资源共享、互利共赢等目的，而且其合作形式灵活多样。简单来说，中国—东盟高等教育区域合作发展模式，即参与合作的高校和其他主体，按照区域合作发展体制和规划，依据一定的交互关系和交互内容，推进其有效运行，继而达成预期功能目标所形成的战略合作发展形式。

四　研究设计

本书围绕构建中国—东盟高等教育共同体、提出建设中国—东盟高等教育区战略构想的总体目标进行设计，确立其研究的理论依据，理清研究思路，确定研究方法。

（一）研究思路

本书研究的总体思路是，以战略同盟理论、集聚溢出效应理论、经济增长极理论为参照，综合运用文献研究法、比较研究法、历史研究法和案例分析法，坚持历史意识与问题意识的结合，深刻揭示中国—东盟高等教育共同体建设的基本动因，深入剖析中国—东盟高等教育共同体建设的工作实践，对中国—东盟高等教育共同体建设提出构想，并就中国—东盟高等教育共同体建设的未来走向进行谋划设计。

具体而言，本书首先对中国—东盟高等教育共同体建设的理论依据进行阐述，继而从政治、经济、文化、教育和安全多视角对中国—东盟高等教育共同体建设进行宏观背景的战略审视，剖析中国—东盟高等教育共同体建设的工作实践，总结经验教训，着眼长远发展，分别从高等教育共同体建设的基本原则、目标任务、实施内容、行动策略等方面，对建设中国—东盟高等教育共同体提出战略构想。最后，提出注重共同体建设合约化、推动共同体建设信息化、推进共同体建设国际化的中国—东盟高等教育共同体建设的发展展望。

中国与东盟自 1991 年展开对话，迄今已走过 25 年的发展历程，经过双方共同努力，正形成命运相系、利益相融、情感相依的好邻居、好伙伴。进入 21 世纪，东盟围绕一体化和共同体建设目标，积极开展组织活动。2003 年 10 月，第九届东盟首脑会议发表《东盟协调一致第二宣言》，宣布将于 2020 年建成涵括"东盟政治安全共同体""东盟经济共同体"和"东盟社会文化共同体"的东盟共同体。2013 年 11 月 9 日中国共产党十八届三中全会召开，会议审议通过《中共中央关于全面深化改革若干重大问题的决定》，明确指出，"推进丝绸之路经济带、海上丝绸之路建设，形成全方位开放新格局"。[①] 2015 年 3 月 28 日，经国务院授权，国家发展改革委员会、外交部、商务部联合发布了《推动共建丝绸之路经济带和 21 世纪海上丝绸之路的愿景与行动》。[②] 本书正是基于中国"一带一路"倡议和东盟共同体战略的深入实施，从宏观层面、多维理论视角，为中国—东盟高等教育共同体建设提供具有针对性和可行性的战略策略，以促进中国—东盟高等教育优质资源的合理流动，推动中国—东盟高等教育深化合作，加快发展，为东亚、东南亚以及整个亚太地区区域政治稳定、地区安全、经济发展、文化繁荣提供

---

① 《中共中央关于全面深化改革若干重大问题的决定》，《人民日报》2013 年 11 月 16 日第 1 版。

② 国家发展改革委、外交部、商务部：《推动共建丝绸之路经济带和 21 世纪海上丝绸之路的愿景与行动》，http://news.xinhuanet.com/world/2015-03/28/c_1114793986.htm。

智力支持、人力支撑和知识保障。

（二）研究方法

本书结合宏观与微观背景分析，坚持理论研究与实证分析相结合、定性研究与定量研究相结合，对中国—东盟高等教育共同体建设的历史演进、工作实践、战略架构、发展走向等进行系统深入的探讨。具体研究方法侧重文献研究法、案例分析法、比较研究法等。

1. 文献研究法

根据研究目的，对高等教育共同体建设相关文献进行系统梳理，充分了解国内外有关高等教育区域合作、大学战略联盟建设、高等教育共同体建设等研究已经取得的成果，或者已达到的高度，在此基础上产生中国—东盟高等教育共同体建设研究命题，设计本书研究技术路线、研究框架。本书文献收集，主要通过互联网、中外文期刊网、学校图书馆、中国—东盟中心网站、联合国开发计划署（UNDP）网站、联合国教科文组织（UNESGO）、经济合作与发展组织（OECD）及世界银行（The World Bank）、《中国统计年鉴》《中国教育统计年鉴》，以及各种政策文本等，广泛查阅国内外有关高等教育区域合作、高校战略联盟建设及高等教育共同体建设等方面的论著、期刊、数据和官方资料，并将英文资料进行翻译。在此基础上，系统整理出高等教育共同体建设的理论依据、体制机制、工作运行和战略架构，以及中国、东盟在高等教育合作与发展方面的进展情况。通过归纳总结、列表分析，对中国—东盟高等教育共同体建设的可行性与必要性进行科学分析与描述，形成有针对性的事实依据和理论依据，为本书研究做好铺垫。

2. 案例分析法

本书坚持理论与实践相结合，客观地对中国—东盟高等教育共同体的发生、发展、走向进行分析和研究，对共同体建设体制机制、政策制度、平台构建作为案例加以描述。具体而言，通过对中国、东盟建立高等教育共同体的政策制度框架、构建对话合作工作机制、成立区域合作组织团体、搭建合作交流共享平台等进行分析研究，侧重高等教育共同体建设外部关系协调和内部结构优化研究。外部关系包括中国、东盟高等教育与区域社会环境的互动，中国—东盟高等教育共同体建设的政治、经济、文化、教育和安全战略审视，中国、东盟各级各类高等教育的协调发展。内部结构包括中国、东盟高等教育共同体建设的政策制度框架、合作工作机制、合作组织团体、合作交流平台等。通过内外两方面的分析，以增强对中国—东盟高等教育共同体建设的思想认识，提高研究的信度和效度，从而使研究更具真实性、生动性和丰富性，为本书研究提供辅证，使中国—东盟高等教育共同体建设的实施策略得以具体化，有助于探讨共同体建设在深化中国、东盟高等教育合作中的影响和作用。

3. 比较研究法

本书基于共同体建设的评价标准，对不同区域、不同国家高等教育区域合作、高校战略联盟建设、高等教育共同体构建等进行对比研究，找出其联系和差异，探究其中规律，继而得出科学结论。本书采用比较研究法，就是对同一问题、同一领域在不同国家、地区之间进行比较分析，借鉴别国经验、其他地区的成功实践，构建关于中国—东盟高等教育共同体建设这一课题的框架。在对案例进行分析的基础上，通过对国内外成熟的高等教育区域合作的案例进行数据和文献探讨，开展横向静态性和纵向动态性的对比分析，揭示区域合作的背景，透视其发展历程，剖析其发展动因，总结相关的理论政策和体制机制，结合中国、东盟高等教育发展现状以及区域分布特点、发展层次水平，探讨中国—东盟高等教育共同体建设的工作思路、行动框架和发展取向，对推进中国、东盟高等教育区域合作提供可操作性实践策略。

五　研究意义

在世界经济一体化、高等教育国际化发展背景下，本书以中国、东盟高等教育区域战略合作为主线，探究中国—东盟高等教育共同体建设的行动框架，全方位审视中国、东盟高等教育区域合作战略构想，揭示高等教育区域合作在深化中国—东盟战略合作伙伴关系、维护地区安全稳定、推动区域经济一体化发展中的作用，对于促进中国—东盟高等教育交流与合作，推进中国、东盟高等教育快速提速发展，具有一定的理论指导价值和实践参考作用。

（一）理论意义

2013 年，习近平主席访问东盟国家期间，提出共建"21 世纪海上丝绸之路"倡议，提议共建"21世纪海上丝绸之路"与打造海上中国—东盟经贸合作平台联系发展。三年多来，伴随经济全球化的深入发展，"一带一路"倡议落实，中国—东盟自由贸易区建设不断深化，泛北部湾经济合作全面推进，中国、东盟相互间合作日益密切，合作领域不断扩大，合作层次日益提升。中国—东盟合作关系进入一个新的发展阶段。

深化中国—东盟合作关系，打造中国—东盟经济共同体、文化共同体、教育共同体、安全共同体，建设中国—东盟命运共同体、利益共同体、责任共同体，有利于坚定奉行"与邻为善、以邻为伴"的周边外交方针和"睦邻、安邻、富邻"的周边外交政策，全面、深入、持续巩固和加强中国与东盟之间的战略伙伴关系；有利于推动中国与发展中国家、周边国家的团结合作，提升在国际社会的话语权、影响力，加快建立国际新秩序，共同应对各种新挑战；有利于推进东盟在国际事务中不断提高地位，努力发挥平衡协调各方关系的积极作用；有利于进一步促进中国—东盟经济一体化发展，提升本地区整体竞争力，为区域内各国人民谋求福祉，为世界和平与发展做出新的更大的贡献。

当前，全球经济低迷复苏乏力，国际安全局势恶化，自然灾害频繁发生，海上争夺与对抗凸显，全球性两极分化加剧，大国合作竞争关系复杂化，外部环境不稳定、不确定因素增加，地缘政治关系复杂多变，和平与发展受到来自各方面的挑战。如何应对这些挑战，全面落实"一带一路"构想，巩固中国—东盟建立对话关系25周年成果，强化中国—东盟教育交流与合作，深化中国—东盟高等教育战略伙伴关系，建设中国—东盟高等教育共同体，开拓高等教育合作的新领域，探索高等教育合作新模式，以教育合作为优先方向，将人文交流合作打造成中国—东盟关系的新支柱；如何将"一带一路"倡议与东盟国家发展战略充分对接，积极推进教育、文化等领域的务实合作，强化高等教育动力站、辐射源、人才库独特功能，夯实中国—东盟深化合作，坚实民意根基和人文基础，搭建民心相通桥梁，抓住发展这个最大公约数，造福东盟各国人民，让有关国家不断有实实在在的获得感，最大限度求同化异，增信释疑，寻求利益契合点和叠加点，推进合作交流提档升级，永续发展；如何以高等教育合作交流为抓手，加强中国、东盟不同文明对话，尊重彼此差异，化解东盟经济结构单一、政治体制多元、民族宗教信仰差异大、成员国内部政局不稳、宗主国影响深重等障碍，推动彼此文化认同，价值认知，继而推进财富、资源以及人员的流动，促进不同文明交织交融、交合互鉴和交汇共享等，对这些问题作出科学回答，需要新的理论进行指导。因此对于中国—东盟高等教育共同体建设的研究，有助于促进区域高等教育理论、战略联盟理论和比较教育学理论的发展，并提供新的研究思路。

在世界经济一体化、高等教育国际化迅猛发展的新形势下，我国高等教育要奋力推进现代化发展，在切实创新发展理念、继续深化体制机制改革的同时，迫切需要科学处理本土化与国际化关系，学习借鉴国际高等教育发展新范式、新模式。开展中国、东盟高等教育区域合作，建设中国—东盟高等教育共同体，既是高等教育国际化的必然趋势，也是地区发展不平衡的现实需要，更是对接国家"一带一路"倡议、东盟各国发展战略的客观要求。推进高等教育区域合作，有助于认识区域高等教育发展的特殊规律，丰富和发展高等教育学的区域化发展理论；有助于通过签署合约，制定政策，建立机制，搭建平台，构建开放、合作、分享、互助、创造的高等教育合作体制机制，促进国际高等教育合作，实现高等教育一体化发展；有助于妥善处理国家之间、地区之间、国际之间高等教育发展的关系，以及做强区域高等教育与建设高等教育强国的关系，以多维视角把握高等教育区域化、国际化发展。开展中国—东盟高等教育共同体建设研究，继而探讨我国高等教育区域合作与发展，我国与其他国家、地区高等教育合作与发展，是对高等教育区域化研究的深化和细化。区域发展成为国家高等教育整体发展的增长极，一体化发展成为国家高等教育国际化发展的增长源，国家之间、地区之间、国际之间如何合作互动，便成为高等教育发展研究的应有之义。

（二）实践意义

从实践角度来说，对于中国—东盟高等教育共同体建设的研究，可以为我国区域高等教育的广泛交流与合作及高等教育国际化发展提供借鉴。并通过中国、东盟比较研究，探讨我国高等教育区域合作与发展的新路径。

中国与东盟国家是近邻，或山水相连，或隔海相望，文化习俗相通相近，历史交往源远流长。中国、东盟不仅是一个"关系共同体"，更是一个"利益共同体""命运共同体""责任共同体"。中国和东盟于

1991 年开启对话进程，1996 年中国成为"东盟对话伙伴国"，1997 年中国与东盟确定了建设面向 21 世纪的睦邻互信伙伴关系准则和政策目标。1999 年 2 月至 2000 年 12 月，中国分别同所有东盟国家签署了面向 21 世纪的合作框架文件。2003 年中国加入《东南亚友好合作条约》，与东盟宣布建立"面向和平与繁荣的战略伙伴关系"。目前，中国、东盟双方已建立了较为完善的对话合作机制，搭建了领导人会议、9 个部长级会议、5 个工作层对话合作机制平台。

中国—东盟双边关系走过了一段不平凡的历程，取得了令人瞩目的发展成就。截至 2016 年，中国已连续 8 年成为东盟第一大贸易伙伴，东盟连续 6 年成为中国第三大贸易伙伴。东盟是中国第四大出口市场和第二大进口来源地。双方人文交流日益频繁，互访超过 2300 万人次，互派留学生逾 19 万人。目前，中国在东盟国家建立了 31 所孔子学院和 32 个孔子课堂，并在泰国、新加坡、老挝和柬埔寨设立了文化中心。在东盟诸多对话伙伴关系中，中国—东盟关系是最富内涵、最具活力的关系之一。

2016 年是中国—东盟建立对话关系 25 周年，同时也是中国—东盟教育交流年。8 月 1 日，第九届中国—东盟教育交流周暨第二届中国—东盟教育部长圆桌会议在贵阳开幕。活动期间举办了中国—东盟百名校长牵手未来、中国—东盟青少年交流，以及中国—东盟职业教育博览会等 30 余项活动。9 月在老挝万象举行的中国—东盟建立对话关系 25 周年纪念峰会上，李克强总理和东盟 10 国领导人一致同意推动中国—东盟合作提质升级。2017 年是东盟成立 50 周年和中国—东盟旅游合作年。中国与东盟国家致力于深化互信，聚焦合作，交流活动异彩纷呈，合作关系全面深化。中国、东盟双方关系迎来提质升级新机遇。中国愿同东盟一道，进一步加强政策沟通、战略对接和务实合作，以教育合作为优先方向，深化政策沟通、道路连通、贸易畅通、货币流通、民心相通等全方位合作，落实好第三份五年行动计划，将人文交流合作打造成中国—东盟关系的新支柱，夯实民意和社会基础，为中国—东盟合作注入新动力，创造新机遇。

当前，推动中国和东盟共建 21 世纪海上丝绸之路，推进实施中国—东盟自由贸易区升级版，深化泛北部湾经济合作、澜沧江—湄公河合作，都将为中国—东盟战略合作带来新的机遇。在此背景下探讨中国—东盟高等教育共同体建设，深化对中国、东盟高等教育区域合作的认识，有助于推进我国与周边国家、地区立足双方优势特色，强化高等教育区域合作，通过选择、改造、整合与调适，使各自高等教育的结构和功能更加完善，高等教育发展的优先次序与建设领域得以统筹协调，实现资源整合、优势互补、互利共赢的一体化发展，充分发挥高等教育的溢出效应和倍增作用，极大地增进中国—东盟对东亚、东南亚、南亚甚至整个亚洲这块土地的认同感、归属感，进而增进各类人员的区域流动，增强我国和东盟高等教育的整体实力，提高我国与东盟高等教育的国际竞争力和吸引力。当前，亚太经济文化圈逐渐发展壮大，华人社会得到广泛尊崇，亚洲地区经济发展迅猛，周边国家和地区基于地域和相近文化的影响，逐渐趋向区域化、一体化发展。因此，本书通过对中国—东盟高等教育共同体建设的探讨，在尊重东盟各国、各地区地域特点、文化传统、宗教信仰的基础上，加强与亚洲特别是东北亚、东亚、南亚等周边地区的合作，探索"南—南"区域高等教育合作与发展的新模式，为世界其他地区、国家高等教育合作提供范例，为进一步落实《国家中长期教育改革和发展规划纲要（2010—2020 年）》所确定的"扩大教育开放"目标，全面启动实施《中国教育现代化 2030》，努力推进我国从高等教育大国向高等教育强国的转变，具有十分突出的现实意义。

第一章　中国—东盟高等教育共同体
建设的战略审视

中国与东盟加强高等教育区域合作，致力于中国—东盟高等教育共同体建设，不仅是双方高等教育理论发展与实践改革的内在要求，也是彼此深化政治互信、推进经贸合作、维护区域安全、增进文化认同的理性诉求。当前，随着中国—东盟自贸区提档升级，对接"一带一路"倡议实施，以及推动中国—东盟命运共同体建设，迫切需要中国与东盟各国建立高等教育战略合作伙伴关系，加强高等教育合作交流，强化历史文化认同，为中国—东盟高等教育共同体建设提供新的人文支撑，夯实民意基础。

一　政治审视：友好互信的政治生态是保障

坚持与邻为善、以邻为伴，奉行"睦邻、安邻、富邻"外交方针，突出亲、诚、惠、容的理念，在和平共处五项原则的基础上积极发展同东盟各国的友好合作关系，加强与东盟国家的政治交往，积极开展政治对话，自觉排除外界干扰，坚决维护双边、多边及区域和平稳定安全，建立双方友好合作政治关系，增强政治互信，增信释疑，是推进中国—东盟高等教育共同体建设持久、稳定运行的政治保障。

（一）发表《面向 21 世纪的睦邻互信伙伴关系联合声明》

20 世纪 90 年代初，中国同东盟启动对话进程，各国领导人之间互访活动频繁，有力地促进了相互之间的理解与合作。1997 年 12 月 16 日，中国与东盟领导人首次非正式会议在吉隆坡举行，会议围绕 21 世纪东亚前景，全球关系特别是亚欧关系，保持地区经济稳定方面的合作特别是东南亚金融危机问题，深化地区经济联系方面的合作，包括东盟—湄公河流域开发合作,国际经济问题方面的协调与合作等主题展开,并在会后共同发表《联合声明》,确立了指导双方关系的原则,将"建立面向21世纪的睦邻互信伙伴关系"作为共同的政策目标,标志着中国—东盟关系跨入了一个新的阶段。

在中国—东盟首脑非正式会议上,江泽民主席发表了《建立面向21世纪的睦邻互信伙伴关系》主旨演讲,提出要充分运用已经确立的全年对话合作机制,拓展双方各领域、各层次、各渠道的交流合作,加强双方领导人和各界人士之间的交往;秉持优势互补、互利互惠的原则,加强在资源、技术、市场、金融、信息、人力资源开发及投资等领域的合作;在一些重大的地区和国际问题上,在联合国、亚太经合组织、亚欧会议及东盟地区论坛中,加强双方的相互对话、相互协调、相互支持,共同维护发展中国家的正当权益;继续通过平等友好协商,处理彼此间存在的一些分歧和争议,寻求问题的逐步解决。① 这不仅符合时代发展潮流,有利于中国和东盟各国的根本利益,也有利于推动建立公正合理的国际新秩序,更有利于促进亚洲与世界的和平与发展。

(二) 签署《南海各方行为宣言》

为了维护南海稳定、增进互信和推进合作,为有关当事国最终和平解决争议创造良好的条件和氛围,2002年11月4日,中国与东盟各国外长在柬埔寨的首都金边签署了《南海各方行为宣言》(以下简称"《宣言》"),《宣言》主要包括十方面的内容,旨在巩固和发展各国人民和政府之间已存在的友谊与合作,增进本地区的和平、稳定、经济发展与繁荣,促进1997年中国与东盟成员国国家首脑会晤《联合声明》所确立的原则和目标的落实等。

《宣言》签署以来,中国与东盟国家共同遵循其宗旨和原则,保持密切沟通,积极探讨合作。2011年7月20日,在印度尼西亚巴厘岛举行的高官会就落实《宣言》精神达成一致,并就今后工作达成一系列重要共识,为推动落实《宣言》进程、推进南海务实合作铺平了道路。2012年1月13日,中国和东盟各国出席了在中国北京举行的落实《南海各方行为宣言》第四次高官会。此次高官会的召开,为2012年南海

---

① 潘国华、张锡镇:《东亚地区合作与合作机制》,中央编译出版社2002年版,第242—244页。

问题解决的走势开了一个好头。2013 年 5 月 29 日，中国和东盟国家代表出席了在泰国曼谷举行的落实《南海各方行为宣言》第八次联合工作组会议。2015 年 7 月 29 日，在中国天津举行了落实《南海各方行为宣言》第九次高官会，会议就全面有效落实《宣言》，推进海上务实合作深入交换意见。截至 2016 年年底，中国同东盟国家召开了十四次高官会，成立了联合工作组并已召开 21 次联合工作会议，并在南海防灾减灾、海上搜救、保护海洋环境和海洋生物多样性、海洋科学研究、海上航行安全等领域进行具体、务实、机制化的合作，形成相关合作机制。15 年来，中国和东盟国家通过落实《宣言》机制，共同维护了南海地区的和平稳定和经济繁荣，并致力于将南海建设成为和平之海、友谊之海、合作之海。

（三）　制定《落实中国—东盟面向和平与繁荣的战略伙伴关系联合宣言的行动计划》

为了积极应对新千年的机遇和挑战，巩固中国—东盟战略合作伙伴关系，促进本地区和平、发展和繁荣，2004 年 11 月 29 日，中国和东盟国家领导人在老挝万象制定了《落实中国—东盟面向和平与繁荣的战略伙伴关系联合宣言的行动计划》，在该《行动计划》框架内，中国和东盟在政治安全、经济、文化、国际和地区事务等领域开展各项活动，以推动东盟在 2015 年建成东盟共同体。在政治安全领域，双方领导人、部长及高官保持频繁接触和互动，包括 2006 年在广西南宁举办中国—东盟纪念峰会。在经济领域，双方对建立中国—东盟自由贸易区，加强金融投资、农业、信息通信技术、交通包括泛亚铁路等领域合作、中国和湄公河流域开发合作及海事合作、航空合作框架的谅解备忘录。在社会文化领域，双方致力于在公共卫生、科技、教育、劳动和社会保障、人力资源开发、环保、媒体等方面开展合作交流。在国际和地区事务领域，双方主要加强与东亚、跨区域组织、联合国以及世界贸易组织的合作。此外，双方在落实《南海各方行为宣言》后续行动、东盟—中日韩"10＋3"、东亚峰会（EAS）和东盟地区论坛（ARF）等领域也取得重要进展。该《行动计划》不仅是支持落实《东盟协调一致第二宣言》，更是今后 5 年（2005—2010 年）的"总体计划"，是全面深化和拓展双方关系与互利合作，建立更加融合的东盟共同体的重要战略部署。

2010 年 10 月 29 日，第十三次中国与东盟领导人会议在越南首都河内举行。会议通过并发表了《落实中国—东盟面向和平与繁荣的战略伙伴关系联合宣言的行动计划（2011—2015）》以及《中国和东盟领导人关于可持续发展的联合声明》，旨在继续深化中国—东盟面向和平与繁荣的战略伙伴关系，支持东盟在 2015 年建成东盟共同体。[①] 2015 年 11 月 21 日，在马来西亚首都吉隆坡举行了第十八次中国—东盟"10＋1"领导人会议，会议通过了《落实中国—东盟面向和平与繁荣的战略伙伴关系联合宣言行动计划（2016—2020）》，本《行动计划》以中国和东盟 1991 年建立关系以来取得的重要成就及《行动计划（2011—2015）》的成功落实为基础，有利于推动建设一个和平、稳定、融合、繁荣和充满关爱的东盟共同体，加强和提升 2016—2020 年中国和东盟战略伙伴关系、睦邻友好和互利合作。此外，该《行动计划》还确认中国支持东盟在不断演变的地区架构和所有东盟主导的机制和论坛中的中心地位。[②]

（四）制定《东盟 2025：携手前行》愿景文件

2015 年 11 月 21—22 日，在马来西亚首都吉隆坡举行的第二十七届东盟峰会上，东盟领导人签署了《关于建立东盟共同体的 2015 吉隆坡宣言》，宣布 2015 年年底正式建成东盟共同体。同时，会议通过了愿景文件《东盟 2025：携手前行》，旨在在高效、优势互补、自由贸易的基础上贯彻一体化战略，为以政治安全共同体、经济共同体和社会文化共同体为支柱的东盟共同体未来 10 年的发展指明了方向。东盟共同体重点建设内容包括：促进东盟概念更加深入民心；推动东盟国家中小企业发展；扩大东盟内部的贸易和投资；加强东盟机制建设；通过统筹、协调，促进地区和平与安全；促使东盟作为一个整体，更好地在世界舞台上发挥作用。

2016 年 7 月 25 日，在老挝万象召开的第四十九届东盟外长会议发

---

① 《落实中国—东盟面向和平与繁荣的战略伙伴关系联合宣言的行动计划（2011—2015）》，http：//www. asean－china－center. org/2012－02/27/c_131433868. htm，2012 年 2 月 27 日。

② 《落实中国—东盟面向和平与繁荣的战略伙伴关系联合宣言的行动计划（2016—2020）》，http：//www. fmprc. gov. cn/web/ziliao_674904/tytj_674911/zcwj_674915/t1344899. shtml，2016 年 3 月 3 日。

表《联合公报》，强调东盟将全面、有效落实《东盟共同体愿景2025》，以建设一个法治和以人为本的东盟共同体。公报从政治安全共同体、经济共同体和社会文化共同体三个方面详细阐述了东盟共同体面临的挑战，以及应对解决这些问题的方针和原则。在政治安全共同体领域，公报表示应把 1976 年签订的《东南亚友好合作条约》作为处理东盟国家之间关系过程的核心行为准则。在经济共同体领域，公报表示，东盟已经接近完成落实"经济共同体 2015 蓝图"的各项措施，欢迎东盟在交通、矿产、能源、信息通信、旅游等方面达成和落实的一系列新协议和计划，并致力于将东盟打造成为外来投资的热点地区，以及不断深化贸易便利化。在社会文化共同体领域，公报认为，通过落实本地区各项行动计划，东盟在保障儿童、老年人以及残疾人福利和权益等方面取得了显著进步，今后东盟各国期待在环保、气候变化、灾害管理等方面能够继续携手共同应对。① 作为亚洲地区第一个次区域共同体，东盟共同体成立将成为"一带一路"建设的重点和优先合作对象，有助于东盟国家实现陆上连通、信息沟通，加快基础设施建设步伐，也有利于东盟国家通过开展国际产能合作，提升装备制造业的水平。

二　经济审视：互利共赢的经济合作是动力

中国与东盟隔海相望、山水相连，天然的地缘优势，助推双方经贸往来，经济合作源远流长。2001 年双方达成 10 年内建成"中国—东盟自由贸易区"协议，把中国与东盟的合作推向一个崭新阶段。2002 年双方签署《中国—东盟全面经济合作框架协议》，勾勒出中国—东盟广泛的经济合作领域，确定了中国—东盟自由贸易区的基本架构。中国—东盟自由贸易区的成立及提档升级，是中国与东盟双方发展经贸关系，巩固全面合作关系的重要举措。双方经济合作关系的深化，必将产生溢出效应，为高等教育区域合作奠定良好的物质基础。而中国—东盟高等教育共同体建设，也必将为双方经济合作发展提供人力资源保障。

---

① 《第四十九届东盟外长会议发表联合公报》，http://news.xinhuanet.com/world/2016-07/25/c_1119278225.htm，2016 年 7 月 25 日。

（一）建设中国—东盟自由贸易区

中国—东盟自由贸易区（CAFTA），作为世界上三大自由贸易区之一，是由中国与东盟十国共同组建而成，该自由贸易区的概念是在2001年首次被正式提出。2002年11月4日，第六次中国—东盟领导人会议在柬埔寨首都金边举行，共同签署了《中国与东盟全面经济合作框架协议》，该协议总体确定了中国—东盟自贸区包括货物贸易、服务贸易、投资和经济合作等在内的基本架构，提出中国与东盟加强和增进各缔约方之间的经济、贸易和投资合作；促进货物和服务贸易，逐步实现货物和服务贸易自由化，并创造透明、自由和便利的投资机制；为各缔约方之间更紧密的经济合作开辟新领域等全面经济合作的目标。该协议的正式签订，标志着中国—东盟自由贸易区的建设正式启动。

中国—东盟自由贸易区作为世界人口最多、发展中国家之间建立最大的自贸区，其涵盖了11个国家、19亿人口和1400万平方千米的国土面积。截至2015年，中国和东盟双方贸易总额达到4721.6亿美元。纵观中国—东盟自由贸易区的建设进程，可以将其划分为三个主要阶段。第一阶段（2002—2010年），这一阶段的主要任务是下调关税，主要包括2002年11月4日双方签署《中国—东盟全面经济合作框架协议》，2010年1月1日中国对东盟93%的产品贸易关税降为零。第二阶段（2011—2015年），这一阶段的主要任务是全面建成自贸区，双方在更加广泛的领域和范围内开放服务贸易市场和投资市场。第三阶段（2016年至今），这一阶段的主要任务是巩固和完善自贸区的建设。[①]目前，中国—东盟自贸区建设已经全部完成第一阶段的任务，基本完成第二阶段的任务，正向着实现第三阶段的既定目标迈进。中国—东盟自贸区正是在共商、共建、共享原则的指引下建设的，这不仅能够满足中国与东盟各国的内在需求，更有利于推动双方的互利共赢。

（二）建立中国—东盟区域发展协同创新中心

中国—东盟区域发展协同创新中心，由广西壮族自治区人民政府主导，广西大学牵头，并联合中共中央对外联络部、外交部、商务部、中国农业银行，协同国内外重点高校、重要科研院所共同组建。中心以打

---

① 《中国—东盟自由贸易区的建设进程》，http：//www.cafta.org.cn/show.php？contentid=63877，2012年4月28日。

造"国家急需、世界一流、制度先进、贡献重大"的中国特色新型高校智库为目标，旨在发展中国—东盟领域政治、经济、国防、外交等重大问题的合作与创新研究，培养"东盟通"特殊人才，服务"一带一路"国家倡议。目前，中国—东盟区域发展协同创新中心主要包括牵头单位广西大学，核心单位10家：云南大学、暨南大学、南开大学、对外经济贸易大学、西南交通大学、中国人民解放军国防大学战略研究所、中国社会科学院亚太与全球战略研究院等，支撑单位6家：外交部亚洲司、外交部政策规划司、商务部亚洲司、商务部国际经济与贸易研究院、中共中央对外联络部当代世界研究中心、广西壮族自治区人民政府办公厅，成员单位11家：南京大学商学院、外交学院亚洲研究所、中央财经大学金融学院、中国人民大学国际关系学院、厦门大学东南亚研究中心、中国—东盟商务理事会、安邦咨询公司、东中西区域改革和发展研究院、广西国际博览事务局、广西金融投资集团、中马钦州产业园区管委会。

　　中国—东盟区域发展协同创新中心根据《理事会章程》，围绕中国—东盟命运共同体间"讲信修睦""合作共赢""开放包容"的建设目标，秉承"精简、高效"的原则，实行理事会领导、学术委员会对学术问题把关的中心主任负责制。目前，中心有49个共229人的研究团队，分别由协同创新中心主任、首席科学家担任主要负责人，分布在10个协同创新平台中。发展培育期间，中心已产出了200多项应用成果和400多项高水平理论成果，这些成果具有重要的社会经济效益，为政府制定有关中国—东盟区域发展的重大项目决策提供了理论依据和支持。中心自建设以来，始终以国家和东盟区域发展的重大需求为导向，以中国—东盟全面战略合作伙伴关系发展中的重大协同创新研究任务为牵引，以服务中国—东盟区域发展实践和理论创新重大需求为宗旨，不断优化国际问题研究，全方位创新环境，提升科研、学科、人才"三位一体"创新能力，打造集科学研究、学科建设、人才培养、智库建设、体制创新于一体的中国高校特色新型智库，使中国—东盟区域发展协同创新中心成为具有国际重大影响力的学术高地。①

---

　　① 《中国—东盟区域发展协同创新中心简介》，http：//cacic. gxu. edu. cn/info/1968/ 1136. htm，2015年7月17日。

（三）打造中国—中南半岛国际经济走廊

中国—中南半岛经济走廊作为"一带一路"建设的六大经济走廊之一，主要由中国、缅甸、泰国、越南、老挝、柬埔寨、马来西亚、新加坡 8 个国家组成，该走廊的起点为中国广西南宁和云南昆明，终点为新加坡，是沟通太平洋和印度洋的陆上桥梁，是陆上丝绸之路和海上丝绸之路的连接纽带，是中国和东盟合作的跨国经济走廊。目前，中国—中南半岛经济走廊的主要任务包括：建立中、缅、老、柬长期稳固的区域合作伙伴关系，构建以我国为主导的跨国生产网络和差别化的国际产能合作路径，推动中国—东盟自贸区升级版向 RCEP 演进，提高人民币在中南半岛各国的区域化程度，全面推动标准、技术、政策对接并构建向命运共同体迈进的制度。①

自中国—中南半岛经济走廊建设以来，取得了重要进展。一是积极推进连通中南半岛的陆上通道建设。截至 2016 年年底，广西境内已开通 12 个通往中南半岛的国际公路通道节点，11 条客货运输线路。北部湾港已开通至新加坡、泰国、越南、缅甸等国的集装箱班轮航线，全面建成云南省昆明经磨憨至曼谷、经河口至河内、经瑞丽至皎漂、经清水河至皎漂的"四出境"公路通道，并在广西南宁挂牌成立了中国—东盟信息港等。二是加速了对中南半岛各国投资贸易的分化。2015 年，我国对中南半岛各国投资总流量达到 131.8 亿美元，投资存量达到 532 亿美元，进出口贸易总额达到 3669 亿美元。在中南半岛各国中，我国对新加坡的投资总流量和总存量最高，分别占 79.3% 和 58.4%，我国对越南的出口额最高，占 30.7%，而对老挝、柬埔寨和缅甸 3 国的出口额只占 6.7%；我国自马来西亚的进口额最高，占 35.4%，其次为泰国，占 24.7%，自老挝、柬埔寨和缅甸 3 国的进口额只占 4.8%。三是国际产能合作、境外经贸合作区和跨境经济合作区建设起步良好。在国际产能合作方面，中老、中泰铁路开始启动实施，老挝北部 230 千伏电网工程建成投产，海螺水泥、德龙钢铁、信义集团、北部湾国际港务等企业在中南半岛国家纷纷投资建设钢铁厂、水泥厂和浮法玻璃生产线，多家中国企业开始跨境电商业务。在境外经贸合作区建设方面，截至

---

① 卢伟、公丕萍、李大伟：《中国—中南半岛经济走廊建设的主要任务及推进策略》，《经济纵横》2017 年第 2 期。

2016 年 6 月，中马"两国双园"项目建设顺利推进，关丹园首个总投资 14 亿美元的入园项目动工建设，老挝万象赛色塔综合开发区已成功签约 12 家企业，入园企业投资总额约 2.6 亿美元。在跨境经济区建设方面，中越跨境经济合作区中的部分园区已开展征地、路网工程和专业市场建设；中泰崇左产业园区、中泰玉林文化产业园已签订合作框架协议，其中崇左产业园已入驻泰国两仪集团等企业；中老两国签署磨憨—磨丁跨境经济合作区建设共同总体方案。四是开启了人民币在中南半岛地区的区域化进程。截至 2016 年年底，我国已与泰国、马来西亚、新加坡签订了双边货币交换协议，马来西亚、泰国和柬埔寨都将人民币列为官方储备货币，人民币对马来西亚吉林特和越南盾可以直接挂牌交易，中国人民银行在新加坡、马来西亚和泰国指定了人民币清算行。五是构建了以澜湄合作机制为主体的合作平台。2015 年 11 月，我国与湄公河流域国家共同启动了"澜沧江—湄公河合作机制"，该机制以政治安全、经济、社会文化为"三位一体"的总体框架，以互联互通、产能合作、跨境经济、水资源、农业和减贫为主要任务，其成员涵盖了柬埔寨、老挝、缅甸、泰国、越南等中南半岛的主要国家。

（四）合作开发东盟东部增长区、三河流域、印度尼西亚—马来西亚—泰国增长三角

东盟东部增长区作为东盟内三个次区域合作区之一，包括马来西亚东部的沙捞越州、沙巴州和纳闽岛，印度尼西亚东部的加里曼丹、苏拉威西、伊利安查亚和马鲁古群岛，菲律宾南部的棉兰老岛和巴拉望岛，以及文莱全部地区，总面积 156 万平方千米，人口约 5500 万。1994 年 3 月，东盟东部增长区在菲律宾达沃市正式成立，设立了高官会和部长级会议。2005 年 12 月，东盟东部增长区确定了交通、基础设施和信息产业，农业产业和自然资源，旅游和中小城市企业发展四大合作领域，并批准实施 10 年经济发展的路线图。根据路线图，在 2006—2010 年 5 年中，贸易和重点投资领域实现区域间 10% 的增长，旅游业实现 20% 的增长。2005 年 9 月 21 日第十届增长区部长会议在文莱举行，中国被邀请作为发展伙伴。自东盟东部增长区建设以来，其始终致力于通过加强区内人员、货物和服务的自由流动，共享区内的基础设施和自然资源，增强各成员经济的互补等途径，以缩小四国之间以及东盟老六国之间经济发展不平衡差距，促进区内四国偏远欠发达地区的社会、经济的发展。①

1993 年 7 月，印度尼西亚、马来西亚、泰国三国召开首次部长级会议，正式决定建立"印度尼西亚—马来西亚—泰国增长三角"（又称"东盟北增长三角"），其包括印度尼西亚的亚齐和北苏门答腊 2 省，马来西亚的吉打、玻璃市、槟榔屿和霹雳 4 州，泰国的那拉惕瓦、北大年、沙敦、宋卡和也拉 5 府，总面积约 20 万平方千米，人口为 2100 万。该增长三角旨在通过发挥三角区域内经济互补性和比较优势，降低运输成本和交易成本，加速私营经济的增长，增强吸收外资和扩大出口的能力，通过实现规模经济减少生产和分配成本，创造新的就业机会，改善当地的福利状况。印度尼西亚—马来西亚—泰国增长三角自建立以来，确定了跨国界贸易和投资，开发人力资源、旅游业、种植业和渔业，能源开发，工业合作，基础设施建设，运输服务和环境保护六个重点合作领域，并相应建立了 6 个合作组，近年来，印度尼西亚—马来西亚—泰国增长三角发展迅速，区域经济优势已初步显现。②

（五）推进大湄公河次区域经济合作

大湄公河次区域经济合作（GMS）是由中国、缅甸、老挝、泰国、柬埔寨、越南六个澜沧江—湄公河流域内的国家共同参与的一个次区域经济合作机制，该合作机制由亚洲开发银行发起，成立于 1992 年。GMS 机制采取协商一致的合作原则，所有决定需经各成员国一致认可，旨在加强次区域国家的经济联系，消除贫困，促进次区域的经济社会共同发展。亚洲开发银行作为 GMS 的发起者、协调者和主要筹资方，主要负责为 GMS 有关会议及具体项目的实施提供技术和资金支持。GMS 设最高决策机构——领导人会议，每 3 年举行一次。设日常决策机构——部长级会议，下设高官会、工作组及专题论坛等。③

GMS 成立 25 年来，成员间合作领域不断拓宽，涵盖交通、能源、信息通信、环境、农业、人力资源开发、贸易、投资、旅游、经济走廊等，取得了丰硕成果。2013 年 12 月 10—11 日，GMS 第十九次部长级会议在老挝首都万象举行，会议通过 2013—2022 年区域投资框架合作

---

① 林达：《东盟东部增长区》，《广西日报》2009 年 7 月 22 日第 6 版。
② 韦雨妍、海林：《东盟北增长三角》，《广西日报》2009 年 7 月 22 日第 6 版。
③ 《世界知识年鉴 2013/2014》，世界知识出版社 2014 年版，第 1191—1192 页。

项目规划，签署了成立 GMS 铁路联盟备忘录。2014 年 12 月 19—20 日，GMS 第五次领导人会议在泰国曼谷举行，主题是"致力于实现大湄公河次区域包容、可持续发展"。会议通过了 2014—2018 年区域投资框架执行计划（RIF－IP），为次区域进一步加强互联互通描绘了蓝图。中国十分重视并积极参与 GMS 各层次、各领域项目的规划与实施，为促进 GMS 各成员国民生和福祉作出了自身贡献。云南和广西是中国参与GMS 具体合作项目的主要省份。自 2008 年 GMS 第三次领导人会议以来，中国政府继续为 GMS 合作提供力所能及的资金支持，结合湄公河次区域国家需求不断提出务实合作倡议，并积极参与交通、电力、电信、环境、农业、人力资源开发、卫生、旅游、贸易便利化和投资、禁毒等领域的合作，推动次区域以及亚洲地区的繁荣与稳定。[1]

（六）中国—新加坡合作打造苏州工业园

苏州工业园区是中国和新加坡两国政府间重要的国际合作项目，1994 年 2 月经国务院批准设立，同年 5 月正式启动建设。园区位于苏州城东金鸡湖畔，占地面积 288 平方千米，其中，中新合作开发区规划发展面积为 80 平方千米。一直以来，中共中央、国务院高度重视苏州工业园区的开发建设，江苏省委、省政府和苏州市委、市政府把园区项目作为对外开放的重中之重，予以全力推进。经过 23 年的发展，苏州工业园区取得了举世瞩目的成绩，已连续多年名列"中国城市最具竞争力开发区"排序榜首，综合发展指数位居国家级开发区第二位，被称为中新两国合作的成功典范。

苏州工业园区经济国际化特色显著，实际利用外资、进出口总额等指标均居全国开发区第一。2015 年，苏州工业园区实现地区生产总值2060 亿元、公共财政预算收入 257 亿元、全社会固定资产投资 611 亿元，初步展现基本实现现代化的总体形态。区内现有各类企业近 5 万户，其中外资企业近 5600 家，注册外资超过 428 亿美元；来自欧美的项目（含新加坡转投资）占 49%，日韩占 18%，新加坡占 6%，港澳台地区占 22%。2015 年 9 月 30 日，苏州工业园区成为全国首个开展开

---

① 《大湄公河次区域经济合作》，《中国产经新闻》2016 年 12 月 6 日第 A02 版。

放创新综合试验区域。① 根据苏州工业园区"十三五"规划中明确定位长远发展的战略愿景,力争到新中国成立 100 周年,将园区全面建设成为具有重要影响力和独特竞争优势的"全球产业创新园区"和"国际商务宜居新城",建设成为国际先进现代化高科技产业新城区,打造成为"东方慧湖"和"天堂新城"。实现这一长远战略愿景将具体分三个战略期。其中,2016—2025 年为第一战略期,这一阶段将基本形成全球产业创新园区和国际商务宜居新城的基础形态和核心功能,建成以创新为导向、战略态势和高端产业结构的国际先进现代化高科技产业新城区。

（七）中国—越南合作建设"两廊一圈"

随着中国—东盟自由贸易区建设进程的加快,泛珠三角区域经济合作的启动,环北部湾经济圈开发再次成为区域经济发展热点,以及澜沧江—湄公河次区域开发合作取得初步进展,2004 年 5 月 20—24 日,时任越南总理潘文凯到中国访问时,提出中越合作建设"两廊一圈"的设想,得到中国方面积极响应。同年 10 月 6—7 日,两国政府发表联合公报明确提出,双方同意在两国政府经贸合作委员会框架下成立专家组,积极探讨建设"两廊一圈"问题。2006 年 11 月 16 日,中越两国政府发布了《中华人民共和国政府和越南社会主义共和国政府关于开展"两廊一圈"合作的谅解备忘录》,"两廊一圈"进入中越两国政府的合作构想。

"两廊一圈"的区域范围包括中国的云南、广西、广东、海南四省区和越南的老街、谅山、广宁、河内及海防五省市,总面积 86.9 万平方千米。"两廊一圈"中的两廊,是指"昆明—老街—河内—海防—广宁"和"南宁—谅山—河内—海防—广宁"经济走廊,呈"Y"字形分布,交叉点在河内,昆明、南宁是其中的两个端点。"一圈"是指环北部湾经济圈。"两廊一圈"以在两国边境省区间构筑一个平台,为双方企业及第三国企业开展经贸合作创造便利条件,形成推动两国经贸合作新增长点为目标,重点合作领域包括:双边贸易、工业、农业、旅游业、资源开发与加工、电力合作、基础设施建设、贸易自由化和流通便

---

① 郭纲、陈莉:《深化中新跨境金融合作,放大苏州园区效应》,《中国经济周刊》2016 年第 12 期。

利建设、环境保护和生态建设等。① 近年来，随着"两廊一圈"建设的深入推进，中越双边贸易稳定增长，中国连续 13 年成为越南的第一大贸易伙伴，2016 年 1 月越南首次成为中国在东盟的最大贸易伙伴，并是中国前十大贸易伙伴之一。2016 年中国企业对越实际投资额增长83.2%，累计投资额已超过 100 亿美元。"两廊一圈"建设有助于推进与"一带一路"的对接合作，加强中越经贸、金融等领域的全面合作，促进包括东盟在内的区域经济发展，巩固和发展中越睦邻友好合作关系，提升中越命运共同体。

（八）助力中国"21 世纪海上丝绸之路"与印度尼西亚"全球海洋支点"战略对接

"21 世纪海上丝绸之路"，是 2013 年 10 月习近平主席访问印度尼西亚时首次提出的倡议。2014 年 9 月，习近平在访问斯里兰卡和马尔代夫时提出要扩展"21 世纪海上丝绸之路"倡议的线路，在路线设计上将东南亚、南亚国家作为主要目标国。2015 年 3 月 28 日，中国政府正式发布《推动共建丝绸之路经济带和 21 世纪海上丝绸之路的愿景与行动》（简称"一带一路"），提出推动沿线各国实现经济政策协调，开展更大范围、更高水平、更深层次的区域合作，共同打造开放、包容、均衡、普惠的区域经济合作架构。② "全球海洋支点"战略，是 2014 年10 月印度尼西亚总统佐科·维多多（Joko Widodo）提出的发展规划。在 2014 年 11 月的东盟峰会上，佐科再次阐述并提出将复兴海洋文化、保护和经营海洋资源、开展海上外交、发展海上交通基础设施、提升海上防御能力作为建成"全球海洋支点"优先考虑的五个支点，其核心内容是实施新的国家发展战略，改革经济发展模式，促进基础设施建设，消除长期以来制约印度尼西亚经济发展的"瓶颈"。"21 世纪海上丝绸之路"倡议与"全球海洋支点"战略高度契合，为中国与印度尼西亚的合作发展提供了高层框架和指导思想。

中国和印度尼西亚之间优势互补，合作发展基础良好，两国合作领域广泛，潜力巨大，前景广阔。推进"21 世纪海上丝绸之路"与"全

---

① 黄志勇等：《第三次大开放浪潮——广西实施以开放为主导的跨越式发展战略研究》，广西人民出版社 2014 年版，第 231 页。

② 《推动共建丝绸之路经济带和 21 世纪海上丝绸之路的愿景与行动》，新华网，2015 年6 月 8 日，http：//news. xinhuanet. com/gangao/2015 - 06/08/c_ 127890670. htm。

球海洋支点"的战略对接,不仅能够丰富中国"一带一路"倡议的内涵,也有利于稳定东南亚地区局势,构建南海合作机制。经济层面上,"21 世纪海上丝绸之路"与"全球海洋支点"对接能够连通中国从东南亚到南亚的海上运输线,其重点是通过打造港口支点以带动支点国家腹地的经济发展,形成双边和多边合作经济带。战略层面上,"21 世纪海上丝绸之路"与"全球海洋支点"对接旨在提升两国双边及多边伙伴关系,建立互利共赢的新型国际关系,促进区域内相关国家协同发展,同时增强中国在亚洲的领导力和影响力,加速中华民族的伟大复兴进程。①

(九) 实施中国—东盟绿色使者计划

2007 年 1 月,在第十一次中国—东盟领导会议上,环境保护被列为"10 + 1"的重点合作领域之一。2009 年 10 月,中国与东盟制定并通过了《中国—东盟环境保护合作战略 (2009—2015)》,为推进双方具体合作奠定了基础。2010 年 10 月,在第十三次中国—东盟领导人会议上,时任中国国务院总理温家宝倡议实施"中国—东盟绿色使者计划"(简称"绿色使者计划"),旨在提高中国和东盟国家公众环境意识,加强能力建设方面的合作,支持区域可持续发展。2011 年通过的《中国—东盟环境保护合作行动计划 (2011—2013)》,将绿色使者计划确立为重要的旗舰项目。绿色使者计划以绿色创新、绿色先锋、绿色企业家等为主要内容,其目标在于:提高区域内环境建设,特别是决策者的环境意识和环境管理能力,促进区域绿色经济发展;鼓励青年学生学习环保知识,参与环保活动,提高环保意识;支持中国和东盟的企业开展绿色创新,推动建立绿色经济的区域伙伴关系。②

自 2011 年 10 月绿色使者计划启动以来,围绕绿色发展的主题,举办了多次交流活动,包括面向青年学生的"中国—东盟绿色发展青年研讨会",面向政府官员的"中国—东盟绿色经济与环境管理研讨班",以及"中国—东盟绿色经济与生态创新青年研讨会",面向产业界的

---

① 马博:《"一带一路"与印尼"全球海洋支点"的战略对接研究》,《国际展望》2015年第 6 期。

② 中国东盟环境保护合作中心:《中国—东盟绿色使者计划》,中国环境科学出版社2013 年版,第 2—10 页。

"绿色企业家"开展环境责任与伙伴关系建立等。① 目前，以中国—东盟环保合作中心为平台和支撑，双方在环保领域的政策能源建设方面的合作发展顺利。今后将积极落实中国—东盟环保合作战略，根据中国—东盟环保合作的行动计划，推动务实合作，促进绿色发展，充分结合中国—东盟自贸区的合作，促进中国—东盟环保产业市场的发展。同时，不断创新合作模式，扎实推进环境无害化技术、环境标准与清洁生产的合作，推动生产与消费领域对话，积极开展环境示范项目合作，加强区域环境能力建设，搭建中国—东盟环境合作示范平台。

（十）举办中国—东盟社会发展与减贫论坛

2006 年 9 月 25—29 日，在北京举办的"第二届东盟与中日韩'10＋3'区域扶贫高层研讨会"上，国务院副总理回良玉提出建立区域扶贫论坛机制，开展年度交流活动，此提议得到了与会代表的普遍赞同。自 2007 年起，开始举办年度机制化的"中国—东盟社会发展与减贫论坛"，迄今已在中国及越南、印度尼西亚、缅甸、老挝等国成功举办了 11 届，该论坛被纳入《落实中国—东盟面向和平与繁荣的战略伙伴关系联合宣言的行动计划（2011—2015）》和《落实中国—东盟面向和平与繁荣的战略伙伴关系联合宣言的行动计划（2016—2020）》，成为宣传中国减贫政策与实践以及中国治国理政经验的重要国际交流平台。

2007 年 10 月 30 日，第一届"中国—东盟社会发展与减贫论坛"在广西南宁举办，主题为"促进关于社会发展与减贫的区域的协作"。中国与东盟 10 国联合发表《南宁倡议》，指出要建立中国—东盟社会发展与减贫论坛机制，构筑适应东盟各发展中国家与中国减贫和社会发展实际需要的国际协作框架，推动与国际组织建立减贫合作，加强东盟发展中国家与中国减贫的能力建设。每年度确定一个主题，开展针对该主题领域理论知识、研究方法、政策信息等方面的集中研讨。2007 年以来，广西成为东盟博览会的永久举办地，东盟论坛成为其品牌论坛。2017 年 7 月 25 日，第十一届中国—东盟社会发展与减贫论坛将在柬埔寨举行，会议以"中国与东盟：减贫创新与实践"为主题，对中国与

---

① 贾宁、毛立敏、奚旺：《中国—东盟绿色使者计划大有可为》，《环境教育》2014 年第 10 期。

东盟国家在减贫理念创新及实践、中国—东盟减贫合作实施路径、实现 2030 年可持续发展目标等议题进行广泛讨论。未来，中国将与东盟国家一起不断完善减贫方案，加大脱贫攻坚工作力度，继续与国际社会加强减贫领域的交流与合作，为全球减贫事业贡献力量。

三 文化审视：人文相亲的文化认同是基石

文化是教育的内容和环境，而教育是文化的反映和表征。文化是连接不同民族、不同族群的纽带和根脉。文化作为国家对外政策的"第四方面"①，是国家综合国力的重要展现，也是国家整体发展战略的重要组成部分。国家和民族的存在，从根本上来说，就是一种文化的存在。国家与国家、区域与区域、民族与民族之间的交往，必然离不开文化的沟通，以及对文化的尊重、认同。文化的传承创新、融合发展，是推进中国—东盟高等教育共同体建设取之不尽的源头活水和长久稳固的战略基石。

（一）传播弘扬儒家思想文化根脉

儒家思想文化是以儒家学说为指导思想的文化流派。儒家学说为春秋时期孔丘所创，倡导血亲人伦、现世事功、修身存养、道德理性，其中心思想是恕、忠、孝、悌、勇、仁、义、礼、智、信，核心是"仁"。儒家学说经历代统治者的推崇，以及孔子后学的发展和传承，对中国文化的发展起到了决定性的作用。中国与东南亚有着非常悠久而又复杂的交往关系，早在 19 世纪，已有华人离开中国大陆迁徙到东南亚，如郑和七下西洋等。迁徙华人在东南亚以汉语汉字、宗亲乡谊、民俗节庆、饮食习惯为其内容和特征构成了独特的华人文化，将中华文化与不同国家十分密切地联系起来。改革开放以来，中国大力发展经济，适时调整国家战略，成为一个真正意义上崛起的发展中大国。作为中国周边深受中国影响且有密切关系的东盟各国，它们都希望加强与中国的战略伙伴关系，积极开展同中国从经贸活动、睦邻外交到文化层面的合

① ［美］菲利普·G. 阿特巴赫：《比较高等教育：知识、大学与发展》，人民教育出版社 2000 年版，第 37 页。

作，努力构筑地区认同，在更高层次上促进双方的互利共赢，维护东南亚的和平、稳定和发展。目前，东南亚是中国海外移民人数最多的地区，儒家思想作为中国传统文化的主流思想，对东盟国家的政治、经济、文化发展等产生了深刻影响。

近年来，从官方到民间，中国与东盟各国在传播弘扬传统文化方面合作频繁，比如，举办中国—东盟传统文化传承与传播论坛，举办"儒家思想在世界的传播与发展"国际学术研讨会，开展中国—东盟（南宁）孔子文化周活动等，旨在继续与东盟各国更加广泛、深入地开展思想文化交流，不断探索更加有效的文化传承与传播途径、方法，鼓励文化产业和产品服务领域合作，为深化中国与东盟友好合作关系，促进中国与东盟的文化繁荣发展作出新的更大贡献。未来，中国与东盟在传统文化方面的合作将主要围绕以下层面展开：一是加强文化信息合作，建立中国与东盟文化信息平台；二是加强文化互访合作；三是加强非物质文化遗产合作；四是加强文化创意产业合作；五是开展演艺节目及人才的合作；六是加强民间文化交流合作。

（二）举办中国—东盟学生"汉语桥"

"汉语桥"作为世界人文交流领域的知名品牌活动，是由孔子学院举办的中文比赛，分为"汉语桥"世界大学生中文比赛、"汉语桥"世界中学生中文比赛和"汉语桥"在华留学生汉语大赛三项比赛。比赛内容包括汉语语言能力、中国国情知识、中国文化技能和综合学习能力等，每年举办一届，项目的具体组织和实施由汉语桥比赛组委会进行。汉语桥旨在激发各国青年学生学习汉语的积极性，增强世界对中国语言与中华文化的理解。首届"汉语桥"世界大学生中文比赛于2002年8月10日在山东举行，2008年正式落户湖南，由湖南卫视和湖南教育台共同承办，现已举办16届。"汉语桥"世界中学生中文比赛从2012年第五届开始正式落户云南，由孔子学院总部/国家汉办、云南省政府联合主办，云南省教育厅、云南师范大学、云南省广播电视台承办，现已成功举办10届。目前，"汉语桥"中文比赛已成为各国学生学习汉语、了解中国的重要平台，在中国与世界各国青年之间架起了一座沟通心灵的桥梁。

为了增进中国与东盟学生的交流，激发其学习汉语的热情，加深其对中国语言文化的了解，2012年8月16日—9月1日，"汉语桥—东盟中学生夏令营"在广西大学开营,马来西亚、柬埔寨、老挝、文莱4国中学师生参加了夏令营活动。此次夏令营以学习汉语为主,兼修中国书法、武术、太极拳、民族舞蹈、中国画等。此外,营员们还到广西大学附属中学观摩课堂教学,与师生交流和进行体育友谊赛等。2017年7月27日,"汉语桥"东盟国家青少年来华夏令营将在贵州民族大学举行开营,来自东盟9个国家、15所孔子学院的300多名师生参加本次夏令营活动,他们将参观孔学堂,学习体验太极拳、书法、剪纸、广场舞、武术等中国民族民间文化。此外,还将参与中国—东盟教育交流周开幕式和徒步活动。

(三) 签署《中国—东盟文化合作谅解备忘录》

2005年8月3日,第二次东盟—中日韩"10+3"文化部长会议在泰国首都曼谷举行,共同签署了《中华人民共和国政府与东南亚国家联盟成员国政府文化合作谅解备忘录》,在文化合作层面,双方决定:第一,缔约方将通过艺术合作与交流、联合研究与考察、信息交换、人员交流与互动等活动,积极推动对彼此文化艺术的认识、了解和欣赏;第二,缔约方将通过文化遗产管理计划、知识产权保护以及文化遗产机构和部门之间的网络联系和交流,鼓励和支持对有形和无形文化遗产的保存、保护和推广;第三,缔约方鼓励和支持在考古和文化遗产、传统和当代艺术、文化企业和创意产业、艺术和文化管理领域的人力资源开发;第四,缔约方将通过产品开发和文化市场营销、广告宣传、专家间的信息交换和组织网络等手段建立在文化产业领域的合作;第五,缔约方应努力发现和解决在中国—东盟文化合作中与多边或国际公约有关的问题。备忘录旨在推进中国与东盟各成员国的文化交流与合作。双方在备忘录中承诺将加强在文化领域的交流合作、共同研发和信息共享,备忘录还规定各国应鼓励和支持对文化遗产的保护、开发和培养文化领域的人力资源以及加强文化企业的合作。该备忘录是中国与世界上区域合作组织之间签订的首个文化合作文件,标志着中国与东盟中国与东盟各成员国之间的文化交流和合作进入一个新的发展时期。

(四) 制订《中国—东盟文化合作行动计划 (2014—2018)》

2014年4月,第二届中国—东盟文化部长会议暨第六次东盟—中日韩"10+3"文化部长会议在越南顺化举行,会议签署的《中国—东盟文化合作行动计划 (2014—2018)》,将合作拓展至文化产业合作、文化遗迹保护、图书馆合作公共文化服务等领域，标志着中国与东盟双方文化交流合作进入全方位发展阶段。

为了推动中国与东盟国家文化交流进一步深化，全面落实《中国—东盟文化合作行动计划（2014—2018）》，双方将从以下四个方面落实这一行动计划：一是充分挖掘海上丝绸之路文化内涵，为中国与东盟共建"21世纪海上丝绸之路"提供人文支撑；二是充分利用现代传媒技术，使文化交流深入普通民众；三是推动更多民间力量参与，扩大文化产业合作；四是在更多东盟国家设立中国文化中心，搭建文化交流合作平台。

（五）举办中国—东盟文化论坛

"中国—东盟文化论坛"由中国文化部、广西壮族自治区政府联合主办，其前身是诞生于2006年的"中国—东盟文化产业论坛"。2011年，"中国—东盟文化产业论坛"正式列入中国—东盟博览会系列论坛。2012年，"中国—东盟文化产业论坛"正式更名为"中国—东盟文化论坛"。迄今"中国—东盟文化论坛"已成功举办11届，成为中国—东盟博览会的"十大品牌"论坛之一。该论坛已成为中国与东盟文化对话的重要平台，对话领域从文化产业扩展到了文化艺术、非物质文化遗产保护、公共文化服务、文化人力资源培训等方面，为中国与东盟在文化领域的交流与合作提供了新的活力与保障。

2012年9月11日，第七届中国—东盟文化论坛在广西南宁举行，其主题为"亚洲图书馆的资源共享与合作发展"，会上通过的《东亚图书馆南宁倡议》，为促进东亚图书馆交流与合作做出了重要贡献，同时，今年将"中国—东盟文化产业论坛"正式更名为"中国—东盟文化论坛"，标志着中国—东盟文化合作交流迈上了一个新的台阶。2013年9月10日，第八届中国—东盟文化论坛的主题为"对话与合作——非物质文化遗产的保护与传承"，旨在促进中国与东盟各国在文化领域的深层次对话，实现非物质文化遗产的突出成果和先进经验在中国与东盟各国的共享，加强中国与东盟各国的深层次了解与沟通。2015年9月16日，第十届中国—东盟文化论坛在广西南宁举行，其主题为"新常态、新合作——东盟共同体建成后的'10+1'文化合作"，本届论坛首次以寻求稻作文化习俗认同为目的，举办稻作文化（"那"文化）论坛，旨在通过文化互动、变迁认同，聚焦"一带一路"倡议下的文化发展机遇，促使双方在稻作文化、休闲旅游农业及文化遗产保护管理利用等方面寻求契合点，共同商讨"海上丝绸之路"沿线及东盟国家的文化合作潜力和社会文化资源优势，从文化领域促进中国—东盟命运共同体建立。

（六）举办中国—东盟南洋文化节

中国—东盟南洋文化节的前身为"南洋美食文化节"，始于 2008 年，最初由新加坡、泰国、菲律宾三国驻厦门总领事馆创办，每两年一届。从 2012 年起，中国—东盟南洋文化节由厦门市外侨办与菲律宾、新加坡、泰国驻厦总领事馆联合主办，并扩展活动内容，扩大到东盟五国参与，正式更名为"南洋文化节"，至今已成功举办了三届。举办南洋文化节的目的在于深化我国与东盟国家之间的关系，特别是增进双方在经济、文化和旅游等方面的合作与交流。

2012 年第三届南洋文化节在厦门举办，来自东盟的印度尼西亚、马来西亚、菲律宾、新加坡、泰国 5 国参加，主要活动包括开幕式、文艺演出、商品展、图片展、电影展映、美食节和南洋文化讲座等，本届文化节能够传扬东南亚各国的璀璨艺术和丰富多彩的文化，为中国更好地了解东南亚各国的历史、文化、艺术、美食、商品提供了一个全新的"窗口"。2014 年第四届南洋文化节，首次实现东盟十国全员参会，并新增了"南洋研讨会"板块，重点围绕打造"21 世纪海上丝绸之路"，建立更加紧密的中国—东盟命运共同体开展研讨。2016 年是中国—东盟建立对话关系 25 周年，第五届南洋文化节作为 25 周年系列庆祝活动之一，其以"传承友谊，共谋发展"为主题，举办 9 项活动，旨在搭建中国—东盟之间的友谊桥梁，促进双方合作共赢。今年的文化节与往年不同的是，本届文化节增加两个新亮点——中国—东盟产品对接会以及东南亚电影展映活动。

四　教育审视：结构互补的教育交流是核心

中国与东盟历史文化传统、教育发展资源各有特色、优势，被西方列强侵略掠夺相近的历史际遇，谋求经济发展、政治互信、文化认同、地区安全等相同的发展任务，把双方紧紧地连接在一起。伴随区域经济一体化、政治格局多元化、高等教育国际化发展，增强双方高等教育合作交流，推进共建中国—东盟高等教育共同体，为深化双方战略合作伙伴关系、提升双方合作发展水平效益提供智力支持、人才支撑和知识奉献，是推动中国—东盟命运共同体建设、推进实施"一带一路"倡议落实的战略核心。

（一）建设孔子学院、孔子课堂

孔子学院作为中外合作建立的非营利性教育机构，由中国国家对外汉语教学领导小组办公室在世界各地设立，其主要开展汉语教学和中外教育、文化等方面的交流与合作，包括开展汉语教学，提供汉语教学资源，培训汉语教师，开展汉语考试和汉语教师资格认证，提供中国教育、文化等信息咨询，开展中外语言文化交流活动等内容。孔子学院最重要的一项工作就是给世界各地的汉语学习者提供规范、权威的现代汉语教材和最正规、最主要的汉语教学渠道。其目的在于增进世界各国人民对中国语言文化的了解，满足他们对汉语学习的需求，增强中国与世界各国的教育文化交流与合作，发展中国与外国的友好关系，促进世界多元文化发展，构建世界命运共同体。[①]

截至 2016 年 12 月 31 日，全球 140 个国家（地区）建立了 512 所孔子学院和 1073 个孔子课堂。其中，东盟十国中除文莱尚未设立孔子学院外，其他九国均开办了孔子学院，共设有孔子学院 31 所，孔子课堂 34 个。各地孔子学院充分利用自身优势，编写本土教材和文化读物，设立从学历教育到非学历教育、从"零起点"到高端学术研究的教学体系，开设汉语学分课程，深入实施"孔子新汉学计划"，开展丰富多彩的教学和文化活动，逐步形成了各具特色的办学模式，成为各国学习汉语言文化、了解当代中国的重要场所，受到当地社会各界的热烈欢迎。同时，孔子学院的开设，有利于进一步健全中外合作运行机制，促进中外文化双向交流，不断拓展办学功能，为巩固和夯实与"一带一路"沿线国家的民意基础做出了重要贡献。

（二）举办"中国—东盟教育周"

为了进一步增进中国与东盟国家的了解与友谊，开展更加务实的教

---

① 《关于孔子学院/课堂》，http：//www. hanban. edu. cn/confuciousinstitutes/node_ 10961. htm，2017 年 1 月 15 日。

育合作，铺设更畅通的合作渠道，拓展更多的合作领域，加强区域间文化交流与发展，自 2008 年起，中国教育部、外交部及贵州省人民政府已联合在贵州成功举办了 10 届"中国—东盟教育交流周"（以下简称"东盟周"）。东盟周致力于打造中国与东盟国家教育合作的平台和品牌。迄今为止，东盟周已吸引来自中国及东盟的参会者 11834 余人，参会学校及教育机构逾 2717 所，在东盟周上成功签署 1088 份教育协议或合作备忘录。在过去的 9 年里，东盟周举办了教育部长圆桌会议、大学校长论坛、学术研讨会、教育资源展、专题研修班、青少年文化节、学生夏令营等 170 项形式多样、内容丰富的活动，为中国与东盟教育交流搭建了宽阔的平台，成果显著。①

2008 年 7 月 26 日，首届"中国—东盟教育交流周"在中国贵州举行，其主题为"携手共创新世纪中国与东盟教育合作伙伴关系"。本届东盟周以高校国际化和高校伙伴关系建设、语言合作、联合科研、终身学习和就业能力为重点，旨在进一步加强中国与东盟国家实质化和机制化的教育合作与交流，实现双方的共同进步和社会繁荣。同天开幕的还有"中国—东盟国家教育展"和"中国教学资源展"，开幕式上还举行了"中国—东盟青少年夏令营"开营授旗仪式和"中国—东盟教育信息网"开通仪式。2017 年是东盟成立 50 周年，也是中国—东盟教育交流周举办十年，本届东盟周将以"十年教育同携手，一带一路谱新篇"为主题，活动包括开幕期活动和全年活动 49 项，形式涵盖研讨会、论坛、竞赛、展览、夏令营等，旨在围绕"一带一路"建设促进战略对接，夯实中国—东盟教育交流平台，加强人才培养，开展联合研究，深化智库合作，推动更加紧密的中国—东盟命运共同体的构建。会议将通过《中国—东盟教育合作行动计划（2017—2020）》，并为"汉语桥"东盟国家青少年来华夏令营开营仪式授旗，为东盟来华留学生代表颁发"中国—东盟海上丝绸之路奖学金"。中国—东盟教育交流周立足现在、放眼未来，致力于构建中国与东盟国家人文交流的主要平台和特色品牌。

（三）实施中国—东盟"留学中国计划"

2010 年 9 月教育部颁布《留学中国计划》，到 2020 年，中国将成

---

① 《中国—东盟教育交流周概况》，http：//www. caedin. org/article. jsp？id = 1705&itemId =8，2017 年 3 月 20 日。

为亚洲最大的留学目的地国家，全年在内地就读的外国留学人员达到50万人次，其中接受高等学历教育的留学生达到15万人，这为东盟国家来华留学生带来了前所未有的机遇。近年来，中国—东盟在留学生交流方面取得了丰硕成果，已推动双方400余所教育机构签署合作备忘录，成立中国—东盟语言文化中心、中国—东盟汉语言文化教育基地，搭建中国—东南亚教育科研网络、中国—东盟职教联盟、中国—东盟工科大学联盟等合作平台。双方留学规模持续扩大。截至2015年，中国在东盟国家留学生已超过12万人，主要集中在新加坡、泰国、印度尼西亚、越南等国，东盟国家在华留学生达到7.2万余人。

为了加强中国与东盟国家在教育领域的务实性合作，继续扩大开放办学，推动区域文化的交流与发展，2010年第三届"中国—东盟教育交流周"召开的首届中国—东盟教育部长圆桌会议，决定实施"双十万学生流动计划"，按照计划，双方在2020年前互相派出10万名留学生。此外，中国政府大幅提高了东盟国家留学生的奖学金名额，鼓励高校与东盟各高校共同开发课程，推动开展学分、学历学位互认工作。目前，中国高校开齐了东盟国家的所有语言专业，中国与东盟已有政府间互派留学生协议、中国政府奖学金来华留学项目、亚洲留学奖学金项目等奖学金交流平台。

（四）实施"中国—东盟万名青年交流计划"

教育交流是人文交流的重要组成部分，具有基础性、先导性、广泛性和持久性特点。教育已经成为中国—东盟各国交流的依托，由于天然的地缘优势，中国与东盟国家的教育合作由来已久。《国家中长期教育改革和发展规划纲要（2010—2020年）》明确提出，将教育对外开放作为推动教育发展的重要战略举措。中国与东盟教育合作的范围日益拓宽，形成了从政府、学校、教育行政机构等多层面的合作，在合作办学、互派留学生、教师培训等多领域都有不俗的表现。中国—东盟教育部长圆桌会议和中国—东盟教育交流周，也为全面推进双方的教育合作伙伴关系建起了又一平台。日前中国又提出力争实现东盟来华留学生和中国到东盟国家的留学生都达到10万人的"双10万学生流动计划"，并通过增设奖学金名额等一系列优惠条件为广大来华留学生创造良好的学习和生活环境。通过该计划，中国将通过举办各种形式的活动，邀请来自东盟国家的一万名青年来华交流，促进相互了解，深化传统友谊，增进相互信任，夯实民意基础。例如，"中国—东盟青少年夏令营"就是比较成功的范本，通过文化交流、文艺晚会、体育比赛等丰富多彩的活动形式，将学习与娱乐融为一体，让来自不同国家的青年在朝夕相处中加深了解。该"青年交流计划"，使得青年代表们广泛接触，增进相互了解、加强友谊。经过不断地积极探索与实践，立足21世纪青年的国际视野，顺应中国与东盟国家青年的发展要求。

（五）推进中国—东盟"海外名师项目"和"学校特色项目"

为了提高我国高等教育质量，推动高校对外合作与交流，增强高校综合竞争能力，扩大我国教育国际影响力，2007年教育部、国家外专局联合实施了"海外名师引进计划"，在36所高校首批试点，根据专家评审意见，确定批复61个项目作为2007年"海外名师引进计划"试点项目。此后，教育部设立了"海外名师项目"，旨在支持高校聘请一批具有国际一流水平的海外名师来华任教和合作科研。本项目的海外名师，是指在某一学科或者专业领域具有国际公认的较高学术造诣的外籍专家或者学者，其不包括香港特别行政区、澳门特别行政区和台湾地区的专家或者学者，以及已获得外国永久居住权的中国籍专家或者学者。建设中国—东盟高等教育共同体，需要"海外名师项目"的鼎力支持。在东盟国家中，不少成员国的高等教育水平特别是一些高等教育特色学科和专业居世界前列。2016年，非营利机构世界论坛（WEF）公布了全球受教育程度排名，在教学和科研能力方面，新加坡的学校高居全球第一位。另外，可通过2014年我国卓越大学联盟的9所国内顶尖工科大学和东盟的8所高校成立的"中国—东盟工科大学联盟"，促进联盟内师生多向流动，开展双学位联合培养项目，实现信息共享等。

"学校特色项目"是指高校通过具有鲜明特征或者独特运作方式实施的聘请外国文教专家和外籍教师从事教学、科研、社会服务和管理等工作的项目（不包括香港特别行政区、澳门特别行政区以及台湾地区的专家或者学者）。学校特色项目由教育部设立，目的在于推动高校实施差异化的人才战略，提高高校教学、科研、社会服务和内部管理水平。学校特色项目建设是中国—东盟高等教育共同体建设的点睛一笔，正是有了各自学校的特色项目，中国与东盟各国间的教育交流才更富有色彩、更具活力、更显张力。例如，在尊重东盟国家宗教信仰与民族文化的基础上，充分利用宗教、民资、民俗的相似性开展高等教育合作。

云南民族大学与云南 3 所省级宗教院校——昆明伊斯兰教经学院、云南佛学院、云南基督教神学院在昆明签订合作办学协议，开办僧伽罗语、阿拉伯语本科、硕士专业，加强宗教院校建设。又如，广西师范大学成立的中国—东盟创新创业学院，有利于强化东盟特色的创新创业实践，促进中国与东盟各国科技、教育、文化的深度融合。

（六）设立中国—东盟名誉奖学金

为了鼓励扩大中国与东盟国家教育机构之间的合作，加强学术交流，2006 年 10 月中国—东盟建立对话关系 15 周年纪念峰会上签署的《中国—东盟纪念峰会联合声明》明确提出：设立中国—东盟名誉奖学金。教育部针对东盟成员国设立了全额奖学金项目——中国—东盟奖学金项目，由教育部委托国家留学基金管理委员会负责此项目的招生及日常事务管理工作，招生对象为东盟国家来华留学的硕士或者博士研究生，其中硕士研究生奖学金期限 2—3 学年，博士研究生奖学金期限 3—4 学年，申请时间为每年的 1 月初至 4 月初。贵州省专门设立了"东盟国家留学生专项奖学金""中国—东盟海上丝绸之路奖学金"，并支持更多贵州学校向政府申请来华奖学金资格。广西壮族自治区政府设立"东盟国家留学生全额奖学金"，专门用于资助有意到广西学习的东盟国家优秀学生。2016 年起江苏专门设立了"茉莉花东盟国家奖学金"，鼓励东盟国家学生特别是职业学校学生到江苏学习。目前每年来华留学的东盟学生大约有 3.3 万人，较之前有大幅增加。今后，中国将在提高奖学金标准、简化申请程序等方面进行改革，让来华东盟国家留学生能够更加便利地申请中国政府奖学金。

（七）推进"中国—东盟科技伙伴计划"

为深化中国与东盟在科技和可持续发展领域的合作，根据温家宝总理 2011 年 11 月 19 日在第十四次中国—东盟领导人会议暨中国—东盟建立对话关系 20 周年纪念峰会上的倡议，中国科技部决定启动"中国—东盟科技伙伴计划"（以下简称"计划"）。该计划于 2012 年 9 月 22 日在广西南宁启动，其以平等互利、需求导向、能力建设、广泛参与为原则，重点合作领域既包括国家科技发展战略、重大科技计划的制订和管理、重点产业科技发展规划、科技园及孵化器建设方案、支持与鼓励创新创业与产学研合作、科技统计和科技评估等科技政策与创新管理方面的内容，也包括农业、食品、生命科学与健康、减灾防灾、水资源、环境与能源等与社会民生息息相关的内容，还包括装备制造、材料、信息技术、空间技术与应用等高新技术重点领域。该计划的资金主要由中国政府提供，并积极吸收民间资本的参与，合作国根据项目需要提供必要的人力、设备和经费支持。①

"中国—东盟科技伙伴计划"通过政策咨询、技术服务、人力资源开发、合作研究、共建联合实验室（联合研究中心）、共建科技园和示范基地、技术转移等方式开展合作。为保障计划的顺利实施，由科技部牵头，相关部委和中国对东盟合作重点省市区共同参加成立了中国对东盟科技合作联席会，设立中国—东盟科技伙伴计划秘书处，并下设政策咨询、技术服务、人力资源开发和技术转移等专门工作组，以协调并组织各领域合作的具体推进。该计划的实施，有利于中国与东盟国家建立务实高效、充满活力的新型科技伙伴关系，共享科技发展经验，增强区域内各国科技能力，促进区域地区经济增长、社会进步和文化发展，为实现联合国千年发展目标作出贡献，造福中国和东盟各国人民。

（八）设立中国—东盟教育培训中心

为了促进中国—东盟人文领域交流与合作，扩大同各国各地区的利益交汇，不断充实中国—东盟战略伙伴关系内涵，2011 年 10 月，国务院总理的温家宝在第十四次中国—东盟领导人会议暨中国—东盟建立对话关系 20 周年纪念峰会上提出，"中方愿意设立 10 个职业教育培训中心，为东盟国家经济社会发展提供所需的人力资源"。此后，外交部、教育部联合批准了 10 个国家级"中国—东盟教育培训中心"，分别落户广西、四川、贵州、云南、福建、黑龙江 6 个省区。2015 年 1 月，"中国—东盟教育培训中心"第二批新增了 20 个承办高校，其分别为：外交学院、北京中医药大学、中国传媒大学、天津中医药大学、天津职业技术师范大学、华东师范大学、中山大学、华南理工大学、东北师范大学、吉林大学、中国海洋大学、中国石油大学、扬州大学、南京农业大学、浙江师范大学、厦门大学、贵州大学、云南民族大学、云南大学、琼州学院。

2015 年 8 月 3 日，在第八届中国—东盟教育交流周开幕式上，"中

---

① 《中国—东盟科技伙伴计划》，http：//www.cistc.gov.cn/China - ASEAN/info.asp？column = 799&id = 82087，2013 年 9 月 3 日。

国—东盟教育培训联盟"正式揭牌成立，主要由贵州大学、中国传媒大学、浙江师范大学、厦门大学等30所高校组成。其以"资源整合、信息分享、协调平衡、塑造品牌、联众服务"为宗旨，旨在改变国内各"培训中心"以往各自为政的局面，统筹各自办学特色，构建中国与东盟文化交流、教育培训领域等互联互通的合作平台，建立中国与东盟各国教育培训合作的长效机制，从而实现资源共享、互惠互利、多边多赢。同时，"联盟"将进一步加强中国与东盟间的合作联系，促进中国—东盟培训机构和企业间互信合作，并更好地服务于"一带一路"倡议，推动中国与东盟国家的人文社会交流和教育培训事业共同发展。

五　安全审视：陆海相连的和平环境是前提

加强政治对话，增强政治互信，推动地区安全稳定，构建一个和平稳定的安全环境，是推进中国—东盟高等教育共同体建设的基本前提和安全保障。近年来，少数西方国家对中国和平崛起心怀不轨，多方遏制中国和平发展，"中国威胁论"不断滋生蔓延。美国亚太再平衡战略，美国、日本搅局南海部分岛屿主权争端，给东南亚地区和平稳定造成极大威胁。为此，搁置争议，强化政治对话，加强军事合作，营造和平共处的安全环境，对促进中国与东盟高等教育合作交流是必不可少的战略前提。

（一）开展中国—东盟执法安全合作部长级对话

中国与东盟各国互为近邻，友好交往和执法合作源远流长，在应对安全问题方面存在着广泛的共同利益，已经开展的合作和取得的成果，包括2000年的《东盟和中国禁毒行动计划》，2001年中国、老挝、缅甸和泰国四国禁毒合作部长会议及其发表的《北京宣言》，2002年第六次中国与东盟领导人会议上发表的《中国与东盟关于非传统安全领域合作联合宣言》，2015年湄公河流域执法安全合作部长级会议通过的《关于加强湄公河流域综合执法安全合作的联合声明》，以及中国与东盟国家通过双边渠道开展的各种合作等。

中国与东盟安全合作机制主要分为三个层次：第一，高层领导人会晤机制；第二，东盟地区论坛机制；第三，工作对话机制。通过这三个不同层次的合作机制，中国与东盟成员国之间签署一系列协议、协定、条约和联合声明等，使双方合作具体化。中国—东盟执法安全合作部长级对话机制，以打造"更加紧密的地区安全命运共同体"为理念，以平等互信、开放包容、共建共享、互利多赢为精神，旨在共同构建更高层次、更加务实、全方位、立体化的地区执法安全合作体系，促进地区安全稳定和繁荣发展。

（二）启动澜沧江—湄公河合作机制

澜沧江—湄公河地区作为亚洲乃至全球最具发展潜力的地区之一，其拥有丰富的自然资源，流域面积为79.5万平方千米，流域内有民众3.26亿人，GDP总量达5900亿美元，且年均经济以近7%的速度增长。但由于历史原因，湄公河次区域发展起步较晚，经济水平与周边其他国家和地区相比较为落后，人均GDP只有2800多美元，工业化、信息化和农业现代化任重道远。为尽快缩小发展差距，湄公河各国都将发展作为第一要务，积极参与区域合作，改善国内投资环境，吸引外来投资，大力开发基础设施，合作发展意愿强烈。中国与湄公河五国是好邻居、好伙伴，已建立全面战略合作伙伴关系，加强与澜湄国家的深化合作，可以说顺应潮流，顺乎民意，势在必行。

"澜沧江—湄公河合作"机制简称澜湄合作，该机制由中国、缅甸、老挝、泰国、柬埔寨、越南等国组成。2014年11月，李克强总理在第十七次中国—东盟领导人会议上提出了建立澜沧江—湄公河合作机制的倡议，得到湄公河各国积极响应，为澜湄合作奠定了基础。在六方精心培育下，2015年11月，澜湄合作首次外长会在云南西双版纳景洪市举行，会议发表了《澜湄合作概念文件》和《联合新闻公报》，宣布启动澜湄合作进程。2016年3月21日，澜湄合作首次领导人会议在海南三亚举行，会议通过了《澜沧江—湄公河合作首次领导人会议三亚宣言》和《澜沧江—湄公河国家产能合作联合声明》，并正式启动了澜湄合作机制。澜湄合作秉持协商一致、平等互利等原则，坚持务实导向，采用政府引导、多方参与、项目为本模式，确定了"3+5"合作框架，即以政治安全、经济和可持续发展、社会人文为三大合作支柱，重点围绕互联互通、产能、跨境经济、水资源、农业和减贫五个优先方向开展合作，全面调动官产民各方资源，共同规划合作。

（三）建立中国—东盟国防部长热线联络机制

亚太地区作为当今世界最具发展活力的地区之一，经过近几十年来的快速发展，不仅是全球经济增长的重心，也成为促进全球经济复苏和政治稳定的重要地区。但是，目前亚太地区还存在着很多安全问题没有得到解决，通过对话协商处理分歧争端是普遍共识，多边对话机制十分活跃。中国作为东盟最重要的对话伙伴，是引领地区经济发展、维护地区和平稳定的重要力量，中国—东盟国防部长会晤有利于加强双方战略互信，深化双方防务安全合作，其始于 2011 年，目前每年均在当年东盟轮值主席国举行。2015 年 10 月 16 日，中国—东盟国防部长非正式会晤首次在中国举行，以 "迈向中国—东盟命运共同体，加强防务安全合作" 为主题，这次非正式会晤，针对恐怖主义、灾害救助等多项领域的合作达成共识，协商完善中国—东盟防务安全交流合作机制，派驻安全合作联络官，加强多边防务磋商与协调，建立防长热线联络机制等。中国—东盟国防部长热线联络机制的建立将成为一个防务与区域安全对话平台，促使区域安全问题的当事国能够共同协商，防止区域外势力搅局，从而推动建设开放、包容、透明、平等的地区安全合作架构。

（四）商签 "中国—东盟国家睦邻友好合作条约"

中国和东盟国家同属发展中的本地区成员，其发展离不开和平稳定的周边环境，1976 年 2 月 24 日，东南亚国家联盟第一次首脑会议在印度尼西亚的巴厘岛举行，会上印度尼西亚、菲律宾、马来西亚、泰国、新加坡五国签订了《东南亚友好合作条约》，条约规定，缔约各方应以相互尊重独立、主权、平等、领土完整和各国的民族特性；任何国家都有免受外来干涉、颠覆和制裁，保持其民族生存的权利；互不干涉内政；和平解决分歧或争端；反对诉诸武力或以武力相威胁；缔约各国间进行有效合作为基本原则，旨在加强地区各国的实力、团结和密切关系，促进人民之间永久和平、友好和合作。迄今为止，东南亚 10 国已全部加入这个条约。2003 年 10 月，在印度尼西亚巴厘岛举行的第七次东盟与中国领导人会议上，中国正式加入《东南亚友好合作条约》，并与东盟建立战略伙伴关系。

为了建立双方睦邻友好与互利合作关系，推动中国—东盟关系持续健康发展，2013 年 10 月 9 日在文莱首都斯里巴加湾举行的第十六次中国—东盟领导人会议上，国务院总理李克强提出 "2 + 7 合作框架"，积极探讨签署中国—东盟国家睦邻友好合作条约，旨在共同绘就睦邻友好的美好蓝图。签署睦邻友好合作条约有助于妥善管控矛盾分歧，以和平方式解决南海问题，增进政治和战略互信，深化全方位互利合作，加速深化、升级中国—东盟战略伙伴关系，推动建设更为紧密的中国—东盟命运共同体，为中国—东盟战略合作提供法律和制度保障，为地区和平、稳定和繁荣作出历史性的贡献。

第二章 中国—东盟高等教育共同体建设的发展历程

　　中国与东盟国家山水相连，隔海相望，文化习俗相通相近，历史交往源远流长。地缘相邻为伴，文化借重共享，经济发展互补，不仅将中国和东盟紧紧维系在一起，更为促进东南亚甚至整个亚太区域和平发展注入强大动力。近年来，伴随区域经济一体化的推进，中国与东盟的关系迅速发展，双方确立了战略伙伴关系，建立了多层次和多方位的合作框架与机制，各领域务实合作取得丰硕成果。特别是科技、文化、教育，作为中国与东盟共同体建设重要支撑的优先领域，合作日益拓展，交流不断深化，并呈现出广阔的发展前景。纵观中国、东盟高等教育交流合作的历史，梳理中国、东盟高等教育交流合作签署的相关文件、法规，依据中国、东盟高等教育交流合作标志性事件，以及中国、东盟高等教育交流合作宏观背景的演变，中国—东盟高等教育共同体建设伴随中国、东盟高等教育交流合作而产生，并不断向前推进。由此，我们把中国—东盟高等教育共同体建设划分为三个阶段：第一阶段，高等教育共同体建设"意向阶段"（2002 年之前）；第二阶段，高等教育共同体建设"起步阶段"（2002—2007 年）；第三阶段，高等教育共同体建设"拓展阶段"（2008 年至今）。

一　高等教育共同体建设"意向阶段"（2002 年之前）

　　中国与东盟国家交往源远流长，至今已有两千多年的历史。据中国古籍记载，中国与东南亚的早期接触可追溯到公元前 2 世纪。[①] 公元前 325 年，中国就开辟了连接东南亚国家的"海上丝绸之路"。自此，丝绸之路便成为中国与东南亚国家进行交通贸易和文化交往的大动脉。商贾互通，僧侣往来，使团交流，民众交往，中国与东南亚国家双方的沟通从最初的货物贸易扩展到居食餐饮、语言文字、宗教祭祀、哲学神学、教育科研、文学艺术等诸多领域。交往活动日益频繁，交流领域不断扩大，交谊关系持续深化。可以说，丝绸之路为中国与东南亚国家文化的包容与共生打下了坚实基础，民族的历史和文化的渊源关系已然成为推进地区和谐、包容、和平合作发展的桥梁。中国灿烂辉煌的古代文明，对东南亚国家产生了深远持久的影响。而东南亚国家多彩多姿的文明历史，无不折射出中国文化的熠熠光辉。

（一）推动双边关系发展

东南亚地区是我国周边和邻近地区，人口众多、资源丰富和战略地位重要，保持本地区的和平和稳定并与之建立持久良好关系，始终是我国对外政策的一个基本点。纵观中国与东南亚国家交往的历史，平等友好是上千年来中国与东南亚国家交往的总基调。到明代，中国已与大多数东南亚国家建立了较广泛的经济、政治与文化关系。16 世纪以后，东南亚各国（泰国除外）先后沦为西方国家殖民地。中国在 19 世纪中期也逐步成为西方列强的半殖民地。中国与东南亚国家有着共同的历史命运。第二次世界大战结束后，中国与东南亚国家先后摆脱殖民统治，实现了民族独立。但是，与东南亚国家有着悠久交往历史的中国，并未与其立即恢复关系，相反是经历了相当漫长而复杂、曲折的发展道路。20 世纪 50 年代中国与东南亚国家关系初建时期，由于国际冷战格局和意识形态的对立，加之双方缺乏沟通和了解，中国与大部分不同社会制度的东南亚国家处于"冷战"状态。这一时期，中国积极发展与态度友好国家的关系，支持东南亚各国的人民革命运动。到 50 年代中期，我国在国际关系上首次提出著名的和平共处五项原则，并付诸实践，直接推动了 1954 年日内瓦会议和 1955 年亚非会议的召开，初步打破美国的封锁和摆脱外交孤立困境。20 世纪 60 年代，在美苏对峙的"冷战"

---

① 朱杰勤：《汉代中国与东南亚和南亚海上交通路线试探》，载《东南亚史论文集》，暨南大学历史系东南亚研究室 1960 年版，第 1—9 页。

格局继续存在以及中国、东南亚自身各种因素作用下，中国与东南亚国家关系呈现大起大落、动荡不定的状态。20 世纪 70—80 年代，随着国际形势的变化，中美关系开始解冻，中国与东南亚国家的关系出现新的转折点，并不断得到发展。20 世纪 90 年代，中国与东南亚国家关系迎来全面发展的新时期。1991 年，中国成为东盟的正式对话伙伴国，从而揭开了中国与东盟国家友好合作的历史新篇章。1997 年，双方举行第一次"10 + 1"领导人会议，宣布建立中国—东盟睦邻互信伙伴关系。1999 年 11 月 28 日，东盟 10 国和中日韩 3 国领导人在菲律宾首都马尼拉举行第 3 次领导人会议，双方发表了《东亚合作联合声明》。声明说，在全球化与信息时代，在新的千年中，东亚要加强合作，加速对话进程，以促进相互理解、相互信任和睦邻友好关系，促进东亚乃至整个世界的和平、稳定与繁荣。2002 年 11 月 4 日举行的第六次领导人会议，中国与东盟双方签署了《中国与东盟全面经济合作框架协议》和《南海各方行为宣言》。中国与东盟各国的关系得到进一步巩固和提升。

（二）制定教育合作政策

随着中国与东盟关系的逐步恢复和调整，中国与东盟、中国与东盟成员国政府通过签订科学技术、文化、教育等合作协定，制定相关政策制度，发表联合声明，开始探索科技、医疗、卫生、文化和教育等领域的交流与合作，并将其引向纵深。

中国和越南于 1950 年 1 月 18 日建立外交关系。中越两国和两国人民之间的传统友谊源远流长。中越关系正常化以来，两国在文化、科技、教育等领域的交流与合作不断向深度和广度发展。中越两国 1992 年 12 月 2 日签订了《中越政府文化合作协定》《中越政府科学技术合作协定》，1995 年 4 月 20 日签订《中越政府关于在水利领域开展科技合作的协定》，1996 年 4 月 16 日签订《中越政府卫生合作协定》。2000 年 12 月 25 日中越双方在北京签署并发表《中华人民共和国和越南社会主义共和国关于新世纪全面合作的联合声明》，提出加强对两国青年一代进行友好传统的宣传教育，开展两国青少年之间的友好交流与往来。继续加强和扩大两国经贸、科技等领域的合作。加强两国文化、体育和新闻媒体的交流与合作，扩大在教育领域的合作，包括交换留学生、教师，鼓励和支持双方高等院校、教育部门和研究机构加强直接合作。2005 年 11 月 2 日，中越双方共同发表《中越联合声明》，决心加强党政部门、议会、群团组织和地方在政治、经济、文化、教育等各个领域的交流合作。2008 年 4 月，中越双方签署《中华人民共和国政府和越南社会主义共和国政府关于相互承认高等教育学历和学位的协议》，促进中国和越南两国高等教育学历和学位互认，推动两国学生的学习深造。协议的签订，为中越两国高等教育交流与合作扫除了国别属性障碍，开辟了深入发展的绿色通道。

中国与印度尼西亚 1950 年 4 月 13 日建立外交关系。1994 年 11 月 18 日，中国与印度尼西亚签订《中华人民共和国政府和印度尼西亚共和国政府科学技术合作谅解备忘录》，进一步促进双方现有的密切和友好关系，并在平等互利的基础上促进两国间科学和技术合作。规定双方可以实施交换数据和信息，专家和技术人员互访与交流，举办各种技术会议，实施联合或协作计划和项目等。2000 年 5 月 8 日，中国和印度尼西亚在北京签署《中华人民共和国和印度尼西亚共和国关于未来双边合作方向的联合声明》和《中华人民共和国政府与印度尼西亚共和国政府关于成立双边合作联合委员会的谅解备忘录》。联合声明提出促进两国教育和学术界的交流与合作，通过双方的奖学金计划项目交换留学生，鼓励专家和学者之间保持经常交往，组织两国的研究人员、专家和学者开展共同研究。2000 年 6 月 21—25 日，应印尼—中国经济、社会与文化合作协会的邀请，全国人大常委会副委员长王光英作为中国—印尼友好协会主席率中方代表团访问印尼，并出席中国—印尼经济、社会与文化合作协会的年会。2001 年 11 月 7 日中国与印度尼西亚签订了《中华人民共和国和印度尼西亚共和国文化合作协定》，明确了双方在教育领域中的合作。规定相互给予对方政府所指定并为本国政府所同意的学生提供机会在本国学习，并愿意互赠一定名额的奖学金。给予对方持有能够进入其本国高等学校的文凭的学生，享有进入本国高等学校的权利。双方努力促进科学、教育、文化等出版物的交换。2002 年 3 月 24 日印度尼西亚总统梅加瓦蒂对中国进行国事访问，江泽民主席提出发展中国、印度尼西亚双边关系，加强两国文化、教育、旅游等领域的交流与合作，促进两国人民之间的了解和友谊。2003 年 10 月 8 日，温家宝总理出席在印度尼西亚巴厘岛举行的第七次中国与东盟"10 + 1"领导人会议，中国正式加入《东南亚友好合作条约》。温家宝总理与东盟国家领导人签署了《中华人民共和国与东盟国家领导人联合宣言》，宣布建立"面向和平与繁荣的战略伙伴关系"。2005 年 4 月，中国和印度尼西亚签署了《中华人民共和国与印度尼西亚共和国关于建立战略伙伴关系的联合宣言》，2005 年 12 月，中国和印度尼西亚双方共同发表《中华人民共和国和印度尼西亚共和国联合公报》。这两个文本都包含双方在不同领域进行合作培训的内容。2011 年 4 月 29 日，中国和印度尼西亚在雅加达共同发表《中华人民共和国政府和印度尼西亚共和国政府关于进一步加强战略伙伴关系的联合公报》。双方对政治、经济、防务、文化、教育和地区问题等方面的交流与合作进行联合声明，同意进一步推动两国教育领域合作，在教育及相关机构鼓励语言教学，促进学生交流和学者交流，扩大奖学金规模，推进互相承认学历学位工作。

中国和缅甸于 1950 年 6 月 8 日正式建立外交关系。中国和缅甸是友好邻邦，两国人民之间的传统友谊源远流长。自古以来，两国人民就以"胞波"（兄弟）相称。中缅文化交流历史悠久，两国建交后交往更加频繁。1960 年，缅甸总理吴努曾率领由文化、艺术、电影等代表团组成的 400 多人大型友好代表团访华。1961 年，周恩来总理率领 530 多人大型代表团回访缅甸，成为两国文化交流史美谈。近年来，两国在文化领域的交流与合作进一步加强，两国文艺、历史、新闻、体育等领域交流不断。1996 年 10 月，中国和缅甸签署《文化部文化合作议定书》，推动了两国在文艺、历史、新闻、体育等方面的相互交流和教育合作。2000 年 6 月 6 日，中国和缅甸签署《中华人民共和国和缅甸联邦关于未来双边合作框架文件的联合声明》，表示两国将进一步加强在文化、教育、卫生、体育、宗教等领域的交流和合作。2000 年 7 月，中国和缅甸签署《中华人民共和国政府和缅甸联邦政府科学技术合作协定》。2001 年 12 月、2002 年 12 月、2003 年 1 月，中国和缅甸相继签署《中华人民共和国政府和缅甸联邦政府经济技术合作协定》。2004 年 10 月，中国和缅甸签署《中华人民共和国教育部和缅甸联邦政府教育部教育合作谅解备忘录》，为中国和缅甸两国教育合作提供了重要的政策依据，营造了良好的发展环境。

中国与柬埔寨于 1958 年 7 月 19 日正式建立外交关系。1966 年 4 月 29 日，中国与柬埔寨签订《中华人民共和国政府和柬埔寨王国政府经济文化合作协定》，明确双方将加强和发展两国之间的经济、文化和教育方面的合作。合作项目的签订，对推进中国与柬埔寨关系发展，特别是两国教育的合作，具有开创性、探索性意义。近年来，中柬在科技、文化、教育等领域的交流与合作不断扩大。1992 年 9 月、1994 年 1 月、1995 年 11 月两国分别签署《经济技术合作协定》，这些政策的制定及实施，为两国教育合作交流的进一步发展积累了丰富的经验。1999 年 2 月中国与柬埔寨签署《中柬文化协定》，提出要加强两国在文化、教育、社会科学、广播电影电视、体育和新闻出版等方面的合作。同时，对双方国家学生的交流和培训做出了规定。教育培训成为中国与柬埔寨在 20 世纪末双方教育合作交流的一个重要内容。进入 21 世纪，随着世纪经济一体化和高等教育国际化的迅猛发展，特别是双边关系的进一步巩固和提升，中国与柬埔寨在教育领域的合作更加频繁。2000 年 11 月 13 日，双方签署《中柬关于双边合作的联合声明》，强调双方将增进教育、文化、卫生、体育等领域交流和合作，并加强在联合国教科文组织及其他相关国际组织和地区组织中的协调与配合。2004 年，中国与柬埔寨签署《中柬教育、青年和体育部体育合作协议》，把两国教育服务贸易推进一个新的阶段。2006 年 4 月，中国与柬埔寨签署《中华人民共和国政府和柬埔寨王国政府经济技术合作协定》，规定中国政府为柬埔寨提供 8000 万元，中国与柬埔寨签署《中柬教育合作协议》，比较全面、系统地对两国教育合作事宜做出了规定。中国与柬埔寨教育合作进入崭新发展阶段。

中国和老挝于 1961 年 4 月 25 日建立外交关系。中国和老挝是山水相连的友好邻邦，两国人民自古以来和睦相处。两国在文化、教育、卫生等领域交流与合作发展迅速。1989 年以来，中老双方先后签订了文化、新闻合作协定及教育、卫生和广播影视合作备忘录。1989 年 10 月中国和老挝签订《中华人民共和国政府和老挝人民民主共和国政府文化协定》，双方明确提出促进和鼓励两国在文化艺术、教育、体育、新闻、出版、广播、电影、电视、图书馆、博物馆等领域的交流和合作。加强互派学者、专家和教育工作者进行访问、考察、教学，相互提供奖学金，加强校际联系和合作，相互交换教育图书资料，鼓励召开国际学术会议等。1997 年 5 月中国和老挝签署《中老关于成立两国经贸技术合作委员会协定》。2000 年 11 月中国和老挝签订《中华人民共和国与老挝人民民主共和国关于双边合作的联合声明》，指出双方要继续加强在文化、教育等领域的教育和合作。通过排团互访、举办展览、互派留学人员等，进一步巩固彼此教育交流合作关系。2002 年 2 月中国和老挝签署《中华人民共和国教育部与老挝人民民主共和国教育部 2002—2005 年教育合作计划》。2005 年 10 月中国和老挝签署《中华人民共和国教育部与老挝人民民主共和国教育部 2005—2010 年教育合作计划》。中国和老挝双方于 1990 年开始互派留学生和进修生。老挝是我国对外提供奖学金人数最多的国家之一，在华公费留学生人数每年超过 300 名。两国青年团交往密切，自 2002 年以来，我国共向老挝派遣 16 批青年志愿者。

中国与菲律宾自 1975 年 6 月 9 日建立外交关系，通过签署双年度文化合作执行计划、举行科技合作联委会会议、确定科研合作项目等，在文化、科技、教育等领域的交流与合作逐步实施。1978 年 3 月 14 日，中国与菲律宾签订《中华人民共和国政府和菲律宾共和国政府科学技术合作协定》，规定两国间互相交换专业技术人员在科学技术方面进行研究、考察和实习，互相邀请专业技术人员传授科学技术知识和经验，互相提供科学技术资料和科学实验用的种子、苗木、样品和其他材料，以及进行缔约双方认为必要的其他形式的科学技术合作。1979 年 7 月 8 日，中国与菲律宾签订《中华人民共和国政府和菲律宾共和国政府文化协定》，旨在促进两国文化、艺术和教育关系的发展，增进彼此在文化、艺术和教育方面的了解和交流，加强双方在教育方面的合作与交流。1994 年 8 月 11 日，中国与菲律宾签订《中华人民共和国政府和菲律宾共和国政府文化协定一九九四年至一九九五年执行计划》。该执行计划包含双方根据各自需要每年互换三个奖学金名额，接受大学本科生、研究生或访问学者学习、研究。中方每年将派一名教师访菲为菲教师和学生进行汉语教学示范。菲方每年将派教师（2—3 人）访华短期学习，考察汉语言教学技巧及新趋势。双方鼓励并支持两国高等院校之间直接开展校际交流。2000 年 5 月，中国与菲律宾签订《中华人民共和国政府和菲律宾共和国政府关于二十一世纪双边合作框架的联合声明》，确定在睦邻合作、互信互利的基础上建立长期稳定的关系。双方同意充分发挥在贸易、投资、科技、农业、教育、文化等领域现有的合作框架的作用。根据两国 1978 年 3 月 14 日签订的科技合作协定，扩大两国科技合作，通过合作研究以及技术转让等形式开拓新的合作领域。

根据 1979 年 7 月 8 日签订的文化合作协定，继续实施两年执行计划。双方将通过互派代表团和文艺团组、专家互访、互办展览等活动，进一步加强两国在文化、艺术、教育、电影、体育、卫生、宗教、社会科学、图书出版等领域的交流与合作。2009 年 11 月 20 日中国与菲律宾签署《中华人民共和国政府和菲律宾共和国政府关于相互承认高等教育学历和学位的协议》。协议就其适用范围、双方的教育文凭体制、中国高等学校及科研机构毕业生在菲律宾攻读学位的许可、菲律宾高等学校毕业生在中国攻读学位的许可、协议的协商与分歧解决、协议的生效及终止等内容做出了规定，为促进中国和菲律宾两国高等教育学历学位互认，推进双方的学术交流与合作，为中菲两国高等教育交流与合作的进一步发展奠定了坚实的基础，开辟了广阔发展空间。中国和菲律宾两国高等教育合作进入一个新的发展阶段。中菲两国结有 18 对友好省市，分别为杭州市和碧瑶市、广州市和马尼拉市、上海市和大马尼拉市、厦门市和宿务市、沈阳市和奎松市、石狮市和那牙市、抚顺市和利巴市、海南省和宿务省、三亚市和拉普拉市、山东省和北伊洛戈省、淄博市和万那威市、安徽省和新怡诗夏省、湖北省和莱特省、柳州市和穆汀鲁帕市、贺州市和圣费尔南多市、哈尔滨市和卡加延—德奥罗市、来宾市和拉瓦格市、北京市和马尼拉市，把教育交流合作落实到地区政府和民间团体组织。

中国同马来西亚两国之间有着悠久的历史往来。早在公元前 2 世纪，中国商人就去马来半岛从事商业活动。中国同马来西亚于 1974 年 5 月 31 日正式建立外交关系。建交后，两国关系总体发展顺利。进入 20 世纪 90 年代，中国同马来西亚关系进入新的发展阶段，两国在科技、教育、文化等领域的交流与合作顺利发展，并取得积极成果。1992 年签署了《中华人民共和国政府和马来西亚政府科技合作协定》，成立科技联委会，迄今已举行 3 次会议。双方还签署了《促进中马体育交流、提高体育水平的谅解备忘录》（1993 年）、《中华人民共和国政府和马来西亚政府教育合作谅解备忘录》（1997 年）。三份文件的签订，进一步巩固和发展了中马两国在教育特别是高等教育方面的合作。以此为基础，1999 年 5 月，中国和马来西亚政府签署了《中华人民共和国政府和马来西亚政府关于双边合作框架的联合声明》，强调中马双方要在平等互利原则的基础上扩大教育、科技、文化、体育等领域的友好交流与合作，并明确提出根据 1997 年 7 月签订的《教育合作谅解备忘录》，加强教育、科技培训等方面的交流与合作，以增进双方的学术和技术交流。1999 年中国政府与马来西亚政府还共同签署了《中华人民共和国政府和马来西亚政府文化合作协定》，该协定就加强双方在教育领域中的艺术教育和文化产业方面的交流与合作做出了规定。进入 21 世纪，中马之间的教育交流与合作进一步稳固和发展。2004 年 5 月 29 日，为了纪念中国与马来西亚建交 30 周年，中国与马来西亚在北京发表了《中华人民共和国与马来西亚联合公报》，中马双方对两国建交 30 年来在政治、经贸、文化、教育、军事等各领域的合作所取得的进展和成就表示满意，并在进一步拓展文化、教育、科技、卫生等领域的交流与合作方面达成共识，同意续签了《中华人民共和国政府和马来西亚政府教育合作谅解备忘录》，就如何进一步加强对两国留学人员的规范管理进行了商讨和协定。2005 年 12 月，该备忘录得以正式签署。备忘录的签订，旨在加强双方在外交与国际关系教育领域的友好合作。随着中国与马来西亚两国高等教育合作的日益拓展，为进一步规范和完善两国在高等教育领域的交流合作政策制度、优化合作交流机制，2011 年 4 月 28 日两国政府在吉隆坡签订了《中华人民共和国政府和马来西亚政府关于相互承认高等教育学历和学位的协定》，就推动两国互相承认高等教育颁证机构所颁发高等教育文凭达成协议，为进一步深化两国高等教育交流合作提供了重要的政策保障。江苏省与马六甲州、厦门市与槟城市分别结为友好省市。

　　1975 年 7 月 1 日，中国与泰国建立外交关系。两国在科技、文化、卫生、教育、体育等领域的交流与合作稳步发展。双方签署了《中华人民共和国政府和泰王国政府科学技术合作协定》（1978 年）、《中华人民共和国政府和泰王国政府文化合作谅解备忘录》（1994 年）、《中华人民共和国卫生部和泰王国卫生部卫生医学科学和药品领域合作谅解备忘录》（1997 年）、《关于高等教育合作谅解备忘录》（1999 年）、《中华人民共和国政府和泰王国政府关于文化合作协定》（2001 年）等。其中的《中华人民共和国政府和泰王国政府科学技术合作协定》约定，在平等、互相尊重独立及主权互不干涉内政和互利的原则上，增进两国人民的友谊和加强两国间的科学技术合作，包括互相交换专业技术人员在科学技术方面进行研究、考察和实习；互相邀请技术人员传授科学技术知识和经验；互相提供科学技术资料和科学实验用的种子、苗木、样品等；进行缔约双方认为必要的其他形式的科学技术合作。两国还成立了中泰科技合作联委会（1978 年）、泰中友好协会（1976 年）、中泰友好协会（1987 年）。为促进中国与泰国高等教育的交流合作，2007 年 5 月 2 日中国与泰国签订了《中华人民共和国教育部与泰王国教育部关于相互承认高等教育学历和学位的协定》，对泰国高等学校及科研机构毕业生在中国攻读学位的许可以及中国高等学校及其他高等教育和科研机构毕业生在泰国攻读学位的许可进行了全面协调，对中泰两国高等教育学历学位互认、高等学校的学分互认，做出了政策协商。2009 年 6 月中国与泰国签署《中泰教育合作协议》，为中国和泰国在科技、教育、文化等各个方面的合作与交流搭建了政策平台，为双方教育合作的持续发展奠定了坚实基础，并极大地促进了中国与泰国在高等教育领域的合作交流。中国与泰国还缔结了 15 组友好城市和省府：北京市—曼谷市、上海市—清迈府、云南省—清莱府、河南省—春武里府、昆明市—清迈市、烟台市—普吉府、南宁市—孔敬市、葫芦岛市—碧武里市、广西壮族自治区—素叻他尼府、山西省—素可泰府、梧州市—尖竹汶府、海南省—普吉府、柳州市—罗勇府、北海市—合艾市、潮州市—曼谷市，教育文化交流合作得到了广泛的落实。

中国同新加坡于 1990 年 10 月 3 日建立外交关系。两国在人才培训领域的合作十分活跃，主要项目有中国赴新加坡经济管理高级研究班、中央党校中青年干部培训班赴新加坡考察、两国外交部互惠培训项目等。1992 年 3 月 2 日中国与新加坡两国政府签署《中华人民共和国政府和新加坡共和国政府科学技术合作协定》，规定双方促进发展两国在共同感兴趣的所有领域的科学技术合作，执行机构和其他机构、研究所和大学可以相互谈判并签订具体的项目协议和合作计划。1993 年中国同新加坡建立中新科技合作联委会，迄今已召开 11 次联委会会议。1995 年成立"中国—新加坡技术公司"，1998 年设立"中新联合研究计划"，合作项目共计 28 个。1996 年，中国和新加坡签订了《中华人民共和国文化部和新加坡共和国新闻及艺术部文化合作谅解备忘录》，提出加强中国与新加坡进行培训课程的合作，并提出了促进双方在艺术、新闻与文化等领域通过开展研讨会、研习班和实习等教育方式来进行合作。1999 年，中国和新加坡签订了《新加坡共和国教育部与中华人民共和国教育部教育交流与合作备忘录》，确定双方每年互换一个40—50 人的教育代表团赴对方进行访问。双方每年互换 10 人为期一年的奖学金学生到对方国学习。新方继续每年提供 35 个培训奖学金名额（其中 5 个给中国海南省），用于培训中国高等院校在职英文教师。备忘录鼓励中新两国的大学通过互派教师和举办国际学术会议等形式就彼此都感兴趣的领域进行直接的交流与合作。而在专项教育和培训项目的合作方面，规定双方根据需要可开展专项教育或培训项目的合作。为促进双方在多个领域的教育交流与合作奠定了政策基础。2001 年 4 月 2日，中新两国外交部签订《中华人民共和国外交部和新加坡共和国外交部关于中国中、高级官员赴新加坡学习培训项目的框架协议》，对2001—2005 年中国官员派往新加坡进行培训的项目课程设置、派遣官员数量、双方各自承担的费用分配等方面作出具体规定。2003 年 11 月18 日，中新两国政府代表在北京签署了《中华人民共和国政府与新加坡共和国政府关于成立双边合作联合委员会的谅解备忘录》，进一步强调开展人才交流和教育培训是两国的四大重点合作领域之一。2006 年，中新两国政府签署了《中华人民共和国政府和新加坡共和国政府文化合作协定》，鼓励和支持在文化政策、文化产业、文学艺术和教育等方面的交流，鼓励和推动学术机构、专家学者间的交流与合作，促进在教育奖学金、培训、研究班、研讨会等方面的交流与合作等。2009 年 4月，中国与新加坡签署了《中华人民共和国教育部和新加坡共和国教育部合作备忘录》。2014 年、2015 年再次续签。2012 年 9 月，首届中新社会管理高层论坛在新加坡举行，双方签署关于加强社会管理合作的文件。2014 年 7 月，第二届中新社会治理高层论坛在华举行。2015 年，中国在新留学人员 10430 人，新加坡在华留学生 4865 人。2015 年 11月，新加坡—中国文化中心正式揭牌运营，成为我国在海外设立的规模最大的文化中心。中国与新加坡政府在教育领域的合作得到进一步发展，两国的教育合作事业不断推向更加规范、成熟的阶段。

中国和文莱于 1991 年 9 月 30 日建立外交关系，双边关系发展顺利，各领域友好交流与合作逐步展开。1999 年，两国签署联合公报，进一步发展在相互信任和相互支持基础上的睦邻友好合作关系。两国在文化、卫生、体育、教育等领域的交流与合作逐步推进。1999 年，中国与文莱签订《中华人民共和国政府和文莱达鲁萨兰国苏丹陛下政府

文化合作谅解备忘录》，开启两国在教育领域的合作。双方鼓励和支持
美术和传统工艺美术、表演艺术、博物馆、图书馆、文化遗产保护、文
化艺术的教育和研究，双方鼓励和协助文化、艺术、文学、遗产保护和
教育领域的专家、学者、研究人员、教师和学生人员的互访和交流，双
方鼓励发展双方学术机构、技术研究所、专业协会以及其他文化和学生
机构之间的联系，双方促进和协助双方文化科技知识的交流以及双方文
化学者、专业人员及机构之间的直接联系，并派遣本国专业人员参加在
对方国家举行的会议研讨会和其他文化会议，双方协助提供和分发能够
促使达到本谅解备忘录宗旨的数据、出版物电影、教学材料、录影带、
录像带、专业书刊以及文学和艺术著作等。2004 年 9 月，中国与文莱
签订了《中华人民共和国教育部与文莱达鲁萨兰国教育部关于高等教
育合作谅解备忘录》。双方就进一步扩展教育领域的合作达成共识，为
两国高等教育合作的开展提供了有力的保障。2013 年 4 月，中国与文
莱共同发表了《中华人民共和国和文莱达鲁萨兰国联合声明》，强调双
方应根据 2004 年签署的《中华人民共和国教育部与文莱达鲁萨兰国教
育部关于高等教育合作谅解备忘录》的内容，进一步开展高等教育领
域的多方面合作。两国在联合声明中对高等教育合作予以充分肯定，鼓
励进一步巩固和壮大双方在高等教育领域的合作交流。

（三）促进教育交流合作

中国与东盟各国双边合约、协定、协议的签订及实施，充分体现了
中国与东盟各国政府在建立和发展外交关系、经贸合作、军事交流等的
同时，双方寻求在教育领域合作的强烈意愿。从中国与东盟的关系看，
这一阶段双方经历了对抗、接触、合作的过程。特别是随着国际形势发
展的迅猛变化，经济合作逐步超越政治联盟，成为东盟优先的发展方
向，中国与东盟的关系也由政治上敌对转向积极接触再到互相支持，并
呈现经济合作、政治互信、军事交流、民间往来的多元化格局。而中国
与东盟国家战略伙伴关系的逐步提升，为教育文化交流合作提供了条
件。这一阶段，中国与东盟高等教育的合作处于意向探索阶段，其历时
较长，发展缓慢。双方科学审视双边教育合作的必要性、可能性，以及
彼此教育发展层次、结构、模式的互补性，逐步推进教育交流合作在国
家、地区政府、民间团体组织以及个人多层面逐步展开。此阶段，中国
与东盟主要通过两国政府签订《科学技术合作协定》《文化合作协定》

《教育合作备忘录》《文化合作谅解备忘录》《联合声明》等文件，以
推动双边教育交流合作，推进政府间的部级教育考察交流、文化团体互
访、少量留学生派遣、高校图书资料交换、部分学者学术交流、科技教
学合作、派遣短期进修人员出国学习等。这一时期，中国与东盟多个国
家签署了《教育合作备忘录》。其中，1999 年中国与新加坡两国教育部
签署的《教育交流与合作备忘录》目标明确、条款清晰、易于操作。
中国与东盟其他成员国所签订的《教育合作备忘录》，都比较模糊，更
多的是体现一种合作意向和意愿。除此之外，中国与东盟没有签订更多
的高等教育领域合作的专门政策性文件，双方高等教育合作的内容都融
入其他专项合作政策性文件之中，抑或成为中国—东盟高等教育共同体
建设的指导性政策支撑。

二　高等教育共同体建设"起步阶段"（2002—2007 年）

中国和东盟建立与发展密切的全方位合作机制，既是各自地缘政治
与地缘经济发展的客观要求，也是基于自身和地区和平与发展的共同利
益所驱动。东盟地域辽阔，人口众多，是亚洲最主要的一体化组织，也
是世界上仅次于欧盟的一体化程度最高的区域合作组织。在大东亚区域
合作中起着核心作用，在国际事务中也越来越具有不可忽视的影响。自
20 世纪 90 年代中国与东盟开展对话以来，随着双边经贸合作的逐步加
快与政治往来的日益加深，中国和东盟都把发展与对方的关系置于各自
外交政策的优先位置，通过经贸往来、医卫协作、文化交流、教育合作
等，求同存异，增信释疑，赢得彼此的政治信任，相互支持。

（一）深化双方合作交流

2002 年 11 月 4 日，中国和东盟各成员国政府发表《南海各方行为
宣言》，重申各方决心巩固和发展各国人民和政府之间业已存在的友谊
与合作，以促进面向 21 世纪睦邻互信伙伴关系，为增进本地区的和平、
稳定、经济发展与繁荣，为和平与永久解决有关国家间的分歧和争议，
有关各方重申制定南海行为准则将进一步促进本地区和平与稳定，并同
意在各方协商一致的基础上，朝最终达成该目标而努力。2003 年 10 月

7 日，东盟第九次首脑会议在印度尼西亚巴厘岛举行，与会的东盟 10 国领导人签署了一份《巴厘第二协约宣言》，旨在 2020 年成立主要包括"东盟安全共同体""东盟经济共同体"和"东盟社会与文化共同体"三个部分的东盟共同体。标志着东盟政治、经济、安全、社会与文化全面合作进入历史新阶段，并朝地区一体化迈进了一大步。2003 年 10 月 7 日，第七次东盟与中日韩领导人会议同时在印度尼西亚巴厘岛举行，中国国务院总理温家宝出席会议，并发表了以"共同谱写东亚合作新篇章"为主题的讲话。2003 年 10 月 8 日中国与东盟举行第七次领导人会议，双方签署《中国与东盟面向和平与繁荣的战略伙伴关系联合宣言》，将彼此关系提升为战略伙伴关系。同时，中国宣布加入《东南亚友好合作条约》，成为首个加入该条约的非东盟成员国。中国与东盟各国的关系进入全面合作时期。2004 年 1 月 1 日，中国与东盟根据 2002 年 11 月签署的《中国与东盟全面经济合作框架协议》，启动为期 3 年的减税总协定中国—东盟"早期收获"计划，以树立建立中国—东盟自贸区的信心。2004 年 11 月 29 日，第八次东盟与中日韩领导人会议、中国与东盟第八次领导人会议在老挝首都万象举行。中国与东盟双方签署《货物贸易协议》和《中国—东盟争端解决机制协议》，将双方的政治与经贸合作向前推进了一大步。2005 年 7 月 5 日，柬埔寨、中国、老挝、缅甸、泰国和越南大湄公河次区域经济合作第二次领导人会议发表《昆明宣言》，提出在加强基础设施、改善贸易投资环境、加强环境与社会发展以及筹资和深化伙伴关系四个关键领域加倍努力。2005 年 12 月 12 日、14 日，第九次中国—东盟"10 + 1"领导人会议、第九次东盟与中日韩"10 + 3"领导人会议和首届东亚峰会在马来西亚吉隆坡召开，会议发表《关于东盟与中日韩领导人会议的吉隆坡宣言》，重申继续鼓励和支持"10 + 1"进程下的合作，以进一步推进东盟与中日韩框架下的全方位合作。继续支持东盟一体化，以实现东盟共同体，并为东亚共同体建设这一长远目标做出贡献。这标示着中国与东盟将建设更加强劲的战略伙伴关系。2006 年 10 月 30 日，中国—东盟领导人会议在中国南宁召开，会议发表《中国—东盟对话关系 15 周年纪念峰会签署联合声》，致力于加强中国—东盟战略伙伴关系。2007 年 1 月 14 日第十次中国与东盟领导人会议在菲律宾宿务举行，双方签署《服务贸易协议》，积极推进建立自贸区工作。这标志着业已密切的经贸合作关系迈上了一个新的台阶。2007 年 11 月 20 日，东盟与中日韩"10 + 3"领导人会议在新加坡举行，通过第二份《东亚合作联合声明》，提出深化东盟与中日韩合作基础，制订《2007—2017 年东盟与中日韩合作工作计划》，推动东盟与中日韩在未来 10 年（2007—2017 年）的关系和合作得到全面和共赢的发展，支持于 2015 年前建成东盟共同体。

（二）优化教育合作政策

伴随中国与东盟关系的全面提升，中国与东盟双边的教育合作尤其是高等教育合作进一步加强，作为东盟共同体重要组成部分的中国—东盟高等教育共同体建设开始有了实质性进展并稳步推进。2003 年 10 月 8 日，中国国务院总理温家宝出席在印度尼西亚巴厘岛举行的第七次中国与东盟"10 + 1"领导人会议时表示，在新形势下中国与东盟的合作应更加全面、深入。双方签订了《中国与东盟面向和平繁荣战略伙伴关系联合宣言》，明确表示要"进一步活跃科学、环境、教育、文化、人员等方面的交流，并增进双方在这些领域的合作机制"。中国—东盟高等教育共同体建设进入起步阶段。

2003 年 10 月，中国科技部火炬中心驻新加坡代表处正式挂牌成立。

2004 年 9 月，中国和文莱发表了《中华人民共和国与文莱达鲁萨兰国联合公报》，双方签署了《高等教育合作谅解备忘录》。

2004 年 5 月，中国和马来西亚签署《在外交和国际关系教育领域合作谅解备忘录》合作协议。2005 年 12 月，双方签署了《卫生合作谅解备忘录》，并续签了《教育合作谅解备忘录》。2009 年，两国签署《高等教育合作谅解备忘录》。2011 年，两国签署《关于高等教育学位学历互认协议》。

2004 年 5 月，中国和新加坡双方成立"中国—新加坡基金"，支持两国年轻官员的培训与交流。

2005 年 8 月，在泰国曼谷举行的第二届东盟"10 + 3"文化部长会议上，中国与东盟签署了《中华人民共和国政府和东南亚国家联盟成员国政府文化合作谅解备忘录》。双方同意加强文化领域的交流合作、个体研发和信息共享，要求保护文化遗产、开发和培养文化领域人力资源及加强文化企业的合作。

2005 年 10 月，中国和老挝签署了《中华人民共和国教育部与老挝人民民主共和国教育部 2005—2010 年教育合作计划》。

2006 年，中国和新加坡签署了《文化合作协定》。项目每年逾 200 起，双方在文化艺术、图书馆、文物等领域的交流与合作不断深入。

2006 年 10 月 30 日，中国—东盟领导人会议在中国南宁召开，会议发表了《中国—东盟对话关系 15 周年纪念峰会签署联合声明》，双方同意加强社会文化合作，鼓励扩大双方中等和高等教育机构之间的合作。加强青年交流，倡议启动中国—东盟青年领袖会议、中国—东盟青年企业家协会、中国—东盟青年公务员交流项目等旗舰项目。设立中国—东盟名誉奖学金，加强学术交流，支持中国—东盟研究中心，增进双方媒体人士、学者和二轨机构、国会议员和民间社会的交流，支持东盟基金会促进更多民间交流的活动，开展公共卫生合作以应对新发传染性疾病的挑战，支持东盟实现社会文化共同体建设，包括实施中国—东盟文化合作谅解备忘录框架下的各种项目和活动。

2007 年 7 月，中国和新加坡签署了《关于借鉴运用新加坡园区管理经验开展中西部开发区人才培训合作的谅解备忘录》。

2007 年 11 月，中国—东盟"10 + 1"峰会在新加坡举行，中国与东盟商谈签署了《中国—东盟文化产业互动计划》。

2007 年 11 月 20 日，东盟与中日韩"10 + 3"领导人会议在新加坡举行，通过第二份《东亚合作联合声明》，促进高等教育合作，通过东盟大学网（AUN），增进大学联系，鼓励"10 + 3"大学之间的学分转移。通过促进本地区的东盟研究和东亚研究，塑造东亚认同感。扩大和拓展"10 + 3"国家科技团体的交流和合作。

（三）强化教育交流合作

这一阶段，是中国与东盟的全面合作进入一个全新阶段和取得突破性进展的重要阶段。2002 年 11 月 4 日，中国与东盟各国领导人在柬埔寨金边召开的东盟和中国"10 + 1"领导人会议上，双方共同签署了《中国与东盟全面经济合作框架协议》，并决定于 2003 年 7 月 1 日开始实施。该协议的签署，正式启动了中国—东盟自贸区的建设。2004 年中国—东盟博览会在南宁首次举办并永久落户南宁。在努力建成中国—东盟自贸区、建设东盟共同体的大背景下，中国—东盟博览会的建立，推动中国—东盟高等教育共同体建设实现了稳步和较快发展。这一时

期，中国与东盟各国所签订的教育交流合作文件明显增多，例如，2002
年 2 月中国与老挝签署了《教育合作计划》《中华人民共和国教育部与
老挝人民民主共和国教育部 2002—2005 年教育合作计划》，2004 年中
国与缅甸签署了《中华人民共和国教育部与缅甸联邦政府教育部教育
合作谅解备忘录》，2004 年 2 月中国与印度尼西亚签署了《中华人民共
和国外交部和印度尼西亚共和国外交部关于互惠培训合作的谅解备忘
录》，2004 年 9 月中国与文莱签署了《高等教育合作谅解备忘录》，
2005 年中国与马来西亚签订了《教育合作谅解备忘录》，2005 年 10 月
中国与老挝签署了《中华人民共和国教育部与老挝人民民主共和国教
育部 2005—2010 年教育合作计划》。此外，中国与东盟双方政府还签订
了文化、医疗、卫生、环保等多方面的《合作协议》《联合公报》，教
育始终被放在极其重要的位置。

2006 年 9 月，为纪念中国—东盟建立对话关系 15 周年以及落实
《中国—东盟文化合作谅解备忘录》，国家文化部产业司和广西文化厅
共同举办"2006 中国—东盟文化产业论坛"，主题是"文化产业：中
国—东盟经济发展提供新动力"。一年一度的"中国—东盟文化产业论
坛"成功举办，中国和东盟丰富多彩的文化交流活动开展并取得丰硕
成果，为推动双方教育合作交流创建了良好的发展环境。

2007 年 1 月 14 日，中国与东盟在北京签署了《中华人民共和国与
东南亚国家联盟成员国政府全面经济合作框架协议服务贸易协议》。该
协议认定的中国与东盟各国相互提供的教育服务贸易方式有四种：一是
跨境交付；二是境外消费；三是商业存在；四是自然人流动。具体而
言，就是提供远程教育课程与教育培训服务；一个国家公民到另外一个
国家去留学进修和接受外国留学生等；一个国家的教育机构到另外一个
国家去开设学校和其他类型的教育机构；一个国家公民到另外一个国家
从事专业教学培训工作。教育服务贸易项目分为初等教育服务、中等教
育服务、高等教育服务、成人教育服务和其他教育服务五种。上述教育
服务贸易协定，为中国与东盟国家在教育领域的合作、特别是高等教育
共同体建设，搭建了更加宽阔的平台。

2007 年 11 月，举办"2007 中国—东盟文化产业论坛"，主题是
"交流合作，互利共赢"。议题包括"中国与东盟国家促进文化产业发
展的政策与措施""中国与东盟各国文化产业资源的保护开发与合理利

用""中国—东盟自由贸易区框架下文化产业合作与发展的前景""推动泛北部湾经济合作区文化产业的共同繁荣与发展"。中国与东盟各国文化交流的领域不断扩大，内容日渐丰富，涉及教育、图书、新闻、出版、艺术、文体、广播、电影、文物、科学、旅游、节日、语言、文字等诸多领域。中国与东盟文化交流活动也日益规模化、规范化，并逐渐由民间分散性、团体自发性，向政府组织的规模化、制度化方向发展，进一步扩大了双方沟通和联系，巩固了彼此的互信和友谊，夯实了开展高等教育共同体建设的文化根基。

这一阶段，中国—东盟高等教育共同体建设紧紧围绕自贸区、东盟共同体建设核心目标，积极开展双方人员培养培训，推进国际教育机构教师与研究员流动，出版相关课题成果与交换书刊资料，推动官方与非官方互访，深入学习各国语言、文化与政治制度，加强留学生规范管理，探讨跨境奖学金机制，建立稳定的学术联系制度等。这个阶段，中国与东盟各国在各领域与各方面的交流发展很快，高等教育合作也日益紧密。

三 高等教育共同体建设"拓展阶段"（2008 年至今）

进入 21 世纪，伴随世界经济全球化、政治格局多元化、高等教育国际化的迅猛发展，中国与东盟在经济、贸易、医疗卫生、教育、交通、环保等领域的互利合作不断跃上新的台阶，中国—东盟关系呈现出政治互信与经济合作良性互动的发展态势。2010 年 1 月 1 日，中国—东盟自由贸易区正式全面启动，自此，欧洲联盟（European Union）、北美自由贸易区（NAFTA）以及中国—东盟自由贸易区（China and ASEAN Free Trade Area，CAFTA）成为世界三大区域经济合作区。而中国—东盟自由贸易区是由发展中国家组成的世界上人口最多的最大自由贸易区。该自由贸易区的建立，为中国和东盟全面深化合作提供了更为广阔的发展空间和良好的合作机遇。2014 年，习近平主席顺应地区和全球合作潮流以及沿线国家和地区发展需要，提出共建"丝绸之路经济带"和"21 世纪海上丝绸之路"的倡议，站在世界全局确立打造利益共同体、命运共同体和责任共同体的重大战略构想。"一带一路"倡议，为推进中国与东盟共建"21世纪海上丝绸之路"，在更大范围、更高水平、更深层次互利合作提供了新机遇、新动力、新平台。2016年，中国—东盟迎来建立对话关系25周年。25年来，中国与东盟友好合作全面深入发展，中国—东盟关系已成为联系最广泛、成果最丰富、交往最密切的对话伙伴关系，为地区乃至全球和平稳定与发展繁荣作出了重要贡献，为中国—东盟高等教育共同体建设进入拓展阶段奠定了坚实基础。

（一）提升区域合作水平

自2003年中国与东盟建立战略伙伴关系以来，双方已经创造出区域战略合作"黄金十年"。中国—东盟自由贸易区成为发展中国家间最大的自由贸易区，中国是东盟的最大贸易伙伴，东盟是中国第三大贸易伙伴，双方政治、经济、文化、医疗卫生等领域合作不断深入。教育交流与合作为中国东盟合作的"黄金十年"奠定了坚实的人才基础、智力支撑、科技支持。

2008年10月23日，中国和新加坡在北京人民大会堂签署了《中华人民共和国政府和新加坡共和国政府自由贸易协定》（以下简称"《协定》"），《协定》涵盖货物贸易、服务贸易、人员流动、海关程序等诸多领域。双方在中国—东盟自贸区的基础上，进一步加快了贸易自由化进程，拓展了双边自由贸易关系与经贸合作的深度与广度。双方在医疗、教育、会计等服务贸易领域做出了高于WTO的承诺。《协定》的签署是中新双边关系发展历程中新的里程碑，将进一步全面推进中新双边经贸关系的发展，也将对东亚经济一体化进程产生积极影响。

2009年10月24日，第十五届东南亚国家联盟（东盟）峰会、第十二次东盟与中国、日本、韩国"10＋3"领导人会议在泰国华欣举行，峰会发表主席声明，批准关于加强东盟教育合作和关于气候变化的联合声明。希望与对话伙伴国探讨以东盟共同体为核心的地区架构未来走向问题。与会领导人强调在应对金融危机、气候变化以及粮食和能源安全等领域加强合作。各国领导人重申将"10＋3"机制作为实现东亚共同体长期目标的主要载体，由东盟在其中发挥主导作用。强调支持东盟共同体建设。

2010年8月3日，中国和东盟国家教育部长在中国贵阳出席了中国—东盟教育部长圆桌会议。会议发表《中国—东盟教育部长圆桌会议贵阳声明》，一致认为中国和东盟各国都有优秀的教育传统和教育资源，各国在教育体制、培养模式和优势学科方面各具特色，有值得对方学习、借鉴和吸收的经验。中国与东盟教育交流合作关系的全面发展，有助于增进双方的相互了解和友谊，有助于构筑区域经济社会可持续发展的民意基础。同意继续加强教育高层对话，完善交流与合作机制，共同研究和推动中国与东盟教育的战略性合作。

2011 年 11 月 18 日，第十四次中国—东盟领导人会议在印度尼西亚巴厘岛举行，会议就纪念对话关系 20 周年发表《第十四次中国—东盟领导人会议联合声明》。强调进一步推进和加强中国—东盟全面战略伙伴关系，决心永做好邻居、好朋友、好伙伴，推动双方在政治安全、经济、社会文化及国际和地区事务中的合作，将中国—东盟战略伙伴关系推向新的高度。有效落实《落实中国—东盟面向和平与繁荣的战略伙伴关系联合宣言的行动计划（2011—2015）》。中国将支持并与东盟密切合作，以在 2015 年实现由三个支柱组成的东盟共同体。

2012 年是《中国—东盟全面经济合作框架协议》签署 10 周年和中国—东盟科技合作年。2 月 27 日中国和东盟签署《落实中国—东盟面向和平与繁荣的战略伙伴关系联合宣言的行动计划（2011—2015）》，该计划旨在落实 2004 年 11 月 29 日中华人民共和国和东南亚国家联盟国家/政府领导人在老挝万象签署的《落实中国—东盟面向和平与繁荣的战略伙伴关系联合宣言的行动计划（2005—2010）》，为继续深化中国—东盟面向和平与繁荣的战略伙伴关系，支持东盟在 2015 年建成东盟共同体，双方加强经济合作、政治合作、社会人文合作、湄公河流域和次区域发展合作，以及国际和地区事务合作。

2013 年 10 月 9 日，中国与东南亚国家联盟成员国领导人在文莱斯里巴加湾市举行第十六次中国—东盟领导人会议，纪念中国—东盟建立战略伙伴关系 10 周年，发表《纪念中国—东盟建立战略伙伴关系 10 周年联合声明》。重申中国继续支持东盟共同体建设、东盟互联互通、东盟团结和东盟在演变中的区域架构中发挥主导作用的重要性。致力于推进、加强和深化中国—东盟战略伙伴关系，维护共同利益，并将继续全面有效落实《〈中国—东盟面向和平与繁荣的战略伙伴关系联合宣言〉行动计划（2011—2015）》，为中国—东盟关系未来 10 年取得更大成就而努力。

2014 年 11 月 13 日，第十七次中国—东盟"10＋1"领导人会议在缅甸内比都举行。会议发表了《主席声明》，积极评价中国—东盟关系取得的进展，并对进一步推进各领域务实合作做出规划。欢迎中方支持东盟倡议制定"东盟共同体后 2015 年规划"。东盟国家领导人注意到并赞赏中方提出建设中国—东盟命运共同体和共建"21 世纪海上丝绸之路"的倡议。重申坚定致力于进一步加强中国—东盟战略伙伴关系，同意将 2015 年确定为"中国—东盟海洋合作年"。同意积极加快包括中国—东盟自贸区在内的"东盟＋1"自贸协定的基础上开展的"区域全面经济伙伴关系"（RCEP）谈判，促进经济一体化和经济平衡发展，加强成员国间的经济合作，推动东亚经济进一步融合。

2015 年 11 月 20—23 日，第十八次中国—东盟领导人会议"10＋1"、第十八次东盟与中日韩领导人会议"10＋3"和第十届东亚峰会"10＋8"在马来西亚吉隆坡举行。2015 年 11 月 22 日，中国与东盟结束自贸区升级谈判，在吉隆坡正式签署了中国—东盟自贸区升级谈判成果文件——《中华人民共和国与东南亚国家联盟关于修订〈中国—东盟全面经济合作框架协议〉及项下部分协议的议定书》。中国与东盟诸国将进一步加强货物贸易和投资便利化，进一步开放服务市场，全面提升经济技术合作的水平。新《议定书》的签署，是新时代里中国与东盟十国进一步提升经贸合作水平的又一成果，也必将对构建东亚新未来起到关键性作用。2015 年 12 月 14 日，第二届东盟发展论坛在香港举行，论坛主题为"民间、行业和区域联通推动互联互通"。该论坛是非官方的面向东盟的最大对话交流平台。2015 年 12 月 21 日由中国国际问题研究基金会和中国—东盟商务理事会共同主办的 21 世纪海上丝绸之路国际研讨会在京召开。研讨会设置三大议题：中国—东盟关系与丝绸之路建设；中国—东盟自贸区升级版与区域产能合作；民心相通与丝路建设中的社会人文交流。与会者就中国—东盟共同携手建设 21 世纪海上丝绸之路达成共识。

2016 年 3 月 3 日，中国和东盟发表了《落实中国—东盟面向和平与繁荣的战略伙伴关系联合宣言的行动计划（2016—2020）》，旨在落实 2003 年 10 月 8 日在印度尼西亚巴厘岛签署的《中国—东盟面向和平与繁荣的战略伙伴关系联合宣言》，以加强和提升 2016 年至 2020 年中国和东盟战略伙伴关系、睦邻友好和互利合作。应对未来五年将出现的地区和全球挑战，推动建设一个和平、稳定、融合、繁荣和充满关爱的东盟共同体，并为东盟共同体后 2015 年愿景作出贡献。2016 年 9 月 7 日，第十九次中国—东盟领导人会议暨中国—东盟建立对话关系 25 周年纪念峰会在老挝万象举行，双方发表了《中国—东盟产能合作联合声明》，重申双方将继续完善和提升各自国家和区域工业产能，鼓励以商业原则为主导的产能合作，通过产业升级推动经济发展。鼓励发挥智库、学术伙伴等研究机构的积极作用，共同开展产能合作研究并提供符合各方国家利益的政策建议。

（二）优化教育合作机制

为加强中国—东盟教育交流与合作，积极推进中国—东盟高等教育共同体建设，中国政府致力于双方交流机制和平台的建立。自 1991 年建立对话关系以来，中国与东盟政治交流不断深化拓展，各领域合作全面深入推进。"一带一路"、亚洲投资银行、中国—东盟自贸区升级版、区域全面经济伙伴关系协定等合作框架，为中国—东盟关系转型升级提供了新机遇，为中国—东盟高等教育共同体建设营造了新环境、新政策、新机制。2008—2016 年，教育部、外交部、贵州省政府在贵阳市联合举办了第九届中国—东盟教育交流周，搭建并夯实了中国—东盟教育交流平台。

2008 年，中国发布了针对东盟国家跨境奖学金的专项制度——《中国—东盟（AUN）奖学金项目申请办法》（以下简称"《办法》"）。明确规定"中国—东盟奖学金项目"是中国教育部向东盟成员国提供的全额奖学金项目。中国教育部委托国家留学基金管理委员会负责此项目的招生工作及日常事务的管理工作。该《办法》对中国为东盟成员国提供奖学金的招生类别及奖学金期限、申请途径和申请时间申请人资格、全额奖学金内容和标准、申请材料的提供、学习院校及专业的选择、录取及通知等各个方面进行了比较详细、明确的描述和规定。《办法》的制定及实施，有力推动了中国与东盟各国高等教育的合作发展。

2010 年 8 月 3 日，中国和东盟国家教育部长在中国贵阳出席了中国—东盟教育部长圆桌会议。会议发表了《中国—东盟教育部长圆桌会议贵阳声明》，同意继续加强教育高层对话，完善交流与合作机制，共同研究和推动中国与东盟教育的战略性合作。创新人文交流合作的机制，建立高层磋商机制，全面推动教育、科技、文化、卫生、体育等人文领域的合作并使其制度化。相互增设奖学金，增加教育资源和教育机会，加强区域经济发展和人才培养，促进国际学生流动，积极落实 2020 年东盟来华留学生和中国到东盟的留学生都达到 10 万人左右的"双十万计划"。在教育、环境、医学、气候、科技等领域联合培养硕士和博士，推动双方高层次人才交流。进一步推进中国—东盟国家间的学历互认，高校间的学分转移和互认，鼓励中国与东盟国家大学建立全面、务实的教育合作关系。降低区域内国家之间学生流动的障碍，提高区域内高等教育在全世界范围内的吸引力。认真实施"中国—东盟万名青年交流计划"，呼吁各国政府更加重视教育在全球化时代可持续发展中的作用。

2012 年 5 月 25 日，首次中国—东盟文化部长会议在新加坡举办。与会各方确认建立中国—东盟文化部长会议机制，并就该机制的运行、下阶段双方文化领域合作及《中国—东盟文化合作行动计划》等事宜进行了探讨。

2013 年 10 月 9 日，中国和东盟成员国国家元首或政府首脑相聚文莱斯里巴加湾市，举行第十六次中国—东盟领导人会议，纪念中国—东盟建立战略伙伴关系 10 周年，发表了《纪念中国—东盟建立战略伙伴关系 10 周年联合声明》。提出强化社会文化合作，促进青年、文化、媒体、教育、旅游、社会发展、公共卫生、灾害管理等社会文化领域的交流与合作，支持中国—东盟思想库网络建设。一致同意将 2014 年确定为"中国—东盟文化交流年"。东盟赞赏中国决定自 2014 年起的未来 3—5 年向东盟成员国青年学生提供 15000 个政府奖学金名额。欢迎使用中国—东盟合作基金、中国—东盟投资合作基金和中国—东盟公共卫生合作基金，同意用好中国政府设立的亚洲区域合作专项资金，支持双方各领域合作和交流。

（三）深化教育合作发展

近年来，随着国际经济一体化进程的加快，中国与东盟建立了多层次和多方位的合作框架与机制，各领域务实合作取得丰硕成果，双方关系迅速得以提升，教育合作交流不断扩大和深化，并呈现出广阔的发展前景。根据中国—东盟自由贸易区升级版，中国和东盟承诺进一步相互开放教育服务领域，这为各国实施教育开放，消除教育壁垒，实现资源共享，深化高等教育共同体建设创造了条件。中国与东盟在留学生培养、语言学习、联合办学、科研合作、职业培训、教育信息化等方面的合作与交流日益密切，极大地推进了各国教育的互补协作、资源共享、互利共赢，推动了双方教育发展水平的提升。

2010 年，中国政府提出"双十万计划"，即到 2020 年，中国与东盟双向留学生都达到 10 万人，促进中国与东盟的留学生交流。为此，中国政府逐年大幅增加向东盟国家提供的奖学金名额。2010 年，中国为东盟国家提供的政府奖学金数量达到 3337 人，比 2005 年的 778 人增长了 329%。至 2013 年中国将向东盟国家提供 1.5 万个政府奖学金名额。目前，中国与新加坡、马来西亚、越南、文莱、缅甸、老挝、柬埔寨、菲律宾分别签署了《教育交流协议》，与泰国、马来西亚签订了《学历学位互认协议》。

2010 年 8 月 2 日至 5 日，我国外交部、教育部和贵州省政府在贵阳市共同举办了首届中国—东盟教育部长圆桌会议和第三届中国—东盟教育交流周，双方促成签订教育合作协议 386 份，超过 200 所大学、科研院所、教育机构和企业参与，有力地促进了双方的教育交流与合作。首届"中国—东盟教育部长圆桌会议"将于 8 月 2 日至 5 日在贵阳市召开，届时还将同时举办第三届"中国—东盟教育交流周"。中国—东盟教育部长圆桌会议是近年来中国—东盟合作框架下在教育领域举办的最高级别、最高层次的国际会议，对增进中国与东盟的相互了解和友谊，构筑区域经济社会可持续发展的民意基础具有重要意义。

2011 年第十四次中国—东盟领导人会议召开，温家宝总理提出"设立 10 个面向东盟的职业教育培训中心，为东盟国家经济社会发展提供所需的人力资源"倡议。目前，10 个中国—东盟教育培训中心已全部建成，分布在广西、四川、云南、贵州、福建和黑龙江等省（自治区），培训领域包括商务会展、文化艺术、对外汉语、金融财税、传统医药、新能源等。截至 2011 年年底，东盟 10 国在华留学生总数已达54790 人，其中含中国政府奖学金生名额 4118 人。中国在东盟各类留学人员已有 101039 人。2012 年中国继续增加面向东盟国家的中国政府奖学金名额，推动实施《留学中国计划》，吸引更多东盟留学生来华学习，鼓励中国—东盟学生加强双向交流。

2012 年是中国—东盟科技合作年，双方围绕科技合作的主题举办了一系列活动。5 月 18 日，第七次中国—东盟科技联委会会议在缅甸首都内比都召开。9 月 22 日，首次中国—东盟科技部长会议在广西南宁举行，科技部部长万钢和东盟 10 国科技部长、东盟秘书处高级官员出席会议。同日，"中国—东盟科技伙伴计划"在南宁正式启动。科技伙伴计划框架下第一个项目——共建资源卫星数据共享平台同时启动。10 月和 11 月，面向东盟国家的科技政策与管理研修班和中国—东盟论坛相继在中国举行。

2012 年，东盟来华留学生总数已突破 6 万人，占来华留学生总数的 19%。来华留学生总人数排名前十位的国家有 3 个是东盟国家（泰国居第 4 位、印度尼西亚居第 6 位、越南居第 7 位）。而中国在东盟各类留学人员已超过 11 万人。

2012 年 9 月 10 日至 14 日，"中国—东盟文化论坛"在广西南宁举办。自 2006 年以来，中国与东盟双方已成功举办了 6 届"中国—东盟文化产业论坛"，为推动区域文化交流的资源共享、务实合作，深化中国东盟关系做出了积极贡献。

2012 年 9 月 17 日至 20 日，第五届中国—东盟教育交流周在贵州省举行。活动以"开放创新、务实合作"为主题，其间举行了"中国—东盟大学校长论坛""中国—东盟美食文化节""中国—东盟文化产业发展研讨会""中国—东盟医学教育论坛"等活动，约 600 多位来自东盟国家教育行政部门、有关高校、驻华使馆，中国—东盟中心、东盟秘书处、东盟大学联盟等机构和部分中国高校代表参加。

2012 年，中国已在柬埔寨、老挝、马来西亚、缅甸、印度尼西亚、菲律宾、新加坡、泰国设立了 29 所孔子学院、15 所孔子课堂。同时，中方加强了对包括东盟国家在内的区域和国别研究。北京大学、北京外国语大学、厦门大学、贵州大学、云南大学等多所高校开设了东盟国别和区域研究中心。中国重视加强在东盟各国的汉语言教学，中国几十所高校开设了所有东盟成员国的语言专业，并积极推动东盟国家的汉语教学，学习东盟国家语言的中国学生日益增多，与东盟高校间的学术交流日趋频繁。

2013 年是中国—东盟建立战略伙伴关系 10 周年。10 年来，中国与东盟不断加强教育交流与合作，领域已涵盖各级各类教育。教育部积极通过加强顶层设计、政策引导和设立奖学金等手段，不断提升中国—东盟教育交流规模和质量。努力搭建交流平台，积极推动落实双方领导人提出的"双 10 万计划"，认真开展人力资源培训，切实加强语言教学、国别和区域研究，为中国—东盟合作打造"黄金十年"、实现跨越式发展提供了强力支撑，为区域经济社会发展以及双边贸易往来奠定了坚实的人才基础。

2013 年 9 月 16 日至 22 日第六届中国—东盟教育交流周在贵州省举行，东盟 10 国和中国各地各级各类学校、科研院所等频频达成合作共识，包括教学交流、订单培养、交换生项目、博士硕士联合培养、学术交流平台搭建等，双方共签署协议 116 份。

2014 年，中国在东盟国家留学生已近 12 万人，东盟国家在华留学生达到 7 万人。中国高校已开齐东盟国家所有语种的课程，东盟 10 国共建有 30 所孔子学院、30 个中小学孔子课堂，越来越多的青少年正在学习对方的语言和文化。中国—东盟国家人员往来已从 2012 年的 1200 万人次升至 2014 年的 1800 万人次。2014 年，双方成功举办了首个中国—东盟文化交流年，开展 100 多项活动，将文化交流推向高潮，为中国—东盟关系的深入发展奠定了坚实的民意基础。

2016 年 3 月 3 日，中国与东盟发表《落实中国—东盟面向和平与繁荣的战略伙伴关系联合宣言的行动计划（2016—2020）》（以下简称"《行动计划》"），强调双方要加强高层教育机构往来，充分利用"中国—东盟教育交流周"平台，开展全方位、多层次和宽领域的交流与合作。继续促进双方学生交流，增加对东盟国家中国政府奖学金数量，鼓励学位互认，支持中国提出的"2020 双十万学生流动计划"倡议。继续深化中学及高等教育机构间的务实合作，适时在人才培养、学生流动、学分互认、联合科研、语言教学等方面加强交流与合作。继续促进在语言、文化、艺术和文化遗产领域的青年交流，以增进了解，加深友谊。继续为东盟国家举办各级各类短期培训，为东盟国家高级行政人员在华攻读公共管理硕士和外交学/国际关系硕士学位提供奖学金。促进学术交流，鼓励联合举办学术会议、开设有关中国和东盟国家语言、文化、艺术和文化遗产、政治与经济等课程，加强国情和政策研究，提倡在上述领域联合设立硕士学位。鼓励制定有效的双边合作政策、目标和措施，深化双方大学及知识分子之间的学术合作，推动双方人文交流。推进文化合作，落实《中国与东盟文化合作谅解备忘录》和《中国—东盟文化产业互动计划》。在文学、表演艺术、视觉艺术、艺术教育及文化产业方面积极开展交流与合作。合作开发文化产品市场，大力发展文化产业。相互支持对方主办高规格的传统文化艺术活动，联合保护并推广民族和传统节日，鼓励和支持在传统体育运动方面的交流与合作。继续举办中国—东盟文化产业论坛，通过交流举办大型活动经验，加强文化领域人力资源开发和培训合作。《行动计划》旨在落实于 2003 年 10 月 8 日在印度尼西亚巴厘岛签署的《中国—东盟面向和平与繁荣的战略伙伴关系联合宣言》，以加强和提升 2016—2020 年中国和东盟战略伙伴关系、睦邻友好和互利合作，推动建设一个和平、稳定、融合、繁荣和充满关爱的东盟共同体，并为东盟共同体后 2015 年愿景作出贡献。

2016 年 9 月 7 日，第十九次中国—东盟领导人会议暨中国—东盟建立对话关系 25 周年纪念峰会在老挝万象召开，会议发表了《第十九次中国—东盟领导人会议暨中国—东盟建立对话关系 25 周年纪念峰会联合声明——迈向更加紧密的中国—东盟战略伙伴关系》。重申中方支持东盟一体化进程及东盟实现《东盟 2025：携手前行》目标的努力，重申了《南海各方行为宣言》具有里程碑意义，共同维护地区和平稳定、增进互信和信心的共同承诺。致力于通过全面有效执行《落实中国—东盟面向和平与繁荣的战略伙伴关系联合宣言行动计划（2016—2020）》等进一步促进中国—东盟战略伙伴关系，以实现互利发展。继续加强互联互通领域互利合作，实现了《东盟互联互通总体规划 2025》。对中国—东盟教育交流年活动进展感到满意，包括第九届中国—东盟教育交流周、第二届中国—东盟教育部长圆桌会和"第二届中国—东盟青年交流访问：教育与领导力"等活动的成功举办，愿拓展双方教育交流与合作。

高等教育共同体建设拓展阶段，中国与东盟坚定发展友好合作，深入推进 21 世纪海上丝绸之路建设，共筑更紧密的中国—东盟命运共同体，教育合作与交流进一步扩大和深化，并取得了显著成效。主要体现出以下特点：

一是高度重视教育合作交流。教育作为中国与东盟优先发展的重点合作领域，受到各国政府的高度重视。双方坚持优势互补、平等互惠、合作共赢的原则，坚持政府与民间并举，双边与多边并行的方针，积极推动中国—东盟教育合作交流。双方政府首脑、部门领导定期出席相关会议、协议协定签署仪式。先后制定出台多项相关政策制度、发展规划、协议协定、联合公报，并积极推动其落地落实。

二是教育合作机制逐渐健全。1997 年签署的《中国与东盟国家首脑会晤联合声明》承诺，"加强在所有领域的对话与合作机制，以增进了解和扩大互利"。2003 年签署的《中华人民共和国与东盟国家领导人联合宣言》明确提出，"进一步活跃科学、环境、教育、文化、人员等方面的交流，增进双方在这些领域的合作机制"。随着中国—东盟全面合作框架的进一步确立，中国与东盟以促进区域经济增长、维护地区和平稳定为宗旨，在教育领域逐步确立实施合作的工作机制，搭建了教育领域的合作交流平台，有力推进了中国—东盟教育合作的深入发展。例如，建立中国—东盟教育部长圆桌会议机制、中国—东盟教育服务贸易委员会对话机制，开展中国—东盟自由贸易区的教育合作，保持双方高层的密切接触与及时沟通，加强各级别的定期和不定期磋商机制，以维护中国—东盟教育合作关系的稳定性和连续性。建立"中国—东盟教育交流周"机制、中国—东盟教育论坛机制，举办中国—东盟高水平的教育交流活动，不断开拓教育服务贸易合作的新模式。自 2008 年开始，"中国—东盟教育交流周"已经连续举办 9 届。近 40 多所东盟国家高校、教育行政主管部门、驻华使馆、联合国教科文组织、东盟秘书处、东盟大学网络等机构以及近 60 余所中国高校参会，签署了多份校级合作协议，为全面推进中国与东盟的战略合作伙伴关系建起了又一平台。建立中国—东盟教育服务贸易准入机制、中国—东盟教育服务贸易争端解决程序与机制等，逐步放宽中国—东盟教育进出口限制，并就教育合作达成谅解备忘录。建立中国—东盟教育质量保障和认证制度，等等，在研究生教育、职业教育等领域，寻求建立相互认证的政策，强化在学历学位互认、留学生交流、语言教学、互换奖学金生、教师职员培训等方面合作，培养更多高层次人才。逐步建立中国—东盟教育服务质量标准，增加中国—东盟教育服务贸易市场的透明度。

三是教育合作制度更加规范。2007 年 11 月 20 日，在新加坡举行的第十三届东盟首脑会议签署了《东南亚国家联盟宪章》（以下简称"《东盟宪章》"）。这是东盟成立 40 年来第一份具有普遍法律意义的文件。这份文件确立了东盟的目标、原则和地位，推动了东盟在更加规范化、法治化的轨道上运行，在东盟发展史上具有重要里程碑意义。自此，中国与东盟才真正从总体上进入政治、经济、文化、教育、医疗、卫生等各流域的合作与交流，开辟了教育领域合作更加广阔的空间。以此为基础，2007 年 5 月中国与泰国签订了《中华人民共和国教育部与泰王国教育部关于相互承认高等教育学历和学位的协定》，2008年4月中国与越南签订了《中华人民共和国教育部与越南社会主义共和国教育部关于相互承认高等教育学历和学位的协议》，2009年11月中国与菲律宾签订了《中华人民共和国政府和菲律宾共和国政府关于相互承认高等教育学历和学位的协议》，2011年4月中国与马来西亚签署了《学历学位互认协议》。在教育合作的专门文件方面，2004年中国与文莱签订了《高等教育合作谅解备忘录》，2008年12月、2014年12月中国与柬埔寨先后签署了《中柬教育合作协议》，2009年6月中国与东盟成员国泰国签订了《中泰教育合作协议》，2009年4月中国与新加坡签订了《中华人民共和国教育部和新加坡共和国教育部合作备忘录》。

　　四是教育合作领域不断扩大。双方教育合作与交流领域，已逐渐涵盖基础教育、中等教育、职业教育和高等教育。其中，高等教育院校交流、合作办学、留学生教育、汉语推广、项目合作、学历学位互认、人员交流流动、质量评估、教育培训等发展迅速。目前，中国已经与东盟国家中的泰国、越南、菲律宾三个国家建立了高等教育学历学位互认政策。中国与东盟签署跨境奖学金政策协议的国家有老挝、新加坡和印度尼西亚三个国家。中国还与东盟签订了《中国—东盟（AUN）奖学金项目申请办法》。中国与东盟跨境教育培训自1991年双方交往至今从未间断，其主要集中在科学技术、外交、文化、军事、医疗等领域。目前，中国与东盟签署跨境教育培训合作协议的国家有新加坡、马来西亚、印度尼西亚、柬埔寨、缅甸、越南等。

　　五是教育合作形式多样化。中国与东盟教育合作政策主要包括双边，或者多边签订的各种合作协议、合作协定、联合声明、备忘录、联合公报等。合作政策包括中国与东盟、中国政府与东盟各国政府、中国政府某一部门与东盟各国政府某一部门签订的各种教育合作文件、专项合作协议。例如，2002年签订的《中国—东盟全面经济合作框架协议》、2003年签订的《中华人民共和国与东南亚国家联盟成员国国家领导人联合宣言》、2005年签订的《中华人民共和国政府和东南亚国家联盟成员国政府文化合作谅解备忘录》、2007年签订的《泰王国教育部与中华人民共和国教育部关于相互承认高等教育学历和学位的协定》、2009年签订的《中华人民共和国教育部和新加坡共和国教育部合作备忘录》等。另外，中国与东盟还积极推动民间的广泛交流与合作。

第三章　中国—东盟高等教育共同体建设的工作行动

　　建立共同政策制度框架，构建对话合作工作机制，成立区域合作组织团体，搭建合作交流共享平台，建设中国—东盟高等教育共同体，推进中国—东盟命运共同体、利益共同体、责任共同体建设，是推动落实"一带一路"倡议的必然要求，是深化中国—东盟战略伙伴关系的现实需要，是推进东盟共同体建设的战略抉择。伴随中国—东盟区域经济一体化的深入推进，打造中国—东盟自由贸易区升级版，构建中国—东盟命运共同体，推进中国—东盟合作机制从过去的"黄金十年"走向未来新的"钻石十年"，中国与东盟的关系迅速发展，双方确立的战略伙伴关系不断深化，多层次和多方位的合作框架与机制更加健全，各领域务实合作取得丰硕成果。科技、文化和社会领域的合作日益拓展，教育合作交流不断扩大，高等教育共同体建设积极推进，并呈现出广阔的发展前景。

一　建立共同政策制度框架

　　随着中国—东盟战略伙伴关系的不断深化，加快中国与东盟在高等教育领域的交流与合作，推动中国—东盟高等教育共同体建设，自然成为推进中国—东盟共同体建设的一项重要任务。经过几十年的积极探索、不懈努力，中国与东盟各成员国共同签订了双方高等教育交流合作相关的系列法令、协定、条例、办法等，建立了共同政策制度框架，为加快推进中国—东盟高等教育共同体建设构筑了政策制度环境，提供了工作行动准则。

（一）建立双联制学位制度

中国和东盟各国都拥有优秀的教育传统和教育资源，在高等教育体制、高校人才培养模式和高等教育优势学科等方面各有特色，开展全方位、多层次和宽领域的交流与合作，建立双联制学位制度，推动学历、学位互认，颁发合作高校双文凭，对深化中国和东盟教育合作，将教育交流合作打造成中国—东盟战略伙伴关系的强力支柱，为推进中国—东盟区域经济一体化发展提供智力支撑，具有重要战略意义。为此，中国和东盟、中国和东盟各成员国密切合作，积极推进办学体制、办学模式改革，为深化双方高等教育合作交流营造了良好的发展环境。

双联制学位计划主要是通过与国外大学或国外大学联盟建立合作关系，并签订正式协议来实现，其协议内容包括：合格鉴定、课程等价表、教师资格和责任、入学资格、实验室和图书馆等有关校园设备问题。在这项计划中，国外大学负责课程设置和考试，学生在国内大学学习一段时间，然后到国外大学完成最后阶段的课程学习，以保证每一个合格学生都能得到一个国外高等教育机构的学额。学生在国内学习课程获得的学分能够得到国外双联制大学的认可，并由国外双联制大学颁发学位。典型的双联制学位计划有"1＋2""2＋1"和"2＋2"三种模式，其中，"1＋2"模式是指在国内大学学习1年，在国外双联制大学学习2年。"2＋1"模式是2年在国内大学学习，1年在国外双联制大学学习。"2＋2"模式是2年在国内大学学习，2年在国外双联制大学学习。双联制学位计划的实施，消除了国家之间的障碍，促进了各国高等学历之间的相互交流和比较，为学生提供了在整个地区继续学业或就业的机会。

20世纪90年代，东盟成员国马来西亚，首先开展了双联制学位制度的实践探索。20世纪末，为顺应高等教育国际化发展，迎接新千年的到来，马来西亚制定了《2020年先进国建设方略》（1991—2020年，又称"2020年宏愿"），提出把马来西亚建设成为本区域优质教育中心。1994年，马来西亚国会下议院通过有关大专法令修订案，允许外国大学在马来西亚设立分校，并可以英文为教学语言。至2001年，马来西亚共建有4所外国大学分校。1996年，马来西亚颁布《私立高等院校法》，2002年，马来西亚私立大学发展到10所，私立院校发展到652所。在政府的鼓励和支持下，马来西亚私立学院纷纷与国内的公立大学、国外的大学、各种专业的考试机构合作，提供本地和外国院校合作的双联制学位，积极开展对外合作办学，建立学分转移和双联课程的教育模式，实行与英国、美国、澳大利亚、新加坡等国家大学联校的教育体制。该体制主要有"1 + 2""2 + 1""3 + 0"三种形式。"1 + 2"模式，即一年在马来西亚上大学，两年到国外上大学；"2 + 1"模式，即在马来西亚先读两年后，再去国外读一年的课程学制；"3 + 0"模式，即三年在国内上，但拿的是国外大学的学历。也就是将高等教育合作国家著名大学的课程部分或全部（"1 + 2""2 + 1""3 + 0"）转移至马来西亚分校或合作院校，毕业时获得由高等教育合作国家著名大学颁发的学历文凭或学位证书。"双联课程"的出现，体现了马来西亚在高等教育制度上的开放性，同时也减轻了许多家庭的高等教育费用。马来西亚实行课程转移独特的国际化教育方式，留学生转签第三国手续简便，教育监督机制健全，尤其是纯正的英语教学、优越的教育体制、国际化的教学方式、良好的自然环境，吸引了大量中国、新加坡、日本、韩国、美国、英国、法国、澳大利亚、印度等国家的留学生。双联课程文凭不仅为中国承认，更为国际公认。双联课程在马来西亚的实施已有20 多年的历史，它帮助成千上万的学生完成了外国学位。2017 年 7 月，马来西亚泰莱大学接受第一批通过"东盟通道计划"到访的越南 FPT 大学学生，积极实施双联课程制度。"东盟通道计划"是在 2012 年泰国兰实大学举办的一项大会上设立，出席院校有柬埔寨诺顿大学、老挝国立大学、缅甸计算机学中心及越南维新大学。泰莱大学目前也签署意向书加入该项计划。泰莱大学通过国际承认的齐全与综合系列学术课程，为学生提供高等教育，包括大学先修、专业文凭、双联学位及学分转移课程等。在双联课程制度下，学生在本院修完部分课程，随后在外国合作大学修完其余部分。同时，也实施新形式的"3 + 0"学位课程。

20 世纪 80 年代中期以来，为迎接经济全球化、高等教育国际化的挑战，新加坡确立了国家 21 世纪国际化发展战略，提出努力使新加坡发展成为区域教育中心的战略目标，开始关注作为知识服务产业的国际教育服务。20 世纪 90 年代末，知识经济初见端倪为新加坡区域教育中心建设提供了全球大背景，新加坡政府决定以加快高等教育涉外合作办学为突破口，将国际教育服务作为教育产业纳入到国民经济发展之中，为新加坡实现"世界校园"的梦想奠定基础。1998 年，新加坡贸易工

业部下属的经济发展局提出旨在提高新加坡教育、科研、创新能力的
"双翼发展"构想（The Idea of Twin Wings）。计划在未来10年内引进
至少10所世界顶尖大学到新加坡开办分校或进行合作办学，即著名的
"10所顶尖大学计划"，开展教学和科研合作，联合培养学生。引进世
界一流大学在新加坡建立分校，为本国和本地区提供更多的学习和培训
机会。经过5年发展，新加坡成功引进8所世界顶尖大学前来合作办
学，包括美国麻省理工学院与新加坡南洋大学和新加坡国立大学联合建
立的以培养研究生层次工科人才为主的分校、霍布金斯大学与新加坡国
立大学联合建立的"国际医学中心"、霍布金斯大学在新加坡独立开设
的分校、佐治亚理工学院与新加坡国立大学合作建立的以培养物流与管
理专业硕士为主的亚太物流学院、宾夕法尼亚大学沃顿商学院协助建立
的新加坡管理大学、"沃顿商学院——管理大学联合研究中心"、芝加
哥大学开设的管理学院、法国欧洲工商管理学院建立的新欧工商管理学
院等。在合作办学过程中，主要实施开发联合学位和双学位项目模式，
比如新加坡南洋理工大学与法国埃塞克工商学院、瑞士圣加伦大学等分
别联合开设双硕士学位或联合硕士学位培养项目。2009年9月，新加
坡南洋理工大学首次与来自瑞典的卡罗林斯卡学院联合开办生物医药博
士学位课程。到2013年3月，该合作项目已增至7个。目前，新加坡
南洋理工大学的外来研究生占其研究生总体比例已达到60%。新加坡
私立院校与国外大学合作，并按照国外大学要求开设课程，学生在完成
学业后，可以授予国外大学的学位。为了加强对私立院校的监督以及促
进私立院校教育质量的提升，新加坡政府推出了三项针对性计划，包括
"新加坡素质级私立教育机构认证"（Singapore Quality Class for Private Ed-
ucation Organizations）计划、"消协保证标志教育认证"（Case Trust for
Education）计划和"学生利益保护"（Student Protection Scheme）计划。

中国积极探索与东盟国家双联学位制度改革实践，实施多种合作办
学模式，培养适应中国—东盟自由贸易区建设需求的复合型人才。双方
的教育合作模式由最初的互派留学生，发展到实施规范、稳定、多样的
合作办学模式。2001年，中国的云南民族大学东盟语言文化学院首创
"3+1"（即各专业的本科生在国内学习3年，到对象国学习1年）办
学模式，与越南进行本科生的联合培养。广西南宁职业技术学院与泰国
那空沙旺皇家大学、泰国佛统皇家大学签订"2+1""1+3""3+2"

等模式的联合办学协议。广西大学与越南海防大学采用"1 + 4"的合作培养模式（在海防大学就读 1 年学习汉语和专业基础课，在广西大学学习 4 年），积极推行双联学位制度改革。

中国拓宽海峡两岸教育交流的领域，推动双联学位等实质性合作，促进两岸教育交流的常态化、机制化。2010 年 7 月颁布的《国家中长期教育改革和发展规划纲要（2010—2020 年）》指出，"加强内地与港澳台地区的教育交流与合作。扩展交流内容，创新合作模式，促进教育事业共同发展。"2010 年 8 月 30 日，在两岸经济合作架构协议 ECFA 签订，大陆学生赴台就学以及台湾承认大陆学历的"陆生三法"通过背景下，台湾政治大学智能财产研究所宣布与北京大学知识产权学院达成双联学位协议，2011 年正式实施。根据协议，只要在政大智财所和北大知识产权学院注册的学生，都可申请双联学位，经过内部选拔取得修业资格。2010 年 9 月 30 日，台湾清华大学与北京清华大学签署《联合培养双硕士学位项目协议》，本着平等互惠的原则和友好合作的精神，每年由两岸清华大学各推荐 10 名硕士生进行联合培养双硕士学位计划。两校学生可以通过双联学位方式，同时取得两岸清华硕士层级的学位。两岸清华大学签订校级的双联学位协议，台湾清华大学是台湾与大陆学校签订校级双联学位的第一所大学。2011 年，台湾逢甲大学与山东大学开展了双联学位项目合作。2013 年 11 月 6 日，吉林大学与台湾东华大学签署《吉林大学管理学院与台湾东华大学管理学院及人文与社会科学学院双联双学位制合作项目备忘录》。中国人民大学、西安交通大学等高校，已分别与台湾的政治大学、新竹交通大学等学校就双联学位事宜进行了接洽。近年来，两岸高校在设立双联学位方面展开了积极的探索，为大陆加强与东盟各国的双联双学位制度实施，夯实了基础，积累了经验。由于中国与东盟国家高等教育水平在全世界范围内依然处于中低层次，提高中国以及东盟国家的高等教育水平是最为迫切的任务，而适合的课程以及学位制度是提高高等教育水平的有效途径。双联制不仅有助于改善中国及东盟国家现行的固化的课程以及学位制度，而且将增强中国与东盟国家高等教育国际化水平和认可度。

（二）实施学分转换计划

学分转换或学分互换（credit transfer），是高校在学分制背景下对学习者在不同学校修习学分予以承认或换算的机制，以使学分具有随学生流动而累积和延续的功能。具体而言，学分互换是指学生不仅可以学习本校的课程，还可以学习其他学校的课程，学生去其他学校学习获得的学分可以转换成本校的学分，而在本校获得的学分在其他学校也能被对方认可。学分互认是指已经获得由国家统一认可的各级各类学校、培训机构给予的学分科学地转换为所需的学分，即学生的学分可在合作高校之间实现相互认可与换算。① 跨国高校间的学分互换互认是指跨国高校之间进行合作交流并进行学分的转换，转换的学分能被彼此高校所认可。学分互换的价值目标可以概括为"三个促进"：一是促进资源共享，二是促进学生流动，三是促进终身学习。

学分转换计划就是允许学生通过学分累积获得学位，其主要在私立学院与国外大学之间实行。学生可在当地大学累积学分，然后将它们转移到一所与之有联系的国外大学。东盟大学联盟建立的学分互认机制，旨在更加广泛地促进东盟国家间学术交流，为东盟 2015 年的整合做好东盟大学联盟学生资源的储备，并在区域内协调统一东盟精神，通过向学生提供进一步选择课程方案的方式来给予大学相关补充项目。该学分互认机制主要针对本科生和研究生，适用于东盟大学的学生交流项目，相关项目由东盟大学联盟执行。其以学生为中心，评价学生负担和学业成果的体系。适用于一个学期的学生交换，最多是两个学期。主要涉及现有学术机构和国家学分体系中关于学生学习时间、学术成果的显示和转换。在现有的学术单位和国家学分制度下，学分互认机制不得修改。②

在亚洲开发银行的支持下，东南亚教育部长组织高等教育与发展区域中心致力于协调与联络大湄公河次区域的高等教育以及建立学分互认，并且和区域外国家（日本、韩国）协作，共同建立学分互认的机构，实施大湄公河次区域学分互认机制项目。该项目总体分为四个步骤，通过探索、实验、经验获取和扩展实践，建立一个涵盖该区域所有

① ASAIHL. ASAIHL Introduction ［EB/OL］. http：//www. seameo. org/asaihl/, 2013 - 12 - 26.

② AUN. About AUN - ACTS ［EB/OL］. http：//acts. ui. ac. id/index. php/home/about _ acts, 2014 - 01 - 19.

科研院所的学分互认框架。① 学分转换计划的实施，整合了区域内丰富的高等教育资源，增强了质量认证和学分互认的透明度，促进了学生的广泛流动，充分发挥了高等教育在人力资源开发中不可替代的作用。

2006 年，泰国佛统皇家大学与云南师范大学对外汉语专业本科生培养开展项目合作，实施学分互换互认。云南师范大学国际语言文化学院对外汉语专业的学生到泰国佛统皇家大学进行为期一年的学习，此为两校协商的"3 + 1"本科学生培养模式。云南师范大学对外汉语学生在第三年赴泰国佛统皇家大学学习 1 年，第四年的时候再回到云南师范大学进行学习。学习期满，只要学生达到要求，佛统皇家大学根据该校课程学分数给学生相应的学分，合格后给中国学生发放合格证书及结业证，在佛统皇家大学学习获得的学分回国后得到云南师范大学的承认，回国后在云南师范大学国际语言文化学院教务科进行备注登记，根据大三学年学习需要获得的学分数进行转换，转换成 24 学分。这种转换就变成该学院自身的学分模式。学习结束佛统皇家大学就给学生颁发一个结业证书。

2012 年，中国百色学院与马来西亚英迪国际大学签署了《中国百色学院与马来西亚英迪国际大学学分互认协议》。根据协议，广西百色学院专科毕业的学生，只要通过英语测试便可去英迪国际大学学习，修满学分后便获得英迪国际大学颁发的本科毕业证书。而在百色学院获得学士学位的本科毕业生，则可以在英语测试合格后前往英迪国际大学就读硕士课程，成绩合格后获得硕士学位证书。马来西亚英迪国际大学的学生也可以依据相应标准来到百色学院开展学习。这种互认学分的办学模式，是东盟成员国与中国地方高校借助中国—东盟博览会平台，实施高等教育交流合作的有益探索。

（三）促进学历文凭与学位互认

向来自任何一个签约国的大学生或科研人员开放其高等教育机构，承认他们的学历文凭和学位，并通过制定相近的术语，采用相同的评价标准，增强学分、学科、文凭和学位的可比性。在接纳学生从事更高阶段学习的问题上，不仅要根据学生所获的证书、文凭和学位，还应考虑

---

① SEAMEO RIHED. Credit Transfer System ［EB/OL］. http：//www. rihed. seameo. org/? page_ id = 353，2014 - 01 - 22.

学生其他有关资历。在充分考虑高等教育知识跨学科性质的前提下，以已经达到的教育水平和学习课程的内容为基础，采取灵活多样的评价标准和体系，建立并改进相关信息交流系统，促进在学历和学位资格互认方面的地区性和世界性合作。

1983 年，联合国教科文组织亚太教育局在泰国召开了会议，并通过和签署了《亚太高等教育学历、文凭与学位相互承认地区公约》。这一公约的实施，推动了本地区高等教育的国际化发展。近十几年来，东南亚教育部长组织、东盟大学联盟和亚洲大学协会等在推动学历、文凭和学位互认方面做出了贡献。例如，亚太大学流动计划以欧洲学分转换系统为范本，建立了大学学分转换系统，为亚太地区大学学生的自由流动创造了有利条件，但由于东盟各国高等教育体制仍存在着较大差异，因此，其学历文凭与学位的认证必须建立在质量描述、质量理念、质量模式、教育过程和认证标准等统一的系统上，从而增强东盟高等教育认证系统的可比性、互换性、相容性和透明性，最终实现学历文凭和学位的互认。

1983 年 12 月 16 日，中国政府即签署了《亚洲和太平洋地区承认高等教育学历、文凭与学位的地区公约》。学历学位互认协议，是保障教育服务者和受教育者双方以及用人单位权益的重要依据。中国—东盟高等教育共同体学历学位互认，对推进双方高等教育交流与合作更加法律化、制度化和透明化，促进国际教育服务的自由化，保障相关主体权益，具有突出的法律效力作用。

2007 年 5 月，中国与泰国签订了《泰王国教育部与中华人民共和国教育部关于相互承认高等教育学历和学位的协定》，对泰国高等学校及科研机构毕业生在中国攻读学位的许可，以及中国高等学校及其他高等教育和科研机构毕业生在泰国攻读学位的许可进行了全面协调，对中泰两国高等教育学历学位互认、高等学校的学分互认，做出了政策协商。

2008 年 4 月，中国和越南双方签署了《中华人民共和国政府和越南社会主义共和国政府关于相互承认高等教育学历和学位的协议》，促进中国和越南两国高等教育学历和学位互认，推动两国学生的学习深造。

2009 年 11 月，中国与菲律宾签署了《中华人民共和国政府和菲律宾共和国政府关于相互承认高等教育学历和学位的协议》。协议就其适用范围、双方的教育文凭体制、中国高等学校及科研机构毕业生在菲律宾攻读学位的许可、菲律宾高等学校毕业生在中国攻读学位的许可、协议的协商与分歧解决、协议的生效及终止等内容做出了规定，为促进中国和菲律宾两国高等教育学历学位互认，推进双方的学术交流与合作，为中菲两国高等教育交流与合作的进一步发展奠定了坚实的基础，开辟了广阔发展空间。

2011 年 4 月，中国和印度尼西亚共同发表了《中华人民共和国政府和印度尼西亚共和国政府关于进一步加强战略伙伴关系的联合公报》。双方对政治、经济、防务、文化、教育和地区问题等方面的交流与合作进行联合声明，同意进一步推动两国教育领域合作，在教育及相关机构鼓励语言教学，促进学生交流和学者交流，扩大奖学金规模，推进互相承认学历学位工作。

2011 年 4 月，中国和马来西亚签订了《中华人民共和国政府和马来西亚政府关于相互承认高等教育学历和学位的协定》，就推动两国互相承认高等教育颁证机构所颁发高等教育文凭达成协议，为进一步深化两国高等教育交流合作提供了重要的政策保障。

中国和东盟各成员国积极推动高等教育合作学历、学位制度改革的同时，双方还利用"中国—东盟教育交流周"平台，努力探索学历、学位制度建设及其实施。

2009 年 8 月，在贵阳举行的第二届"中国—东盟教育交流周"校长论坛上，与会代表提出，要采取多种措施不断扩大中国与东盟国家之间的学生流动，加快学历、学位互认的进程。深化大学之间和学者之间的学术交流合作，鼓励教师到对方国家攻读博士学位或从事高水平的学术研究和培训，同时，吸纳更多学历背景高、专业修养好的高校教师相互讲学。中国与东盟国家要联合培养博士、硕士，共同举办学术研讨会，努力提高本地区大学的学术水平和科学研究能力，共同推动中国与东盟教育的战略性合作。

2010 年 8 月 3 日，首届中国—东盟教育部长圆桌会议暨第三届中国—东盟交流周开幕式上，中共中央政治局委员、国务委员刘延东发表了"携手共建中国—东盟互联互通的人文之桥"主旨演讲，指出开创中国—东盟合作新局面，建设 21 世纪战略伙伴关系，相当程度上有赖于人文领域交流合作的深度和广度。刘延东强调，要推动教育交流与合作，分享人才培养经验，携手共建中国—东盟互联互通的人文之桥，为睦邻友好、和谐亚洲奠定深厚的民意和智力基础。为此，刘延东倡议：创新人文交流合作机制，建立高层磋商机制，推动教科文卫体等人文领域合作并使其制度化。积极探讨教育一体化建设可行性，整合资源，互补协作，推动实现学历学位互认，提高区域内高等教育的全球竞争力，携手共建中国—东盟互联互通的人文之桥，为中国—东盟自由贸易区建设提供人才支持和智力支持，为睦邻友好、和谐亚洲奠定深厚的民意基础和智力基础。

（四）推行"双十万学生流动"计划

2003 年 10 月 8 日，中国国务院总理温家宝出席在印度尼西亚巴厘岛举行的第七次中国与东盟"10 + 1"领导人会议。温家宝表示，在新形势下中国与东盟的合作应更加全面、深入。双方签署了《中华人民共和国与东盟国家领导人联合宣言——面向和平与繁荣的战略伙伴关系》，表示拓展全面合作，不断开展新领域的合作，"进一步活跃科学、环境、教育、文化、人员等方面的交流，并增进双方在这些领域的合作机制"。

2004 年 11 月 29 日，中华人民共和国和东南亚国家联盟国家/政府领导人在老挝万象签署《落实中国—东盟面向和平与繁荣的战略伙伴关系联合宣言的行动计划（2005—2010）》，为巩固中国—东盟战略伙伴关系，促进本地区和平、发展和繁荣，积极应对新千年的机遇和挑战，深化教育交流合作，进一步开展合作研究、培训及杰出教授、教师和学生交流等项目；加强对方国家语言的教学，鼓励相互留学；继续向东盟国家尤其是欠发达国家提供更多的短期和长期奖学金。

2006 年 10 月 30 日，中华人民共和国和东盟成员国的国家元首/政府首脑于 2006 年即"中国—东盟友好合作年"，会聚中国南宁纪念中国—东盟建立对话关系 15 周年。双方签署了《中国—东盟纪念峰会联合声明》，同意加强社会文化合作，鼓励扩大双方中等和高等教育机构之间的合作，加强青年交流，设立中国—东盟名誉奖学金。

2009 年 8 月 6 日，第二届"中国—东盟教育交流周"在中国贵阳举行，教育部副部长郝平在开幕式上作了题为"携手共进，务实合作，互利'双赢'"的主旨演讲。他代表中国教育部提出深化中国与东盟教育合作的六点倡议，即不断加强教育高层往来，不断促进本地区学生流动，不断深化校际务实合作，不断促进青少年交流，不断加强人力资源培训，不断促进双方学术交流，以更加积极的姿态和更加务实的行动推进教育领域的交流与合作。郝平表示，教育部正在积极制定来华留学工作发展的中长期规划，计划到2020年将来华留学人数提高至50万人，其中获得奖学金人数争取达到5万人左右。同时，期望通过中国与东盟双方的共同努力，争取在2020年实现东盟来华留学生和中国到东盟的留学生都达到10万人左右。这是中国和东盟为继续扩大开放办学，深化中国对外教育合作达成的共识。

2010年8月3日上午，中国—东盟教育部长圆桌会议暨第三届中国—东盟教育交流周在贵阳举行，中共中央政治局委员、国务委员刘延东会见东盟十国教育部长并在开幕式上发表题为"携手共建中国—东盟互联互通的人文之桥"的主旨演讲。刘延东强调，要推动教育交流与合作，分享人才培养经验，携手共建中国—东盟互联互通的人文之桥，为睦邻友好、和谐亚洲奠定深厚的民意和智力基础。刘延东提出倡议，积极落实"双十万学生流动计划"，中方将在未来10年内提供1万个政府奖学金名额，推动实现2020年东盟来华和中国赴东盟留学生都达到10万人左右。启动实施"万名青年交流计划"，中方将在未来10年邀请东盟国家1万名青年教师、学者、学生来华参加人文交流活动。

2011年8月17日，第四届中国—东盟教育交流周在贵阳市隆重开幕。本届交流周的主题是"走向更加务实有效的中国—东盟高等教育合作，打造开放创新的交流平台，推动贵州高校率先扩大对外开放"。本届交流周进一步落实前三届交流周达成的共识，特别是"双十万学生流动计划"等倡议，以加深中国与东盟国家之间的友谊，推进双方在教育领域的务实性合作，疏通合作渠道，开辟新的合作领域，推动区域文化的交流与发展。

2016年8月1日，第九届中国—东盟教育交流周暨第二届中国—东盟教育部长圆桌会议在贵阳开幕，本届交流周以"教育优先，共圆梦想"为主题，举办中国—东盟百名校长牵手未来、中国—东盟青少年交流以及中国—东盟职业教育博览会等30余项活动。国务院副总理刘延东出席并发表主旨演讲。刘延东提出，2016年是中国—东盟建立对话关系 25 周年和中国—东盟教育交流年，中国始终将东盟作为外交优先方向，希望加大青年交流力度，打造"中国—东盟双十万学生流动计划升级版"，设立"中国—东盟海上丝绸之路奖学金"，将包括教育在内的人文交流合作打造成中国—东盟战略伙伴关系的新支柱。

从第二届中国—东盟教育交流周提出了"双十万学生流动计划"，到中国—东盟教育合作五年行动计划，从最初的学生交流到如今多形式、多渠道的交流合作，依托交流周这一平台，中国与东盟之间秉持开放合作、互利共赢理念，逐渐构建起多元化的教育合作机制，促进双方的共同发展。统计显示，东盟已成为中国境外办学最集中的地区，双边跨境教育合作项目多，留学人员交流频繁。目前，我国在东盟国家已有 3 个境外办学机构，30 个境外办学项目。自 2010 年以来，交流周促进了中国与东盟之间的学生双向交流，双方留学规模持续扩大。其中，东盟国家来华留学生从 2010 年的 49580 人增长到 2015 年的 71101 人，中国去往东盟国家的留学生人数从 2010 年的 16947 人增长到 2015 年的 39662 人。

（五）制定高等教育质量保障指导方针

高等教育质量保障体系的建构，是中国—东盟高等教育共同体建设的重要内容。制定高等教育质量保障指导方针，建立高等教育质量保障机制，是推进中国—东盟高等教育共同体建设安排的一系列规则和程序。近年来，随着中国—东盟自由贸易区建设的提档升级，中国—东盟教育服务市场逐步扩大，国家间学生流动持续增多，跨境教育质量问题也日渐凸显，成为中国—东盟教育合作备受关注的新问题。为此，从法律保障、机构保障、信息保障、制度保障、监控保障、争端保障等方面，搭建中国—东盟高等教育质量保障机制框架，是推进中国—东盟高等教育共同体建设的重要保障。2003 年 3 月 1 日，中国国务院颁布了《中华人民共和国中外合作办学条例》，并于 9 月 1 日起正式施行。条例的颁布，为中国与其他国家包括东盟国家高等教育合作提供了基本的法律依据，对维护跨境教育质量管理发挥了规范性保障作用。

2002 年，中国教育部设立教育涉外监管专职机构——教育涉外监管处，具体负责教育国际合作与交流领域的监督与管理工作，特别是加强与质量最为密切的招生、教学、发证等环节的监管。此外，还有中国留学服务中心，在境外学历学位认证、国际教育资质鉴定以及引进国外优质教育资源等方面都发挥着重要的作用。中国跨境教育质量监管体系的逐步形成和不断发展,为中国—东盟高等教育质量的保障奠定了坚实的组织基础。

从东盟内部看,东盟各国政府将高等教育质量保障系统作为其高等教育优先发展的领域,其高等教育质量保障系统主要以东盟大学网络质量保障为核心,代表东盟高等教育质量保障与评估准则。1998 年,《东盟大学网络质量保障》(以下简称"AUN–QA")的制定与实施,旨在创建高等教育质量保障机制以达到和保持高标准的教育。2000 年,东盟在泰国召开了第九次董事会会议并签署了《AUN–QA 曼谷协议》。该协议通过提高教学与科研质量,改善成员大学总体学术能力的机制,以及提供一系列 AUN–QA 措施、方针和指南等方式,促进东盟高等教育质量保障系统的形成和发展。同年 11 月,在泰国曼谷又成立了AUN–QA 协会工作室,其主要负责制定 AUN–QA 的政策、标准、方针、基准程序、评估指南和指标。2004 年 11 月,第十六届东盟大学联盟理事会议在柬埔寨暹粒召开,会议通过并签署了《AUN–QA 指导方针》。此外,《AUN–QA 吉隆坡标准》制定了一系列具体的评估标准和指标,其中包括 6 项一级标准、24 项普通标准和 70 项评估指标。[1] 通过制定 AUN–QA 机制,建立与国际高等教育质量保障标准接轨的高等教育质量保障体系,促进师生的自由流动,推动成员大学跨区域学分互换与学历互认系统的建立,增强高等教育机构之间的交流与合作,提升东盟高等教育的质量。

2012 年 1 月,AUN–QA 研讨会和东盟大学联盟首席质量官员会议在泰国清迈召开,会议制定了《AUN–QA 战略框架行动计划(2012—2015)》。该框架包括两个主要组成部分:核心部分和支持部分。核心部分包括两个分支:第一,质量保障评估;第二,能力建设。另外,支持部分也包含两个部分:第一,关于人力资源的方案;第二,基金与财政资源。支持部分主要作为协助核心部分走向完善的工具,以最终达到框架目标。[2] AUN–QA 的进一步发展,增强了该系统的评估能力,促

---

① 覃玉荣:《东盟高等教育质量保障研究》,《高教发展与评估》2010 年第 2 期。

② AUN, AUN – QA. Guidelines for AUN Quality Assessment and Assessors & Framework of AUN – QA Strategic Action Plan 2012 – 2015 [EB/OL] . http: //www. aunsec. org/pdf/documentations/03_ GuidelinesforAUNQualityAssessmentandAssessors&Framework. pdf, 2014 – 01 – 19.

进了系统的国际化发展，提高了东盟各成员国在质量评估方面的水平，为东盟国家优质人力资源的储备奠定了基础。

（六）加强对外汉语推广

深化中国—东盟战略合作伙伴关系，推进中国与东盟的区域合作，经济发展是基础，政治互信是保障，文化交流是纽带。随着中国经济的腾飞，中国与东盟关系的不断深化，加强向东盟国家推广汉语，让东盟各国感受中华文化的魅力，增进东盟各国对中国的了解，显得越来越迫切。在中国与东盟各国交流合作不断深化的大背景下，汉语在东盟各国各领域的作用越发凸显，许多国家把华语（东盟国家把汉语称为华语）作为继英语之后的外语学习对象。可以说，日渐升温的"汉语热"是中国和东盟国家文化交流的一个突出体现，也是中国和东盟国家各领域深入合作的必然结果。

为加强对外汉语推广，1987 年 7 月我国成立了国家汉语国际推广领导小组办公室，简称国家汉办，挂靠在国家教育部。2006 年国家对外汉语教学领导小组根据全国政协十届四次会议上以许嘉璐为主席的中国民主促进会中央委员会提交的《关于进一步加快汉语国际推广的提案》改为国家汉语国际推广领导小组。国家汉语国际推广领导小组由12 个部门组成：国务院办公厅、教育部、财政部、国务院侨务办公室、外交部、国家发展和改革委员会、商务部、文化部、国家广播电影电视总局、国家新闻出版总署、国务院新闻办公室、国家语言文字工作委员会。国家汉语国际推广领导小组办公室主要职能有：支持各国各级各类教育机构开展汉语教学和中华文化传播；制定、完善和推广国际汉语教师标准、国际汉语能力标准、国际汉语教学通用课程大纲；选派和培训出国汉语教师和志愿者；开发和实施汉语水平考试；实施"孔子新汉学计划"，支持开展中国研究；组织管理孔子学院奖学金；开展"汉语桥"系列比赛等重要活动；建设国际汉语教学网络、电视、广播立体化平台并提供数字化资源等。

在国家汉语国际推广领导小组办公室领导下，中国与东盟国家汉语推广得到有效实施。中国大力开展《国际汉语教师证书》考试认证，中方新派教师全部实现持证上岗。翻译出版了《汉语图解词典》《汉语800 字》等工具书，研发本土汉语教材，开发网络孔子学院汉语文化课程。举办丰富多彩的文化活动，邀请东盟各国师生来华体验中华文化，组织东盟各国青少年学生参加"汉语桥"系列赛事,"孔子新汉学计划"资助东盟国家青年学生来华攻读博士学位或访学研修。东盟国家很多孔子学院举办"一带一路"学术讲座和国际会议,主动服务所在国家与中国的经贸往来、友好省州等各领域务实合作,语言教学、文化交流、学术研究和服务社会的能力明显增强。截至 2016 年年底,中国已在全球 140 个国家开设孔子学院 513 所［其中,亚洲 32 个国家(地区)115 所］和孔子课堂 1073 个,中外专兼职教师 4.6 万人,各类学员 210 万人,成为覆盖面最广、包容性最强、影响力最大的全球语言文化共同体之一。其中,中国在东盟 10 国开办了 40 余所孔子学院,分别在泰国、老挝和新加坡建立了中国文化中心,马来西亚吉隆坡中国文化中心正在筹建。2005 年我国与印度尼西亚发表了《中华人民共和国与印度尼西亚共和国联合声明》,签署了《中国国家对外汉语教学领导小组办公室与印度尼西亚教育部基础与中等教育总司关于汉语教学的协议书》。2015 年全球首家海上丝绸之路(海上丝路)孔子学院 24 日在泰国博仁大学正式成立,中国—东盟中心与天津国际汉语学院共建的中国—东盟汉语言文化教育基地在天津国际汉语学院设立。2016 年在云南大学建成"一带一路"南亚东南亚国家汉语推广基地。

随着中国经济的迅猛发展,中国和东盟国家的交往越来越频繁,中国文化在东盟国家传播的范围也越来越广。东盟 10 国主要有印度尼西亚、马来西亚、菲律宾、新加坡、泰国、文莱、越南、老挝、缅甸、柬埔寨,先后与中国合作共建孔子学院,强化华文学习与中国文化传播。在印度尼西亚,2007 年 9 月 28 日,雅加达汉语教学中心与中国汉办签署合作协议,由雅加达汉语教学中心与中国海南师范大学合作共建雅加达汉语教学中心孔子学院,这是中国在印度尼西亚建立的第一所孔子学院。2008 年 2 月 15 日,缅甸仰光福星语言与电脑学苑和中国华侨大学华文学院合办的孔子课堂在仰光正式揭牌,这是在缅甸仰光落户的第一家孔子课堂。2009 年 8 月 13 日,中国九江学院和柬埔寨王家学院、柬埔寨加华银行、瑞泰柬埔寨石材有限公司合作设立的孔子学院在九江学院成立。2010 年 3 月 23 日,老挝国立大学孔子学院建立。2014 年 12 月 27 日,广西师范大学与越南河内大学合作共建孔子学院,河内大学孔子学院是中越共同建立的第一所孔子学院,也是中越两国教育文化交流合作的重要成果。2006 年 8 月 3 日,由孔敬大学和中国西南大学合作共建的孔子学院正式成立，成为泰国第一所孔子学院，也是泰国首个由大学直接管理的孔子学院。2005 年 6 月，中国国家汉办与新加坡南洋理工大学签署协议，由南洋理工大学与中国山东大学合作共建南洋理工大学孔子学院。2005 年 4 月 2 日，菲律宾亚典耀大学与中国国家汉办签署意向书，合建孔子学院。2006 年 10 月 3 日，亚典耀大学孔子学院正式揭幕成立，中方合作伙伴为中山大学。2007 年 6 月 22 日，布拉卡大学与国家汉办签署了建设孔院协议书，2009 年 2 月 28 日，布拉卡国立大学与中国西北大学签署了建设孔子学院协议书，布拉卡国立大学孔子学院成立。布拉卡国立大学孔子学院是中国政府在菲律宾建设的第二家孔子学院。2010 年 1 月 15 日，红溪礼示大学与中国福建师范大学举行签署协议，成立红溪礼示大学孔子学院。2005 年 10 月 8 日，马来西亚著名学府马来亚大学和中国国家汉语国际推广领导小组办公室在吉隆坡签署协议，马中双方合作在吉隆坡建立马来亚大学孔子汉语学院，这是在马来西亚建立的首家孔子学院。文莱目前还未建立孔子学院。

从 20 世纪 90 年代开始，马来西亚、新加坡、泰国、印度尼西亚、越南、菲律宾、柬埔寨、老挝等国采取了鼓励汉语教育的一系列措施。目前，东盟各国的汉语教育已形成一定规模，从幼儿园、小学到中学和大学，已经形成比较完整的教学体系和教育制度。在一些城市和地区，汉语还被列为中小学的主要选修课。由于当地政府的支持，中国政府以及一些民间组织的合作，东盟的华文教育质量逐年提高。

2013 年，泰国推出了"你好，我爱你"的中文工程，目标是在 4 年内让东盟 10 国 6 亿人中的 1 亿人会说中文。泰国是第一个将汉语教学列入国民教育体系的国家；是第一个邀请中国派遣汉语教师志愿者的国家，也是迄今中国派出汉语教师志愿者数量最多的国家；还是第一个建立孔子课堂的国家。据统计，截至 2012 年年底，泰国有 3000 所学校开设了汉语课程，80 多万人在学习汉语，中泰还合作成立了 12 所孔子学院和 11 个孔子课堂，在泰汉语教师志愿者人数累计达到 3000 多人。2006 年成立的泰国玛哈沙拉坎大学孔子学院，除了汉语教学，还举办各种文化活动。玛哈沙拉坎大学孔子学院已成为世界较大规模的孔院之一，该院在泰东北 8 个府设有 30 多个教学点和 10 个汉语文化中心，学员 3 万余人，成了较有影响力的华文教育网络和中国文化推广中心。

新加坡的语言政策与种族挂钩，即华族学生自小学一年级起必须把汉语作为二语修读。而且，修读汉语也是强制性的，即凡符合要求的华族学生，其族裔语（新加坡称"母语"）必须是汉语而非其他语言。因此，新加坡华族学生从小就有机会掌握汉语。在新加坡，教育部门自2006年起推行中文改革，且每年都会举行全国中学生中文演讲比赛、全国学生中英文互译比赛，着力调动青少年学习中文的积极性。在新加坡，由于华人人口占总人口比例高达七成以上，再加上新加坡与中国在政治和经济方面的双边关系紧密，交往频繁，相较于其他国家或地区的人民，新加坡华人在与中国交往的过程中更能凸显出其优势，所以他们学习汉语的动机相对较强，应用汉语的机会也更多。

成立于1937年的老挝万象寮都公学，是老挝最大的汉语学校，学校从幼儿园到高中全部开设汉语。近十年来，中国到老挝投资的企业越来越多，同时中国—东盟博览会的成功举办，也为中国企业了解老挝以及老中企业合作起到了重要的平台作用，所以老一代的老挝华人也非常注重中国文化的教育。随着中国和老挝关系得到不断深化，老挝政府对华人采取与老挝原籍公民一视同仁的政策，没有歧视和排斥，因此在老挝的华人人数迅速增加，汉语教育也受到了重视并得到了发展。近年来随着中缅友好交流不断增加，对华语人才需求呈逐年上升的趋势。

在印度尼西亚，汉语还通过报刊、电视台、网络以及现代教育技术等方式在东盟各国传播。这些媒体对汉语教育、传播中华文化起到了积极作用。在东南亚有华文日报10多种，如马来西亚的《星洲日报》《南洋商报》《光华日报》等，菲律宾的《华侨商报》《世界日报》等，印度尼西亚的《指南针日报》和《坤甸日报》等。另外，华语电视、华文网络等电子媒介的影响力在东盟也很大，网络媒体使得华语拥有更多的读者，中华文化也随之传播。

近10年来，由于柬埔寨政府及其领导人对汉语教育采取支持和鼓励政策，同时中柬友谊和双边经贸关系的发展，使汉语成为一种谋生的工具，使用汉语的人越来越多，柬埔寨的华文教育发展迅速。如柬埔寨金边的端华学校是20世纪50年代创办的一所华文学校，自1992年复办以来，全采用普通话授课，使用中国内地课本为基础的改编教材，到目前已有学生2万多人，是当今世界上最大的华文学校。

在越南，汉语教育也在不断升温。许多越南学生到中国北京、广西等地留学，专门学习汉语。20多年前，越南的大学便陆续开设中文系和中文专业，并同中国高校建立合作办学关系。1995 年，越南胡志明市师范大学与广西师范大学建立了合作关系，互派师生任教学习。

自 2002 年起，菲律宾的汉语教育迅速发展，菲律宾华文教育研究中心通过举办汉语教学讲习班对本国的汉语教师进行培训，同时还派出大量的老师到中国进修。另外，菲律宾红溪礼示大学与香港励泰有限公司签署校企合作协议，该校孔子学院为励泰公司代为培养懂汉语的菲律宾籍管理人才。此举既能为企业提供紧缺人才，也让学习汉语的孔子学院学生学以致用，从而促进汉语在菲律宾的推广。

（七）构建终身学习资格框架

终身学习理念已成为资格框架发展的主导理念和基本追求。资格框架融入全人教育和全纳教育思想，衔接各级各类正规教育和非正规教育以及非正式学习，打破学习时空和形式的限制，提供多样化的受教育机会和途径，是中国和东盟国家实现终身教育的基本制度保障。2013 年 3 月，第四十七届东南亚教育部长理事会议在越南河内召开，来自 SEAMEO 的 11 个成员国教育部长、7 个联系会员国代表和 3 个附属会员参加了本次会议。会议主题为"教育的未来：掘金之路"，其主要内容包括：①越南的终身学习和建设学习型社会；②北欧国家终身学习的方法；③泰国提出促进终身学习的策略；④教育新政：全民终身学习，东南亚终身学习发展之路；⑤更好的技能，更好的工作，更好的生活；⑥促进全民终身学习，东盟在终身学习方面给东南亚国家教育部长们制定国家政策框架的建议。会议通过讨论地区关注的共同问题，加强了成员国间教育、科学和文化的区域合作，促进了各成员国终身学习的发展，推动了学习型社会的建设。

尽管中国与东盟各国政治、经济、社会发展水平不同，教育制度和教育传统各异，但是大多数国家都试图通过建设终身学习资格框架达到如下目的：其一，建立普通教育和职业教育与培训之间的沟通和衔接机制，使教育更适应社会经济发展需要。其二，促进区域人员流动和就业。通过建设国家资格框架，推进各类学习成果和学分的积累和转换，方便学习者在教育、培训和就业间选择和流动。国家资格框架旨在提高资格的国际认可度，强调国家资格框架与区域资格框架衔接互认。其三，将原本无法比较、无法衔接的各种学习成果纳入有序、透明、参照性强的认证体系，并建立相应的积累与转换制度，将学校教育和校外教育，正规教育与非正规教育纳入综合教育体系，从制度上落实联合国教科文组织提出的发展全民教育、终身教育等主张，促进学习化社会的形成和发展。

从 20 世纪 90 年代到 2000 年，新加坡和马来西亚开始研制和实施资格框架，到 2013 年新加坡建立了职业教育和培训领域资格框架，泰国则建立高等教育领域资格框架。由于标准体系是资格框架建设的核心，要实现各类学习成果互联互通就需要建立相应的标准，包括资格标准、认证单元标准、学分标准、转换标准、先前学习认证标准等。而资格等级水平则是描述资格框架中具体等级资格的学习成果水平。例如，马来西亚资格等级水平描述为：知识的深度；复杂性和全面性；知识和技能的应用；决策过程中的自主程度和创造性；交流技能；实践的广度和复杂程度。

国际上学习成果认证工具一般有 7 种类型，包括资格框架、地区协定、证书评估、专业和职业标准、学习测量、职业分类体系和教育分类体系。香港特区教育委员会于 2000 年提出要建立一套设有 7 个等级、涵盖职业教育、学历教育和继续教育的综合性资格框架（Qualifications Framework，QF）计划，香港称之为资历架构。香港资历框架包括能力标准说明、素质保证、资历名册、过往资历认可四个部分，香港地区资格框架（HKQF）作为第二代资格框架，源于 1990 年香港教育综合改革中的终身学习体系构建，并在 2000 年综合资格框架的基础上，由香港特别行政区教育委员会于 2008 年推出，明确界定了不同教育和培训的资格标准，确保资格质量。香港特别行政区教育委员会于 2000 年提出建立学分积累与转移（CAT）制度，则是为了更加灵活地适应不同个体的学习需求，最大限度地减少重复培训和重复学习。2014 年 11 月，特区教育局通过 HKQF 与欧盟资格框架（EQF）之间的技术合作项目启动了与欧盟委员会的合作，准备研发出一套能够用于比较两个资格框架之间相同层级关系的对应转换系统。

在职业规划与终身学习层面，新加坡教育部于 2017 年 3 月发布了改革高等教育和终身学习环境的五年计划。该计划旨在支持"未来技能"（Skills Future）运动，在提供终身学习机会方面，"未来技能"计划项目组将与新加坡人民协会、社区发展委员会合作，在各个社区中开办"未来技能"研讨会，帮助社区居民找到正确的技能发展方向，为未来的工作生活做好充足准备。

我国《国家中长期教育改革和发展规划纲要（2010—2020 年）》明确指出：搭建终身学习的立交桥，促进各级各类教育纵向衔接、横向沟通，建立学分积累与转换制度，实现不同类型学习成果的互认和衔接，提供多次选择机会满足个人多样化的学习和发展需要。规划纲要为我国与东盟终身学习资格框架的构建指明了方向。当前，我国实行国家职业资格制度，突出学历证书与资格证书"双证"并重、"双证融通"。这些都将作为构建终身学习资格框架实践的重要组成部分，并为中国与东盟高等教育合作提供政策保障。

二　构建对话合作工作机制

中国与东盟教育结构互补，利益高度交融，合作前景广阔。经过20 多年的实践，双方政治互信、经贸合作、人文交流不断加强，全面战略伙伴关系进一步深化，各领域合作持续发展，外交、财政、经济、环境、卫生、文化、能源、信息通信、科技、教育等多领域合作水平不断提升，形成多层次、宽领域、全方位、定期化相对完整的合作对话机制，对促进中国与东盟战略对话，增进各方互信，推进区域合作，推动高等教育共同体建设全面展开，发挥了积极作用。

（一）举办年度领导人会议

中国—东盟领导人会议，就中国—东盟关系的发展做出战略规划和指导。自 1997 年以来已举行 19 次中国—东盟领导人会议。此外，还召开过几次中国—东盟领导人特别会议，包括中国—东盟领导人关于非典型性肺炎问题特别会议（2003 年）和中国—东盟建立对话关系 15 周年纪念峰会（2006 年）。

20 世纪 90 年代末期，为应对经济全球化浪潮的冲击，东盟国家逐步认识到启动新的合作层次、构筑全方位合作关系的重要性，并决定开展"外向型"经济合作。"10＋3"（东盟 10 国领导人与中国、日本、韩国 3 国领导人举行的会议）和"10＋1"合作机制应运而生。"10＋3""10＋1"合作机制以经济合作为重点，逐渐向政治、安全、文化、教育等领域拓展。在"10＋3""10＋1"和中日韩合作机制下，中国与东盟每年均召开首脑会议、部长会议、高官会议和工作层会议，并在"10＋3"框架内逐步开展中日韩三国合作，推动经济、医疗卫生、教育、科技、文化等各流域合作与交流。进入21世纪以后，随着区域主义新一轮浪潮的到来，亚洲出现了几个相互竞争的一体化进程并存的局面，东亚峰会"10＋8"、大湄公河次区域经济合作领导人会议，以及区域全面经济伙伴关系协定（RCEP）与跨太平洋经济伙伴关系协定（TPP）两个合作机制应运而生。

1. 中国—东盟领导人会议"10＋1"①

"10＋1"是指东盟10国分别与中日韩3国（即3个"10＋1"）合作机制的简称，是中国参与东亚合作的基础。1997年12月16日，首次中国—东盟领导人非正式会议在马来西亚首都吉隆坡举行，会议确立了中国与东盟面向21世纪的睦邻互信伙伴关系。2003年10月8日，第七次中国—东盟领导人非正式会议在印度尼西亚巴厘岛举行，会议确立了中国与东盟面向和平与繁荣的战略伙伴关系。2010年1月，中国—东盟自由贸易区如期全面建成。2016年7月，中国—东盟自由贸易区升级有关议定书生效。目前，双方正积极推进落实中国—东盟战略伙伴关系第三份《行动计划》。2016年是中国—东盟建立对话关系25周年，双方合作正从快速发展的"成长期"加快迈入提质升级的"成熟期"。"10＋1"确定了五大重点合作领域，即农业、信息通信、人力资源开发、相互投资和湄公河流域开发。除与中日韩3国举行每年机制化的"10＋1"会议外，东盟还与其他域外国家展开不定期的"10＋1"对话合作，积极探讨共同关注各领域、多方面的问题。

2. 东盟与中日韩领导人会议"10＋3"

"10＋3"是指东盟10国和中日韩3国合作机制的简称，是建设东亚经济共同体、推进东亚合作的主渠道。1997年12月15日，首次东盟—中日韩领导人非正式会议在马来西亚举行，东盟各国和中日韩三国领导人就21世纪东亚地区的前景、发展与合作问题坦诚、深入地交换了意见，并取得广泛共识。"10＋3"合作进程由此启动。"10＋3"已经建立了65个对话与合作机制，其中包括外交、财政、经济、劳动、农林、旅游、环境、卫生、打击跨国犯罪、文化、能源、信息通信、社

① 《背景资料：东盟与中国"10＋1"领导人会议》，新华网，2017年3月20日。

会福利与发展、科技、青年、新闻及教育共 17 个部长级会议机制。

3. 东亚峰会 "10 + 8"

"10 + 8" 是指东盟 10 国与中国、日本、韩国、印度、澳大利亚、新西兰、美国和俄罗斯 8 国的合作机制。2005 年 12 月 14 日，东盟 10 国和中国、日本、韩国、印度、澳大利亚、新西兰 6 国的国家元首或政府首脑在吉隆坡举行首届东亚峰会，也被称为 "10 + 6" 峰会。2011 年 11 月，在印度尼西亚巴厘岛举行的第六届东亚峰会上，美国和俄罗斯首次成为东亚峰会成员国，东亚峰会机制也由此扩大到 "10 + 8"。目前，东亚峰会成员国总人口和经济总量已占世界的 50% 以上，是连接东亚合作和亚太合作的重要平台。东亚峰会作为东亚合作机制的重要补充，自成立以来坚持 "领导人引领的战略论坛" 性质，按照政治安全对话和经济合作双轨并进的基调，坚持东盟主导、协商一致、照顾各方舒适度等既定原则，为增进各方互信、推进区域合作发挥了积极作用。在过去 10 年里，东亚峰会积极推进成员间战略对话，推动能源与环保、金融、教育、公共卫生、灾害管理、东盟互联互通 6 个重点领域合作，地区影响和作用不断上升。

4. 大湄公河次区域经济合作领导人会议

大湄公河次区域处于东南亚、南亚和中国大西南的结合部。次区域涉及澜沧江—湄公河流域内的中国、缅甸、老挝、泰国、柬埔寨、越南，面积 256.86 万平方千米，总人口约 3.2 亿，连接中国和东南亚、南亚地区，地理位置十分重要。

大湄公河次区域经济合作（Great Mekong Subregion Cooperation, GMS）于 1992 年由亚洲开发银行发起，涉及流域内的 6 个国家，有中国、缅甸、老挝、泰国、柬埔寨和越南，涉及 7 个合作领域，即交通、能源、电信、环境、旅游、人力资源开发以及贸易与投资。该合作机制分为两个层次：其一是部长级会议，自 1992 年起每年一次，至今已举行过 24 次。其二是司局级高官会议和各领域的论坛（交通、能源、电讯）和工作组会议（环境、旅游、贸易与投资），每年分别举行会议，并向部长级会议报告。大湄公河次区域合作旨在通过加强各成员国间的经济联系，促进次区域的经济和社会发展。大湄公河次区域经济合作建立在平等、互信、互利的基础上，是一个发展中国家互利合作、联合自强的机制，也是一个通过加强经济联系，促进次区域经济社会发展的务实的机制。

领导人会议是大湄公河次区域经济合作的最高决策机构，每3年召开一次，各成员国按照国名字母顺序轮流主办。部长级会议每年举行一次，下设专题论坛和工作组。2002年11月3日，首次领导人会议在柬埔寨首都金边举行。与会6国领导人总结了过去10年取得的成就和成功经验，确认了未来10年的合作前景及承诺，进一步加强了6国伙伴关系。朱镕基总理出席会议并作了主旨发言，敦促湄公河各国加强合作，发挥各自优势，加快经济增长步伐。会议批准了《次区域发展未来十年战略框架》，使次区域合作进入了一个新阶段。会议还发表了联合宣言并决定，今后每3年在成员国轮流举行一次大湄公河次区域领导人会议。会后，有关国家签署了《大湄公河次区域便利运输协定》谅解备忘录、《大湄公河次区域便利运输协定》中方加入书和《大湄公河次区域政府间电力贸易协定》。2005年7月4日至5日，大湄公河次区域经济合作第二次领导人会议在云南昆明举行，会议主题为"加强伙伴关系，实现共同繁荣"。温家宝总理在会议开幕式上发表了讲话。会议通过了《昆明宣言》。与会6国签署了便利客货运输、动物疫病防控、信息高速公路建设和电力贸易等多项合作文件，批准了GMS贸易投资便利化行动框架和生物多样性保护走廊建设等多项合作倡议。会议确立了以"相互尊重、平等协商、注重实效、循序渐进"为主要内容的合作指导原则，次区域合作由此迈上新台阶。2008年3月30日至31日，大湄公河次区域经济合作第三次领导人会议在老挝万象举行，六国领导人围绕"加强联系性、提升竞争力"的主题，就加强基础设施互联互通，贸易运输便利化，构建伙伴关系、促进经贸投资，开发人力资源、增强竞争力，可持续的环境管理，次区域合作与发展伙伴关系六大方面的合作构想交换意见。中国国务院总理温家宝在会上全面阐述了中国对大湄公河次区域经济合作及未来发展的主张，提出中方倡议和举措。2011年12月20日大湄公河次区域经济合作第四次领导人会议在缅甸首都内比都缅甸国际会议中心正式开幕。2014年12月19日，大湄公河次区域经济合作第五次领导人会议在泰国曼谷举行，会议确定的主题为"致力于大湄公河次区域的包容性和可持续发展"。本次领导人会议由泰国总理巴育主持。大湄公河次区域经济合作第五次领导人会议期间，举行了大湄公河次区域投资论坛，大湄公河次区域工商论坛，大湄公河次区域发展伙伴圆桌会议，以及大湄公河次区域青年论坛等相关会议。

5. 区域全面经济伙伴关系协定（RCEP）与跨太平洋经济伙伴关系协定（TPP）机制

进入 21 世纪以来，在"10 + 1""10 + 3"框架下，东盟与中、日、韩等开展了积极的区域合作。随着经济的迅猛发展，东盟已从一个区域性国际经济合作组织发展为亚太国际舞台上的一支重要力量。在此背景下，在区域主义新一轮浪潮的冲击下，目前亚洲出现了几个相互竞争的一体化进程并存的局面，TPP、RCEP 和中日韩 FTA 协议机制应运而生。由于中日韩 FTA 属于次区域合作的范畴，且中日韩之间因历史积怨和领海争端很难在短期内达成一致。因此，在通向亚太地区广域一体化的路径上，经过多年博弈和演进，客观上形成了以东盟为主导的亚洲机制和以美国为主导的亚太机制两条主要路径，即"区域全面经济伙伴关系协定"（RCEP）与"跨太平洋经济伙伴关系协定"（TPP）两个合作机制，这两种合作机制将影响着中国—东盟自由贸易区（CAFTA）的建设与发展。

2004 年，中国提议在"10 + 3"基础上建设"东亚自由贸易区"（EAFTA），但 2006 年日本主张以"10 + 6"为核心建立"东亚全面经济伙伴关系"（CEPEA）。鉴于此，东盟国家从其自身角度出发，2011 年提出在 5 个"10 + 1"基础上建设 RCEP，并且很快得到了所有参与国的积极响应。

TPP（Trans_ PacificStrategic Partnership）即《跨太平洋战略经济伙伴关系协定》。2002 年 10 月在墨西哥举行 APEC 会议时，经济开放程度较高的新加坡、新西兰和智利 3 国就建立 FTA 开始谈判，2005 年 4 月文莱宣布加入。2005 年 7 月 4 国在 APEC 框架内签署了《跨太平洋战略经济伙伴关系协定》。该协定于 2006 年 5 月 28 日生效成立，至此，四国成功缔结 FTA，简称"P4"，TPP 即由此发展产生。4 国签署 TPP 的目的是通过深化贸易与投资等领域的合作以加强各成员国之间的经贸关系，各成员方按照协定将在 2015 年实现所有商品"零关税"。2008 年 2 月美国宣布加入，并于当年的 3 月、6 月和 9 月就金融服务和投资议题举行了三轮谈判。2009 年 11 月奥巴马总统宣布全面参加 TPP，并主导 TPP 未来的发展方向。在美国的要求和积极推动下，澳大利亚、秘鲁、越南先后表示愿意加入 TPP。2010 年 3 月，美国、澳大利亚、秘鲁和越南正式加入 TPP，并参加了 TPP 于该月在澳大利亚墨尔本举行的第一轮谈判。2010 年 10 月，TPP 又在文莱达鲁萨兰举行了第三次谈判，马来西亚加入谈判，至此成员国增至 9 个。2011 年 11 月 12 日，在 TPP 9 个 APEC 成员国（美国、澳大利亚、秘鲁、马来西亚、越南、新西兰、新加坡、文莱、智利）领导人会议上，通过了 TPP 纲要文本。随着 TPP 谈判的不断深入，其谈判的参与国已经增至 12 个。这 12 个成员将一起形成约 8 亿人口的市场，经济总量约占全球经济的四成，将成为世界最大的自由贸易区。

RCEP 与 TPP 有着相同的目标，即贸易自由化与经济一体化。相比较而言，TPP 的目标更雄伟，旨在建立进一步使亚太地区贸易自由化的区域 FTA，适应 21 世纪经济挑战，推进高标准的区域经济一体化发展。东盟提出的 RCEP 框架是为了将目前有关的 FTA 整合为一个区域经济协议，推进深度的经济合作。TPP 追求的一体化程度比 RCEP 更深：除了促进商品、服务和投资贸易，还涉及知识产权等其他议题。而 RCEP 将会是一个部分范围超 WTO 的协议，侧重货物贸易、一些服务贸易和投资贸易。TPP 对发达经济体具有很强的吸引力，而 RCEP 对发展中经济体的吸引力比 TPP 更大。由此可见，TPP 和 RCEP 都属于广域一体化范畴，两者的博弈无疑会给东亚区域一体化进程包括中国—东盟自由贸易区升级版建设带来深刻的影响。

（二）召集年度部长级会议

伴随中国—东盟合作关系的不断深化，中国与东盟逐步建立起了一系列合作机制，除领导人会议（含不定期领导人特别会议）外，还有多个部长级会议机制以及工作层对话合作机制，形成多层次、宽领域、广类型的合作框架。这种合作机制使中国与东盟沟通和协调定期化，有效地保证了双方合作的顺利开展。目前，其部长级会议主要涵括外交、商务、青年事务、交通、海关署长、总检察长、卫生、电信、新闻、质检和打击跨国犯罪 11 个领域，主要的部长级合作机制有：东盟—中日韩 "10 + 3" 外长会议、东盟与对话伙伴国会议和东盟与中国 "10 + 1" 对话会。而直接与教育领域相关的部长级会议机制，体现为中国—东盟合作论坛、中国—东盟文化论坛、中国—东盟信息港论坛、中国—东盟教育交流周等。

东盟—中日韩"10 + 3"外长会议，是指东盟 10 国加上中国、日本、韩国 3 国外长举行的会议，它是"10 + 3"领导人非正式会议框架下的一个专业部长级会议机制。会议在东盟外长会议后举行。首次"10 + 3"外长会议于 2000 年 7 月在曼谷举行。

东盟与对话伙伴国会议，始于 1978 年，是东盟外长会议的后续会议。其 10 个对话伙伴是澳大利亚、加拿大、中国、欧盟、印度、日本、新西兰、俄罗斯、韩国和美国。每年由东盟成员国和对话伙伴国的外长出席会议，主要讨论政治、经济、东盟与对话伙伴国的合作等问题。中国于 1996 年成为东盟全面对话伙伴国。

东盟与中国"10 + 1"对话会，始于 1991 年。此外，还有财长会议、经济部长会议、农业与林业部长级会议、交通部长会议，以及质检部长磋商合作等机制。

1. 中国—东盟合作论坛

中国与东盟既是友好近邻，也是重要战略伙伴，设立中国—东盟合作论坛，旨在以增进友谊、互联互通、服务会员、共同发展为原则，围绕中国—东盟建立对话关系，促进中国—东盟官方及民众之间进一步深化合作共识，加深友谊，推动中国与东盟的互信和合作。中国—东盟合作论坛涉及全方位、各行业、多领域。例如，中国—东盟旅游品质和可持续发展论坛，围绕东盟伙伴关系建立以来中国—东盟双向旅游交流合作的发展历程，顺应新时期旅游发展需求，搭建双向旅游交流平台，深入探讨提升旅游品质、促进中国和东盟旅游业可持续发展的有效途径，推进"一带一路"建设，进一步增强中心的影响力。中国—东盟大法官论坛，随着中国与东盟、南亚国家法院之间的交流合作日益加深，高层互访频繁，各领域务实合作不断加强，中国与东盟搭建了中国—东盟大法官论坛，旨在进一步提升中国与"一带一路"沿线国家之间的司法交流与合作水平，推动形成公平公正透明的经贸投资法律环境和务实有效的司法合作局面，为中国和东盟、南亚国家的繁荣发展提供更加有力的司法服务和保障。中国—东盟合作论坛涵括中国—东盟基础设施合作论坛、中国—东盟产教融合合作论坛、中国—东盟教育交流周暨中国—东南亚高等教育合作论坛、中国—东盟科学技术合作论坛、中国—东盟环境合作论坛、中国—东盟疾病防控合作论坛、中国—东盟卫生合作论坛等。

在教育合作领域，中国—东盟合作论坛主要设立有南亚东南亚高等教育合作国际论坛。2014 年 12 月 5 日，首届"南亚东南亚高等教育合作国际论坛"在云南师范大学举行，来自印度、孟加拉国、泰国、缅甸、柬埔寨、老挝和澳大利亚等国 10 余所高校的校长、专家应邀参加了此次论坛。孟加拉国、越南、老挝、缅甸、马来西亚五国的总领事、副总领事或领事、云南省教育厅对外合作与交流处领导、昆明理工大学、昆明学院等 9 所高校的学校领导及国际处负责人出席了开幕式。论坛期间，云南师范大学副校长原一川教授作了题为"把握时代脉搏，大力推进与南亚东南亚高校实质性合作"的主旨发言，来自澳大利亚塔斯马尼亚大学教育学院副院长 Marion Myhill 博士、泰国清迈大学副校长 Watchara Kasinrerk、皇太后大学副校长 Romyen Kosaikanont、泰国孔敬大学东南亚国家联盟中心主任 Apirat Petchsiri 及柬埔寨金边皇家大学教育学院院长 Sok Soth 等，也先后就高等教育国际化的趋势、国际学术合作与研究型大学建设、国际高等教育与文化、国际化与东亚地区化、柬埔寨高等教育的困境与出路等问题作了主旨发言。论坛上，国内外各高校校长、专家学者就中澳南亚东南亚高等教育合作事宜进行了深入探讨，寻求建立双边、多边教育合作保障机制，进一步促进中澳南亚东南亚高校之间教育文化与合作交流，共同推动中澳南亚东南亚高等教育事业的发展。南亚东南亚高等教育合作国际论坛这个平台，对推进与会各国高校国际化问题研究的深化及加强国际合作，对进一步促进区域高等学校教育水平和质量的提升，培养更多优秀人才，实现惠及各国社会发展和造福民众的目的，必将起到积极推动作用。

2. 中国—东盟文化论坛

"中国—东盟文化论坛"，其前身是诞生于 2006 年的"中国—东盟文化产业论坛"。从 2011 年起，论坛正式升格为由文化部与广西壮族自治区人民政府联合主办的省部级论坛，并于 2012 年进一步升级，由原来的"中国—东盟文化产业论坛"更名为"中国—东盟文化论坛"。中国—东盟文化论坛自 2006 年以来一直在广西举办，逐渐发展成为在中国和东盟地区有一定国际影响力的省部级专业论坛，成为中国—东盟博览会"十大品牌"论坛之一。自 2012 年升级以来，中国—东盟文化论坛共举办了 5 场活动。

2012 年 9 月 11 日第七届论坛在广西南宁举行。论坛由文化部和广西壮族自治区人民政府主办，中国国家图书馆协办，广西文化厅承办。来自中国、东盟 10 国、韩国的国家图书馆馆长或其代表，东盟秘书处、中国—东盟中心的相关代表，以及国内各省市、高校的图书馆馆长和专家学者等 200 余位国内外嘉宾应邀出席了论坛活动。本次论坛以"亚洲图书馆的资源共享与合作发展"为主题，就"文献资源共建与共享""数字图书馆建设与合作"等内容展开了积极讨论。论坛达成广泛共识，通过了《东亚图书馆南宁倡议》，有力地推动了东亚图书馆交流与合作。

2013 年 9 月 10 日至 12 日第八届中国—东盟文化论坛在南宁举行，论坛以"对话与合作——非物质文化遗产的保护与传承"为主题，围绕中国—东盟非物质文化遗产保护的回顾与总结、中国—东盟共同创造非物质文化遗产保护的未来两个议题进行了热烈讨论，文化部和广西壮族自治区文化厅领导发表主旨报告、主题发言。

2014 年 9 月 15—16 日，第九届中国—东盟文化论坛在广西南宁举行，本次论坛被列为"2014 中国—东盟文化交流年"的重点项目。来自中国和东盟 10 国的代表围绕"国际性艺术节的管理与实践"主题展开讨论。中国文化部部长助理刘玉珠在开幕式上说，论坛以国际性艺术节为主题，目的是让中国和东盟共享举办国际性艺术节的信息资源，交流办节经验。论坛整理发布了《中国和东盟主要国际性艺术节名录》，为中国与东盟各成员国之间国际性艺术节提供信息共享。

2015 年 9 月 16 日，由文化部和广西壮族自治区人民政府共同主办的第十届中国—东盟文化论坛在广西南宁开幕。文化部党组成员、中央纪委驻文化部纪检组组长王铁，广西壮族自治区人民政府副主席李康，中国—东盟中心、东盟秘书处有关领导以及东盟各国文化部官员、驻华使领馆代表出席开幕式。在 2015 年东盟共同体建成的这一重要时间节点，本届论坛以"新常态、新合作——东盟共同体建成后的'10＋1'文化合作"为主题，围绕"共建'21 世纪海上丝绸之路'背景下如何开展中国—东盟文化交流与合作""东盟共同体建成后如何推进中国—东盟文化合作"两个议题展开广泛而深远的对话。论坛期间，开展了"戏海丝路"2015 中国—东盟（南宁）戏剧周大联欢、稻作文化（"那"文化）论坛。

2016 年 9 月 10 日至 11 日，第十一届中国—东盟文化论坛在中国南宁举办。论坛围绕"交流与共享——艺术教育合作与发展"的主题展开交流探讨，共商中国—东盟文化合作与发展，在文化领域促进"21世纪海上丝绸之路"建设。本届论坛由中国文化部、中国广西壮族自治区人民政府主办，中国教育部支持，中国文化部对外文化联络局、文化科技司和中国广西文化厅、教育厅承办，中国—东盟中心、全国文化艺术职业教育行业指导委员会协办。除论坛主体活动论坛全体大会、中国—东盟艺术院校校长圆桌会议外，本届论坛还举办了"红铜鼓"中国—东盟艺术教育成果展演、中国—东盟戏剧周、中国—东盟戏曲演唱会等配套活动。本届论坛还制作了《中国—东盟文化论坛十年回顾纪念画册》，作为历届论坛重要成果的展现。

自 2006 年以来，中国—东盟文化论坛在中国广西已成功举办 11 届，在东盟各国的大力支持下，逐渐发展成为在中国和东盟地区有一定国际影响力的省部级专业论坛，获得中国—东盟博览会"品牌论坛"称号。中国—东盟文化论坛为中国与东盟各国进行文化对话搭建了高层次交流平台，对话领域从文化产业扩展到了文化艺术、非物质文化遗产保护、公共文化服务、文化人力资源培训、艺术教育合作与发展等多个方面，是中国—东盟博览会的重要论坛之一，为中国与东盟在文化领域的交流合作提供了长远动力和发展源泉。

3. 中国—东盟信息港论坛

"中国—东盟信息港"这一构想，是 2014 年第十一届中国—东盟博览会会期举办的中国—东盟网络空间论坛首次提出的，其内容包括共建基础设施、信息共享、技术合作、经贸服务、人文交流五大合作平台，构想提出后得到东盟各国代表的普遍认同和积极响应。在 2015 年举行的第十二届中国—东盟博览会上，中共中央政治局常委、国务院副总理张高丽宣布启动信息港建设。经过一年的发展，信息港已成为加强中国与东盟信息互联互通、提升中国—东盟经贸文化合作层次的重要载体，以及中国—东盟延续深入合作、共建共享的重要合作平台。2015 年 4 月，中国国务院批准了《中国—东盟信息港建设方案》，明确提出要建设基础设施、信息共享、技术合作、经贸服务、人文交流五大平台，组织实施一批重大建设项目，同时将中国—东盟信息港建设纳入国家"十三五"规划。

2015 年 9 月 13—14 日，"2015 中国—东盟信息港论坛"在广西南宁举行。论坛由中国国家互联网信息办公室、中国国家发展和改革委员会与中国广西壮族自治区人民政府共同主办。论坛主题为"'互联网＋'海上丝绸之路——合作·互利·共赢"，论坛还设有"中国—东盟信息港：规划和设想""跨境电子商务发展""加强交流合作繁荣网络文化""打击网络犯罪"等主题全会。

2016 年 9 月 11—12 日，第二届中国—东盟信息港论坛在广西南宁举办。本届论坛的主题为"中国—东盟信息港——共建·共享·共赢"。设有"中国—东盟信息港建设展望""网络基础设施互联互通""网络人文交流合作"等议题，以及"中国—东盟电子商务峰会""中国—东盟卫星导航合作"等分论坛。论坛开幕式上还举行了三批重点合作项目签约仪式。广西壮族自治区人民政府和国家开发银行签署协议，合作推进中国—东盟信息港金融服务创新试点。新华速汇公司、越南西贡商信银行、国家遥感中心、老挝农林部科技委员会等国内外企业及政府部门签署了系列项目合作协议。中国建设银行、中国信息通信研究院分别与广西壮族自治区人民政府签署战略合作协议。

中国—东盟信息港论坛的举办，旨在推进中国与东盟各国紧密合作，使中国—东盟信息港成为建设 21 世纪"海上丝绸之路"的信息枢纽，让中国与东盟各国共享网络发展成果。建设中国—东盟信息港，打造服务东盟各国的信息化平台，是在"一带一路"框架下，搭建一条连接中国与东盟的"信息丝绸之路"，是落实"一带一路"倡议的重要举措，也是推动中国—东盟各国以信息化促进区域经济社会繁荣发展的重要途径，对东盟各国利用信息技术发展本国经济，增强信息普遍服务能力，提升民生服务水平，促进中国—东盟的网络设施、网络贸易、网络服务加快发展具有重要作用。

4. 中国—东盟教育交流周

随着中国与东盟合作交流的不断深入，双方高层领导人互访更加频繁，政治互信更加牢固，经贸联系更加紧密，人文交流更加深入，面向和平与繁荣的战略伙伴关系不断向前发展。为进一步加深中国与东盟国家之间的理解和友谊，推进中国和东盟国家在教育领域的务实性合作，疏通合作渠道，开辟新的合作领域，推动区域文化的交流与发展，夯实中国—东盟利益共同体、命运共同体建设人文基础、社会基础，中国与东盟共同搭建了"中国—东盟教育交流周"教育沟通对话的平台。

2008 年 7 月 26 日，首届"中国—东盟教育交流周"开幕式在贵阳举行，来自东盟 10 国教育界代表与国内相关人士相聚一起，就高等教育领域合作事宜进行广泛交流。教育部副部长章新胜出席开幕式并致辞。在致辞中章新胜说，全球区域化进程的深化促使中国和东盟进一步加强教育合作。今年中国与东盟在政治、经济、文化等领域的合作取得了较快进展，但教育合作相对滞后。中国与东盟国家都有需要进一步实质化和机制化教育领域的合作。章新胜希望此次中国—东盟教育交流周以高校国际化和高校伙伴关系的建设、语言合作、联合科研、终身学习和就业能力为重点，进一步加强中国与东盟青少年间的理解和交流，深化双方高等院校间的务实合作。

2009 年 8 月 7 日，第二届"中国—东盟教育交流周"在贵阳举行。在交流周校长论坛上，与会代表就加强双方教育合作与交流等达成多项共识。与会代表认为，中国和东盟各国都有优秀的教育传统和教育资源，在教育体制、培养模式和优势学科方面各有特色，应该扩大双边和多边合作，增进合作的深度和广度。中国与东盟国家的大学和教育行政部门应充分利用"交流周"这个平台，在平等、互利、"双赢"的基础上，开展全方位、多层次和宽领域的交流与合作。采取多种措施不断扩大中国与东盟国家之间的学生流动，加快学历、学位互认的进程，互相间开设语言、文化、历史课程，以增进本地区青少年对各国情况的了解。论坛提出，要以中国—东盟教育信息网为平台，为扩大相互间的教育、科研、人员的交流，特别是为中国和东盟寻找学习机会的学生提供有效的信息资源。深化大学之间和学者之间的学术交流合作，开展在本地区最为急需领域的科研合作，联合培养博士、硕士，共同举办学术研讨会，以提高本地区大学的学术水平和科学研究能力。

2010 年 8 月 3 日，中国—东盟教育部长圆桌会议暨第三届"中国—东盟教育交流周"在贵阳开幕，中共中央政治局委员、国务委员刘延东会见东盟 10 国教育部长并在开幕式上发表主旨演讲。刘延东强调，要推动教育交流与合作，分享人才培养经验，携手共建中国—东盟互联互通的人文之桥，为睦邻友好、和谐亚洲奠定深厚的民意和智力基础。刘延东在题为"携手共建中国—东盟互联互通的人文之桥"的主旨演讲中指出，中国与东盟是友好近邻，又是战略伙伴。中国政府历来高度重视与东盟的教育交流合作，建立了教育领域全面合作伙伴关系，走出了一条具有区域特色的教育交流发展道路。特别是此次正式启动中国—东盟教育部长圆桌会议，标志着双方教育交流合作进入更高层次和更深领域。刘延东指出，开创中国—东盟合作新局面，建设21世纪战略伙伴关系，相当程度上有赖于人文领域交流合作的深度和广度。刘延东就此提出五点倡议：一是创新人文交流合作机制，建立高层磋商机制，推动教科文卫体等人文领域合作并使其制度化。二是发挥"中国—东盟中心"的服务平台功能，深化交流合作，推动民间往来，促进公众认知和相互理解。三是积极落实"双十万学生流动计划"，中方将在未来10年内提供1万个政府奖学金名额，推动实现2020年东盟来华和中国赴东盟留学生都达到10万人左右。四是启动实施"万名青年交流计划"，中方将在未来10年邀请东盟国家1万名青年教师、学者、学生来华参加人文交流活动。五是探讨教育一体化建设可行性，整合资源，互补协作，推动实现学历学位互认，提高区域内高等教育的全球竞争力，为中国—东盟自由贸易区建设提供人才和智力支持。本届交流周以"合作共赢、和谐共生"为主题，中国和东盟各国教育专家学者和青少年代表等近300人参加开幕式。

2011年8月17日，由教育部、贵州省人民政府联合主办的第四届"中国—东盟教育交流周"在贵阳市隆重开幕。本届交流周旨在进一步落实前三届交流周达成的共识，特别是"双十万学生流动计划"等倡议，以加深中国与东盟国家之间的友谊，推进双方在教育领域的务实性合作，疏通合作渠道，开辟新的合作领域，推动区域文化的交流与发展。本届交流周的主题是"走向更加务实有效的中国—东盟高等教育合作，打造开放创新的交流平台，推动贵州高校率先扩大对外开放"。教育部副部长郝平出席开幕式，他在致辞中说，构建中国—东盟更有深度、更加持久的合作共赢关系，很大程度上有赖于人文交流的深度和广度，有赖于夯实世代友好的民意基础。他指出，今后，中国—东盟教育合作的方向有3个方面：其一，在经济全球化背景下，中国—东盟高校应加强国际化人才培养的合作，增强人才的国际竞争力。其二，培养适应经济社会发展需求的人才是彰显高等教育办学质量的重要标志。中国与东盟各国都面临区域发展不平衡、贫富差距、资源环境制约、经济增长的质量和效益不高等各种严峻挑战，必须改革传统的人才培养模式和评价制度。其三，创新能力是大学的灵魂，创业能力不仅已经成为企业招收人才的重要标准，而且越来越成为大学的培养目标。中国—东盟高校应加强创新、创业教育合作，推动创新、创业教育面向全体大学生，并贯穿人才培养的全过程。

2012 年 9 月 17 日，第五届"中国—东盟教育交流周"在贵阳市隆重开幕。本届交流周以开放创新与务实合作为主题，力求进一步增进中国与东盟之间的了解与友谊，加强双方交流与合作。交流周期间举行了中国—东盟美食文化节、校长论坛等八项重要活动。教育部原副部长、中国国际交流协会会长章新胜出席开幕式。章新胜在开幕式上说，四届交流周的举办，深化了教育合作、加强了双方互信、形成了辐射效应，成为双方教育交流的重要平台和特色品牌。他希望中国与东盟双方保持国际视野，加强区域合作；同时坚持开放创新，推动持续发展；通过积极落实倡议，推进务实合作。

2013 年 9 月 16 日，以务实合作、和谐发展、共创繁荣为主题的第六届"中国—东盟教育交流周"在贵阳隆重开幕。全国人大常委会原副委员长路甬祥致辞。他指出，中国与东盟国家是亲如兄弟的友好邻邦，也是致力于和平与发展的战略伙伴。深化中国与东盟国家的教育交流合作，是推进双方友好合作关系持续健康发展的基础工作，也是增进人民之间了解和世代友好，提供人才智力支持，维护共同利益，促进经济社会繁荣和持续发展的重要途径，意义重大而深远。中国—东盟教育交流周为中国与东盟在教育、文化、科技等方面的合作与交流搭建了重要平台，已经取得了显著成果，形成了自己的特色和品牌。希望双方共同利用这个平台，展示发展成果，分享创新经验，深化交流合作，不断加深相互了解与认知，深植中国与东盟战略伙伴关系的民意基础，进一步增强教育交流合作在促进中国与东盟睦邻友好、共同构筑和谐亚洲方面的感召力、影响力和推动力。

2014 年 9 月 1 日至 5 日，第七届"中国—东盟教育交流周"在贵州贵阳举行，交流周在贵阳、遵义、黔南 3 地举办 20 余项活动。本届交流周主题确定为友邻相携、教育惠民，体现和平、交流、理解、合作、共赢的精神。各国参会嘉宾会聚一堂，畅谈教育发展、共筑人类理想。本届交流周首次举办了中国—东盟教育交流周高官对话、中国—东盟教育合作政策对话、中国—东盟大学生论坛、东盟留学生中国文化知识大赛、东盟留学生听写大赛、中国—东盟留学生趣味体育运动会等活动。

2015 年 8 月 3 日至 7 日，第八届"中国—东盟教育交流周"在贵阳举行。本届交流周以"互学互鉴、福祉未来"为主题，进一步推动中国与东盟国家在教育人文等领域开展务实交流合作，真正惠及双方人民、服务国家未来。第八届交流周首次突破"周"的概念，将活动分为 5 个重大项目、7 个主体项目和 15 个全年其他时段异地冠名举办项目三大类。其中，重大项目和主体活动集中于 2015 年 8 月 3 日至 7 日在贵州举办，主要有开幕式、中国—东盟教育高官会、中国—东盟职业教育博览会、中国—东盟教育合作与人才交流洽谈会、中国—东盟海洋合作系列活动等。其余活动将由中国和东盟的高校、国际组织在全年其他时段于贵州省外的其他地方举办，内容涵盖文化交流、学术交流、科研合作等领域。

2016 年 8 月 1 日，第九届"中国—东盟教育交流周"暨第二届中国—东盟教育部长圆桌会议在贵阳开幕，活动期间举办了中国—东盟百名校长牵手未来、中国—东盟青少年交流以及中国—东盟职业教育博览会等 30 余项活动。中国国务院副总理刘延东出席开幕式并讲话，刘延东指出，中国与东盟国家在教育领域可以优势互补、资源共享、互利共赢。为此，要完善合作机制，服务双方战略对接。打造特色品牌，扩大交流周的影响力。丰富交流形式，提升基础教育、职业教育、语言教学等务实合作水平。加大青年交流力度，打造"中国—东盟双十万学生流动计划升级版"，设立"中国—东盟海上丝绸之路奖学金"。柬埔寨副首相索安，泰国副总理巴金·詹东，印度尼西亚发展统筹部长布安，贵州省委书记、省人大常委会主任陈敏尔出席并致辞，教育部部长陈宝生主持。本届交流周以"教育优先共圆梦想"为主题，分为预热期、开幕期、持续期三个阶段，举办贯穿全年的 70 项活动。除开幕期活动之外，预热期和持续期在中国和柬埔寨、马来西亚等东盟国家，分别举办经东盟周组委会授权的 38 个冠名项目。2016 年是"中国—东盟教育交流年"，本届教育周被确定为"交流年"的旗舰项目并列入中国—东盟建立对话关系 25 周年重要纪念活动，同期举行的"中国—印度尼西亚副总理级人文交流机制第二次会议"及"第二届中国—东盟教育部长圆桌会议"两个重要活动，进一步推动中国与东盟各国之间的交流与合作，促进教育、科技和文化事业的发展。

自 2008 年首届"中国—东盟教育交流周"举办以来，交流周已成功举办 9 届。"交流周"由中国外交部、教育部和贵州省人民政府主办，贵州省教育厅、贵州省外事办公室、中国—东盟中心、东南亚教育部长组织、贵阳市人民政府协办。9 届交流周主题充分体现中国—东盟教育发展需要，分别为"大学合作与区域经济发展、学生国际流动""深化中国—东盟务实性教育合作""合作共赢、和谐共生""走向更加务实有效的中国—东盟高等教育合作，打造开放创新的交流平台，推动贵州高校率先扩大对外开放""开放创新与务实合作""务实合作、和谐发展、共创繁荣""友邻携手、教育惠民""互学互鉴、福祉未来，教育优先共圆梦想"。

交流周活动形式多样，覆盖宽泛，涵盖了教育交流的各个层面，包括高等教育、职业教育和基础教育等，子项目包括：①官员高端论坛。例如，中国—东盟教育部长圆桌会议、中国—东盟大学校长论坛等；②学术研讨。例如，中国—东盟环境教育论坛、中国—东盟人文学术研讨会、中国—东盟新药研发研讨会等；③青少年交流。例如，中国—东盟青少年夏令营、中国—东盟青少年艺术节、东盟留学生汉字听写大赛、中国—东盟青少年趣味体育运动会等；④教育资源、文化艺术展示及交流。例如，中国—东盟教育展、中国教育资源展、东盟"10＋3""了解中国"项目、中国—东盟职业教育成果展等；⑤项目推荐、经验分享及成果展示。例如，中国—东盟教育交流信息分享会、中国—东盟中心教育项目推介会、东南亚教育部长组织 SEAMEO 及其区域中心推介、中国—东盟教育培训中心推介会等。

交流周活动成果丰硕，影响深远。通过中国与东盟国家的共同努力，双方各领域交流合作日益深化，教育合作是其中一大亮点，并打造成了中国—东盟战略伙伴关系的新支柱。双方连续 9 年举办教育交流周，中国与东盟的高等院校、教育组织和机构在交流周这一平台共同签署了 800 多份务实性合作协议或合作备忘录，覆盖了中国近 20 多个省份和东盟 10 国，协议层次涉及高、中等教育，协议内容涵盖大中学生交流、教师交流、科研合作、图书及体育器材赠送、教师互派任教等各个方面。交流周举办以来，深化了中国与东盟的教育合作。2010 年第三届中国—东盟交流周热切倡议中国和东盟在 2020 年前实现"双十万学生流动计划"，促进了中国与东盟之间的学生双向交流，其中东盟国家来华留学生从 2010 年的 49580 人增长到 2015 年的 71101 人，中国去往东盟国家的留学生人数从 2010 年的 16947 人增长到 2015 年的 39662 人。

交流周加强了中国与东盟国家双方互信，形成了辐射效应。交流周举办以来，中国、东盟双方在语言教学、人力资源培训、青少年交流等方面开展了密切合作，为打造中国与东盟国家教育合作平台、促进相互间教育交流与合作、搭建人文互通桥梁、共享人才培养经验、增进友谊和互信发挥了重要作用，产生了深远影响。交流周的成功举办，在促进双方教育、人文交流的同时，努力拓展科学研究、科技开发及经贸合作，不仅为中国与东盟教育交流搭建了更宽阔的平台，而且为中国与东盟全面深化合作、建立友好互信的战略合作伙伴关系注入了新的实质内容。迄今为止，中国—东盟交流周吸引来自中国及东盟国家的参会者 7880 余人，参会学校及教育机构逾 1870 所。

5. 中国—东盟教育部长圆桌会议

"中国—东盟教育部长圆桌会议"，是落实 2009 年 10 月东亚领导人系列会议有关决议的重要行动之一，是深化中国—东盟多边教育交流合作的新尝试。中国—东盟教育部长圆桌会议机制建立以来，共举办了两次会议，中国与东盟各国双方就教育交流合作进行了高级别、最高层次的交流对话。

2010 年 8 月 2 日至 5 日，首届"中国—东盟教育部长圆桌会议"在贵阳市召开。这是近年来中国—东盟"10＋1"合作框架下在教育领域举办的最高级别、最高层次的国际会议。中共中央政治局委员、国务委员刘延东会见东盟 10 国教育部长并在开幕式上发表主旨演讲。她强调，要推动教育交流与合作，分享人才培养经验，携手共建中国—东盟互联互通的人文之桥，为睦邻友好、和谐亚洲奠定深厚的民意和智力基础。刘延东说，中国与东盟既是友好近邻，又是战略伙伴。中国政府历来高度重视与东盟的教育交流合作，建立了教育领域全面合作伙伴关系，走出了一条具有区域特色的教育交流发展道路。特别是此次正式启动中国—东盟教育部长圆桌会议，标志着双方教育交流合作进入更高层次和更深领域。刘延东指出，教育交流是人文交流的重要组成部分，具有基础性、先导性、广泛性和持久性作用。刘延东就此对深化中国与东盟教育交流与合作提出了 5 点倡议，提高区域内高等教育的全球竞争力，为中国—东盟自由贸易区建设提供人才和智力支持。教育部部长袁贵仁在中国—东盟教育部长圆桌会议上作主题发言时表示，开放的中国愿与东盟各国加强教育领域的交流与合作，以教育为纽带，共同为促进中国—东盟区域发展，创造更加和谐、繁荣的亚洲和世界贡献力量。会上，东盟 10 国的教育部长紧紧围绕"加强交流合作、培育共同意识、推动区域发展"的会议主题分别作了主题发言，回顾了东盟各国与中国教育交流和合作所取得的成就，充分肯定中国—东盟教育部长圆桌会议的积极作用，一致同意继续加强教育高层对话，完善交流与合作机制，共同研究和推动东盟各国与中国教育的战略性合作，让中国与东盟各国间的教育交流合作成为通向和平与繁荣的桥梁。会议通过了《中国—东盟教育部长圆桌会议贵阳声明》。

2016 年第二届"中国—东盟教育部长圆桌会议"在贵阳市召开，教育部长陈宝生为圆桌会议致开幕词并作主旨发言。他对近年来中国—东盟在教育领域取得的丰硕成果给予充分肯定。他指出，一是双方留学规模持续扩大，"双十万计划"提前实现。截至 2015 年，中国在东盟国家留学生已超过 12 万人，东盟国家在华留学生达到 7.2 万余人。二是合作平台不断完善，品牌效应日益凸显。中国—东盟教育交流周为深化双方人文交流，架设"心灵之桥、友谊之桥、理解之桥"发挥了不可替代的作用。三是合作机制灵活顺畅，多边互动日益频繁。中国与东盟 10 国之间都签署了教育交流合作协议，与菲律宾、马来西亚、越南、泰国、印度尼西亚之间签有互认学历学位协议。四是合作项目丰富多样，务实合作扎实推进。中国政府支持高校开展国别和区域研究，中国高校已开齐所有东盟国家语种。陈宝生指出，当前，世界经济在深度调整中曲折复苏，中国和东盟国家正处于发展建设的关键时期。未来 5 年，中国政府将深入实施创新驱动发展战略。中国正在深化高校创新创业教育改革，促进高等教育与科技、经济、社会紧密结合，加快培养规模宏大、富有创新精神、勇于投身实践的创新创业人才队伍。中国教育部愿与东盟各国教育部及有关部门包容互鉴、合作共赢，共同打造创新创业的良好环境。陈宝生强调，今年是中国和东盟建立对话关系 25 周年，中国与东盟的关系已进入"钻石十年"新阶段。"21 世纪海上丝绸之路""'2+7'合作框架"等重大倡议，为双方开展宽领域、深层次、高水平、全方位合作注入了新的强大动力。面向未来，加强教育交流合作，是打造中国—东盟关系新支柱的优先方向，是开辟中国—东盟关系新的不竭动力。陈宝生表示，中国教育部愿与东盟各国一道，秉持开放合作、互利共赢理念，共同构建多元化教育合作机制，推动弹性化合作进程，打造示范性合作项目，满足各方发展需要，促进共同发展。本届圆桌会议主题为"教育优先、共圆梦想——教育、就业与创新"，通过了《关于中国—东盟教育合作行动计划支持东盟教育工作计划（2016—2020）开展的联合公报》。

（三）召开工作层对话会议

中国与东盟自 1991 年开始对话进程。2003 年作为域外大国的中国率先加入《东南亚友好合作条约》，与东盟建立了面向和平与繁荣的战略伙伴关系。经过 20 多年的共同努力，政治互信明显增强，经贸合作成效显著，其他领域合作不断拓展和深化，双方建立了较为完善的对话合作机制，除领导人会议（含不定期领导人特别会议）、12 个部长级会议机制外，还有 5 个工作层对话合作机制，形成多层次、多领域、多类型的合作框架。这种合作机制使中国与东盟沟通和协调定期化，有效地保证了双方合作的顺利开展。中国—东盟工作层对话会议主要涉及高官磋商、商务理事会、联合合作委员会、经贸联委会以及科技联委会共五大平行对话合作机制。

中国—东盟高官磋商，是中国与东盟合作的重要工作机制之一，轮流在中国和东盟国家举行，主要讨论中国—东盟关系以及共同关心的国际和地区问题。从 1995 年 4 月起，中国与东盟开始在高官（副部级）层次就共同关心的政治与安全问题举行年度磋商，时称中国—东盟高官政治磋商。通常在部长级会议前将召开高官会，为部长会做准备。高官会由中国和东盟相关机构的高官出席。第一次中国—东盟高官政治磋商在杭州举行，截至 2016 年已经举行了 21 次，从第四次磋商起更名为中国—东盟高官磋商。通过这一机制，双方加强了在政治、安全等领域的相互了解与信任。

中国—东盟商务理事会（CABC），是中国与东盟五大对话合作机制之一，2001 年 11 月 8 日在印度尼西亚雅加达成立，为中国与东盟代表商界的合作对话机制，由中国贸促会、东盟工商会以及东盟各国全国性工商会领导人和本国国内知名企业家、专家组成。中国—东盟商务理事会的东盟合作方为东盟工商会。东盟工商会由东盟 10 国最具代表性的商会组成，主要包括文莱国家工商会、柬埔寨金边总商会、印度尼西亚工商会、老挝全国工商会、马来西亚国家工商会、缅甸工商联合会、菲律宾工商会、新加坡工商联合会、泰国工业联合会、越南工商会。1997 年 4 月，中国贸促会与东盟工商会在上海共同签署合作备忘录，筹备成立中国—东盟商务理事会。2001 年 11 月 6 日，在第五次中国—东盟领导人会议上，中国与东盟就组建中国—东盟自由贸易区达成共识。11 月 8 日，中国—东盟商务理事会成立大会及第一次会议在印度尼西亚雅加达召开，宣告理事会正式成立。为促进中国与东盟企业发展更加广阔和深入的经贸合作，中国—东盟商务理事会发挥着积极作用。

中国—东盟联合合作委员会，1997 年在印度尼西亚雅加达成立，是中国同东盟进行沟通协调、审议并规划各领域务实合作的重要协调机制。会议每年在印度尼西亚雅加达举行，东盟常驻代表委员会和中国驻东盟大使出席。联合合作委员会旨在推动中国和东盟各领域务实合作。联合合作委员会会议的工作重点是落实年度中国—东盟领导人会议的共识和倡议，制定具体领域合作计划并负责推进和落实，审议批准中国—东盟合作基金资助的合作项目。截至 2016 年 4 月，中国—东盟联合合作委员会已举行 17 次会议。

中国—东盟经贸联委会，是中国同东盟重要经贸合作机制，是将双方经贸领域共识转化为实际成果的重要后续行动对话平台。中国与东盟及其成员国之间的经贸互补性强、空间大，双方均有着增进合作、共同发展的迫切愿望，双方企业看好对方市场和投资机会的日益增多。基于此，双方在相互开放市场中，不断拓宽合作渠道，丰富合作内容，扩大合作领域，提高合作水平，深化合作关系，区域内企业交流更加活跃、合作更加紧密，双方经贸合作得以快速发展。经贸联委会对进一步加强中国与东盟双方经贸务实合作，扩大双边贸易投资规模，推进中国—东盟自由贸易区提档升级，加强"一带一路"倡议与东盟共同体建设战略对接，推动中国—东盟区域合作，产生积极作用。

中国—东盟科技联委会，是中国与东盟加强科技合作，推进双边科技进步，推动经济社会可持续发展的工作机制。1991 年中国同东盟建立对话关系，开启了中国与东盟关系的新进程。2003 年，双方建立面向和平和繁荣的战略伙伴关系。2010 年 1 月，中国—东盟自贸区全面建成。为深化中国和东盟在科技和可持续发展领域的合作，着力发展经

济、改善民生，1994 年中国—东盟科技合作联委会正式成立。2011 年
11 月 19 日，在第十四次中国—东盟"10 + 1"领导人会议暨中国—东
盟建立对话关系 20 周年纪念峰会上，中国科技部决定启动"中国—东
盟科技伙伴计划"。在科技联委会及中国与东盟各成员国双边科技合作
联委会的指导下，中国和东盟各国在农业、生物、食品、能源、传统医
药、医疗、遥感、地震、海洋等领域实施了超过 1000 多个政府间科技
合作项目。科技合作已成为连接中国和东盟各类机构的重要纽带。

三 成立区域合作组织团体

为加强中国与东盟各成员国间的互信和睦邻友好关系，推动在教
育、科研和技术领域里的一体化进程，增添教育、科研、文化合作新动
力，为青年人接受高质量的现代化高等教育，为教师和科研人员开展学
术交流提供更多的机会，促进中国—东盟组织成员国间在政治、经济贸
易、科学技术和文化领域里的合作并更加富有成效，中国与东盟相继成
立区域教育合作组织团体，依据所签署的协议开展学生、教师和科研人
员的交流工作，扩大教学和科研合作，建立中国—东盟组织成员国间学
历、学位互认机制。

（一）东南亚高等教育学院协会

东南亚高等教育学院协会（ASAIHL），是一个非政府组织。1956
年，在曼谷会议上，由 8 个国家的国立大学负责人提出建立一个非政府
组织——东南亚高校联合会（ASAIHL），其秘书处设在泰国。ASAIHL
成立的主要目的是促使其成员国获得在科学研究、教学和公共服务等方
面的帮助和国际支持，从而使其成员在东南亚高等教育机构中取得令人
瞩目的成就，并获得广泛认同。① 经过近 50 年的发展，ASAIHL 现已发
展成为东盟在高等教育领域的一个重要组织，其在促进东盟高等教育共
同体建设方面做了突出贡献。2013 年 12 月 5—7 日，在斯里兰卡首都
科伦坡召开了 ASAIHL 国际会议，会议主题为："全民教育的展望与挑

---

① ASAIHL. ASAIHL Introduction［EB/OL］. http：//www. seameo. org/asaihl/，2013 – 12 –
26.

战"，主要内容包括：①教育的多模式产出：国家个案研究；②跨国教育：学生与学术的流动；③教育体系中发展女子教育；④知识经济中的职业发展。会议对推动东盟国家各类型、多层次高等教育改革发展，提升全民素质做出了努力，将东盟高等教育区域合作大大向前推进了一步。

除此高等教育协会，中国与东盟还成立了东南亚及太平洋地区工程教育协会（AEESEAP）。该协会 1973 年在马尼拉成立，为非政府间地区性组织，接受联合国教科文组织（UNESCO）指导和支持。1989 年，该组织更名为东南亚和东亚及太平洋地区工程教育协会。东南亚及太平洋地区工程教育协会目标是促进机构之间的联网和合作，促进工程和技术教育的制度和标准的发展。会员包括东南亚、东亚及太平洋地区各成员国的工程研究机构和工程类专业协会。AEESEAP 现由 15 个有选举权的成员国（单位）派员组成执委会，包括澳大利亚、文莱、斐济、印度尼西亚、日本、韩国、老挝、马来西亚、新西兰、巴布拉新几内亚、中华人民共和国、菲律宾、新加坡、泰国、越南人民民主共和国。秘书处设在马来西亚马来亚大学。

东南亚及太平洋工程学会联合会（The Federation of Engineering Institutions of South East Asia and the Pacific，FEISEAP），现有 13 个正式会员，3 个联系会员。分别是中国科学技术协会（CAST），澳大利亚工程师学会（IEAUST），斐济工程师学会（FIE），中国香港工程师学会（HKIE），印度尼西亚工程师学会（PII），日本工程学会联合会（JFES），韩国专业工程师学会（KPEA），马来西亚工程师学会（IEM），新西兰专业工程师学会（IPENZ），巴布亚新几内亚工程师学会（IEPNG），菲律宾科学技术联盟理事会（COTASP），泰国工程学会（EIT）和越南科学技术协会联盟（VUSTA）。

在"2014 中国—东盟高校校长国际合作研讨会"上，我国卓越大学联盟的 9 所国内顶尖工科大学和东盟的 8 所高校达成共识，签订《联合声明》，成立"中国—东盟工科大学联盟"。在"中国—东盟工科大学联盟"的框架下，联盟内各校将相互开放课程，联合建设共享课程。而联盟学校将推动学分互认的学生交换、短期交流、暑期班等，鼓励学生、教师及工作人员的交流。除此之外，盟内的学校还将特别为学生提供奖学金和各类资助。

(二) 东南亚教育部长组织

东南亚教育部长组织 (Southeast Asian Ministers of Education Organization, SEAMEO) 是一个区域性的政府间国际组织,由东南亚多国政府于 1965 年共同创建,其秘书处设在泰国首都曼谷。SEAMEO 旨在促进本地区国家间的教育、科学和文化合作,以培养人类能力并最大可能地开发潜能为目的,以提高该地区人民的生活质量,促进教育平等,预防医学教育,文化传统、信息技术、语言交流和扶贫,农业和自然资源综合统筹保护为主要工作方向和愿望,从而推动其成为东南亚增进理解,加强教育、科学和文化合作以及提升生活品质的领导组织。

SEAMEO 的 11 个会员国为文莱、柬埔寨、老挝、印度尼西亚、马来西亚、缅甸、菲律宾、新加坡、泰国、东帝汶和越南。SEAMEO 还有 7 个联系会员国,即澳大利亚、加拿大、法国、德国、荷兰、新西兰和西班牙;3 个附属会员,即国际开放和远程教育协会、日本筑波大学和英国文化协会。SEAMEO 的最高决策机构是东南亚教育部长理事会,由 11 个东南亚国家的教育部长组成。SEAMEO 秘书处是理事会的执行机构。

1977 年 12 月,在菲律宾的首都马尼拉召开了第一次东南亚教育部长会议,提出加强成员国地区间的认同与合作,建立网络和伙伴关系实现更好的生活质量,为政策制定者和专家举办论坛,以及促进人力资源开发的可持续发展。同时,确定了 SEAMEO 的战略发展目标,包括发展卓越的区域中心,提供相关的响应计划,加强组织能力来发起和管理变更与发展,确保持续的财务活力,促进教育研发、科学、文化和传播机制的提高,加强成员国之间相关组织的合作,促进教育标准的和谐发展等。[①]

2007 年 3 月,第四十二次东南亚教育部长组织会议和第二次东盟教育部长会议在印度尼西亚巴厘岛举行,会议同意了《2004—2010 万象行动计划》内容,强调通过增加人民间的互动,促进培训与技能发展,使东盟年轻人拥有科学技术文化,以提高东盟认同意识,增强东盟各国实力和竞争力。同时强调要加强东盟国家学生交流,构建高等学校

---

① SEAMEO. What is SEAMEO? [EB/OL]. http：//www. seameo. org/index. php? option = com_ content&view = article&id = 90&Itemid = 518, 2013 – 12 – 26.

数学与科学网络，促进东盟与东南亚教育部长组织间的合作，加强东盟人力资源开发和东盟大学网络建设，以及扩大东盟与伙伴国家的教育合作。①

2013 年 3 月，第四十七届东南亚教育部长理事会议在越南河内召开，来自 SEAMEO 的 11 个成员国教育部长、7 个联系会员国代表和 3 个附属会员参加了本次会议。会议主题为："教育的未来：掘金之路"，其主要内容包括：①越南的终身学习和建设学习型社会；②北欧国家终身学习的方法；③泰国提出促进终身学习的策略；④教育新政：全民终身学习，东南亚终身学习发展之路；⑤更好的技能，更好的工作，更好的生活；⑥促进全民终身学习，东盟在终身学习方面给东南亚国家教育部长们制定国家政策框架的建议。会议通过讨论地区关注的共同问题，加强了成员国间教育、科学和文化的区域合作，促进了各成员国终身学习的发展，推动了学习型社会的建设。

在过去 40 余年里，SEAMEO 在东南亚各地设立了 20 个专业机构，领导本地区人力资源开发并提供教育、卫生、环境、农业和自然资源等多个领域的专业知识。SEAMEO 成为促进东南亚地区教育、科学和文化领域相互理解与合作以期改善人民生活的引领机构。通过建立联系网络与伙伴关系、提供决策者和专家论坛以及促进人力资源的可持续发展，在各会员国中增进区域性的了解、合作及目标一致性，以期改善人民生活。SEAMEO 战略目标是发展区域性的卓越中心；在 SEAMEO 的专业领域内提供具有相关性和针对性的项目，以解决全国性和区域性问题；加强启动和管理变革与发展以迎接全球化挑战的组织能力；确保财务状况持续健康；促进教育、科学和文化领域的研发工作，改进推广机制；促进会员国之间及其与其他相关组织的合作；成为东盟在推进教育、科学和文化方面的战略伙伴；推动制定协调一致的教育标准；成为推进教育、科学和文化的区域性领导者。2015 年，中国教育国际交流协会"加盟"东南亚教育部长组织，成为其附属会员，是中国—东盟教育交流周的一大成果。双方将共同打造中国—东盟跨境教育"共同体"，协力推动中国—东盟教育界同世界各国、各地区的交流与合作，促进教

① Joint Statement of 42nd SEAMEO Council Conference and 2nd ASEAN Educational Ministers Meeting, Bali, Indonesia. http：//www. aseansec. org/ 20928. htm, 2007 – 03 – 17/2014 – 01 – 03.

育、科技和文化事业的发展，增进中国与东盟各国，以及世界其他各国、各地区人民之间的了解和友谊。

（三）东盟大学联盟

1995 年 11 月，东盟 6 个成员国的高等教育部长在泰国召开会议，会议通过签署了《东盟大学联盟宪章》，构建东盟大学联盟的协议框架，正式成立了东盟大学联盟（AUN）。① AUN 的所有活动都在《AUN 宪章》和《AUN 协议》框架下开展。成立初期，AUN 有 11 所大学参与。随着 AUN 的快速发展，联盟逐渐成长为推进东盟高等教育发展并与其他对话合作伙伴开展各种活动的教育组织。截至 2014 年 1 月，AUN 已有 30 所大学加入。②

AUN 的总体目标是通过促进东盟各国确定的优先发展领域的交流学习与合作研究，加强东盟高校之间的合作。具体目标是促进各国科学家、学者之间的合作；加强该地区的学术与专业人才的人力资源开发；创造和传播科学知识和信息。核心目标是促进学术流动、提升东盟意识、增进东盟学生之间的了解。为了实现上述目标，AUN 确定了四个战略领域：开展学生、教师交流；开发东盟研究项目；鼓励合作研究；建立信息网络。AUN 将东盟各国的学术优势整合起来，确定优先合作的领域，以此深化东盟的学术活力，强化区域特征和巩固区域团结。

AUN 的战略重点包括：东盟成员国至少有一个主要的大学，研究跨学科的学术课程和该领域学位的可能性；东盟多个会员国高校的硕士和博士课程必须包括区域合作课程；东盟地区的研究项目由多个会员国的科学家或学者共同完成；东盟间流动教授项目促进学术课程从一国传授给另一国的高等教育机构；加强东盟和东盟外大学间现有网络合作；促进被东盟定为优先区域内的协作学习和教育项目发展；促进东盟会员国间学者、院士和研究人员的团结合作；将东盟地区高等教育作为政策导向型的实体来服务等。

在 2006 年 11 月召开的第二十次 AUN 董事会会议和 2007 年 11 月举行的第二十一次会议上，重点围绕"东盟大学"联合体的构建问题

---

① AUN. Our History［EB/OL］. http：//www. aunsec. org/ourhistory. php，2014 - 01 - 03.

② AUN. AUN Member Universities［EB/OL］. http：//www. aunsec. org/aunmemberuniversities. php，2014 - 01 - 03.

展开讨论，确定了东盟大学联合体的四个战略发展领域，即加强师生交流，共同开发东盟研究项目，建立信息网络，促进合作研究。① AUN 的快速发展，加速了人力资源开发的速度，提高了区域内人力资源的素质和能力，促进了东盟的团结与融合，以及东盟意识的提高，并为东盟2015 年经济社会发展目标的实现做出了努力。

2016 年 10 月，在广西大学的倡议下，中国—东盟大学智库联盟在南宁成立。中国—东盟大学智库联盟依托中国—东盟大学的学科资源和人才优势，加强学者、学校之间的交流与合作，形成智库力量，开展政策沟通，打造智库交流平台，为中国与东盟在政治、经济、文化等领域的合作与发展提供理论支撑和实践基础。该智库联盟成员由东盟大学联盟成员、成员的智库和中国教育部指派高校组成，秘书处设在广西大学。智库联盟将以三年作为一个周期，滚动进行课题研究和调研计划；每年将定期（每届中国—东盟博览会期间）在南宁召开共同学术论坛；不定期邀请该领域相关专家学者会聚南宁或者其他高校进行学术交流。

四　搭建合作交流共享平台

为促进中国和东盟在贸易、投资、旅游、教育和文化等领域的务实合作，中国和东盟双方共同努力，设立中国—东盟博览会，建立中国—东盟中心，举办东盟发展论坛，组织中国—东盟大学校长论坛，积极开拓促进贸易、投资、旅游、文化、教育等进行有益交流的渠道，建立综合信息库，开展市场调查活动，举办各类对话会议，为深化双边合作搭建平台，提供通道，培育动力。

（一）中国—东盟博览会

中国—东盟博览会（CHINA – ASEAN Exposition，CAEXPO），是由中国和东盟 10 国经贸主管部门及东盟秘书处共同主办，广西壮族自治区人民政府承办的国家级、国际性经贸交流展会，2004 年开始，每年在广西壮族自治区的首府南宁举办。中国—东盟博览会是中国境内由多国政府共同举办且长期在一地举办的展会之一，涵括商品贸易、投资合

---

① AUN. Our History［EB/OL］. http：//www. aunsec. org/ourhistory. php，2014 – 01 – 03.

作、服务贸易、高层论坛、文化交流等内容。博览会以展览为中心，同时开展多领域、多层次的交流活动，搭建了中国与东盟交流合作的平台。中国—东盟博览会以中国—东盟自贸区为依托，自贸区建设的成果为博览会持续发展提供了内在的市场动力，博览会为企业分享自贸区建设成果，进一步开拓市场，提供了难得的好平台。

2003 年 10 月 7—8 日，第七次中国与东盟"10 + 1"领导人会议在印度尼西亚巴厘岛召开，中国国务院总理温家宝在会议上倡议，从 2004 年起每年在中国南宁举办中国—东盟博览会，同期举办中国—东盟商务与投资峰会。这一倡议得到了东盟 10 国领导人的普遍欢迎。CAEXPO 以促进中国—东盟自由贸易区建设，共享合作与发展机遇为宗旨，围绕《中国与东盟全面经济合作框架协议》，以双向互利为原则，以自由贸易区内的经贸合作为重点，面向全球开放，为各国商家共同发展提供新的机遇，并以商品贸易、投资合作、服务贸易、高层论坛、文化交流为博览会内容。

2016 年博览会以"共建 21 世纪海上丝绸之路，共筑更紧密的中国—东盟命运共同体"为主题。2016 年的博览会恰逢中国—东盟建立对话关系 25 周年，中国与东盟各国举办了系列重大纪念活动，中国和东盟国家领导人以及各国相关部门的部长级官员出席盛会。

（二）中国—东盟中心

中国—东盟中心，是一个政府间国际组织，2011 年 11 月 18 日，在第十四次中国—东盟领导人会议上正式揭牌成立。中心旨在促进中国和东盟在贸易、投资、旅游、教育和文化领域的合作。中心总部设在北京。

2009 年 10 月 25 日，在第十二次中国—东盟领导人会议期间，中国和东盟 10 国签署了《中华人民共和国政府和东南亚国家联盟成员国政府关于建立中国—东盟中心的谅解备忘录》。2010 年 10 月，温家宝总理同东盟国家领导人共同启动了中心官方网站，并宣布 2011 年建成实体中心。根据 11 个成员国所达成的共识，在各方的共同努力下，中国—东盟中心于 2011 年 8 月 8 日试运行，并于 2011 年 11 月 18 日在第十四次中国—东盟领导人会议上正式揭牌成立。

作为中国和东盟 10 国政府共同成立的唯一政府间国际组织，五年来，中国—东盟中心致力于促进贸易、投资、教育、文化、旅游五大重点领域务实合作，努力做双方睦邻互信的促进者、务实合作的推动者、友好情谊的传播者，积极开拓创新，为提升中国与东盟务实合作作出了积极贡献。当前，在中国—东盟战略伙伴关系不断深化的背景下，中国—东盟中心迎来进一步发展的广阔空间和良好机遇。

（三）东盟发展论坛

东盟发展论坛（ASEAN Development Forum），是中国与东盟就双边、多边关系及事务开展相互对话的工作机制。倡议和主办东盟发展论坛，旨在"10＋1"框架下，谋划区域和平与繁荣，为中国与东盟各国搭建一个相互交流的平台。通过深入交流，增进了解，以时代的智慧，崭新的理念，互联互通，协力共建相互信任、紧密合作、互利共赢的命运共同体。

携手走过"黄金合作"的10年，中国—东盟关系进入新的历史阶段，互惠互利的战略伙伴关系正在向着深度和广度发展。中国与东盟致力于打造中国—东盟自贸区升级版，共建21世纪海上丝绸之路，实现互联互通，开创中国—东盟全方位战略合作的"钻石十年"。然而，美国"重返亚太"、实施"亚太再平衡"战略，本地区各类合作机制如亚太经合组织（APEC）、跨太平洋伙伴关系协定（TPP），以及区域全面经济伙伴关系（RCEP）等相互角力与博弈，严重干扰了东亚地区一体化进程和中国与东盟之间的互信与合作。如何排除干扰，共建互信，把握改革创新、互联互通、开放市场等亚太合作新方向，开创发展创新、利益融合、增长联动的亚太合作新局面，保持地区经济繁荣，维护地区安全与稳定，推动中国—东盟关系的进一步发展，是中国和东盟各国需要面对并解决的课题。在此背景下，东盟发展论坛应运而生。

2014年12月13日，首届东盟发展论坛在香港举行。论坛由新华社亚太总分社主办，来自东盟10国的政府官员、专家学者和工商界人士，香港工商界代表以及中国内地的有关专家学者等出席。论坛围绕"共建互信，打造命运共同体"主题，就共同关心的问题进行了热烈讨论。本届论坛分为四个主要议题：共建互信，打造命运共同体；深化经贸合作，提升中国—东盟自贸区建设；推动互联互通，共建海上丝绸之路；加快务实合作，建设东盟共同体。中国驻东盟大使杨秀萍，泰国前副总理、泰中友好协会会长功·塔帕朗西，新加坡驻香港特区总领事傅光燊，以及香港中华总商会永远名誉会长、新华集团主席蔡冠深等在论坛上发表主旨演讲。印度尼西亚驻华大使苏更·拉哈尔佐给论坛发来贺词并派代表宣读了他的讲演稿。出席论坛的有关专家学者和工商界人士还就香港如何在中国—东盟自贸区升级版建设中发挥自身优势，如何进一步融入内地及外部世界，保持其国际竞争力等进行了研讨。

2015 年 12 月 14 日，第二届东盟发展论坛在香港举行，论坛以"民间、行业和区域联通推动互联互通"为主题，邀请了香港特别行政区行政长官梁振英先生、中国驻东盟大使徐步先生、东盟 10 国驻港领事、政府官员、专家学者工商界人士参与交流与研讨。外交部驻港特派员公署副特派员佟晓玲，印度尼西亚驻中国大使苏更·拉哈尔佐，部分东盟国家驻港总领事，东盟秘书处及东盟国家政府官员和专家学者，广东省湛江市政府和广西钦州中马产业园代表，以及来自内地和香港工商界和专业机构代表，围绕中国—东盟自贸区顶层设计与基层需求间的距离、商贸流通的"瓶颈"与解决方案、政策信息与市场信息如何更加畅通等议题展开讨论与交流。当天，中国—马来西亚钦州产业园区管委会与亚太日报社还共同举办了"以'两国双园'为载体推进国际产能合作"分论坛。

（四）中国—东盟大学校长论坛

"中国—东盟大学校长论坛"，是个开放合作交流的平台。论坛的举办为我国高校与东盟成员国家的大学开展教育合作与交流创造了良好的机遇，通过友好交流、共享成果、包容互鉴，不断增进相互了解，达成更多共识；不断丰富合作内容，拓宽合作领域；不断增进合作的深度和广度，提高合作质量。论坛对推动中国—东盟高校间教育资源共享，加强人才培养，完善学科建设，开展科学研究，促进国际学生流动，开拓师生视野等方面取得了积极的成果，尤其在增进各地方高校与东南亚国家各大学间的交流与合作发挥了建设性的作用。首届中国—东盟大学校长论坛，于 2002 年在泰国举办。根据中国与东盟协商，该论坛自此每年将由中国与东盟相关国家轮流主办。

2007 年 3 月 15—16 日，第二届"中国—东盟大学校长论坛"在越南举行，论坛由中国教育部和东盟大学网络组织共同举办、由越南河内国家大学主办。中国教育部、东盟大学网络组织、东盟秘书处官员，北京大学、北京外国语大学、中山大学、复旦大学、厦门大学、广西大学、云南大学等中国的 16 所大学和包括新加坡国家大学、菲律宾大学、印度尼西亚大学、马来亚大学、泰国朱拉隆宫大学、越南国家大学等东盟大学联盟的 15 所大学的校长/副校长等 80 多人与会。本届论坛是在中国—东盟总体合作框架下举办的，主题为"迈向更紧密的中国—东盟学术伙伴关系"，目的在于进一步巩固和发展中国与东盟大学网络组织之间的学术交流与合作。来自东盟大学联盟和来自中国大学的校长/副校长们交流了东盟大学与中国大学在学术交流及合作研究方面已开展的合作成果，并重点讨论了未来要加强合作的领域。大会通过了旨在继续实施东盟大学联盟与中国教育部之间的学术交流与合作项目；促进中国与东盟成员国各自的语言教学、鼓励更多的学生到对方学校学习；促进东盟大学联盟与中国大学间的学位互认；加强语言、文化与教育，法律、贸易和商业，建筑与城市规划，环境保护，矿产资源，农业科学，自然科学等领域的合作的共同宣言。会议确定了东盟—中国校长论坛、中国—东盟校长圆桌会议的举办机制。

2010 年 3 月 30—31 日，"第三届中国—东盟大学校长论坛"在马来西亚举行。论坛由中国教育部与东盟秘书处和东盟大学网络联盟共同举办、马来亚大学承办。论坛主题为"中国—东盟：分享智慧，沟通心灵"。中国教育部国际司副司长刘宝利、马来西亚高等教育部副部长何国忠等出席论坛。来自包括北京大学、北京外国语大学、山东大学、厦门大学、中山大学、苏州大学、云南大学等在内的 15 所中方重点高校，文莱的文莱大学、新加坡的新加坡国立大学等东盟 10 个国家的 22 所大学的校长、副校长或代表，东盟秘书处、AUN 秘书处及中国、泰国、马来西亚教育部官员近 80 位代表参与论坛讨论。论坛是业已开展的中国—东盟高等教育政策最重要的合作平台之一，旨在促进中国—东盟更紧密的合作、加大学生交流、构筑高等教育合作框架以支持中国—东盟区域合作。论坛回顾了 2007 年第二届中国—东盟校长论坛举办以来中国大学与东盟各大学的合作情况；同意继续加强中国—东盟高校间的学生交流；加强在气候变化、水资源管理、传染性疾病、能源、危机及灾害管理、文化多样性、语言及教育等方面的科研合作；开展中国—东盟大学间博士生的联合培养等。

2015 年 7 月 28—30 日，第四届"中国—东盟大学校长论坛"在新加坡举行。此届论坛主题为"为大学合作引入新的战略思考：中国—东盟伙伴关系面临的挑战"，来自中国和东盟国家 50 余所大学校长共同探讨了中国与东盟大学的合作之路。

第四章　中国—东盟高等教育共同体
建设的环境评估

　　中国与东盟具有相同的历史际遇，共同的发展愿景。双方加强合作，并肩发展，具有深远的区域价值、全球意义。1991 年，中国与东盟开启对话进程，中国成为东盟的对话伙伴国。1997 年双方宣布建立中国—东盟睦邻互信伙伴关系，2002 年签署《中国与东盟全面经济合作框架协议》和《南海各方行为宣言》，2003 年签署《中国与东盟面向和平与繁荣的战略伙伴关系联合宣言》。2007 年东盟决定建设以安全、经济和社会文化共同体为支柱的东盟共同体。2010 年中国—东盟自贸区全面建成，中国—东盟关系进入战略合作的"钻石十年"。伴随中国、东盟战略伙伴关系的全面深化，互利互惠的经济合作、互信友好的政治互动、包容共生的文化交融、互补共促的教育交流，为中国—东盟高等教育共同体建设奠定了良好的社会基础，搭建了稳定的政策平台，中国—东盟高等教育共同体建设经由"意向阶段"（2002 年之前）、"起步阶段"（2002—2007 年），进入"拓展阶段"（2008 年至今）。高等教育合作领域逐渐拓展，合作规格逐步提高，合作水平不断提升。中国与东盟高等教育区域合作具有天然的、独特的历史、文化和地缘优势，但也存在一些客观的政治、经济、文化等方面的障碍，特别是外部不确定性环境的消极影响。

一　中国—东盟高等教育共同体
建设的社会基础

　　中国与东盟经济相融，人文相亲，地理相邻，生活习惯相似。发展经济，消除贫困，抵御外来干涉，维护国家主权，争取平等发展，谋求和平安全，共同的发展愿景，以及社会文化的同源性，教育特色优势的互补性，为中国—东盟高等教育共同体建设奠定了坚实的社会基础。

（一）互利互惠的经济合作①

中国和东盟基于自身和地区和平与发展的共同利益，始终坚定地走到一起。东盟既是亚洲最主要的一体化组织，也是世界上仅次于欧盟的一体化程度最高的区域合作组织。它包括东南亚地区全部国家，拥有6亿多人口，440万平方千米面积，GDP达2万亿美元，外贸总额达2.5万亿美元，外汇储备约1万亿美元，地处太平洋与印度洋之间，扼守两洋咽喉的马六甲海峡，地理位置极其重要。东盟地域辽阔，人口众多，实力很强，在大东亚区域合作中起着核心作用，在国际事务中也有不可忽视的影响。中国既是全球大国中经济和综合实力增长最快的大国，也是亚洲唯一的联合国安理会常任理事国和核大国，在地区和全球都有着举足轻重的作用与影响。中国和东盟都把发展与对方的关系置于各自外交政策的优先位置。双方建立和发展密切的全方位合作机制，反映了各自地缘政治与地缘经济发展的客观要求，也是双方根本利益之所在。

自1978年改革开放以来，通过大力发展以外来加工贸易为主的加工业、不断调整轻工业与重工业、制定与完善第三产业等一系列相关政策措施，中国对外经贸进出口总额连连攀升，经济实力日益增强，综合国力不断提高，人民生活水平迈上新台阶。经过近40年的艰苦奋斗，2010年中国首次超过日本成为世界第二大经济体。在经济快速发展的过程中，中国开始逐步面向世界，先后建立与世界各国的经贸往来和合作。通过不断深化在经济、政治、科技、文化与教育等领域的合作，中国与世界各国形成了一个互利互惠的合作新局面。"冷战"结束之后，区域合作与全球融合渐成主流，经济全球化与区域经济一体化的进程日益加快，中国与世界其他各国以及各区域经济组织间的经贸合作也越来越紧密。

中国与东盟各国的海上经贸关系历史非常悠久，很多华人也很早就散居于东南亚各国，以各种途径从事着多种国际商贸活动，促进了亚洲海上贸易的形成与发展。众所周知，早在汉代，中国的丝绸就已经享誉

① 丁庆：《中国—东盟高等教育合作研究》，硕士学位论文，西华师范大学，2016年，第15页。

全世界，成为中国对外的主要商品，当时主要的对外贸易路径就有西北的陆上丝绸之路与南海的海上丝绸之路。根据《汉书·地理志》的相关描述，中国与东南亚各国的海上交通大约开通于公元前2世纪，那时候中国商人、外国商人（尤其是马来族、印度、波斯、阿拉伯的商人）迎着海浪冒着风险不断在海上来回，将各种商品从各国与各地区输入输出，中外贸易活动频繁。在公元230年前后，三国之中的吴国派出了朱应和康泰等人率领的船队通过这条海路开垦台湾岛并出访东南亚各国，加强了中国在东南亚地区的影响力。此后，中国与东南亚各国的海上交通渐渐趋于发达。到了南北朝时期，以法显为代表的中国僧人一批批乘坐海船，沿着东南亚各国不断前往印度以求取佛经，此时中国与东南亚的海路交通已经成熟。到了隋唐时代，中国与东南亚各国的海上贸易已经有了相当大的发展，东南亚各国频繁通过海路向当时的亚洲大陆霸主隋朝、唐朝进行朝贡与访问，贸易的形式主要是朝贡贸易，交易的商品种类繁多。宋代尤其是皇帝行宫定于杭州的南宋，由于杭州海上地理位置的优越，其与东南亚各国间的正式官方贸易已经成为常态，茶叶、丝绸与瓷器成为当时主要的贸易对象，庞大的海上贸易活动极大地推动了整个亚洲的商业发展。明代永乐至宣德年间，三宝太监郑和创下七次下西洋的壮举，将古代中国的文明与富足展示于沿途各个国家地区，极大地促进了中国与东南亚甚至中东地区的文化与物质交流，并将中国的影响力远播全世界，标志着古代的海上贸易之路达到鼎盛。从16世纪到18世纪，中国商人在东南亚各国越来越活跃，影响力也越来越大，几乎整个东南亚的所有港口都有华人团体，中国与东南亚各国的贸易活动与规模也日渐增多与增大，双方在贸易、经济上的关系非常稳定。中国与东南亚各国的海上贸易之路，延续了前后近千年，中国人民与东南亚人民的商贸活动也伴随着亚洲这片大陆的发展持续拓展，形成一种深入到民族传统之中的贸易习惯。在双方的贸易活动中，中国的稻谷、瓷器、漆器、丝绸、茶叶等物品不断进入东南亚各国，广受欢迎，而东南亚的棉花、红薯、烟草、玉米、花生、南瓜、椰子、缅茄树、香料等物种也先后流入中国，深受中国人民的喜爱。

　　中国与东南亚各国海上交通便利，路程较近，双边资源也有一定互补性，而且中国与东南亚各国有着悠久的海上贸易传统，因此中国与东盟各国的经贸往来的频率与规模也持续增大，双边贸易额年均增长速率惊人，充分证明了中国与东盟的贸易潜力与市场容量。1997 年亚洲金融危机爆发时，整个东盟经济低迷，中国顶住了经济下行的极大压力，坚持实行人民币不贬值的政策，有力地支持了受金融危机严重打击的东盟各国，积极帮助东盟各国克服了金融危机，此后中国与东盟的双边经贸关系持续升温。2001 年，中国与东盟达成 10 年内建成"中国—东盟自贸区"协议。2002 年，《中国—东盟全面经济合作框架协议》的签署，标志着中国与东盟之间的经贸关系正式进入快速发展期。2004 年，中国与东盟签署《货物贸易协议》，将双方的经贸合作向前推进了一大步。2007 年和 2009 年，双方分别签署了《服务贸易协议》和《投资协议》，从而全部完成了建立自贸区的先期工作。双方于 2010 年 1 月宣布正式建成了中国—东盟自贸区。这是双方关系史上具有里程碑意义的重大事件，开启了中国与东盟实现经济一体化的历史进程。中国还同文莱、印度尼西亚、马来西亚、菲律宾 4 国签署《经济合作框架》，以加强中国同东盟东部增长区在经济领域的合作。2003 年至 2012 年这十年时间内，中国对东盟的出口额由 300 亿美元左右上升为 2000 多亿美元，进口额也由近 500 亿美元激增至近 2000 亿美元，这不仅是量的突破，更是质的飞跃。截至 2015 年，中国与东盟双方贸易额达到 4721 亿美元，双向投资累计超过 1564 亿美元，人员往来突破 2300 万人次。中国已连续 7 年是东盟第一大贸易伙伴，东盟连续 4 年是中国第三大贸易伙伴。同时，双边的科技、文化和社会领域的合作日益拓展。2016 年 9 月 11 日，第十三届中国—东盟博览会和中国—东盟商务与投资峰会在中国广西南宁开幕。中共中央政治局常委、国务院副总理张高丽出席开幕式并发表主旨演讲。张高丽表示，中国将坚定发展同东盟的友好合作，坚定支持东盟共同体建设，支持东盟在区域合作中的中心作用，支持东盟在国际地区事务中发挥更大作用。中方愿与东盟从战略高度和长远角度审视双方关系，扩大共识与合作，深入推进 21 世纪海上丝绸之路建设，共筑更紧密的中国—东盟命运共同体。张高丽说，"一带一路"建设是造福沿线各国人民的伟大事业，我们要通力合作，把愿景转化为成果。中国—东盟博览会、中国—东盟商务与投资峰会作为中国与东盟合作打造的互利共赢平台，在推动共建"一带一路"中肩负着重要使命，一定能够为构建更紧密的中国—东盟命运共同体做出更大贡献。东盟秘书长素林曾经指出，中国—东盟自贸区不是零和规则，而是

"双赢"。中国与东盟各国，通过资源互相补缺、技术互相借重与利益共同分享，进一步增进了相互了解，中国—东盟自贸区也必然迈向更高水平的一体化。因此，中国—东盟自贸区的建成，适应了双边经贸快速深入发展与融合的趋势，为双边互惠互利的经贸进一步一体化奠定了强大的基础，是中国与东盟各国在贸易发展中的一个里程碑，强有力地保障了区域经济的持续健康发展，促进了自贸区各国国际竞争力的提高，成为了自贸区各国应对经济全球化的必然选择，实现了合作共赢、互利互惠、各国共同繁荣的目标。中国—东盟自贸区的快速发展与巨大贸易潜力，为中国—东盟高等教育共同体建设提供了坚实的物质基础，赋予了崭新的历史使命。

图 4 - 1　2007—2016 年中国—东盟双边贸易情况

（二）互信友好的政治互动[①]

一部世界近现代发展史，就是一部西方国家资本主义发展史与工业革命史，更是西方国家对亚非拉人民的殖民史与侵略史。近代以来，曾经创造了无数璀璨文化与成就的古老神秘的东方，由于闭关锁国的错误政策与封建制度的腐朽落后，沦落为落后、愚昧、弱势的地区。从第一次鸦片战争开始，由于清政府的腐朽无能，中国只能被动挨打，不断丧失主权与领土，近代中国的国门被逐渐打开，成为西方国家的工业产品

---

① 丁庆：《中国—东盟高等教育合作研究》，硕士学位论文，西华师范大学，2016 年，第 17 页。

与鸦片的倾销地。在此后 50 年的时间里，中国逐步沦为半殖民地半封建社会。东南亚的菲律宾、马来西亚、印度尼西亚、越南、柬埔寨、缅甸等国家也先后被英国、法国、荷兰、美国、德国等西方国家入侵，直接沦为了殖民地，中国与东南亚各国饱受压榨，各种资源被掠夺。所以，近代亚洲的中国与东南亚各国，在争取民族解放与国家独立的不屈不挠的斗争中，具有天然的地缘反殖民反帝国主义的盟友关系。

第二次世界大战之后，暨世界反法西斯战争胜利之后，中华人民共和国于 1949 年 10 月 1 日成立，中国人民取得了反帝反封建的胜利，赢得了民族解放与国家独立。此后经过不懈的斗争，东南亚各国也相继摆脱了西方列强国家的控制，脱离了殖民地的命运，实现了民族独立与国家解放。新中国成立后，坚持奉行和平共处五项基本原则，"睦邻、安邻、富邻"的外交方针，把发展与周边国家的关系放在十分突出的位置，先后与东南亚各国建立了外交关系，开始国家间的政治交流。秉持平等与合作精神，以维护本地区的和平与稳定为最终目的，为了推进区域内的经济发展、社会和谐和文化繁荣，1967 年 8 月印度尼西亚、马来西亚、泰国、新加坡与菲律宾五国在曼谷签署了《东南亚国家联盟成立宣言》，标志着东南亚国家联盟的正式成立。1976 年 2 月，第一次东盟首脑会议在印度尼西亚巴厘岛举行，会议签署了《东南亚友好合作条约》以及强调东盟各国协调一致的《巴厘宣言》。20 世纪 80 年代后，文莱、越南、老挝、缅甸和柬埔寨先后加入东盟，使东盟成为一个涵盖整个东南亚地区的 10 国集团。

中国作为最大的发展中国家，与东盟各国依山傍水，双方都十分重视维护和发展睦邻互信伙伴关系。20 世纪 90 年代之后，随着中国与东盟的区域互惠互利经贸合作日益加强，双边政治关系日益紧密，中国与东盟已建立一套完整的对话与合作机制，主要有政府首脑会议、部长级和工作层三个层次。1991 年，中国与东盟开启对话进程，中国成为东盟的对话伙伴国。1997 年，双方举行第一次"10 + 1"领导人会议，宣布建立中国—东盟睦邻互信伙伴关系。在 2003 年，中国与东盟签署《中国与东盟面向和平与繁荣的战略伙伴关系联合宣言》，将彼此关系提升为战略伙伴关系。同时，中国宣布加入《东南亚友好合作条约》，成为首个加入该条约的非东盟成员国。2004 年，双方签署《中国—东盟争端解决机制协议》，将双方的政治合作向前推进了一大步。2011 年成立的中国—东盟中心，是推进双方合作的重要常设性机制。中国任命了驻东盟大使，在东盟总部所在地印度尼西亚首都雅加达设立了东盟事务办公室。东盟 10 国驻华大使则组成东盟北京委员会。所有这些机制，保证了中国—东盟合作组织正常运行和职能的不断提升。

通过中国与东盟各国共同积极的努力，2010 年中国—东盟自由贸易区正式建成。中国与东盟各国通过互利互惠的各领域深化合作，不仅极大地繁荣了本地区经济，也有力地维护了本地区和平稳定，堪称区域合作的典范。2013 年 10 月，出席 APEC 第二十一次领导人非正式会议的中国国家主席习近平，发表题为《携手建设中国—东盟命运共同体》的重要演讲，提出了覆盖太平洋两岸的亚太互联互通格局的构想。在双边经贸合作日趋紧密、政治互信程度日益加深的基础上，中国与东盟的高等教育合作获得了坚实的政治保障，各国都认识到高等教育文化交流发展空间巨大。此后，中国与东盟的高等教育合作在合作规格、合作范围、合作形式与合作速度上不断快速提高、扩大与发展。

（三）包容共生的文化交融①

一个国家和民族的存在，归根结底都是一种文化的存在。国家与国家之间、地区与地区之间的交往沟通，离不开彼此文化的借重与认同。强化人文交流，推进文化合作，夯实民意基础，是深化中国、东盟战略合作伙伴关系，推动中国与东盟互利合作、共生共荣的根本保障。文化软力量，是中国—东盟高等教育共同体建设取之不尽的源泉和长久稳固的基石。

文化是一种特定的社会历史现象，涵盖了一个国家或民族的历史风俗、生产方式、行为习惯、思维意识、价值观念等，带有明显的社会政治与地区经济属性，其决定于物质文明，并且不断连续发展变化。不同的民族与地区，由于生产形式、生活方式、历史传统、族群观念、价值信仰等方面的差异性，其文化差别往往也很大。中国文化，是以华夏文化为基础，充分整合全国各地域和各民族文化要素而形成的文化。中国文化不但对日本、朝鲜半岛产生过重要影响，还深刻地影响了东南亚各国和地区的发展。明代郑和七下西洋更使中国文化对亚洲的影响力达到顶峰，形成了世界公认的根植于中国文化的亚洲文化圈。随着中国的崛

---

① 丁庆：《中国—东盟高等教育合作研究》，硕士学位论文，西华师范大学，2016 年，第 19 页。

起，中国文化的世界影响力越来越强，得到了世界各国普遍认同和高度关注。古代中国经过"三皇五帝"时期，初步形成了古代中国国家原型。此后，经过夏、商、周三代的进一步发展，古代中国文化的雏形开始形成并茁壮发展。周平王东迁之后，中国进入春秋战国时期，儒家思想、墨家思想、道家思想、法家思想等开始快速发展与传播，形成了百家争鸣的局面。古代中国文化的核心和灵魂得以诞生。汉初，汉高祖及文帝、景帝实行无为而治，发展至汉武帝之时，为了加强中央集权实现大一统，汉武帝采纳董仲舒的建议，实行"罢黜百家、独尊儒术"的文教政策，使儒家文化在古代中国文化中逐步占据主导地位。此后，在相当长的一段时间内，古代中国的生产力水平和综合国力一直处于世界第一，为古代中国文化的繁荣提供了坚实的物质保障。民族融合与中外经济文化的频繁深入交流，使古代中国文化得以广泛吸收外来文明，经过融合、发展与升华，最终推动了古代中国文化兼收并蓄，造就了中国古代文化的博大精深。近代以来，经过长期坚持不懈的反帝反封建斗争，中国人民赢得了民族解放与国家独立。由此，在对古代中国文化继承、发展、创新的基础上，现代中国文化吸取了现代西方文化中的合理内核进而进行本土化改造，逐步形成了中国特色社会主义文化。

公元前200年后，随着人口的持续增多与迁移，国力的进一步增强以及国家势力的扩展，古代中国文化已经不断传播与辐射到了东南亚地区，进一步加快了东南亚地区的社会历史发展进程。古代东南亚地区，曾经先后在各地出现扶南王国、吴哥王朝、大瞿越国、黎朝、阮朝、蒲甘王朝、东吁王朝、贡榜王朝、兰那泰王国、素可泰王朝、嘉莱王国、高棉帝国、大城王朝等地区政治王国。中国文化虽然深刻地影响了东南亚，但是东南亚地区本土宗教、文字、语言都有着自己的发展历史与特征。在长达千年的时间内，东南亚国家逐步形成了自己的民族特征、生活方式、文化特色与宗教信仰。在新加坡，政府规定马来语为国语，英语、华语、马来语和泰米尔语均为官方语言，而且"因华人在新加坡人口中占有绝对比重，华语的使用相当广泛，并与当地语言结合形成'巴巴马来语'"。① 柬埔寨，其国语为高棉语，它同时吸收了中国、泰

---

① 次云波：《地缘文化视角下中国对东南亚的文化战略研究》，硕士学位论文，兰州大学，2009年，第12页。

国、越南、缅甸等国的语言词汇，并在综合国内各民族语言的基础上形成了高棉语。老挝，官方语言为老语，由本族词和借词组成，其借词除梵语和巴利语外，还来自汉语、法语、英语、高棉语等语言。[1] 马来西亚官方语言为马来语，借词主要来源有汉语、梵语、泰米尔语、英语，其中，马来语中汉字有 1200 多个。[2] 印度尼西亚的官方语言为印度尼西亚语，英语为通用语言，印度尼西亚华人约 1000 万人，约占总人口的 4%，日常用语有华语、粤语、客家话、闽南话等。文莱国语为马来语，英语和华语也有广泛应用。[3] 菲律宾有 70 多种语言，其中使用最广泛的有 8 种，国语是以他加禄语为基础的菲律宾语。从语言系属上看，东南亚各民族使用的语言主要分属于南亚语系和汉藏语系。汉藏语系分为壮侗语族、苗瑶语族和藏缅语族。按这种分类法，汉藏语系主要分布在中国、泰国、缅甸、不丹、锡金、尼泊尔、印度、孟加拉国、越南、老挝、柬埔寨等亚洲国家。以汉藏语系中的某一语言为国语或主要语言的东盟国家有泰国（泰语）、缅甸（缅甸语）、老挝（老挝语）等。老挝的官方语言老语属汉藏语系壮侗语族泰老语支。缅甸的缅语在缅甸独立后被确定为官方语言，它以首都仰光语音为标准音，而缅甸的其他语言中，禅族语言与中国云南方言、闽粤方言接近，许多词汇也与中国壮语、泰语相同。文莱华语有方言和普通话两种，方言有闽南话、粤语客家话等，普通话主要为商业用语及不同方言族群的交流语言。[4]目前，人们对汉藏语系语言及其方言种类的划分尚未达成一致口径，但中国与东盟各国语言所具有的同源性，表征彼此存在一定的文化渊源，进而更能促进双方的文化认同、身份认同。从族群产生及分布看，中国与东盟也存在"同源异流"关系。东南亚地区在地理位置上包括中南半岛和马来群岛两大部分，共分布着 12 个国家，其中除东帝汶为候选成员国、巴布亚新几内亚为观察员国外，其余 10 个国家均为东盟成员国。中南半岛分布着越南、老挝、柬埔寨、泰国、缅甸、马来西亚

---

① 古小松：《东南亚民族》（马来西亚、新加坡、印度尼西亚、文莱、菲律宾卷），广西民族出版社 2006 年版，第 14—18 页。

② 次云波：《地缘文化视角下中国对东南亚的文化战略研究》，硕士学位论文，兰州大学，2009 年，第 13 页。

③ 古小松：《东南亚民族》（马来西亚、新加坡、印度尼西亚、文莱、菲律宾卷），广西民族出版社 2006 年版，第 189—190 页。

④ 同上书，第 247—248 页。

（西马部分），马来群岛分布着印度尼西亚、新加坡、菲律宾、文莱、马来西亚（东马部分）。中国与东盟国家或山水相连或隔海相望，双方国境线总里程为4700千米。相邻的地缘条件使东南亚国家中许多主要民族与我国西南地区民族具有相同或相似的族源，成为"同源异流"或"同根生"的民族。例如，我国的壮族与越南、老挝、泰国、缅甸4个国家以及印度的共20个民族具有亲缘关系，尤其与越南的岱族、侬族、拉基族、布标族、山斋族的关系最为密切，属亲兄弟关系，与其他15个民族，属堂兄弟关系。① 又如我国西南地区少数民族与东南亚国家多个民族具有亲缘关系。西南沿边的云南、广西的许多民族与东南亚多个民族有着亲缘关系。如缅甸的禅族与云南的傣族是同一民族，老挝的主体民族越族与我国境内的京族是同一民族，越南的岱族、侬族与广西的壮族是同一民族。② 内陆地区四川、贵州的许多民族与东南亚民族也有文化认同关系。例如贵州的布依族、侗族、水族、仡佬族等都属越僚族系，与中南半岛的泰族、掸族、佬族的先民有亲缘关系。③ 壮族是中国第二大民族，与中国傣族、布依族和越南侬族、泰国泰族等东南亚民族具有人种学意义上的胞亲关系，具有相同或相近的生物基因。这种跨境民族的亲缘关系，使中国西南少数民族与东盟国家各民族在民族文化上具有诸多相似、相通或相同之处，民族文化的身份认同，成为延续中国—东盟文化血脉的重要根基。④

　　东南亚文化是外来文化与本土文化结合、儒家文化与西方文化融合的产物。近代西方列强国家侵略东南亚各国，疯狂掠夺东南亚各种资源，将东南亚变为自己的殖民地，不可避免地将本国文化带入东南亚，深刻地影响东南亚各国的近代文化发展。东南亚的本土文化，长久地受到中国文化的影响，再加上西方外来殖民文化的入侵，所以东南亚的文化呈现多样化发展的特征。今天，中国文化的影响仍普遍存在于东南亚

---

　　① 范宏贵：《同根生的民族——壮泰各族渊源与文化》，民族出版社2007年版，第56—58页。

　　② 黄定嵩：《中国—东盟自由贸易区与西南民族经济》，民族出版社2004年版，第137页。

　　③ 何耀华：《亚洲西南大陆桥发展协作系统研究文集》，云南人民出版社1994年版，第302页。

　　④ 李泉鹰等：《中国—东盟高等教育区域性合作研究》，广西师范大学出版社2015年版，第37—42页。

各国的政治、经济、生活等各个领域，儒家思想和文化在东南亚人民的心中占据着重要的地位。"东南亚与中国一度保持'朝贡关系'，东南亚的一些国家，如泰国、越南、新加坡、菲律宾、马来西亚、印度尼西亚等，历来与中国的交往密切，且拥有众多华侨，在政治、文化、伦理道德方面都受到中国儒家思想的影响"。[①] 而在历史上，中国传统儒家文化"因其强大的辐射作用影响到新加坡、越南、泰国、马来西亚、印度尼西亚以及日本、朝鲜、韩国等国家，在这些国家的文化中得到体现"。[②] 在拥有众多华人的东南亚国家，比如新加坡、马来西亚，其国人对中国传统儒学文化特别是伦理道德推崇备至，儒家学说体系不仅是其国家的主流文化，甚至成为其政府治国理政的重要思想。以儒家思想和文化为核心的中国文化所具有的包容性、和平性、平等性等特质对协调中国与东盟国际关系、维护世界和平和实现社会稳定表现出了不可替代的重要作用。无论是文化历史的发展过程中还是现阶段的区域经济合作中，中国与东盟各国在文化上具有一定的共性，发展过程上具有一定的相似性，都是在立足于本土文化的基础之上，融合了外来文化的合理成分，去其糟粕，取其精华，完全具备了多元文化下的文化包容共生条件，这就为双方的高等教育合作提供了重要的人文支撑。

（四）互补共促的教育交流

自 1978 年改革开放以来，中国的经济、政治、文化、社会与生态等发生了深刻的变革，人民生活水平不断提高，中国奋力推进现代化步伐。在中国经济飞速发展的同时，关乎民族与国家未来的高等教育的重要性也渐渐被国人所深刻认识。为适应知识经济与信息时代的挑战，中国的高等教育体制不断变革，高等教育结构不断优化，高等教育布局不断调整，高等教育质量不断提升，高等教育改革发展被放在极其突出的重要位置。在高等教育大众化、国际化、信息化浪潮的冲击下，1999年中国实施高校扩招，中国高等教育发展步入"快车道"。为了满足国人日益增长的高等教育需求，中国高等教育规模持续扩大，在校大学生

---

① 李一平、庄国土：《冷战以来的东南亚国际关系》，厦门大学出版社 2005 年版，第 242 页。

② 李富强：《中国与东盟合作史研究》（文化卷），民族出版社 2007 年版，第 13 页。

数量不断攀升。2003 年中国高等教育毛入学率达到 15%，进入大众化发展阶段。为提升高等教育质量及服务水平，中国先后通过实施"211工程""985 工程""双一流工程"等，努力推进高校学科专业结构优化，科学研究融合创新，人才培养质量提高。但是，高等教育快速发展背景下不断增长的大学入学人数，使高校师生比例严重失衡，加重了人才培养的质量负担。而中国在现代大学治理、高等教育评估等方面却还处于探索阶段，严重制约了中国高校"双一流"建设。大学办学条件的提升、基础设施建设的升级、学科专业的设立与调整，都受制于有限的高等教育资源，原有的高等教育格局与旧有的管理体制又深刻地制约着高等教育的改革。目前，中国的高等教育规模与质量总体呈现出从东至西依次递减的发展状况，无论是中外交流水平、资金数量、教育观念，还是人才培养规格，中西部地区与东部地区均存在较大的发展差距。

近代殖民地的历史，使东盟大多数国家（泰国除外）的高等教育不可避免地受到西方殖民国家的深刻影响，明显带有其宗主国的印记。在高等教育体制、办学方式、入学条件、学科设置、课程实施、学业评价、管理形式等诸多方面，无不深受西方殖民国家的影响。第二次世界大战后，东盟各国通过坚决的斗争与不懈的谈判，先后从西方殖民国家控制下获得了国家独立，其高等教育也经历了保持高等教育现状、移植西方国家模式到自我探索发展的历程。由于经济发展水平参差不齐，加上文化底蕴、人口素质、国家历史、教育传统等因素影响，东盟各国的高等教育发展极不平衡，差距很大。依据国民生产总值及高等教育毛入学率等多项指标，东盟高等教育可分为三个层次：第一层次为高等教育发达国家，包括新加坡、马来西亚、泰国、菲律宾，高等教育毛入学率在 20% 以上；第二层次为高等教育中等发达国家，如文莱、印度尼西亚、越南，高等教育毛入学率在 10%—20%；第三层次为高等教育欠发达国家，如缅甸、老挝、柬埔寨，高等教育毛入学率在 10% 以下。东盟国家有世界一流或亚洲一流的大学，如新加坡国立大学、南洋理工大学，泰国的朱拉隆功大学、清迈大学，马来西亚的马来亚大学等。也有许多水平较低的大学，在办学水平、办学资源与基础设施、师资条件、教学质量和管理等方面很不完善。例如，柬埔寨、老挝、缅甸等仍然走的是精英高等教育发展道路。高等教育受制于政府的统一规划和有效控制，特别是饱受西方殖民国家的侵略，经济与教育发展速度较缓慢，不能完全满足社会的高等教育需求。[1] 最为典型的老挝，在近代发展历史上，曾先后被法国、日本、美国占领，沦为殖民地。经过长期的反殖民地斗争，1975 年 12 月 12 日老挝建立了人民民主共和国。由于老挝是一个贫穷落后的农业国家，经济发展缓慢，教育发展滞后，高等教育起步较晚。直到 1954 年，老挝仅有 180 所初级启蒙学校、5 所完全小学和 1 所中学，没有 1 所高等院校。1958 年，老挝在万象创办皇家法律和管理学院，标志着老挝高等教育的发端。建国后，为满足经济社会发展需求，老挝教育、交通、卫生、建设、邮政、农业、林业等各部委都创办了高等教育机构。但国家资金短缺、物质匮乏、人才奇缺，高校发展极其艰辛。20 世纪 80 年代以后，老挝经济快速发展，1986—1990 年国内生产总值增长率达 8%。经济的快速发展，为高等教育发展带来了新的契机，创造了有利条件。到 1995 年，老挝高等院校达到 37 所，其中 10 所院校提供学士学位以上课程，27 所院校提供证书课程。如今，老挝建设有力求国立大学、苏发努冯大学、占巴塞大学以及 5 所师范学院和 83 所私立高等院校。

中国与东盟各国高等教育差异的存在，如规模、层次、科类等，为双边高等教育的合作提供了可能性。同时，经过长期的建设和发展，中国与东盟各国高等教育形成了各自的优势和不同的层次，各类教育资源又为双边高等教育的合作提供了互补性。为此，中国与东盟应立足于双方的优势特色互补，学习借鉴彼此成功经验，在推进高等教育制度创新、推动高等教育治理现代化、优化高等教育结构、调整学科与专业布局、提升办学质量水平等方面加强合作，在双边人才交流、学历互认、成果共享、科研协同创新等领域强化政策协调。中国与东盟各国高等教育唯有在互补共促中加速发展，切实增强内生动力和核心竞争力，才能有效服务于中国—东盟自贸区建设的提档升级，为推进区域经济一体化提供强有力的智力支持、人才支撑。

---

① 丁庆：《中国—东盟高等教育合作研究》，硕士学位论文，西华师范大学，2016 年，第 20 页。

二 中国—东盟高等教育共同体建设的政策平台

2010 年 1 月，中国与东盟宣布正式建成中国—东盟自由贸易区，开启了中国与东盟实现经济一体化的历史进程。随着中国—东盟自由贸易区的成立和提档升级，加快推动中国与东盟各国在高等教育领域的合作，便成为推进中国—东盟区域性合作的一项紧迫任务。自中国与东盟建立战略合作伙伴关系以来，为深化中国与东盟各领域的务实合作，中国与东盟建立了多层次和多方位的合作框架与机制，制定了系列教育合作相关的政策制度，签署了多项教育合作相关的合约，为中国—东盟高等教育共同体建设搭建了平台、奠定了基础。

（一）中国教育对外开放政策

我国教育对外开放，始终坚持以邓小平"教育要面向现代化、面向世界、面向未来"为指引，坚持"围绕中心、服务大局，以我为主、兼容并蓄，提升水平、内涵发展，平等合作、保障安全"原则，积极寻求国际合作，推动教育国际交流深入发展。教育对外开放工作目标是：到 2020 年，出国留学服务体系基本健全，来华留学质量显著提高，涉外办学效益明显提升，双边多边教育合作广度和深度有效拓展，参与教育领域国际规则制定能力大幅提升，教育对外开放规范化、法治化水平显著提高，更好地满足人民群众多样化、高质量教育需求，更好地服务经济社会发展全局。为此，自改革开放以来，我国先后制定出台了一系列教育对外开放政策法规。

1985 年 5 月 27 日，中共中央发布《关于教育体制改革的决定》，鲜明提出"教育必须为社会主义建设服务，社会主义建设必须依靠教育"。"要扩大高等学校的办学自主权。在执行国家的政策、法令、计划的前提下……有权接受委托或与外单位合作，进行科学研究和技术开发，建立教学、科研、生产联合体；有权利用自筹资金，开展国际的教育和学术交流。"文件的出台，为我国高等教育对外合作与交流提供了政策保障。

1995 年 1 月 26 日，国家教委制定并出台了《中华人民共和国中外合作办学暂行规定》，就中外合作办学的意义、性质、必要性、应遵循的原则、审批标准及程序、办学主体及领导体制、证书发放及文凭学位授予、监督体制等方面做出了规定，构建起了我国中外合作办学的基本政策框架。

1998 年 8 月 29 日，第九届全国人民代表大会常务委员会第四次会议通过《中华人民共和国高等教育法》，自 1999 年 1 月 1 日起施行。《高等教育法》明确规定，"国家鼓励和支持高等教育事业的国际交流与合作"，"高等学校按照国家有关规定，自主开展与境外高等学校之间的科学技术文化交流与合作"，"国家对高等学校进口图书资料、教学科研设备以及校办产业实行优惠政策"。这些高等教育交流合作的相关法律规定，不仅进一步巩固了我国高等教育对外合作的地位，而且也为我国寻求高等教育对外发展提供了重要的法律依据。

2003 年 2 月 19 日，国务院颁布了《中华人民共和国中外合作办学条例》，2003 年 9 月 1 日起施行。该条例是我国发展中外合作办学第一部行政法规，是在原《中华人民共和国中外合作办学暂行规定》基础上的进一步丰富和发展。条例规定，"国家对中外合作办学实行扩大开放、规范办学、依法管理、促进发展的方针。国家鼓励引进外国优质教育资源的中外合作办学。国家鼓励在高等教育、职业教育领域开展中外合作办学，鼓励中国高等教育机构与外国知名的高等教育机构合作办学。"条例的出台，顺应了我国高等教育大众化、国际化发展的现实需要，满足了人民群众对国外多元化高等教育服务的要求。2004 年 6 月，国家教育部出台了《中华人民共和国中外合作办学条例实施办法》，并于同年 7 月 1 日起施行。同时，1995 年制定的《中华人民共和国中外合作办学暂行规定》废止。至此，我国建立起了较为健全的中外合作办学法律法规和政策体系，中外合作办学的理念进一步深入人心，办学行为更具法律保障和政策依据。我国高等教育的中外合作办学进入了一个全新的发展阶段。

2010 年 5 月 5 日，国务院总理温家宝主持召开国务院常务会议，审议并通过《国家中长期教育改革和发展规划纲要（2010—2020 年）》（以下简称"《规划纲要》"）。2010 年 7 月 29 日，《规划纲要》正式全文发布。根据《规划纲要》，国家财政性教育经费支出占国内生产总值的比例将在 2012 年达到 4%。到 2020 年，基本实现教育现代化，基本形成学习型社会，进入人力资源强国行列。《规划纲要》提出"加快建设一流大学和一流学科。鼓励学校优势学科面向世界，支持参与和设立国际学术合作组织、国际科学计划，支持与境外高水平教育、科研机构建立联合研发基地。"《规划纲要》要求"扩大教育开放"，加强国际交流与合作，引进优质教育资源，提高交流合作水平。扩大政府间学历学位互认。支持中外大学间的教师互派、学生互换、学分互认和学位互授联授。加强与国外高水平大学合作，建立教学科研合作平台，联合推进高水平基础研究和高技术研究。推动我国高水平教育机构海外办学，加强教育国际交流，广泛开展国际合作和教育服务。支持国际汉语教育。提高孔子学院办学质量和水平。创新和完善公派出国留学机制，进一步扩大外国留学生规模。加强与联合国教科文组织等国际组织的合作，加强内地与港澳台地区的教育交流与合作。《规划纲要》从我国教育现代化的整体战略出发，规划描述了未来 10 年教育改革发展的雄伟蓝图，科学确定了到 2020 年我国教育改革发展的战略目标、工作方针、总体任务、改革思路和重大举措。这是中国进入 21 世纪之后的第一个教育规划，是今后一个时期指导全国教育改革和发展的纲领性文件，为中外高等教育合作办学提出了目标任务，指明了发展方向。

2016 年 4 月 29 日，中共中央办公厅、国务院办公厅印发《关于做好新时期教育对外开放工作的若干意见》（以下简称"《意见》"）。《意见》提出了到 2020 年教育对外开放的工作目标，提出要以"提质增效"为重心，做好提高留学质量、提升涉外办学水平、丰富中外人文交流等六项重点工作，对做好新时期教育对外开放工作进行了重点部署。《意见》提出，要大力提升教育对外开放治理水平，加强对教育对外开放工作的组织领导。《意见》是为了提高教育对外开放规范化、法治化水平，更好地满足人民群众多样化、高质量教育需求，更好地服务经济社会发展全局而制定的法规，这是新中国成立以来第一个全面指导我国教育对外开放工作的纲领性文件，对开展中外合作办学工作具有重要的指导意义。

2016 年 7 月 13 日，教育部印发《推进共建"一带一路"教育行动》（以下简称"《教育行动》"）。《教育行动》提出，"中国将一以贯之地坚持教育对外开放，深度融入世界教育改革发展潮流"。教育交流的使命，要为沿线各国的民心相通架设桥梁，为沿线各国政策沟通、设施联通、贸易畅通、资金融通提供人才支撑，重点开展教育互联互通、人才培养培训、共建丝路合作机制三方面的重点工作。明确了中国教育国际合作与交流未来的发展目标和使命，部署了重点工作，强化了各项保障措施。这个文件将引领我国教育对外开放工作未来发展方向。

"围绕中心、服务大局，以我为主、兼容并蓄，提升水平、内涵发展，平等合作、保障安全"，是我国新时期教育对外开放工作的原则。在此原则指导下，我国高等教育对外开放工作稳步推进，高等教育对外交流与合作已基本形成相对成熟稳定的框架体系，有效保障了我国教育对外开放工作的实施，并为我国对外合作办学营造了良好的政策环境。在我国，自实施对外开放政策以来，中外合作办学先后出现过三次数量扩张高潮。第一次是1992年邓小平同志"南方谈话"，推动各行各业扩大对外开放，中外合作办学在沿海地区快速发展。1994年，全国中外合作办学机构达70家。第二次是2001年中国正式加入WTO，承诺开放教育服务市场，允许开展中外合作办学，大批营利性教育机构积极介入中国市场。2002年，全国中外合作办学机构和项目达到712家。第三次数量扩张高潮出现在2010年《国家中长期教育改革和发展规划纲要（2010—2020年）》颁布之后，《规划纲要》明确提出了"扩大教育开放""以开放促改革、促发展"的战略部署，中外合作办学审批进程明显加快。截至2016年年底，经审批或复核通过的中外合作办学机构和项目共计2469个，其中包括宁波诺丁汉大学、西交利物浦大学、上海纽约大学、深圳北理莫斯科大学等9所正式设立的中外合作大学，本科以上层次二级机构和项目1212个，涉及理工农医人文社科等12大学科门类200多个专业。各级各类中外合作办学在校生总数约55万人，涉及36个国家和地区，830所外方高校，720所中方高校。[①] 通过坚持以开放促改革、促发展，开展多层次、宽领域的教育交流与合作，我国教育国际化水平不断提高，我国教育的国际地位、影响力和竞争力不断提升。教育国际合作交流工作在着力深化综合改革、推进双向留学、支持高水平示范性中外合作办学、谋划中外人文交流等方面取得了积极进展，我国教育国际合作与交流在积极推进教育对外开放中呈现出崭新发展态势。

---

① 许涛：《中国教育国际合作与交流新趋势》，《中国高等教育》2017年第8期。

（二）中国—东盟教育合作政策

中国与东盟各国在高等教育区域性合作方面的政策，主要包括中国政府与东盟各国或东盟整体共同签订的与高等教育区域合作相关的一系列法令、协定、办法、条例等。这些政策主要是双边政府为了更好地实现教育交流与合作目标，推进教育特色优势互补，提升双方教育质量水平，增强教育内生动力和核心竞争力而通过政治、行政手段对所有受益者或活动参与者的行为做出的共同规范性限定或约束，以及商定的相应活动准则。

1997 年 12 月，中国和东盟领导人在首次中国—东盟领导人非正式会议上确定了建立睦邻互信伙伴关系的方针，中国与东盟正式进入政治、经济、教育等领域的交流与合作。中国—东盟高等教育交流合作的政治平台主要体现在中国与东盟合作领域签署的相关文件中。2002 年 11 月 4 日，第六次中国—东盟领导人会议在柬埔寨首都金边举行，中国与东盟共同签署《中国与东南亚国家联盟全面经济合作框架协议》，决定到 2010 年建成中国—东盟自由贸易区。该协议提出了中国与东盟加强和增进各缔约方之间的经济、贸易和投资合作并促进货物和服务贸易，逐步实现货物和服务贸易自由化。协议在第四条"服务贸易"中明确提出各缔约方同意在农业、信息及通信技术、人力资源开发、投资以及湄公河盆地的开发这五大领域展开优先合作。可见，人力资源开发在双方合作中的地位之重要，而高等教育合作又是人力资源开发合作项目中的重要组成部分，自然被纳入双边合作范畴。

2005 年 8 月 3 日，中国与东盟在泰国曼谷签订了《中华人民共和国政府和东南亚国家联盟成员国政府文化合作谅解备忘录》。该合作备忘录规定中国政府和东南亚国家联盟成员国政府将根据各自国内的法律、规章、政府行政指针和程序，在促进有形文化和无形文化方面的交流与合作。在"交流与合作"中明确了"缔约方鼓励和支持在考古和文化遗产、传统和当代艺术、文化企业和创意产业、艺术和文化管理领域的人力资源开发"。文化领域的合作协定进一步推动和扩大了中国与东盟各国在高等教育领域的交流与合作。

2007 年 1 月 14 日，中国与东盟在北京共同签署了《中华人民共和国与东南亚国家联盟成员国政府全面经济合作框架协议服务贸易协议》。该协议将中国与东盟各国的服务贸易往来确定为四种形式，分别是"跨境交付""境外消费""商业存在"和"自然人移动"。教育是一种服务贸易形式,存在于四种贸易之中。中国与东盟成员国教育在涉及对外服务贸易中的基本方式和途径是:通过国家之间相互提供教育培训与远程教育教学服务,相互派遣留学生和相互到对方国家开设学校或教育培训机构,相互接受和派遣从事教育教学工作的专职人员。协议为中国与东盟国家的高等教育合作搭建了更为广阔的平台。

2008年,中国首次发布了以所有东盟国家为对象的跨境奖学金申请专项制度,即《中国—东盟(AUN)奖学金项目申请办法》。该项规定详细而全面地明确了"中国—东盟奖学金项目"系中国教育部向东盟组织成员国提供的全额奖学金的应用期限、申请途径、申请时间、申请资格、具体内容和相关标准、申请材料的提供、学习院校以及专业的选择和录取等内容。这一专为高层次留学教育而设的中国—东盟高等教育合作政策,进一步推进了中国—东盟高等教育的合作发展。

2010年1月1日,中国—东盟自由贸易区正式全面启动。自贸区建成后,东盟和中国的贸易占到世界贸易的13%,成为一个涵盖11个国家、19亿人口、GDP达6万亿美元的巨大经济体,是目前世界人口最多的自贸区,也是发展中国家间最大的自贸区。这将从更高层次促进中国—东盟全方位立体式合作,推动中国—东盟高等教育战略合作伙伴关系深入发展。

2013年10月3日,中国国家主席习近平在印度尼西亚国会发表题为《携手建设中国—东盟命运共同体》的重要演讲,阐述中国对进一步促进中国—印尼关系和中国—东盟关系发展的构想,提出建设"更为密切的中国—东盟命运共同体",并将与东盟共建"21世纪海上丝绸之路"。东盟是"21世纪海上丝绸之路"建设的优先区域,"21世纪海上丝绸之路"由中国南部出发,经过东南亚、南亚、北非抵达欧洲,旨在互联互通形成一个以港口为依托,以贸易、投资为纽带的合作经济走廊。高等教育交流合作是深化中国与东盟关系的有效载体,可以帮助双方增信释疑,沟通政策,储备人才,拉动经济。依据"一带一路"倡议,未来双方高等教育合作需从扩大涉及面、完善参与结构、增加合作深度入手,同时加大语言人才和专业人才培养力度,便利人才流动。

中国—东盟高等教育区域性合作政策,主要是以中国—东盟签订的与教育合作相关的法律文件和协议等形式呈现的。一是教育或高等教育合作的专门政策文件。例如:《泰王国教育部与中华人民共和国教育部相互承认高等教育学历和学位的协议》《新加坡共和国教育部与中华人民共和国教育部教育交流与合作备忘录》《中华人民共和国政府和马来西亚政府高等教育合作谅解备忘录》《中华人民共和国教育部和新加坡共和国教育部合作备忘录》《中华人民共和国教育部与缅甸联邦政府教育部合作谅解备忘录》等。二是文化合作方面的备忘录、协定。例如:《中华人民共和国政府和泰王国政府文化合作谅解备忘录》《中华人民共和国政府和泰王国政府关于文化合作的协定》《中华人民共和国和印度尼西亚共和国文化合作协定》《中华人民共和国政府和马来西亚政府文化合作协定》《中华人民共和国政府和新加坡共和国政府文化合作协定》《中华人民共和国政府和老挝人民共和国政府文化协定》等。三是经济和科学技术合作协定和备忘录。例如:《中华人民共和国政府和泰王国政府科学技术合作协定》《中华人民共和国政府和新加坡共和国政府科学技术合作协定》《中柬经济技术合作协定》《中越两国政府经济技术合作协定》等。四是签署的联合声明、联合公报、联合宣言。例如:《关于双边合作框架的联合声明》《中华人民共和国与马来西亚联合公报》《中国政府和新加坡政府关于双边合作的联合声明》《中越联合声明》《中华人民共和国和缅甸联邦关于未来双边关系合作框架文件的联合声明》《中柬关于双边合作的联合声明》等。这些法律文件、协议、备忘录、联合声明等,作为中国—东盟高等教育合作的政策平台,为中国—东盟高等教育共同体建设营造了良好的政策环境和制度环境。

三　中国—东盟高等教育共同体 建设的主要问题

　　1991 年中国和东盟开启对话进程,中国成为东盟的对话伙伴国。2002 年双方签署《中国与东盟全面经济合作框架协议》,2003 年签署《中国与东盟面向和平与繁荣的战略伙伴关系联合宣言》,将彼此关系提升为战略伙伴关系。2010 年中国和东盟宣布正式建成中国—东盟自贸区。中国—东盟合作机制从过去的"黄金十年"走向了未来新的"钻石十年",进入全新的历史发展阶段。伴随中国、东盟关系的全面深入发展，双方高等教育合作交流不断扩大和深化，中国—东盟高等教育共同体建设取得了突出成就，并呈现出广阔的发展前景。从对话层面上讲，建设中国—东盟高等教育共同体，加深互信，加深理解，有利于巩固中国—东盟高等教育合作的好伙伴、好朋友关系。自 2003 年中国—东盟建成战略伙伴关系以来，在政治互信基础上，通过对话中国—东盟高等教育共同体已达成诸多共识，并期待着卓有成效的务实合作。从交流层面上讲，中国—东盟高等教育共同体已开启高等教育合作交流的新篇章，中国—东盟高等教育学术交流蓬勃发展，全方位、多层次高等教育学术交流会议、中国—东盟人才资源开发合作论坛、中国—东盟教育交流周等大型学术活动相继展开，人才交流合作项目签约成果显著。从合作层面上讲，由中国外交部和教育部联合批准成立的 10 个国家级对东盟国家教育培训基地分别落户广西、四川、云南等 6 个省区。分别建成中国—东盟教育培训中心、中国—东盟商务会展人才中心、中国—东盟艺术人才中心、中国—东盟汉语人才中心、中国—东盟金融与财税人才中心等人才基地。推动建立中国—东南亚教育科研网络、中国—东盟职业教育合作联盟、中国—东盟工科大学联盟等多个合作平台，并与相关合作伙伴一道，共同设立中国—东盟语言文化中心和中国—东盟汉语言文化教育基地。中国—东盟联合大学也在积极筹办过程中。为适应东盟国家战略需求，促进合作发展和培养各成员国紧缺人才，联合大学的建立将为促进区域经济一体化和教育在推进友好合作关系健康持续发展中，发挥建设性和基础性作用。从对接层面上讲，中国—东盟高等教育共同体既有利于精准对接"一带一路"倡议，又有利于深入对接我国高校"双一流"建设。高等教育共同体在对接各国不同文化繁荣发展需求时，由于东盟各成员国地理毗邻，中国—东盟高等教育共同体培育共性文化已现端倪，这种共性文化在保持各国原有文化基础上，互补性极强，必将对各成员国提高自身高等教育国际化水平大有裨益。此外，中国—东盟各国仍在积极探索建设开放的双向互通中国—东盟人才培养体系，以及将逐步完善中国与东盟各成员国之间学历、学位、学分联通、互认，将逐步提高中国—东盟国家的留学生奖学金，鼓励中国高校探索创新来华留学培养模式。东博会也将在中国—东盟高等教育对话、交流、合作、对接上，积极发挥优势和作用。

中国—东盟高等教育共同体建设正处在拓展阶段，高等教育合作交流机制、经费投入、质量保障、人员流动、学分转换、终身学习框架建构等，尚处在探索之中。同时，面对错综复杂的国际大环境影响，全球化浪潮和"互联网＋"信息化时代的冲击，中国—东盟高等教育共同体建设不可避免地存在一些突出矛盾和问题。

（一）合作体制机制不健全

作为中国—东盟高等教育共同体，合作制度、体制机制的建构，不仅受之于国际大环境的影响，更与双方国家经济、政治、文化等制度的影响密不可分。东盟人多数国家曾经是殖民地国家，长期受宗主国政治、经济、文化影响，很多制度都是外来移植的产物，加之经济结构单一，政治体制多元，内部矛盾突出，自身高等教育体系、高等教育体制、高等教育运行机制尚不健全。建立健全中国—东盟高等教育合作体制和运行机制，必将受到双方政策制度和市场运行的双重制约。所以，中国—东盟高等教育共同体合作体制机制的建立，必须立足当前，着眼长远，突破已有体制束缚，发挥市场主导作用，努力构建共同体建设公平、竞争、和谐的政策法治环境。

1997 年，《中国与东盟国家首脑会晤联合声明》承诺，"加强在所有领域的对话与合作机制，以增进了解和扩大互利"。2003 年，《中华人民共和国与东盟国家领导人联合宣言》明确提出，"进一步活跃科学、环境、教育、文化、人员等方面的交流，增进双方在这些领域的合作机制"。随着中国—东盟全面合作框架的确立，中国与东盟高等教育合作积极推进，中国—东盟高等教育共同体建设原则、规范、规则和程序逐步确立，较好地推动了双方高等教育合作发展。然而，面对中国—东盟自由贸易区的提档升级、合作共建"21 世纪海上丝绸之路"的新使命、新形势；面对中国—东盟合作机制从过去的"黄金十年"走向未来新的"钻石十年"，进入全新的历史发展阶段；面对中国与东盟高等教育合作领域进一步拓展、合作规格不断提升、合作力度切实增强，高等教育合作机制的矛盾与问题，也逐渐显现出来。

1. 高规格的对话机制不完善

现行双方教育部长的交流对话较少，且不稳定，没有搭建起教育高层的多边交流机制。随着中国—东盟自由贸易区的建立及提档升级，教育合作也应当以消除区域教育服务贸易壁垒、促进区域教育经济增长为宗旨，参照国际服务贸易规则，融入区域性教育市场特点，建构起新的教育合作机制，建立健全中国—东盟教育部长会议多边交流机制、中国—东盟教育服务贸易委员会对话机制等，以多种方式保持双方高层的密切接触与及时沟通，实行定期的会晤磋商，加强高层交往与教育对话，以协调和加强双方的教育合作。同时，不断完善和加强各级别的定期和不定期磋商机制。深化同东盟各成员国的关系，以维护中国—东盟高等教育合作关系的规范性、稳定性和持续性。

2. 合作对话平台机制不健全

目前，尚未设立中国—东盟教育博览会机制、中国—东盟教育论坛机制，以及中国—东盟教育会展等。中国—东盟大学校长论坛机制设置，既有一年一度中国—东盟教育交流周系列活动之一的大学校长论坛，又有在东盟成员国轮流举办的大学校长论坛。已有教育论坛机制设置凌乱，主题不突出，特色不鲜明。开展中国—东盟高等教育合作，必须设定特定场所与程序，建构中国—东盟高等教育联络形式及合作平台。除进一步完善国内设置的中国—东盟教育交流周等活动机制外，还可以增设专门的中国—东盟教育会展展台，并逐步在东盟成员国建立中国教育中心，以共同举办中国—东盟高水平的教育交流活动，扩大双方的教育宣传，不断开拓教育交流合作的新模式。

3. 合作争端的仲裁机制缺失

1992 年国家教育委员会发布《关于国外机构或个人在华办学等问题的通知》，1993 年国家教育委员会下发《关于境外机构和个人来华办学问题的通知》，对高等教育中外合作办学的要求和管理做出了明确规定。1995 年国家教育委员会制定并发布《中华人民共和国中外合作办学暂行规定》，就中外合作办学的目标、形式、手段等做出了明确规定。2003 年 2 月 1 日实施的《高等学校境外办学管理办法》、2003 年 9 月 1 日颁布实施的《中华人民共和国中外合作办学条例》，都对中外合作办学做出了明确规定。然而，目前还没有一部针对中国与东盟各国校际合作办学的政策性文件或法规，更不用说教育合作争端仲裁法规了。中国—东盟教育服务贸易准入机制、中国—东盟教育合作争端仲裁机制等尚未建立。中国与东盟各成员国教育发展层次结构、质量水平极不平衡，尚存在一定差距，教育合作层次、领域、方式等诸多方面难免会发生矛盾冲突。开展中国—东盟教育合作，在教育服务贸易、项目合作、人员流动、学分学历学位互认、质量认证等方面，必须运用 WTO 规则，妥善解决不合理限制及技术性壁垒，逐步放宽中国—东盟教育准入条件，扩大教育合作的领域，并就教育合作达成谅解备忘录，以真正实现中国—东盟各个国家的权利。

4. 教育质量认证的制度缺乏

中国与东盟国家建立的高等教育学历学位互认政策起步较晚，而且到目前为止，只与东盟国家中的泰国、越南、菲律宾三个国家建立了高等教育学历学位互认政策。开展中国—东盟高等教育合作，必然要加强和扩大在高等教育质量监督和认证领域的合作。要在研究生教育、职业教育等领域，建立相互认证的相关政策制度。强化在学历学位互认、留学生交流、语言教学、互换奖学金生、教师培训等方面的合作。逐步建立中国—东盟区域性的教育服务贸易标准，以保护教育消费者不受低质量教育的损害，增加中国—东盟高等教育服务贸易市场的透明度。建立中国—东盟高等教育质量保障和学历互认制度，以规范教育合作管理。

5. 教育合作规划机制未建立

中国—东盟高等教育合作规划，包括区域、次区域合作规划，东盟和东盟成员国合作规划以及中长期合作规划，各类高等教育合作规划等，尚未提上议事日程。当前应及早达成中国—东盟全面教育经济合作协议，商定双方参与规划的专门机构组织，明确合作规划的范围、原则、进程等，并编制出台中国—东盟教育合作行动计划和项目，以及实施其中各项承诺的时间框架，以确保在建设中国—东盟自由贸易区进程中教育合作的计划性、持续性和刚性。

（二）经费投入严重不足

经费投入是中国—东盟高等教育共同体建构的必要保障，它直接关乎双方高等教育合作质量效益，制约各国高等教育改革发展，牵制中国—东盟高等教育共同体建设，并最终影响区域经济一体化进程。随着中国—东盟各国高等教育科研合作不断深入，高等院校人员交流规模不断扩大，经费短缺问题日益显露。主要表现在合作国家自身科研经费不足，生均教育资源下降，师生比例过高，教师待遇走低，教学设备和实验室条件无法满足高校办学需要，国际合作经费极其有限。因为经费原因，中国—东盟高等教育合作形式相对单一，学术交流会议有演化成例行公事之嫌，而高水平的成员国学术交流会相对较少。中国与东盟各国奖学金的不足，则直接降低了区域内学生申请留学的热情。区域内公费学生交换项目目前只限于几所大学及特别基金提供，由于东盟国家发展不平衡，除了新加坡、马来西亚、泰国等国有先进的教育体制和充足经费，其余国家都受到高等教育资金不足的困扰。2009—2010 学年，中国教育部向东盟国家提供约 1200 个奖学金名额。2011 年中国为东盟国家提供的政府奖学金人数为 4118 人，占当年留学生奖学金总人数的16%，而同期东盟留学生总数超过来华留学生总人数的 19%。2015 年，中国与东盟互派留学生逾 19 万人。虽然中国与东盟各国一直积极增加政府对留学生的官方奖学金资助，力图最大限度地减少留学的费用，但是当前双方在高等教育合作资金投入方面存在很大的不足。中国—东盟人才国际化培训工程虽然已经取得了一定成效，但是要继续打造融合区域优质高等教育资源和具有特色的高校联合群，同时在数量上与质量上构建多元化人才培养模式，培养不同规格、不同层次、不同水准的符合自贸区经济需求的人才，做大、做强、做好并走向和参与国际竞争，后续资金缺口仍然十分巨大。①

（三）教育质量缺乏保障

近年来，随着经济的发展，国民生活水平的提升，中国和东盟各国高等教育得到迅猛发展，高等教育规模持续扩大，高等教育发展速度不断提高。2003 年，中国高等教育毛入学率首次突破 15%，进入高等教育大众化阶段。2016 年，中国共有普通高等学校和成人高等学校 2880所，各类高等教育在学总规模达到 3699 万人，高等教育毛入学率达到42.7%。中国高等教育正努力向普及化阶段推进。从东盟成员国来看，菲律宾是第一个实现高等教育大众化的东盟国家。20 世纪 90 年代，菲律宾大学数量增加到 1000 余所。到 2035 年，至少三个东盟国家，分别是印度尼西亚、马来西亚和越南均有望成为招收大学生人数最多的国家之一。到那时，这三个国家的大学入学人数将列于世界排名前 20 位。在新加坡，公立大学的毛入学率长期保持在 25% 左右。到 2020 年，新加坡的高等教育入学率将达到 40%。2009 年，印度尼西亚制定《印度尼西亚共和国教育发展战略规划（2010—2014 年）》，明确到 2014 年印度尼西亚大学及宗教大学毛入学率达到 30%。然而，在高等教育发展

---

① 丁庆：《中国—东盟高等教育合作研究》，硕士学位论文，西华师范大学，2016 年，第 35 页。

进程中，中国与东盟各国普遍都存在只关注"量"的片面增加，忽视"质"的保障问题。高速发展的高等教育是否存在超越高等教育自身发展规律发展的可能？马丁·特罗在分析高等教育大众化问题时指出：增长是一切问题的根源。因此，高等教育质量难以保证的根源问题是片面追求数量增长，高等教育质量严重滑坡。高等教育的正向增长缺乏市场机制的主动主导与调节，实质上，这种缺乏质量保障的高等教育在量上增长的表面，其实是高等教育的负性增长，是有害高等教育可持续发展的。泰国清迈大学副校长 Rome Chiranukrom 认为，教育是社会进步的重要渠道，中泰高校的教育目标是一致的，即培养更优秀的学生，未来希望双方高校可以在更广阔的领域开展交流合作。而精英部门未必需要被大众化高等教育的兴起破坏。高等教育质量的保证就是高等教育的魅力所在，再也不能为大众化的高等教育寻找借口，而应该从人、社会以及市场对于高等教育的需求着手应对质量挑战。

跨国高等教育质量的评估，是指参与高等教育合作的多个国家，分别从教育质量、师资水平、办学条件、课程体系、考核机制等方面对合作双方的高等教育质量进行公平、有效和客观的评价。高等教育的国际化，往往要求建立跨国高等教育质量评估体系。高等教育质量是制约区域内高等教育要素流动的一个不容忽视的核心问题。东盟各国高等教育发展程度不一，无论是课程体系、大学学业标准，还是高等教育评价系统，都缺乏统一的标准。因此，如何在这种复杂的高等教育发展背景下，制定并实施中国—东盟高等教育质量评估标准及体系，保证高等教育合作的教育质量，是目前中国与东盟双方急需创新解决的问题。

中国与东盟各国开展高等教育合作，一个最主要的内容就是合作办学，但是目前双方合作办学呈现出层次偏低、名校很少、专业面窄、质量不高的状况。目前，中国与东盟联合办学的主要对象是泰国、越南，还是一些二流、三流的院校，办学层次集中在大专、本科级别，教育质量堪忧。中国与东盟各国的高校之间，教育水平不一，校历迥异，更缺乏统一有效的学分转换系统与留学生管理制度。参加交换生项目的留学生不仅面临不同校历间的调整与适应，还会在学历学位互认与学分转换上遇到很大的困难。而这些方面，都是保证教育质量的前提。留学生毕业学校与留学学校，合作教学和学术人员的交流偏少，教育经费有时不能足额到位及没有有效使用，缺乏公认的教育质量框架，教学实践经验迥异，考核要求不统一，更没有有效的评估监督体系和对人才培养过程的监控机制，跨境高等教育质量无法保证，达不到政府、社会与企业所期望的要求。而且中国西南部尤其是边疆各省的高校在声誉度、学校基础设施、资金、师资、教育理念等方面都远远比不上东部经济发达地区的高校，为了保证获得一定的可持续的留学生生源，很多高校对留学生入学条件标准设定过低，这必然会影响留学生教育质量。因此，如何在保证生源质量的前提下，提高留学生教育质量，并有计划、有步骤地扩大留学生的规模，是一个需要长期探索的问题。①

（四）区域人员流动单一

人员的频繁流动，是中国—东盟高等教育共同体国际化水平的主要指标之一。高等教育共同体的首要要求便是高校间的人员往来，而人员交流合作的方式方法应该是多方位、多层次、立体式的，而非单一的会议式或访问式。尽管中国已经落户六大省区成立了国家级的东盟教育培训基地，并积极组建沿线国家大学联盟，定期召开大学校长论坛，积极探索联合办学等方式方法，以促进中国—东盟高等教育交流合作。然而，这些交流仅仅停留于表面层次。从目前情况看，中国与东盟人员流动的单一性表现在，人员交流合作形式单一，人员流动多以论坛、会议、访问等传统形式出现，并未深入挖掘人自身的潜在因素和人与人间的互补因素。人员交流合作内容的单一性，目前关于中国—东盟高等教育共同体的合作，主要涉及在职培训和对紧缺人才培养的合作较多，鲜有涉及科研创新、教育质量、教师与学生等方面的交流合作。中国—东盟高等教育共同体建构过程中缺少了"人"的因素，至少"人"是被动地纳入了中国—东盟高等教育共同体这个体系，"人"是单一的、缺乏活力的、被动和不知所措的。现如今区域间人员流动呈现出单一性和模糊性的特征。如果说高等教育的国际交流与合作的最重要因素是"人"，那么人员的流动，即人才间的交流合作则是中国—东盟高等教育共同体的灵魂所在。

人员流动是区域高等教育合作的基本表现形式与前提之一。人员流动形式多种多样，既可以是学生交换和学者交流，也可以是其他的非学

---

① 丁庆：《中国—东盟高等教育合作研究》，硕士学位论文，西华师范大学，2016 年，第 36 页。

术活动，如以文化为主的活动。而人员的流动，有两种形式：一种是物理空间上的流动，即主体的学习活动发生在他国；另一种是学习要素的流动，因为在现代网络与信息技术条件下，远程虚拟教学与学习成为可能，所以主体可以通过这种方式接受他国的教育，学习活动发生在本国。这两种流动方式都和学习资源与教育条件有很大的关系。因此，中国与东盟各国在高等教育方面的不同优质资源吸引着双方国家生源到国外学习，这是高等教育资源的国际化共享方式的一种，内在地要求教育信息的不断流通。

中国与东盟各国，除新加坡外，都是发展中国家，受制于资金与技术制约，一直面临着数字化的鸿沟问题。而信息流通程度是中国—东盟区域内人员流动方面的关键影响因素之一。由于各国综合发展实力不一，在信息化建设方面存在很大的差异性，尤其是各国信息共享与协调机制的缺失。虽然目前中国已经建立中国—东盟教育网，但是，能够提供的数据容量却极为有限，作用更多于宣传。一方面，留学生在申请留学前，关注得比较多的往往是申请的学校的实力、课程设置、奖学金的数量、教师的水平，如果信息整合做得不好，产生大量冗余，这将使学生无法搜寻到自己需要的有效信息；另一方面，研究人员寻找潜在的学术合作伙伴共同开发项目的时候，能够得到的与之相匹配的项目信息、资助经费都太少，更不用说实现信息的实时更新，因此建立能够提供高等教育合作项目信息的国际数据库和资源共享平台势在必行。

影响人员流动的重要因素，还有生源竞争的问题。在东盟国家中，新加坡是教育发达国家，菲律宾、泰国、马来西亚的教育也相对发达，日本、韩国是亚洲教育发达国家，它们在吸引东盟留学生上有自己的优势。同时，欧美等发达国家凭借其优势的教育资源和优越的教育环境，不断吸引着东盟国家中尤其是相对发达国家的留学生生源。在中国与东盟高等教育合作发展过程中，虽然双方互派的留学生人数不断增长，但是主要以东盟高等教育欠发达国家如越南的学生为主，来自东盟高等教育发达国家的留学生几乎没有。不可否认的是，人员的流动还受到经济实力的影响。目前，来中国留学或就读于中国与东盟合作办学项目的学生，大多来自经济状况良好的东盟家庭，生源结构单一，文化基础偏低，学习能力也较低。①

四　中国—东盟高等教育共同体建设面临的困难

中国与东盟各国都是发展中国家，面临发展经济、消除贫困、抵御外来干预、维护国家主权、争取和平安全的共同任务。然而，从目前情况看，东盟各国发展依然很不平衡，部分国家的综合国力还比较薄弱。东盟各国经济结构单一，政治体制多元，成员国内部矛盾突出，受宗主国影响深重，加之复杂多变的外部环境的不良影响，使中国—东盟高等教育共同体建设面临诸多困难。

（一）双方政治互信程度偏低

政治互信，是中国—东盟高等教育共同体建设的基本保证。中国与东盟有着深厚而久远的历史渊源，由于特殊的地缘关系和历史渊源，双方不仅是一个"关系共同体"，还是一个"命运共同体"，即东盟的发展需要中国，中国的发展也需要东盟。新中国成立后，中国非常重视发展同东盟的关系，彼此之间的关系虽历经风雨，但目前正逐渐走向和睦与安定。20 世纪 90 年代，随着冷战的结束和中国的逐步崛起，东亚地区逐步出现中美权力转移的现象，权力天平越来越向中国倾斜。在此背景下，1991 年中国与东盟建立起正式双边关系，1996 年中国成为"东盟对话伙伴国"，1997 年中国与东盟确定建立面向 21 世纪的睦邻互信伙伴关系。2001 年中国正式提出建立中国—东盟自由贸易区和加入《东南亚友好合作条约》，使中国与东盟的政治互信关系得到继续发展。

由于受奥巴马政府美国重返东南亚战略和南海利益争夺等因素的影响，中国—东盟的政治互信关系受到严峻考验，同时对双边关系的深入发展以及东南亚一体化进程都产生了不利的影响。美国奥巴马政府重返亚洲或东南亚的战略，频繁运用"巧实力"的外交政策将会给中国和东盟之间的政治互信带来一定的冲击。2009 年 7 月，美国加入了《东

---

① 丁庆：《中国—东盟高等教育合作研究》，硕士学位论文，西华师范大学，2016 年，第 36—37 页。

南亚友好合作条约》，加强了与传统盟友的关系，改善了与缅甸的关系。奥巴马政府极力推动 TPP 战略，打压中国在东南亚的友好合作空间。美国加强同东南亚海岛国家之间的军事联系，企图将南海问题东盟化和国际化。美国作为唯一的超级大国在全球范围内有着广泛的利益，其在亚太地区的主要利益之一是确保所谓的南海区域航行自由，这一点与东盟部分成员国对南海领土和领海的利用有着共同的利益。所以，东盟部分成员国与美国在应对中国南海主权方面存在合作的可能性。美国前国务卿希拉里于 2011 年 12 月会见了缅甸总统吴登盛，并与缅甸全国民主联盟领导人昂山素季进行了会面。显然，美国企图利用与缅甸改善关系在中缅之间打下楔子。因而，中美两国在缅甸的政治博弈可以看成是中美与东盟建立政治互信关系的竞争。缅甸则企图通过实施大国平衡战略或两面下注的策略发展与中美的外交关系。中国逐年增长的军事预算和军事实力以及外向型军事战略让美国和东盟均产生一定的担忧，甚至是恐慌。因而，美国和东盟在共同应对中国军事力量增长方面的担忧将有可能促使双方加强安全领域合作，以应对中国军力崛起的影响，从而使中国—东盟的政治互信关系产生裂痕。具体来看，东盟海岛国家和美国对中国军力最为关注或双方共同担忧的问题在于中国发展"蓝水海军"的战略。"蓝水海军"战略的制定与实施，将使南海岛屿争端中的东盟成员国产生更为明确的担忧，成为中国与东盟建立政治互信关系的严重考验。但作为在地理、历史、人口和政治上的大国，中国崛起过程中加强远洋海军建设，维护地区安全与世界和平，是其发展的历史逻辑。领土与领海争端、军备竞赛及军事上的相互猜忌，特别是对中国日益增长的军力的不信任，已经对中国和东盟互信关系产生一定的影响。中国和平崛起、东亚权力转移及美国重返东南亚背景下，东盟对中国重新出现了担忧，继而诱发中国与东盟政治互信度偏低。

教育是外交政策的"第四方面"。[①] 教育与政治如影随形，无论是教育民主化还是政治民主化，两者都彼此牵动着对方。教育具有的政治、经济和文化功能，对知识传播、文化传承与创新、思想意识维护起到不可忽视的作用。不管对外交流与开放到何种程度，教育向何方向发

---

① ［美］菲利普·G. 阿特巴赫：《比较高等教育：知识、大学与发展》，人民教育出版社 2001 年版，第 37 页。

展、如何发展，都由主权国家自主决定。① 同时，随着中国经济的快速增长和综合实力的增强，包括东盟在内的不少国家对中国的发展战略意图以及中国未来发展走向妄加猜测，甚至产生种种疑虑，"中国威胁论""中国必胜论""中国超越论""中国霸主论"等不和谐、不客观的声音不时出现，很大程度上影响了中国与东盟的政治互信。在此背景下，与具有世界影响力的中国进行合作，东盟各国自然会有较多的顾虑。无论是从经济力、科技力、国防力、资源力等硬实力来看，还是以政治力、外交力、文化力、教育力等软国力来衡量，中国都是一个大国。反观当下的东盟，共同体建设正在推进之中，各国的有限力量却没有被有效整合，远没有成为一个真正意义上的"共同体"。② 因此，在中国与东盟的高等教育合作过程中，中国与东盟各国，以及东盟内部各成员国之间的政治互信程度，将会对其合作效益水平产生不可估量的影响。

至今，东盟各成员国之间的历史遗留问题和领土主权争端尚未根本解决，中国与东盟部分国家在南海问题上也存在一定的主权争议与利益冲突。尤其是美国介入南海问题后，东南亚的区域政治形势变得更加错综复杂。国际反华势力鼓吹"中国威胁论"，一定程度上也加重了东盟国家对中国的戒心。中国与东盟各国的政治关系，很大程度上影响着中国与东盟各国在高等教育领域的合作。20 世纪末，东盟为了完全保障自身利益，有意将外部多方势力引入东南亚，大玩"大国平衡"外交战略，以谋求东南亚特殊的稳定与平衡，实现多元化的政治格局。如倡议召开欧亚首脑会议，与美国达成反恐合作协议，加强与印度的联合等。因此，中国与东盟的高等教育合作，必须重视高等教育所受到的社会其他因素的制约，尤其是不能忽视中国与东盟以及东盟内部各国复杂的政治博弈关系。

（二）民族宗教信仰差异较大

东南亚国家联盟（Association of Southeast Asian Nations，ASEAN，简称东盟），其成员国有马来西亚、印度尼西亚、泰国、菲律宾、新加

---

① 覃玉荣：《东盟高等教育政策：价值目标、局限与趋势》，《外国教育研究》2010 年第 7 期。

② 黄硕风：《综合国力新论》，中国社会科学出版社 1999 年版，第 119 页。

坡、文莱、越南、老挝、缅甸和柬埔寨 10 国。东盟各成员国民族宗教信仰差异较大。

文莱达鲁萨兰国（Brunei Darussalam），人口 42 万（2016 年），其中马来人占 67%，华人占 15%，其他种族占 18%。文莱的国语为马来语，通用英语，国教是伊斯兰教，其他还有佛教、基督教、拜物教等。

柬埔寨王国，人口 1440 万。有 20 多个民族，其中高棉族占总人口的 80%，还有占族、普农族、老族、泰族和斯丁族等少数民族。高棉语为通用语言，与英语、法语均为官方语言。国教为佛教，全国 80%以上的人信奉佛教，占族多信奉伊斯兰教，少数城市居民信奉天主教。

印度尼西亚，人口 2.376 亿，继中国、印度和美国之后人口位居世界第四位。有 100 多个民族，包括爪哇族、巽他族、马都拉族、马来族等。印度尼西亚是全球华人最多的国家之一，有 1000 多万华人，占印度尼西亚总人口的约 5%。印度尼西亚大多数居民信奉伊斯兰教，其他居民信奉基督教新教、天主教以及其他宗教。

老挝，人口约 600 万。2008 年 11 月，老挝六届国会六次会议审议确定，老挝只有一个民族即老挝族，下分 49 个少数民族，分属老泰语族系、孟—高棉语族系、苗—瑶语族系和汉—藏语族系。老挝居民多信奉佛教，通用老挝语。

马来西亚，人口 2773 万。其中马来人及其他原住民占 68.7%，华人占 23.2%，印度人占 6.9%。沙捞越州原住居民中以伊班族为主，沙巴州以卡达山族为主。马来语为国语，通用英语，华语使用也较广泛。伊斯兰教为国教，其他宗教有佛教、印度教、基督教、拜物教等。

缅甸，人口 5288 万，共有 135 个民族，主要有缅族、克伦族、掸族、克钦族、钦族、克耶族、孟族和若开族等，缅族约占总人口的 65%。全国 80%以上人口信奉佛教。约 8%的人口信奉伊斯兰教。

菲律宾，人口 9220 万，到 2040 年，菲律宾人口将翻一番，超过 1.84 亿，迈入世界人口十大国的行列。菲律宾是一个多民族国家，马来族占全国人口的 85%以上，包括他加禄人、伊洛戈人、邦班牙人、比萨亚人和比科尔人等；少数民族和外国后裔有华人、印度尼西亚人、阿拉伯人、印度人、西班牙人和美国人，还有为数不多的原住民。

新加坡，人口 508 万，其中华人占 75%，马来人占 13.9%，印度人占 7.9%，其他种族 1.5%。马来语为国语，英语、华语、马来语、泰米尔语为官方语言，英语为行政用语。主要宗教为佛教、道教、伊斯兰教、基督教和印度教。

泰国，人口 6308 万。泰国是一个由 30 多个民族组成的多民族国家，其中泰族占人口总数的 40%、老族占 35%，马来族占 3.5%，高棉族占 2% 等。此外，还有苗、瑶、桂、汶、克伦、掸等山地民族。泰语为国语。佛教是泰国的国教，90% 以上的居民信奉佛教，马来族信奉伊斯兰教，还有少数信奉基督教新教、天主教、印度教和锡克教。

越南，人口 9270 万，是一个多民族的国家，有 54 个民族。其中，京族人口最多，约占总人口的 86%，其余有岱依、芒、侬、傣、赫蒙（苗）、瑶、占、高棉等民族。通用越南语。主要宗教有佛教、天主教、和好教和高台教。

东盟是世界上文化最多元的地区之一，"出自不同系统的形形色色的民族相互对立，几乎每一个国家都是不同的民族国家。语言、风俗习惯、宗教各不相同"。[①] 近代东盟各国（除泰国外）都沦为了西方列强的殖民地，深受西方殖民国家的文化及宗教的影响。有信仰佛教的国家，如缅甸、柬埔寨、泰国、老挝；也有信仰伊斯兰教的国家，如印度尼西亚、马来西亚、文莱；还有信仰天主教的国家，如菲律宾；更有受中国儒家文化影响较深的国家，如越南、新加坡。而中国是世界四大文明古国中唯一一个文化没有断流的国家，更是在几千年历史进程中形成了独特的文化与传统。印度文化、汉文化、阿拉伯文化、西方文化曾经先后影响过东盟国家，这些文化都在东盟国家文化发展史上留下了自己的烙印。而且在这些文化影响基础上生成的新的文化，与其源头的文化已经有所不同。东盟各国与中国虽然在文化、风俗、生活习惯上有着诸多相似性，但也存在较大差异。[②]

教育尤其是高等教育，与文化关联密切。文化是教育的内容，教育是文化传播的途径。在中国与东盟各国这种多元化背景下的异质文化的交流与碰撞，对双方都是一种自我丰富和更新的契机。东盟高等教育政策的趋同问题在一定程度上会扼杀各国特色，使一些优秀文化传统和遗

---

① ［日］梅棹忠夫：《文明的生态史观》，上海三联书店 1988 年版，第 160 页。

② 黄方明、刘前程：《中国—东盟高等教育区域合作的 SWOT 分析及高校应对》，《学园》（教育科研）2013 年第 4 期。

产受到损害或逐渐消失。① 不同的文化共存与融合，又必将是一个漫长的过程，中国与东盟的高等教育合作必将面对文化差异的影响。中国与东盟各国在文化交流与合作中，彼此会有吸收、融合甚至同化，也难免会有对峙、排斥、摩擦甚至对抗。在一定时期内，文化障碍将成为影响中国与东盟高等教育合作进一步发展的重要因素。

当前，中国与东盟在高等教育合作过程中，双方更热衷于推动区域人员的流动，特别是学生的交往，对于高等教育合作背后的文化价值则相对不够重视，造成了中国与东盟文化交流的滞后与浅薄。文化的交流与认同，是关系到中国与东盟的合作关系是否能够长久的关键所在，只有文化认同，形成文化领域的"和而不同"与"百家争鸣"，打造合作中的共同文化基础，才能实现教育合作的价值认同，进一步巩固双边高等教育合作。文化认同是彼此信任的基础，而信任则能为国与国之间各种战略伙伴关系的建立与深化提供"发展动力"和"心理资本"。至于文化基因，尽管我们感觉不到它的存在，但它的确时刻在我们身边甚至渗透骨髓里。令人遗憾的是，长期以来人们容易看到也比较关注文化交流的显性意义，而看不到或相对忽视文化的隐性意义和潜在价值，尤其是对外文化交流之于政治外交、经贸合作等的动力作用。② 所以，中国与东盟开展高等教育合作，建设高等教育共同体，必须利用相近文化、尊重异质文化和谋求文化认同，消除文化方面存在的间隙和障碍，实现有效沟通与交流，达到多元化下的文化共生共荣。③

（三）经济发展水平极不平衡

近年来，东盟积极推行大国平衡战略，努力发展地区经济，成为国际舞台上一支不可小觑的力量。但从总体上看，东盟成员国除了新加坡为发达国家外，大多数国家都属发展中国家，社会经济发展的不平衡性仍普遍存在。东盟各国经贸结构趋同化，缺少核心经济力量，各国经济发展参差不齐。从经济总量看，东盟共同体 GDP 近 2.5 万亿美元，其

---

① 覃玉荣：《东盟高等教育政策：价值目标、局限与趋势》，《外国教育研究》2010 年第7 期。

② 黄燨、冯向东：《论中国东盟高等教育战略伙伴关系的构建》，《大学教育科学》2011年第5 期。

③ 丁庆：《中国—东盟高等教育合作研究》，硕士学位论文，西华师范大学，2016 年，第 39—40 页。

中印度尼西亚8800多亿美元，超过了整个东盟共同体GDP总量的1/3。而老挝不足117亿美元。面积较小的新加坡GDP高达3000多亿美元，排名第四位。目前，东盟国家面临的最大挑战仍然是如何快速发展经济，消除贫困，实现具有包容性的经济增长。

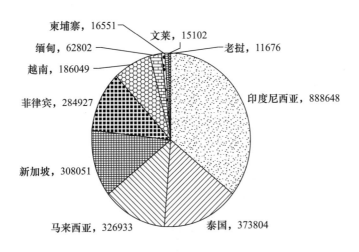

图4-2　东盟各国GDP分布（万美元）

　　从人均GDP看，东盟10国中，新加坡的人均GDP 56319美元，排名世界第八位。其次是文莱36606美元，排名世界第二十四位。马来西亚人均GDP 10803美元，排名世界第六十三位。泰国人均GDP 5444美元，排名世界第九十四位。印度尼西亚、菲律宾、越南、老挝、缅甸、柬埔寨，排名第一百位之外。由此可以看出，东盟10国经济发展存在两极分化的突出矛盾。

　　经济发展水平，决定教育财政的供给能力。教育尤其是高等教育作为一项公共事业，需要政府强有力的政策支持、财政支撑。高等教育要实现自身发展，并走向国际化，没有一定的资金去吸引高级专门人才，完善硬件设施设备，是无法实现规模发展、内涵发展和特色发展的。中国与东盟各国的经济发展水平参差不齐，高等教育经费投入存在较大差距，而充足的资金是高等教育发展的物质保障与基础。因此，中国与东盟高等教育合作所需巨额资金，需要各国政府共同承担。随着中国与东盟高等教育战略合作伙伴关系的不断深化，高等教育合作领域进一步拓展，后续持续资金投入数量庞大，对不同发展水平经济体国家的财政拨款提出了更高的要求。2002 年《中国—东盟全面经济合作框架协议》的签署，勾勒出中国与东盟广泛的经济合作领域，确定了中国—东盟自由贸易区的基本架构。2010 年，中国与东盟宣布中国—东盟自由贸易区成立，为扩大双边经贸合作提供了前所未有的良好环境，继而为双边高等教育合作奠定了基础，提供了动力。中国—东盟自由贸易区的建立并发挥"以一带万"的地缘经济效应，有赖于双方密切合作积极配合，建立强有力的双边协调机制，制定系列具有刚性约束力的政策，合作双方必须提供足够的经济支撑，这对经济发展水平极不平衡的东盟提出了严峻挑战。

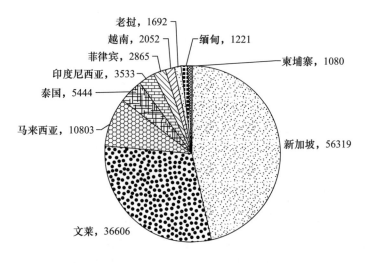

图 4-3 东盟各国人均 GDP 分布（美元）

（四）宗主国的影响根深蒂固

历史上有不同社会性质的宗主国，即奴隶制度的、封建制度的和资本主义制度的。前两者对殖民地的剥削，主要使用超经济力量即暴力。后者对殖民地和仆从国的剥削，在资本原始积累时期，主要也是使用暴力。其后，随着产业革命的到来，主要是使用经济力量，暴力或政治力量则用于加深和巩固这种剥削。到垄断资本主义时期，在上述基础上，进一步使用垄断的经济力量。资本主义宗主国都是先进的工业国，受其剥削的殖民地和仆从国，都是落后的农业国。前者使用经济力量剥削后者，主要是通过工业品和农产品相交换，或以工业制品同初级产品相交换的经济渠道进行的。其他的经济渠道，如货币关系、资本关系。其他的力量，即垄断的经济力量以及政治力量，都要以上述经济关系为基础。世界划分成以工业为主体的宗主国，和以农业为主体的殖民地、仆从国，同产业革命有着密切的联系。产业革命一方面使资本主义国家的工业品便宜，农产品昂贵；另一方面要为便宜的工业品开拓国外市场，并将其变成原料产地。于是一种和机器生产中心相适应的国际分工产生了，它使地球的一部分成为主要从事农业的地区，以服务于另一部分主要从事工业的地区，有些就成为殖民地和仆从国，有些则成为宗主国。

16 世纪以来，东南亚国家大多沦为西方列强的殖民地。东南亚地区在地理上可分为两部分：一是中南半岛（或称"中印半岛"），包括缅甸、泰国（旧名暹罗）和印度支那的越南、柬埔寨、老挝和马来西亚（西马部分）；二是马来群岛诸国，包括印度尼西亚、新加坡、菲律宾、文莱、马来西亚（东马部分）。当 16 世纪西方殖民者入侵时，在东南亚地区存在为数众多的国家和藩邦，它们大体上处于封建、宗法关系的不同发展阶段，在有些地区还有部落和部族存在，国家统治权力不很集中。各地区的土地除王室和封建主占有的外，还存在村社所有制。大部分地区以小农自给生产与手工业生产相结合的自然经济为主，但在较发达的地区已开始出现少量的工场手工业。同时，有少量的奴隶制，有些地区还有债务奴隶制。商业已有所发展，有些国家有对外贸易，出口土特产，但规模不大。在西方殖民者入侵前，东南亚各国长期与印度和中国保持沟通往来。

16 世纪，东南亚国家在西方殖民者侵入后，经济社会逐渐殖民地化。16—18 世纪，西方殖民者陆续到达了东南亚地区。1511 年葡萄牙人占领了马六甲后派遣使节到暹罗攫取了通商特权。随后，西班牙和荷兰人到达马来亚、爪哇和北加里曼丹。1596 年荷兰商船到达爪哇的万丹港口，强求通商并购买香料。1641 年荷兰还从葡萄牙人手中夺取了马六甲。1565 年西班牙人在菲律宾建立了自己的居留地。其间，西方殖民者成立大垄断公司，主要是英国、法国和荷兰的"东印度公司"，取得垄断对东方国家的进出口贸易特权。垄断所在地的对外贸易，片面地发展当地特产如胡椒、肉桂、豆蔻等香料的生产，从而破坏当地的自给自足经济，扰乱当地居民的正常生产和生活。殖民者如西班牙人在占领菲律宾后，还把本国的封建庄园制移植进来。从 18 世纪后期起到 20 世纪初，西方殖民国家在东南亚地区完成了瓜分领土的活动，建立了殖民统治体制。葡萄牙、西班牙、荷兰、英国和法国侵占了大量海外土地。1876 年，仅英、俄、法三国的殖民地面积就达到 4040 万平方千米，其中号称殖民帝国的英国占据了 2250 万平方千米。1876—1914 年，英、俄、法、德、美、日 6 个帝国主义国家，共占领了近 2500 万平方千米的海外土地。这时，几乎大部分亚洲地区都被置于帝国主义殖民统治之下。到 1910 年，亚洲的 56.6% 已沦为列强的殖民地。亚洲许多国家变成了帝国主义的半殖民地或附属国。英国、荷兰等国东印度公司都在 18 世纪末至 19 世纪初被本国政府撤销，代之以政府的管辖。缅甸于 1886 年年初被英国吞并，稍后与下缅甸合并，沦为由英国驻印度总督管辖的英国殖民地。与此同时，英国积极参加列强对中国的瓜分和掠夺，侵占了香港，侵入了西藏，控制了长江流域，把整个华中地区列为自己的势力范围。1863 年柬埔寨被迫接受法国"保护"。从 19 世纪 80 年代起，法国通过殖民战争在亚洲先后侵占越南、老挝。到 1914 年，法国已拥有相当于其本土面积 20 倍的 1060 万平方千米的殖民地。1883—1884 年，越南北部和中部也被迫接受法国的"保护"。1893 年老挝王国为法国占有，到 1897—1902 年连同柬埔寨形成了法属印度支那。暹罗虽保持了中立，但 1904 年和 1907 年间英法两国以湄南河为界划分了各自的势力范围。马来亚从 18 世纪 80 年代起被英国侵入，到 20 世纪早期，马来亚沿海各地和内陆的 9 个土邦以及加里曼丹岛的沙捞越和沙巴都沦为英国的殖民地。新加坡早在 1819 年被英国东印度公司武装占领。从 17 世纪起荷兰东印度公司逐步入侵爪哇及其附近岛屿，1799 年起在该地区成立了荷属殖民政府。美国在 19 世纪末 20 世纪初，除倚仗其强大的经济实力在亚洲推行经济侵略外，还用武力侵占了太平洋上的夏威夷、威克岛和图图伊拉岛，并通过 1898 年的美西战争从西班牙手里夺取了菲律宾，1901 年在菲律宾建立了自己的殖民统治。日本通过中日甲午战争（1894—1895）和日俄战争（1904—1905），侵占了中国的台湾以及澎湖列岛、朝鲜、库页岛南部，并将中国东北的南部变成了自己的势力范围。第二次世界大战期间，东南亚各地曾先后被日本帝国主义占领。第二次世界大战后，在东南亚各国人民的斗争下，东南亚各国纷纷获得了独立。在上述西方资本主义国家殖民扩张时期，东南亚各国经济的殖民地化有了加深和发展。为了满足宗主国的需要，东南亚地区的对外贸易有了进一步的发展。为发展出口农作物，广泛推行了种植园制。为保证廉价劳动力的供应，印度尼西亚和马来亚的殖民统治者大量实施"契约劳工"制，由承包劳动力的包工头拐骗工人到种植园或矿山工作。这种"契约劳工"制到20世纪20年代才被禁止。实行土地"国有化"，加速农民的分化过程，使原有的村社土地所有制归于瓦解，大量的村社土地都落入殖民政府的手中。外国资本控制了东南亚各国的重要生产部门、交通、金融以及对外贸易。在有些地区，不仅从宗主国输入大量资本，其他资本主义国家的资本也大量涌入。例如印度尼西亚石油工业中不仅有荷兰资本，英国资本也不少。① 在西方列强的统治和压迫下，亚洲国家被侵略或占领，人民处境悲惨，传统自然经济被瓦解，进而被纳入资本主义世界经济的发展轨道。今天东南亚国家的政治制度，可以说是建立于同殖民主义的斗争之中，植根于民族政治文化的土壤，并深受宗主国的侵略影响。西方殖民国家将本土的行政体制引入东南亚地区，大力传播宗主国文化，推广西方文明和强制文化同化，殖民教育成为西方列强实施殖民统治的重要手段。由于西方国家的殖民统治与文化渗透，原宗主国语言——英语、法语等在东南亚成为近代时期的官方语言，各国独立后，在东南亚地区仍然广泛流行。东南亚国家政治、经济、社会、文化、生态各领域，无不深深刻上了宗主国殖民侵略的历史烙印。

（五）高等教育发展程度不一

东盟多数成员国曾沦为西方国家的殖民地，其政治、经济、文化、教育等带有浓厚的宗主国色彩。20世纪五六十年代，东南亚各国积极开展民族独立运动与民族解放斗争，并先后摆脱殖民地统治获得解放。独立后，这些国家立足本国实际和文化传统，积极推进高等教育改革，逐步形成了自己的高等教育发展特色与优势。东盟各国高等教育有的整体实力较强，有的局部特色明显，有的立足于整体改革谋划，实现局部突破创新。然而，由于16世纪之后，深受西方列强的侵略、压迫，东南亚国家经济发展缓慢，文化教育落后。高等教育发展起步晚、程度

---

① 厦门大学南洋研究所编写组：《东南亚五国经济概况》，人民出版社1976年版，第56—58页。

低、水平差，整体存在极大差异性、不平衡性。

马来西亚的大学行政和学术结构，就是建立在英国模式基础上的。在新成立的大学中，还受到一些美国文化的影响。教学活动组织起来后在核心学科之中循环，这些核心学科组成了教学和科研的知识主体。大学的权威机构包括委员会、理事会、评议会、学院、研究所、研究会、选举委员会、学生福利委员会、研究生院和其他一切类似组织。为适应社会发展的需要，努力实现 2020 年宏愿，从 1996 年新学年开始，马来西亚的大学实行学制改革，学制由 4 年缩短为 3 年，医科除外。大学学制改革，可提前让大学生进入人力市场，减轻政府的负担，学生也节省了开支。但同时，也存在诸多不足。国内私立学院纷纷建立，渐有泛滥之势，许多兴办教育的商人趋利性明显。大学改为三年制后，普遍出现了质量问题，大学的师资、设备、课程没有跟上学制改革的步伐。

印度尼西亚大学学制 2—3 年，研究生院学制 2—4 年。高等院校分公立与私立两类。经大学学习 3 年，成绩合格者可获学士学位。其后，可攻读硕士学位，学制为 2 年。最高学位为博士，学制也为 2 年。高等教育经费以中央提供为主，普通教育经费以省和地区提供为主。政府还允许私人按国家教育政策开办各级各类学校。印度尼西亚政府通过改革给予该国公立大学法人资格，这使该国公立大学在内部财政管理、人员聘任、物资设备采购、机构设置、决策权、问责制等方面有了更多的管理自主权。当然，印度尼西亚高等教育依然面临如何提高高等教育质量以满足现实需求，如何保证高等教育公平和参与，高校办学经费问题，高校内部机构效率问题和内部治理问题，如何更好地适应经济社会发展以及国际化问题等。

泰国大学分国立、私立，也有一些教会大学，在课程设置、教育方法和教育体制上都采用欧美国家模式。泰国大学教师大都有良好的教育背景，英语在泰国大学中十分通行。除国际课程用英语授课外，像易三仓等一些大学全部用英语授课。一些名校名专业国际排名相当靠前。国立朱拉隆功大学，它的会计学院在全球很有名。而朱拉隆功大学的MBA、EMBA 课程在亚太地区居前五位。泰国高等教育一个很重要的特色是双联制课程，与国际接轨。然而泰国高等教育还面临发展教育、管理工作配合、毕业生过剩、院校数量不足、高等教育质量等问题。

菲律宾是一个普及高等教育的国家，全国高等院校近 1200 余所，使每一个学生都有接受正规高等教育的机会。由于美国人近半个多世纪的殖民统治，菲律宾继承了美国的教育制度和教学方式，是亚洲整体教育水平较高的国家，学历、学位得到国际普遍认可，英语是唯一的教学使用语言。菲律宾的高等教育直接受到美国的影响，采用与美国相同的教育体制。菲律宾文化的普及率很高，英语被广泛用于教育、金融和贸易领域。生活费用低廉，众多院校的学费与中国相近。菲律宾是世界上留学费用最低的国家之一，吸引了很多国人投资移民菲律宾。同时来自世界 70 多个国家的学生在菲律宾留学深造，菲律宾的高等教育国际化水平较高。

新加坡属英联邦国家。从整体来看，其高等教育在教育体制与课程设置上均与英国相近，属于英国教育体制。学校的课程、考试、成绩、文凭等都和英国大学一致，且在不断调整、创新的过程中建立了具有新加坡特色的精英制教育体制。其灵活多样的教育制度，在不断改善的过程中为年轻人提供适合他们的最佳教育模式。新加坡高等教育的基本学制是 3 年，共有 5 级学位，分别是：普通学士学位、荣誉学士学位、硕士学位、博士学位和专门学科博士学位。按照各个学位对修业年限与年修课程的不同要求，新加坡的高等教育可以分为三个学习阶段。新加坡的高等教育机构有大学、理工学院、国立教育学院和工艺教育学院等形式。新加坡的高等教育在亚洲享有极高的学术声誉。2016—2017 年泰晤士高等教育世界大学排名中，新加坡国立大学位居世界第二十四位、亚洲第一位。

文莱高等教育起步较晚，但文莱政府重视高等教育发展，加之其雄厚的经济实力，使文莱高等教育发展较快。宗教性是文莱高等教育的基本特色，文莱宗教文化源远流长，伊斯兰教对文莱社会生活的影响不仅仅局限于精神领域，更深深地渗透于社会生活之中。伊斯兰教被指定为文莱国教，成为政治思想的核心和理论基础，以及政府制定各项政策的原则，因此它对高等教育产生的影响较为深远。尽管马来语是国语，但文莱中学和大学的授课语言都是英语。文莱绝大多数人会讲英语。

越南从 1986 年开始进行高等教育改革，改革的一个重要目标是加强教育机构的"供应能力"，给学生提供高等教育的机会。自改革以来，越南高等教育人数和教育机构均有了突破性增长。到 2020 年越南发展高等教育的任务包括全面提高教育质量，提高大学生的人格、道德及生活教育。合理扩大教育规模，大力革新国家对教育与培训的管理。建设足够数量及质量要求的教师队伍和教育管理干部队伍。继续革新课程，让教育方法的改革有突破性转变。加大教育投入和确保教育公平。加强关于教育与培训的国际合作。

老挝高等教育体系分为五个组成部分，即老挝国家大学、Souhanou-vong 大学、Champasck 大学、医科大学、5 所师范学院以及 83 所私立高等院校。近年来尽管老挝高等教育事业发展迅速，但仍面临一些挑战，如老挝不同省份和不同地区提供的高等教育入学概率有较大差异，导致了女性和少数民族高等教育入学率较低，失业问题严重。高等教育研究基金短缺，公立和私立高等教育运行的质量认证和保障机制不健全等。

缅甸共有高校 161 所，分别由卫生部、科技部、国防部、文化部等13 个部门管理，以教育部为主。由于缅甸是军人政府的独裁统治，国内地方武装斗争较为频繁，政局不稳，导致社会政治经济整体发展水平落后，因此高等教育发展水平相对落后。目前缅甸高校存在缺乏自治权、办学经费不足、规模相对较小等问题。

柬埔寨私立大学发展速度超过公立学校。柬埔寨通过鼓励开设私立学校使更多人享受高等教育，特别是在高等教育领域促进公私合营，使高等教育大众化得以实现。目前，柬埔寨共有包括高等院校和皇家科学院在内的高等教育机构 77 所，其中私立大学就有 45 所之多。私立高等教育的迅速发展，给柬埔寨带来希望的同时也带来了问题和矛盾。高校的公私合营没有得到很好的实施，政府失去了规范和指引高校合理利用资源的职责，大学和市场的矛盾深化。柬埔寨高校面临升学模式僵化、财政投入不够、快速发展私立大学带来的困扰和招生就业脱节等现实问题。

中国与东盟各国高等教育发展程度不一，表现在大众化、私有化和国际化等多个方面。然而，中国和东盟各国的教育又有着各自的优势和不同的层次，各有优秀的教育传统和教育特色，各类教育资源存在一定的互补性。由于中国与东盟同属发展中国家，地理相近，文化同源，习俗相似，双方在留学生培养、语言学习、联合办学、科研合作、职业培训、教育信息化等方面的合作具有相当的潜力。推进中国与东盟高等教育区域合作，建设中国—东盟高等教育共同体，应立足于双方的优势特色互补，相互学习，取长补短。可以说，中国—东盟高等教育共同体建设还有很长的路要走。正如克拉克·克尔所言："现在在一个新的更加大的学习的国际化的时期，来自超越国家机构的不断增加的支持正在发展之中。"①

---

① ［美］克拉克·克尔：《高等教育不能回避历史——21 世纪的问题》，浙江教育出版社 2001 年版，第 34 页。

第五章　中国—东盟高等教育共同体
建设的战略架构

开创中国—东盟合作新局面，深化 21 世纪战略伙伴关系，必须坚定发展同东盟的友好合作，深化双方政治互信，加强经济经贸往来，强化互联互通建设；必须坚决支持东盟共同体建设，共筑更加紧密的中国—东盟命运共同体、利益共同体，推进中国—东盟合作机制从过去的"黄金十年"走向未来新的"钻石十年"，引领双方合作关系进入全新的历史发展阶段；必须从战略高度和长远角度谋划中国—东盟高等教育共同体建设，坚持合作共赢、平等协商、优势互补、非歧视性原则，建立亚洲认同价值理念，塑造 21 世纪亚洲公民，建设亚洲世界知识中心，为打造中国—东盟自由贸易区升级版，推进 21 世纪海上丝绸之路建设，推动东亚、东南亚以及亚太经济一体化，夯实社会民意基础，提供交流合作新支柱。

一　确立共同体建设的基本原则

中国与东盟地域相邻，文化同源，历史交往源远流长，为深化双方合作，拓展合作领域，提升合作水平，增进合作深度广度，奠定了坚实的物质基础。同时，中国与东盟各国拥有不同的国情、历史和文化，双方又存在文化性格、民族特性、宗教信仰差异。由此，在尊重各国自主自愿的基础上，贯彻平等、自由、合作、开放的精神，确立合作交流的基本原则，满足各自的利益诉求，减少并消除彼此间的冲突，才能不断深化双方高等教育战略合作伙伴关系，推进高等教育共同体建设有效运行，推动双方高等教育快速健康发展。参考联合国教科文组织、世界贸易组织、欧洲联盟、非洲联盟以及东南亚联盟组织等的工作和决策原则，充分考虑中国和东盟各成员国国情，遵循高等教育发展的基本规律，顺应高等教育国际化发展趋势，我们认为中国—东盟高等教育共同体建设应贯彻以下五个基本原则。

（一）尊重差异原则

亚历山大·蒲柏曾说，自然界的所有差异，换来了整个自然界的平静。正是因为国家间的种种差异，赢得了多姿多彩的国际环境和无限的挑战与机遇。只有国与国之间、地区与地区之间彼此正视差异，尊重差异，和而不同，周而不比，化差异为创新、创造的源泉，求同存异，才能共进退、同发展。

中国—东盟高等教育共同体建设是以文化的交流为根基的。中国与东盟各国，在历史发展过程中都形成了自己的文化与传统，既有文化的相似性也有文化的差异性。中国与东盟各国人缘相亲，文脉同源，商贸往来密切，历史交往源远流长。这种深厚的历史渊源，助推数千年双方官方往来和民间交往，促进了海上丝绸之路的繁荣兴盛。早在秦汉时期，中国文化典籍《诗经》《尚书》等就作为"化训国俗"的教化工具输入东南亚一些地区。此后，包括中国文学在内的中国传统文化对东南亚产生了巨大影响。近代以来，中国五四新文化运动、无产阶级革命文学运动、抗战文艺运动以及中国现当代作家鲁迅、郁达夫、胡愈之、巴人、许杰等都对东南亚华文新文学产生了影响。同时，东南亚的许多作家、学者也参与了中国现当代文学的发展，促进了中国与东南亚的文化交流。自"一带一路"倡议提出以来，中国与地处海上丝绸之路十字路口的东盟关系全面发展。随着经济、贸易、能源、金融、服务等领域合作的深入推进，中国与东盟的人文交流亟待进一步加强和提升。推进中国与东盟文化交流合作，加强不同历史文化、风俗习惯、民族特质的交流互通，能促进不同民族不同文化互学互鉴，交融发展。中国与东盟源远流长的文化交流，成为连接双方友谊的人文纽带和桥梁。

中国—东盟高等教育共同体建设，应以文化交流为基础，架设起高等教育交流合作的连心桥。可以说，任何国家的高等教育都是深深植根于本国本民族历史文化的土壤之中的。文化为高等教育提供了生长与发展的养分，高等教育丰富了文化多样性的特质和内涵。针对区域内各国与各民族的不同文化与传统，要从文化多样性的视角积极增强相互间的文化认同，尊重各自历史文化背景所形成的身份意识，有效保留区域内多种文化的特色，丰富中国与东盟高等教育合作的内涵，减少甚至避免中国与东盟高等教育合作进程中可能存在的文化冲突，推进双方文化与教育的认同，深化彼此高等教育战略合作伙伴关系，形成一种相互促进、相互补充、相互完善、融合发展的高等教育合作新局面，推动中国与东盟的高等教育合作又好又快向前发展，不断提升中国与东盟的高等教育国际影响力与核心竞争力。

东盟是一个区域性国家联盟组织，各成员国之间和不同地区之间的差异也比较大。中南半岛、马来群岛分布着东盟 10 国，形成不同特质的文化圈层，在政治、经济、文化、人口、宗教、礼仪、习俗、语言等方面差异较大，高等教育的传统与资源优势各异。因此，推进中国—东盟高等教育共同体建设，强化高等教育区域交流合作，必须要尊重彼此的教育差异，尊重各国高等教育发展的特殊性，坚决避免以偏概全，恃强凌弱。要秉持尊重差异、和而不同的理念，积极寻求合作与交流的机会，加强彼此的沟通与了解。充分利用中国—东盟教育交流周、孔子学院与孔子课堂平台，举办中国—东盟教育博览会、教育会展、校长论坛，加强对外汉语言教学及交流，强化东南亚区域和国别研究，深化高等教育合作战略伙伴关系，增进双方了解与互信，拓展高等教育交流合作领域与范围，为中国—东盟自由贸易区提档升级、共同建设 21 世纪海上丝绸之路提供人文新支柱。

（二）合作共赢原则

谋求互利合作、合作共赢，是中国与东盟国家达成的共识。"共识"是合作得以进行的基本条件，而为合作提供"共识"，就是制度的基本功能。它告诉人们在什么条件下能做什么，以及违约所付出的代价这类共识，这就是人们设计的一系列规则。[①] 由此，中国与东盟实施高等教育共同体建设，首先必须建立健全双方合作交流的政策法规、合约声明、协议协定，为推进双方交流合作提供制度保障。与传统"非赢即输""非输即赢"合作观念不同的是，今天的合作，强调合作双方共同的胜利和利益的一致性。所谓共同的胜利，是指合作一方在尽可能取得己方利益的前提下，或者至少在不危害己方利益的前提下，使对方的利益得到一定的满足。而利益的一致性，则是指在交流合作过程中，合

---

① 卢现祥：《西方新制度经济学》，中国发展出版社 2003 年版，第 60 页。

作各方应努力挖掘各自利益相同的部分，再通过共同的努力，将利益蛋糕做大，各方都可获得更多的利益。共赢原则能极大地促进合作，减少对抗，提高共同体建设的共同利益。而要实现共赢，则必须合作，寻求"1＋1＞2"的效力。合作原则，强调合作双方应尽可能寻求使各方都获益的途径，在各方利益发生冲突时，应坚持以客观标准为基础，着眼长远，对事不对人，缓和冲突，化解矛盾。

互利合作是深化中国与东盟关系的"压舱石"和"推进器"。近年来，中国与东盟国家在加强发展战略对接、加强经济经贸合作、加强互联互通建设、加强金融领域合作、加强人文交流合作等方面，取得了丰硕成果。这些合作不仅契合彼此发展需要，更给双方人民带来了实实在在的利益。2016 年是中国与东盟建立对话关系 25 周年。伴随东盟共同体的建设和发展，站在中国与东盟关系发展新的历史起点上，国务院总理李克强在老挝与东盟国家领导人聚焦区域合作发展大计，规划合作共赢新蓝图，携手推进更为紧密的中国—东盟命运共同体建设。李克强总理重点谈到中国愿同东盟国家共同推进"一带一路"建设，对接发展规划，有力、有序、有效推动互联互通合作，推进中老铁路、中泰铁路、雅万高铁等大项目，探讨制定中国—东盟交通合作战略规划和交通科技合作文件。东盟是"一带一路"建设的重点方向、重点地区，聚集了许多合作建设"一带一路"的重点国家和重点项目。与此同时，建设更为紧密的中国—东盟命运共同体，将为双方长期友好合作打下坚实的基础，也给双方的发展战略对接带来难得机遇，有助于"一带一路"建设不断推进。"一带一路"倡议得到东盟国家的高度重视和积极响应，东盟国家将通过整合《东盟互联互通总体规划 2025》与中方提出的"一带一路"倡议的共同优先领域，探讨加强双方互联互通合作方式，并将积极参与到相关多边金融机构中去，最终实现中国与东盟双方的共赢。中国与东盟经济的密切交流合作，必将为高等教育共同体建设奠定坚实物质基础，提供丰富的资源保障。

改革开放以来，经济迅猛发展的中国在各领域不断取得举世瞩目的新成就，国家综合实力不断提升，国际影响力不断增强，在经济、科技、文化、教育等方面已经达到中等发达国家的水平。相比之下，东盟各成员国的发展却很不均衡，在经济实力、科学技术水平、生产力发展状况、高等教育规模与质量等方面参差不齐，少数东盟成员国家的整体实力还非常薄弱。客观现实决定了中国与东盟各成员国之间经济社会发展的互补性、文化教育合作交流的必要性。长期以来，在我国与东盟各国交流合作的历史进程中，我们始终奉行和平共处、互利共赢原则，对东盟及其成员国实行"与邻为善、以邻为伴"和"睦邻、友邻、富邻"方针，以及习近平主席提出的对邻国政策要体现"亲、诚、惠、容"的新理念。中国绝不搞以大欺小、恃强凌弱的强权政治，而与它们建立真正平等的合作伙伴关系，充分尊重它们独立、主权和民族尊严，从不干涉其内政。中国躬行和平发展战略，不谋求霸权和对地区及国际事务的主导权。唯有如此，中国与东盟高等教育合作，才能建立互利互信机制，寻求双方合作交流意愿，奠定良好的社会民意基础。加强中国与东盟高等教育合作，建设中国—东盟高等教育共同体，双方要根据缔结的条约、协议、协定，给予对方最惠国待遇或国民待遇，禁止任何形式的歧视性做法、待遇等。在高等教育合作交流过程中出现的矛盾问题，中国与东盟各国要建立互利互信的对话机制，积极协商解决，积极推进"双十万学生流动提升计划"、互联学历学位制度建立、终身学习框架建构落地落实，促进双方高等教育合作良性发展。

（三）协商一致原则

协商一致原则是中国与东盟各国间调整各领域关系的重要手段和机制。积极推行协商一致原则，有利于保障中国与东盟双方的合法权益，促进双方关系的和谐稳定，有助于缓和局部紧张关系和加深沟通理解，调动双方积极性和创造性，增强双方合作绩效，促进各项议程和计划的有效实施。对形成中国—东盟双方健康关系的自主调节发挥有力作用。协商一致原则作为协调机制使双方依法行使各项权利，并依法履行义务。该原则对推进中国—东盟共同体建设，特别是高等教育共同体建设具有重要规范性意义。

协商一致是关贸总协定解决争端的基本方法。《关贸总协定》第22条和第23条是总协定争端解决程序的核心条文，其中规定的协商，包括争端当事方之间的双边协商和缔约方全体主持下的多边协商（也称集体协商），是总协定各项争端解决程序的首要方法。协商和协商一致作为一项基本原则，适用于争端解决机制等重要方面。没有各参与方自愿、平等的协商，或虽经协商而未达成一致，就不可能有合作双方的合作交流，就不可能建立合作组织及其更为广泛意义的多边合作制度。可见协商与协商一致是合作组织合作过程遵循的一条基本原则。可以说，协商原则贯穿于合作的各领域、全过程。协商一致是合作组织决策程序的一项基本准则。协商一致原则分为积极协商一致和消极协商一致。所谓积极协商一致，可理解为充分协商后的一成员否决制，但又应为协商一致的表决制度不采用投票的方式，没有投票就不算一票否决制。消极协商一致则反之。即对反对通过某项决议的协商时，有任一成员表示赞成通过，则该协商视为通过。亦可理解为充分协商后的一成员赞成制。

　　国与国之间、地区与地区之间的合作，不可避免地会产生冲突、纠纷和争议，而通过协调与协商，展开积极对话，最后获得双方一致同意的决策与解决办法，往往广泛应用于国际组织与地区合作的问题解决过程之中。毋庸置疑，在中国与东盟的高等教育共同体建设过程中，同样也存在一些影响合作稳定与未来发展的内外部因素，更会因为区域内文化的多样化、政治体制的多元性、经济发展水平的不平衡性以及其他方面的原因，发生争议与矛盾。出现问题不足为奇，关键是如何客观分析和合理解决这些问题。为促进中国—东盟高等教育共同体建设坚定而有序地向前推进，以相互包容的态度通过协商一致来解决常态冲突与争议，应是首选的办法与路径，同时也是应该坚持和落实的原则。根据学者阿兰·克林斯的研究，东盟就是将协商一致原则作为基本的组织原则，以规范约束其组织行为。首先，在全体一致的基础上做出决策；其次，对话协商后不能达到一致意见，则搁置问题，求同存异；最后，东盟成员国应使本国利益服从东盟整体的利益。①

　　历史和现实实践经验证明，在认同客观差异的前提下，通过平等协商对话来化解双方分歧，尊重彼此利益诉求，是解决问题的关键。在中国—东盟高等教育共同体建设过程中，贯彻协商一致原则，完全符合双方的利益诉求。当前，中国与东盟在发展战略对接、加强经济经贸合作、强化互联互通建设、推进金融领域合作、注重人文交流合作等各领域的务实合作正显示出旺盛的生命力。而作为中国和东盟合作领域重要内容的高等教育共同体建设，能够极大地增进中国与东盟各国之间的文化认同、价值认同与身份认同，同时也对深化中国与东盟战略合作伙伴关系发挥着基础性、先导性、战略性和广泛性推动作用，理所当然应该

---

① 王子昌：《文化认同与东盟合作》，《东南亚研究》2004 年第 5 期。

放在双方合作重要领域、优先方向。因此，以合作求共赢，以合作促发展，坚持以"亚洲方式""东盟方式"，通过积极对话、平等协商来化解矛盾，缓解冲突与分歧，这不仅仅是中国与东盟在长期合作过程中达成的基本共识，也是确保中国—东盟高等教育共同体建设持续、健康而稳定推进的关键所在。

（四）优势互补原则

每一个个体，每一个组织，都有它的比较优势、特长特色。俗话说，尺有所短，寸有所长。世间万物，各领风骚。优势能彰显个性，专长能创造价值。在市场竞争的现今社会，没有比较优势的个体，很难有立足之地。没有比较优势的企业，很难增加股东财富。由此，一方面，依据社会分工，要让每一个人去做最适合他做的工作，让每一个企业生产最适合它生产的产品，个体才能创造价值，企业才能提高经济效益；另一方面，要能做到"人尽其才、物尽其用"。如果每个人都去做能做得最好的事情，每项工作都能找到最称职的人，个体的价值就能得到释放，社会效益就能得以提升。同时，我们所处的时代，当今社会，"你中有我，我中有你"，唯有坚持优势互补，合作共赢，兼顾各方利益和关切，寻求利益契合点和合作最大公约数，体现各方智慧和创意，各施所长，各尽所能，方能把各方优势和潜力充分发挥出来，创造社会最大财富。

"梅须逊雪三分白，雪却输梅一段香。"中国与东盟地理相接、人缘相亲，地域一体、文化一脉，有着深厚的历史渊源，承载难以割舍的人文情怀。精诚合作，优势互补，取长补短，方能共享发展的红利。中国与东盟之间的互补大于竞争，机会大于挑战，利大于弊。合则"双赢"，分则俱损。中国与东盟各国在经济贸易、环保卫生、交通运输、文化教育等领域具有优势互补性。就高等教育共同体的建设而言，中国和东盟各国迫在眉睫的任务是培养具有国际竞争力和国际视野、具有可持续发展能力的高质量专业人才，唯有强化地区和各国之间的密切合作、优势互补，才能互利"双赢"，共同进退。中国与东盟在推动和实施高等教育国际交流合作方面有着得天独厚的地缘以及文化传统优势，尤其是近20年来中国—东盟相继开展一系列经贸、投资、科教、旅游等领域的相关合作，签署了一系列双边合作文件及合作项目，为中国—东盟高等教育共同体建设奠定了良好的物质基础、政策环境。把控好当前的有利形势和发展条件，就能推动高等教育共同体建设有序有效实施。

中国—东盟高等教育共同体建设过程中，各国在高等教育发展传统、层次和结构、规模和速度上呈现差异性，各具特色优势。从教育基本情况看，中国、新加坡、泰国、马来西亚相对于其他东盟国家，经费投入较大，高等教育体系日趋健全，师资水平、教学设备、教学配套设施等较为充足。在教育体制方面，新加坡、马来西亚、泰国、菲律宾、印度尼西亚等受到过西方宗主国较大影响，与英法美国家高校交往密切，高等教育体制较为完善，国际化程度较高，同时留学费用又相对欧美国家较低。就个别国家而言，新加坡是亚洲地区高等教育最发达的国家之一，新加坡国立大学、南洋理工大学、新加坡管理大学都是举世闻名的高等学府。马来西亚高等教育最著名的是双联课程和学分转移课程，一种独特的国际化水平较高的高等教育模式。马来西亚众多高校实行与英、美、澳等大学联校的高等教育办学体制。泰国高等院校与欧美等国家知名院校签有联合办学协议，有相当一部分大学以中、英、泰三种语言授课，课程国际化程度极高。特别是泰国高校采用中文授课方式吸引大批中国学生赴泰学习深造。菲律宾是世界上第三大用英语交流的国家，英语普及率高，英语作为高校的教学语言，其优势专业与英语密切相关，其医护类专业、英语教育、酒店管理、观光、工商管理、大众传媒、商科、艺术、计算机等就业前景较好。东盟国家这些高校的优势和特色，完全可以和中国高校互补。当然，中国高等教育提供的人力资源绝对量具有优势，高等教育对知识创新的贡献率持续提升，加之中国高校的"双一流"建设正在紧锣密鼓推进，这对东盟国家高等教育改革发展也有一定学习借鉴意义。中国与东盟各国秉持"和平合作、开放包容、互学互鉴、互利共赢"的丝路精神，遵循优势互补、互利共赢的基本原则，加强人员交流、项目合作、援外培训等各领域的深度合作，一定能开创中国—东盟高等教育共同体建设的崭新局面。

（五）非歧视性原则

非歧视性原则，是指在国际贸易中，一缔约国在实行某种限制或禁止措施时，不得对其他缔约国实施歧视待遇。这一原则包括两个方面：一个是最惠国待遇，另一个是国民待遇。成员一般不能在贸易伙伴之间实行歧视，给予一个成员的优惠，也应同样给予其他成员。这就是最惠国待遇。这个原则非常重要，在管控货物贸易的《关税与贸易总协定》中位居第一条，在《服务贸易总协定》中是第二条，在《与贸易有关的知识产权协议》中是第四条。因此，最惠国待遇适用于世贸组织所有三个贸易领域。国民待遇，是指对外国的货物、服务以及知识产权应与本地的同等对待。最惠国待遇的根本目的，是保证本国以外的其他缔约方，能够在本国的市场上与其他国家企业在平等的条件下进行公平竞争。非歧视性原则是世界贸易组织的基石，是避免贸易歧视和摩擦的重要手段，是实现各国间平等贸易的重要保证。

作为 WTO 成员国，中国与东盟在高等教育共同体建设过程中，应遵循 WTO 相关原则、章程、协定等。作为 WTO 各项协定、协议中最重要的原则，非歧视性原则应充分落实到中国—东盟高等教育共同体建设之中。高等教育作为国际服务贸易的一部分，理所当然应该遵守非歧视性原则。尤其是 2004 年 11 月举行的第八次中国与东盟领导人会议上，双方签署了《货物贸易协议》和《中国—东盟争端解决机制协议》，将双方的政治与经贸合作向前推进了一大步。在 2007 年和 2009 年举行的第十次和第十二次领导人会议上，中国与东盟分别签署了《服务贸易协议》和《投资协议》。2010 年 1 月，中国与东盟宣布正式建成中国—东盟自贸区，开启了中国与东盟实现经济一体化的历史进程，为中国与东盟高等教育合作提供了新的契机。"你中有我，我中有你"。中国的繁荣离不开东盟，东盟的发展离不开中国。只有双方和谐共生，深化合作，才是明智之举。这既是高等教育国际化发展的现实需要，也是各国教育乃至国家发展的战略选择。

中国与东盟经贸合作是奠定中国—东盟高等教育共同体建设的重要基础。双方在经贸合作中遵守非歧视原则既是中国与东盟各国携手发展的保证，也是各国信誉度的基本体现。双方要积极落实中国—东盟自贸区升级相关议定书，推进货物贸易和投资便利化，进一步开放服务市场，提升经济技术合作水平。中方在广西设立国际进口贸易促进创新示范区，建设跨境电子商务平台，进口更多的东盟商品。建设好中老、中越、中缅跨境经济合作区，探索推广"两国一检"通关新模式，推动标准互认推广，降低非关税壁垒，共同推进区域全面经济伙伴关系协议（RCEP）进程，促进区域经济一体化发展。据商务部统计，2016 年，中国—东盟全年贸易额 4522 亿美元。中国继续保持为东盟第一大贸易伙伴，东盟是中国第三大贸易伙伴、第四大出口市场和第二大进口来源地。中国与东盟紧密的经贸合作，为高等教育共同体建设奠定了坚实基础。伴随经济发展一体化、政治格局多元化、高等教育国际化的深入推进，强化中国—东盟命运共同体建设，支持东盟共同体打造，顺应了时代发展的趋势，迎合了双方国家发展的需要，是推动双边强化合作、增强互信的有力举措。为此，强化中国与东盟高等教育合作交流，推进中国—东盟高等教育共同体建设，中国与东盟各国要认真落实非歧视性原则，绝不能歧视或差别对待对方国家，充分尊重他国文化、习俗、传统，以积极的态度面对合作中的矛盾与困难，主动探索解决问题的思路和方法。同时，绝不允许和接受他国不公正的待遇。立足发展，摒弃偏见，相互尊重，合作共赢，这是推进中国—东盟高等教育共同体建设应有的态度。

二　制定共同体建设的工作目标

深化中国与东盟战略伙伴关系，打造中国—东盟自贸区升级版，推进 21 世纪海上丝绸之路建设，实施好双方战略伙伴关系第三份五年行动计划，推进商签"中国—东盟国家睦邻友好合作条约"，推动区域全面经济伙伴关系协议谈判进程，落实《中国—东盟文化合作行动计划》，共筑更加紧密的中国—东盟命运共同体，这是当前以及今后一段时期中国与东盟各国共同面对的紧迫工作任务。为此，必须加强中国与东盟人文交流合作，以建立亚洲认同价值理念为先导，以确立战略互信伙伴关系为保障，以塑造 21 世纪亚洲公民为牵引，以建设亚洲世界知识中心为目标，共同推动包容性发展，厚植中国与东盟战略伙伴关系的民意基础，进一步增强教育交流合作在促进中国与东盟睦邻友好、共同构筑和谐亚洲方面的感召力、影响力和推动力。

（一）建立亚洲认同价值理念

建立亚洲认同价值理念，推进文化认同和身份认同，是实施中国—东盟高等教育共同体建设的重要根基、根本保障。建立亚洲文化认同价值观，是建立亚洲认同价值理念的重要组成部分、核心内容，同时也是构建中国—东盟高等教育共同体的思想保障。建构主义认为，文化价值观指导着所有国际主体的行为，推动着相互理解，形成集体认同。而文化误解和文化曲解会加深或造成矛盾和冲突，相反文化创新则可以促进国际制度的变化。中国与东盟之间建立以文化认同价值观为核心的亚洲认同价值理念，将为深化双方全方位务实合作，发挥思想引领作用。

东南亚国家联盟的建立，东南亚区域经济一体化发展，有着深刻的文化机理。东南亚各民族文化的相通性、同源性及认同感，是东盟得以实现一体化的文化基础。东南亚各民族语言、宗教、习俗等文化的多样性，又在一定程度上增强了东盟区域合作的广泛适应性，进而助推东盟一体化更具凝聚力、向心力、竞争力。

东南亚的一体化从东南亚民族传统文化意义上讲，实际上是东南亚文化、儒佛文化和华人文化认同的产物。共同的文化思想渊源和文化认同，是其实现一体化取之不尽、用之不竭的源泉和长久稳固的基石。中国文化自古以来对亚洲特别是东南亚国家有着较为深远的影响。在东亚儒家文化圈，朝鲜半岛、日本、越南、东南亚的一些国家，都深受儒家文化的影响。在与中国互联互通的历史进程中，儒家文化对东南亚国家的政治、经济和文化产生了极为深远的影响。至今，东盟各国文化无不留下中国传统儒家文化的烙印。近代以来，随着西方文化的入侵，东盟各国将儒家文化与本土文化、外来文化融合起来，进而产生一种带有浓厚儒家思想特质的儒佛新文化。华人文化的影响可谓无处不在。华人到东南亚地区谋生已有上千年的历史，他们的到来也使当地受到了语言、饮食、民俗和价值观等中国文化的深刻影响。汉语成为中国与东盟各国广泛使用的语言。在东南亚国家，汉语的使用十分普遍，如汉语是新加坡的官方语言之一，是马来西亚的通用语言。汉语也是越南的通用文字。文莱除其官方语言马来语外，也通用汉语。印度尼西亚、菲律宾、柬埔寨、泰国等还在大量发行华文报刊。东南亚各国与中国的历史传统、风俗习惯也极为相近。例如，中国传统节日春节，就是越南、新加坡、印度尼西亚、缅甸、泰国等国的重要节日和法定假日。马来西亚的朝圣节与中国伊斯兰教的古尔邦节类似，开斋节、斋月等与中国西北、西南地区的穆斯林的节日趋同。这些深刻的文化联系，无疑是中国与东盟建立高等教育战略合作伙伴关系，进而推进东南亚区域一体化的纽带和桥梁。

东南亚文化不仅存在同一性，同时也具有多样性。民族特性是产生文化多样性的深层次原因。东南亚是世界上民族最复杂的地区之一，全区有90多个民族，人种以黄色人种为主。东南亚也是世界上外籍华人和华侨最集中的地区之一，华人达2500多万人。从宗教信仰看，菲律宾80%的人信奉罗马天主教，5%的人信奉伊斯兰教。越南81%的人信奉大乘佛教，5%的人信奉罗马天主教。柬埔寨95%的人信奉上座部佛教，5%的人信奉伊斯兰教、基督教。老挝65%的人信奉上座部佛教、32.9%的人泛灵信仰。泰国94.6%的人信奉上座部佛教、4.6%的人信奉伊斯兰教。缅甸89%的人信奉上座部佛教、4%的人信奉基督教、4%的人信奉伊斯兰教。马来西亚58.4%的人信奉伊斯兰教、22.2%的人信奉大乘佛教、9.1%的人信奉基督教、6.1%的人信奉印度教、5.2%的人泛灵信仰。新加坡42.5%的人信奉佛教、15%的人属于无宗教者、15%的人信奉伊斯兰教、10%的人信奉基督新教、8%的人信奉道教、4.5%的人信奉罗马天主教、4%的人信奉印度教。印度尼西亚86.1%的人信奉伊斯兰教、5.7%的人信奉基督新教、3%的人信奉罗马天主教。文莱67%的人信奉伊斯兰教、13%的人信奉佛教、10%的人信奉基督教、其他10%的人属于原始信仰等。千百年来，由于语言、宗教、地域和历史的不同，东南亚各民族已经形成了不同的生活习惯和思维方式，并由此导致不同的行事传统和民族特性。在推进中国—东盟高等教育共同体建设进程中，由于东南亚文化的多样性，使中国与东盟高等教育合作更加复杂化。然而，也正是因为东南亚文化的多样性，中国与东盟不得不从整体上谋划合作，做出决策，以顺应各民族的要求，由此使中国—东盟高等教育共同体建设进程具有更为广泛的适应性。亚洲认同感的存在，使东南亚各国和各民族间能够达成妥协并且相互尊重，彼此之间能够和平相处进而共存共荣，推动中国—东盟高等教育共同体建设的快速实施。虽然东南亚文化的多样性使中国与东盟高等教育区域合作趋于复杂化，但是东南亚文化的同一性恰恰对其具备弥补作用。因此，我们既要充分肯定东南亚文化的同一性的作用，又要尊重和保持东南亚文化的多样性。两者互相补充，相互促进，从而增强东南亚高等教育一体化的适应性，使其更具竞争力。

在东南亚一体化进程中，伴随东南亚文化的不断繁荣发展，亚洲认同观念作为文化同一性的体现始终贯穿其中，成为中国—东盟高等教育共同体建设的文化根源、价值引领，促使东南亚各国在面对美国、日本打压和全球经济竞争特别是 1997 年亚洲金融风暴过程中，不得不重视中国与东盟高等教育区域合作的战略意义。另外，东南亚文化的同一性和认同观念的存在，使中国—东盟高等教育共同体建设过程中的一些困难和障碍得到了合理的解决。在推进高等教育共同体建设进程中，难免会因为主权利益问题而产生一些矛盾争论。相对来说，各国都会更加注重本国利益的实现，这就必然会导致中国与东盟高等教育的合作显得极为脆弱。但由于东南亚文化的同一性，使东南亚各国在与中国的合作过程中，能够产生一种亚洲整体的认同感，有利于个体利益和整体利益合二为一，使各国之间能够相互包容，促进国家与国家之间的交流，促进中国—东盟高等教育共同体建设按规划不断向前推进。

亚洲认同是东南亚认同的深化与提升，是对"东盟共同体＋机制"的价值阐释，是一种超越国家、超越地域的认同，是亚洲各民族在和平、平等与相互尊重的基础上对现有民族认同的超越，意味着亚洲人的集体认同，体现亚洲人之间的共同情感。亚洲认同涉及一体化的政治、经济、文化、社会等各个层面，体现了亚洲化对成员国及其公民在认同上的影响，既是亚洲一体化的重要组成部分，也是推动亚洲一体化发展的有力手段。亚洲认同在很大程度上要立足于亚洲文化基础，因此，建设知识亚洲，推进中国—东盟高等教育共同体建设，繁荣和发展亚洲文化，不仅成为东南亚一体化深化的必然选择，也是巩固中国—东盟命运共同体的有力保障。

亚洲认同是一种"亚洲意识"，一种亚洲文化的多元共存意识与"亚洲公民"的身份意识，是加速亚洲高等教育一体化发展的重要社会心理源泉和历史文化源泉，因此，应该受到亚洲国家包括东盟各国的重视。亚洲意识具有十分得天独厚的发展基础，整个亚洲大陆，都是在共同的文化、历史和宗教背景下孕育发展起来的，亚洲各国具有共同的文化内涵和文化起源，一体化参与国以此为共同的文化政策，把"亚洲意识"从无意识地形成到有意识地构建发展起来。亚洲认同驱使亚洲高等教育共同体通过高水平的教育，培育"亚洲身份""亚洲价值共享""亚洲空间共享"意识，培养公众对亚洲的归属感，增强不同民族和文化的凝聚力，消除民族国家间相互排斥、相互歧视的社会心理，促进亚洲在国际事务中的地位和影响力的提高，提升亚洲高等教育整体的吸引力和竞争力。

亚洲认同由此赋予了亚洲高等教育机构在此过程中必须担当两重任务：一是通过高水平的教育、训练和研究，帮助增强亚洲的国际吸引力、竞争力，增添亚洲国家高等教育机构在世界舞台上的风采；二是亚洲高等教育机构必须帮助亚洲公民应对人员流动、语言技能、不同种族民族间冲突等的挑战，在了解社会冲突的根源、消除偏见和仇恨、加强相互间的沟通理解等方面发挥积极、主要的作用。建立亚洲认同价值观念任重而道远，但基于亚洲共有的文化传统，特别是当前应对外部诸多不确定性因素影响，谋求地区和平、安全与繁荣的共同目标追求，为中国—东盟高等教育共同体建设提供了巨大养料和强大动力。而中国—东盟高等教育共同体建设，又必将为增强中国及东南亚、东亚、东北亚以及整个亚洲人民的文化认同、价值认同、身份认同，提供全新的人文支柱，厚植坚实文化根脉。

（二）确立战略互信伙伴关系

战略互信，是国家与国家之间、地区与地区之间深化合作、加强联系、建立友谊的重要基石。所谓战略互信，就是战略合作双方要正确看待彼此的发展道路和方向，客观判断对方的战略意图，在国际事务上协调立场。建立战略伙伴关系，第一决定因素就是共同的价值观，其次是共同的语言，再者就是携手应对各类全球性挑战。战略协作，指的是不仅两国之间有普通合作，还涉及军事等核心领域的合作，而且还在国际事务上协调立场，共进退。这是合作双方对外所有伙伴关系中的最高层级。战略伙伴关系不是战略协作关系，区别在于后者在双边关系具体化后需要有后续活动，这就有类似于同盟性质了。但这两种关系没有亲疏之别，只是后者会加剧国家间的信任感。就其深度上看，战略协作比睦邻友好更深，而伙伴关系指的是并非盟友但比普通关系更友好的关系。中国与东盟政治制度、文化传统、民族宗教、语言文字等不尽相同，经济社会发展水平各一，不可能在每一件事情上的看法都达成一致，由此也容易产生猜疑甚至误判，发生冲突与矛盾。但合作双方如果能坚守住战略互信的底线，保持双方关系稳定的大局，深化政治互信，加强合作对话，就能避免陷入两大发展中新兴经济体冲突对抗的"修昔底德陷阱"。中国和东盟作为世界上最大的区域性合作主体，建立战略互信，不仅关系中国—东盟高等教育共同体建设的顺利推进，亚洲知识中心建立，双边国家人民的福祉，也事关世界的和平、稳定与发展。

　　中国与东南亚国家历史交往久远，具有良好的政治合作传统。自1991 年正式建立合作伙伴关系 26 年来，中国与东盟各国从确立对话伙伴关系、建立睦邻互信伙伴关系到构建战略伙伴关系，双方合作伙伴关系不断深化，合作效益水平不断提升。1991 年 7 月，在"冷战"结束的大背景下，中国与东盟双方开启对话进程，中国成为东盟的对话伙伴国。1994 年 7 月，中国成为由东盟发起成立的地区安全机制"东盟地区论坛"的创始成员国。1997 年 12 月，中国与东盟举行第一次"10 + 1"领导人会议，宣布建立"面向 21 世纪的睦邻互信伙伴关系"，并开始"10 + 1"对话机制。2002 年 11 月，中国与东盟签署《中国与东盟全面经济合作框架协议》和《南海各方行为宣言》。2003 年 10 月，双方签署《中国与东盟面向和平与繁荣的战略伙伴关系联合宣言》，将彼此关系提升为战略伙伴关系。同时，中国宣布加入《东南亚友好合作条约》，成为首个加入该条约的非东盟成员国。2004 年 11 月，双方签署《货物贸易协议》和《中国—东盟争端解决机制协议》，将彼此的政治与经贸合作向前推进了一大步。2010 年 1 月，中国与东盟宣布正式建成中国—东盟自贸区。这是中国与东盟关系史上具有里程碑意义的重大事件，开启了双方实现经济一体化的历史进程。2013 年 10 月，习近平主席访问东南亚期间提出构建"中国—东盟命运共同体"，李克强总理在第十六次中国—东盟领导人会上提出发展中国—东盟关系的"2 + 7"合作框架，为双方关系的发展指明了方向，绘制了蓝图。中国—东盟合作机制从过去的"黄金十年"走向未来新的"钻石十年"，双方政治互信进一步增强，合作关系进入全新的历史发展阶段。

　　中国和东盟基于自身和地区和平与发展的共同利益走到一起，"你中有我，我中有你"。东盟是亚洲最主要的一体化组织，也是世界上仅次于欧盟的一体化程度最高的区域合作组织。东盟地域辽阔，人口众多，实力很强，发展前景看好，在大东亚区域合作中起着核心作用，在国际事务中也有不可小觑的影响。中国是全球大国中经济和综合实力增长最快的大国，也是亚洲唯一的联合国安理会常任理事国和核大国，在地区和全球发挥着举足轻重的作用与影响。中国和东盟都把发展与对方的关系置于各自外交政策的优先方向。双方建立和发展密切的全方位合作机制，共建命运共同体、利益共同体，反映了各自地缘政治与地缘经济发展的客观要求，也是双方根本利益之所在，使命所驱。

　　为增强战略互信，保障合作成效，自建立合作伙伴关系26年来，中国与东盟已建立起一套完整的对话与合作机制，主要有政府首脑会议、部长级和工作层三个层次。2011年11月，中国—东盟中心成立，是推进双方合作的重要常设性机制。东盟10国驻华大使则组成东盟北京委员会。所有这些机制，保证了中国—东盟合作组织正常运行和职能的不断提升，对增强中国与东盟的政治互信，发挥了积极作用。在推进中国与东盟政治互信进程中，中国始终将与东盟及其成员国的关系完全建立在和平共处五项原则等国际关系基本准则的基础上，躬行和平发展战略，不谋求霸权和对地区及国际事务的主导权，积极支持东盟在区域合作组织中发挥主导作用。对东盟及其成员国，实行"与邻为善、以邻为伴"和"睦邻、友邻、富邻"方针，体现"亲、诚、惠、容"新理念，不断增进东盟各成员国的信任感、安全感与获得感。

　　中国—东盟建立合作机制26年来，在双方的共同努力下，在各个领域都取得了丰硕成果。在政治领域，双方高层接触制度化、常态化、长期化。双方不但每年都要举行政府首脑部长级会议，双方领导人每年还要进行互访和会晤，相互关系不断取得新的突破和提升。从建立对话伙伴关系到建立睦邻互信伙伴关系，再到建立战略伙伴关系，直到就构建中国—东盟命运共同体达成共识，中国与东盟的合作关系层层推进，现已成为大东亚地区整合最密切的区域合作组织。在人文教育交流领域，中国与东盟双方在留学生培养、语言学习、联合办学、科研合作、职业培训、教育信息化等方面强化合作，积极开展"中国—东盟教育交流周"系列活动，举办"中国—东盟文化论坛"，积极开放教育服务领域，消除教育壁垒，实现资源共享。与此同时，中国和东盟大多数成员国的睦邻友好合作关系也得到长足发展。双边高层互动频繁，政治关系密切，战略互信激增，普遍建立了全面战略伙伴关系。现在中国同东盟成员国的关系普遍进入新的发展阶段和历史最好时期。

　　2016年9月，第十九次中国—东盟领导人会议暨中国—东盟建立对话关系25周年纪念峰会在老挝万象召开，中国与东盟双方确立了迈向更加紧密的中国—东盟战略伙伴关系。战略伙伴关系的确立，将进一步增强双方政治互信，深化中国—东盟战略伙伴关系。中国主动承担大国使命责任，积极谋求地区和平、安全、稳定与发展，支持东盟共同体建成，支持东盟一体化进程，支持东盟在区域架构中的中心地位。东盟认为中国发展是对本地区发展的重要机遇，高度重视发展对华关系，东盟及其成员国都把发展对华关系看作维护自身安全、促进发展全局的基石，努力致力于维护对华关系大局，把中国视为可以信赖的邻居，可以深交的朋友，可以依靠的伙伴，支持中国和平发展，支持中国的"一带一路"建设和"2+7合作框架"等倡议，一如既往地坚持一个中国政策。在科教与人文方面，中国与东盟制定了《中国—东盟教育合作行动计划（2016—2020）》，对继续促进双方学生交流，对东盟国家提供中国政府奖学金，以及实施"双十万学生流动计划升级版"等工作做出了规定。鼓励适当建立机制，便利学位互认，推进高等院校和职业教育机构间的合作和交流等。

当前，面对外部不确定性因素的消极影响，特别是美国、日本等国家的无端滋事和挑唆搅局，中国与东盟各国如何相处，对双方来说都是新课题，需要双方"摸着石头过河"，为增进政治互信、深化战略合作寻找新答案。中国与东盟应以东盟成立50周年、中国—东盟战略合作伙伴关系建立25周年为契机，坚持不冲突不对抗、相互尊重、合作共赢原则，进一步就事关双方战略互信的重大问题沟通对话，继续加强全方位互利合作，积极推进中国—东盟高等教育共同体建设，推动21世纪海上丝绸之路建设，打造中国—东盟命运共同体，向合作区域各国人民和国际社会发出双方致力于友好合作、互利共赢的明确信息和强烈愿望。

（三）塑造21世纪亚洲公民

伴随"互联网+"时代的到来，大数据、云计算、物联网等现代网络技术不断涌入我们的学习和生活。推动数据资源共享，转变高等教育服务方式，创新教学及管理模式，促进跨校协同创新，构建终身学习立交桥，推进高等教育现代化，高等教育发展步入多元化发展的崭新的21世纪。2015年3月国际高等教育质量保障组织召开年会，主题确定为"变革中的高等教育：质量保障的新挑战"，多元化成为会议关注的焦点。在这个多元化时代，各类营利性和非营利性的新兴高校不断涌现，"一日大学"、免费线上"人民大学"不断丰富办学类型。高等教育的提供者由高校的一元垄断模式逐渐转变为多元不确定模式。市场介入，商业机构进驻，高等院校由高等教育资源的垄断者向合作者的角色转变。高等教育服务方式，由单一校园模式逐渐转变为全方位立体模式。网络开放课程，开放学习交流平台，学习网络体系应运而生。学生学习方式由传统的被动接受模式逐渐转变为主动获取模式。大学生自主学习观念提升，团队合作意识增强，开放式学习理念深入人心，终身学习意识"大众化"。线上线下混合学习、慕课 MOOCs 等学习形态发展迅速，各类电子徽章平台、微证书等不断涌现。21 世纪是知识爆炸的世纪，是信息技术更新频繁的世纪。

为迎接 21 世纪的到来，从 20 世纪 90 年代到 2000 年，新加坡和马来西亚即开始研制和实施终身学习资格框架。2013 年新加坡建立了职业教育和培训领域资格框架，泰国则建立了高等教育领域资格框架。新加坡教育部发布了改革高等教育和终身学习环境的五年计划。该计划旨在支持"未来技能"（Skills Future）运动，帮助社区居民为未来的工作生活做好充足准备。2010 年中国发布《国家中长期教育改革和发展规划纲要（2010—2020 年）》，规划纲要明确提出要搭建终身学习的立交桥，促进各级各类教育纵向衔接、横向沟通，建立学分积累与转换制度，实现不同类型学习成果的互认和衔接，提供多次选择机会满足个人多样化的学习和发展需要。规划纲要为中国与东盟终身学习资格框架的构建指明了方向。

东盟各国高等教育部长十分强调终身学习的重要性，并把终身学习作为中国—东盟高等教育共同体建设的一项重要目标，贯穿于双方高等教育合作的始终。鼓励终身学习，扩大公民受教育的机会，不仅把终身学习确立为整个东南亚国家教育体系的一项重要内容，也将其列入促进东南亚甚至亚洲高等教育一体化和塑造 21 世纪亚洲公民的重要工作内容，确定为推进中国—东盟共同体建设进程未来的优先发展计划。2013 年 3 月，第四十七届东南亚教育部长理事会议在越南河内召开，会议主题确定为："教育的未来：掘金之路"。会议探讨了教育新政—东南亚终身学习发展道路，制定促进全民终身学习国家政策框架，以及面向未来更好的技能、更好的工作和更好的生活等问题。东盟大多数国家都试图通过建设终身学习资格框架，建立普通教育和职业教育与培训之间的沟通和衔接机制，使教育更适应社会经济发展需要。建设国家资格框架，推进各类学习成果和学分的积累和转换，促进区域人员流动和就业。建立学习成果认证体系和相应的积累与转换制度，将学校教育和校外教育，正规教育与非正规教育纳入综合教育体系，从制度上落实联合国教科文组织提出的发展全民教育、终身教育等主张，促进学习化社会的形成和发展。

联合国教科文组织极其关注 21 世纪公民核心技能，在《2012 全民教育全球监测报告》文件中，确定了所有年轻人都需要具备的三类主要技能，即基本技能、可转移技能和技术、职业能力。明确了未来全球公民教育的四种核心能力，即知识和理解技能、认知技能、非认知技能、行动能力。国际组织极为重视全球教育合作发展，强调全球国家层面的教育合作。世界银行以创建"全球教育伙伴"合作为平台，出台了《全球教育 2012—2015 年战略计划》。全球教育协同合作联盟纷纷建立。例如，欧盟博洛尼亚进程的欧洲高等教育区域组织、非盟高等教育区域合作组织、美国常青藤大学战略联盟、中国大学 C9 联盟等。根据 2014 年 5 月联合国教科文组织《亚洲高等教育：扩招与提升》报告，亚洲大学不断崛起，亚洲私立高等教育异军突起，研究生教育不断扩张。到 2020 年，中国将成为世界第一高等教育人力资本大国。高等教育世界新格局将被重新确立。高等教育国际化、大众化、信息化、法治化，是世界高等教育发展的崭新趋势。确立高等教育国家发展战略地位，推进高等教育区域合作发展，增强不同区域、校际人员流动，推行学分累积转换制度，建构终身学习资格框架，提升高等教育质量，培养国际化通识人才，成为国际高等教育发展的共同取向。

21 世纪是"亚洲世纪"。在 21 世纪，全球经济的轨迹围绕印度洋—太平洋地区为中心，中国始终是起主导作用的全球力量，"金砖国家"（其中两个在亚洲）发挥着越来越重要的全球制衡作用，东盟是国际舞台上不可小觑的力量。21 世纪亚洲公民是数字公民、诚信公民、契约公民、包容公民、文化公民，具有强烈的亚洲文化认同、身份认同和价值认同意识，家国情怀，世界眼光。应对"互联网＋"时代挑战，顺应高等教育国际化发展趋势，塑造 21 世纪亚洲公民，提升读写算、逻辑推理、科技应用、资讯处理、外语知识等学业能力，增强沟通、思考、解决问题、适应环境、终身学习等个人能力，培养负责、自律、诚信、自我管理，对他人的尊重以及对多元文化的理解欣赏等的公民能力①，实现东南亚教育部长理事会议所确定的各项目标，建立中国—东盟命运共同体，需要中国与东盟各国高等院校、高等教育行政机构、国际组织、各级政府、教师、职员和学生等各个利益相关者共同密切配合，履行承诺，做好各种准备，随时应对社会改革发展和变化的要求。学历学位学分互认、国家教育资格框架制定、三级学位制度整合，以及提升办学质量效益水平等，都是促进东盟终身教育的重要步骤。中国与东盟各国应积极调整国家相关法律政策，大力宣传推广马来西亚、中国台湾及中国香港双联制学位制度，为弱势群体提供更多的高等教育机会，增加入学率，改善学习条件，消除学习障碍，增强受教育通道和学习方式的灵活性，保证教育质量。创造良好的经济条件，实现教育公平，促进学分互认，满足中国与东盟各国甚至亚洲全体公民的需要，将终身教育延伸到高等教育领域的各个角落，渗透到每个公民的心中，贯穿其人生发展的全过程。

（四）建设亚洲世界知识中心

第欧根尼曾说，知识是青年人的最佳荣誉。韦伯斯特认为，知识是产生对人类自由的热爱和原则的唯一源泉。知识是符合文明方向的，是人们对物质世界以及精神世界探索结果的总和。中国—东盟高等教育共同体建设始终坚持以亚洲认同价值观为牵引，以亚洲共性文化为纽带，以建立亚洲世界知识中心为其终结目标。而亚洲认同价值观又以亚洲共性文化为基础，亚洲共性文化是亚洲共有、共建、共享知识的源泉与养分。应该认为，亚洲知识中心是厚植中国—东盟高等教育共同体建设土壤的重要平台。

建设中国—东盟高等教育共同体的终极目标，是共同建立亚洲知识中心，这不仅是中国与东盟高等教育区域合作的发展规划，也是正在进行的计划，更是未来发展的美好蓝图和愿景。纵观近代科学诞生以来科学发展的历史，世界科学中心从 16 世纪的意大利、17 世纪的英国、18 世纪的法国、19 世纪的德国，到 20 世纪的美国，先后进行了五次大转移。在 21 世纪的今天，世界科学中心话语权仍执掌在欧美国家手中。科学发展永无止境，科学理论不可能穷尽自然界和人类社会的一切真

---

① 金黎琼、陈鹏：《亚洲公民教育的特点与启示——基于〈2009 国际公民教育调研亚洲报告〉的分析》，《外国中小学教育》2016 年第 8 期。

理，科学中心也不可能永远停留在某一个国家。随着新兴国家和地区经济、科技呈现迅速发展的势头，世界科学中心正在凸显多中心发展分布的局面。因此，对亚洲来说，既是挑战又是机遇。建立亚洲知识中心，是推动落实联合国2030年可持续发展议程的新平台，是推动世界科学中心向亚洲转移的战略抓手，是中国—东盟高等教育共同体建设的终结目标，更是促进全球治理问题研究和交流的新事业。当前，人类社会进入知识经济发展新的阶段，需要发展的新理论、新智慧。面对更高的发展目标，以及更加复杂严峻的国际环境，世界很多国家期待全球治理的新方案、新规划。建立亚洲知识中心，正是中国—东盟高等教育共同体建设顺应时代要求、回应国际关切、履行大国及区域组织责任的重要体现。

亚洲知识中心，是以塑造21世纪亚洲公民为价值取向的亚洲知识教育共同体。亚洲知识中心将致力于改善发展知识的有效供给和交流互鉴，它既是平台，统筹协调区域内外高等教育改革发展资源，又要在高等教育改革理论和发展实践探索上寻求突破。在理论研究方面，亚洲知识中心规划设立经济建设、政府建设、文化建设、社会建设和生态文明建设五个分领域的工作组和一个综合研究组。在实践探索方面，重点开展东北亚、东亚及东盟国家高等教育改革发展、"一带一路"倡议相关国家高等教育区域合作等多案例探讨。中心通过高质量、高水平的教育和培训，能够最大限度地提高亚洲公民的素质，培养更多的优秀人才，充分发挥全民智力，激发亚洲社会文化、知识、科技和经济的发展潜力，提高亚洲高校在国际教育市场的竞争力和吸引力，增强亚洲高校在传承亚洲民族文化传统和弘扬亚洲文化价值中的核心作用，全面提高亚洲高等教育的质量，促进大学生的充分就业与自由流动，提升亚洲总体的竞争力。

建立亚洲知识中心，是一个涉及学界、智库、行政、教育机构各方面，教育、文化、科技等多领域的合作平台，是知识与智力、实践与操作立体层面的合作。中心的建立，无疑将推动亚洲各国高等教育改革发展模式的多元化，探索适合亚洲不同国家的高等教育发展道路。显然，该中心的设立也是拓宽和加深南南合作的努力，同时也将促进发展中国家和发达国家在高等教育改革发展领域的合作。面对经济全球化、高等教育国际化以及"互联网＋"信息时代的挑战，面对不断涌现的新的教育机构、教育模式、教学手段和学习方式，亚洲各国政府应该按照世界科学中心转移的规律，遵循知识经济发展原则，解放思想，高瞻远瞩，审时度势，制定积极的应对政策，站在全球科学"巨人的肩膀上"，凭借亚洲民族的勤劳和智慧，培养高度的亚洲文化自觉和文化自信，将"一带一路"倡议与东盟"海洋支点"战略对接，将中国—东盟高等教育共同体建设与亚洲知识中心建设对接，牢牢把握科技进步大方向，瞄准世界科技前沿领域和顶尖水平，力争在基础科技领域有大的创新，在关键核心技术领域取得大的突破。牢牢把握产业革命大趋势，围绕产业链部署创新链，把科技创新真正落到产业发展上。牢牢把握集聚人才大举措，加强科研院所和高等院校创新条件建设，完善知识产权运用和保护机制，让各类人才的创新智慧落地生根。推进高等教育制度创新，加大对公共教育的投资，强化高等教育第三方评价管理，建立灵活多样的亚洲高等教育体系。加强各类型多层次教育智库建设，注重对亚洲高等教育改革发展问题的国别研究、热点难点研究和区域合作研究，为推进国际高等教育治理现代化提供亚洲方案、亚洲思路、亚洲模式。亚洲各国高等教育机构应加强交流合作，完善合作政策制度，创新合作方式路径，优化合作共享平台，努力培养大学生国际思维、世界眼光、家国情怀，以及适应劳动力市场不断变化的能力，培育有整体观、责任感和进取心的亚洲公民。

亚洲一体化进程正在面向未来，通过文化、教育、科技的更新内容、更广范围、更深层次的交流合作，打破不同国家、不同民族之间的藩篱，增强亚洲的民族凝聚力和向心力，使亚洲高等教育的覆盖面更宽更广。聚合各种高等教育资源，共创亚洲知识中心，实现世界科技中心向亚洲的转移，世界的目光将聚焦于此。

三　设计共同体建设的工作内容

顺应高等教育国际化发展趋势，遵循共同体建设的基本原则，明确共同体建设的工作目标，立足共同体建设的工作基础，从构建学历学位资格框架、实施区域学分累积制度、推动跨校课程合作开发、推进跨境人员自由流动、建立质量评估保障体系、打造合作交流公共平台和建设终身学习基本框架等领域，规划设计中国—东盟高等教育共同体建设，推动共同体建设由拓展阶段向深化发展阶段迈进。

（一）构建学历学位资格框架

自 20 世纪 80 年代以来，伴随高等教育国际化、大众化、信息化发展，高等教育学历、学位国际互认问题，引发国际社会广泛关注。1983年，联合国教科文组织亚太教育局在泰国召开会议，并通过和签署《亚太高等教育学历、文凭与学位相互承认地区公约》。这一公约的实施，推动了本地区高等教育的国际化发展。1993 年 10 月 25 日至 11 月16 日，联合国教科文组织在巴黎举行第 27 届会议，发表《关于承认高等教育学历和资格的建议》。该建议规范并加速了世界各国学历、学位互认进程，成为推进高等教育国际化的一项重要举措。国际高等教育学历、学位互认，对于规范并促进各国学生、教师和职员的流动，深化高等教育机构之间的交流合作，实现高等教育资源共享，有着十分重要的意义。伴随中国—东盟自贸区的提档升级，特别是"一带一路"倡议实施，日益深化的中国—东盟双边关系促使中国与东盟的高等教育合作不断取得新的成绩，并展现良好的发展前景。但从目前情况看，中国与东盟各国的高等教育学历、学位互认进程进展相对缓慢，仅与泰国、越南、菲律宾、马来西亚和印度尼西亚 5 个国家完成了学历、学位互认工作，与其他东盟国家还存在较大分歧。因此，中国与东盟各国应巩固已有成果，并通过平等协商对话，努力扩大高等教育市场开放，积极推进教育对外服务贸易，消除教育服务贸易壁垒，提升学历、学位互认在双边高等教育合作中的地位，推进双边高等教育战略合作伙伴关系不断向前发展。

为顺应"互联网＋"时代挑战，适应 21 世纪科技变革和人口老龄化的发展形势，努力更新亚洲公民的知识、技能和能力，努力提高中国—东盟的区域竞争力和聚合力，奋力推进亚洲知识中心建设，终身学习已显得越来越迫切。在此背景下，构建中国—东盟高等教育区总体学位资格框架计划，已被提上重要议事日程。

中国—东盟高等教育区总体学位资格框架，应是一种以学习者为中心，基于学习成果，有目标导向和相应市场需求，按照一系列标准，规定学习水平资格的分类工具。该资格框架是以中国和东盟国家高等教育共同的基本学习领域、共同的亚洲价值观和亚洲共性文化为基础，并且应得到中国和东盟国家普遍而广泛的应用实践。学位资格框架建立的目的是提高资格的透明度，增加学习机会，改善学习的进步性和质量，密切学校与劳动力市场以及公民社会的关系。中国—东盟高等教育学位资格框架的开发，是基于"互联网＋"信息时代教育的革命性变革，塑造 21 世纪亚洲公民，以及建设亚洲知识中心，以注重学习结果的理念为引领，强调资格授予是基于学生取得的学习成就而不是学习年限，这是教育教学组织方式的一次根本变革。建立中国—东盟资格框架的主要目的是使其成为比较各国教育和培训资格的转换设计和中立参照点，加强有关利益攸关方之间的合作，增进彼此互信。

中国—东盟高等教育区总体资格框架与中国—东盟另一个重要的总体资格框架——中国—东盟终身学习资格框架相互兼容。前者涵盖中国与东盟高等教育一体化进程 11 个签约国家，是一个部门机构性质的高等教育资格框架。后者则是以中国与东盟为主导，涵盖各级各类教育的综合性资格框架，覆盖中国—东盟系统中的 11 个国家。

资格框架是提高中国—东盟高等教育区内资格兼容性和透明度，促进高等教育系统内部和系统之间学习者流动的重要工具，有助于高等院校开发基于学习结果和学分的模块和课程专业。为此，中国与东盟应尽早签署《中国—东盟高等教育学历、文凭与学位相互承认地区公约》。确立建立亚洲高等教育共同体，作为其总体目标的核心内容，就是要构建中国—东盟高等教育区总体学位资格框架，确定为中国—东盟高等教育区构建一个具有操作性、兼容性的学位资格框架。并规定每个学段的标准，勾画出每个学段学习者必须达到的学习成果、学时和能力要求。要求各个参与成员国依据该规划构建学位资格框架，建立起与中国—东盟高等教育区总体资格框架相兼容的国家高等教育资格框架。建立国家高等教育资格框架是推动终身学习的一个重要步骤，到 2030 年，中国—东盟各签约国要在高等教育一体化进程框架内实现国家高等教育资格框架的自我认定。

1. 中国—东盟高等教育区学位资格框架

参照欧盟办法，中国—东盟高等教育区学位资格框架可以把资格从低到高分为 8 级水平，每一水平分别描述学习者掌握的知识、技能和能力。学位资格的 8 级水平分别是：

第一级水平：要求学习者具有基础的、一般性的知识；具有完成简单任务的基本技能；并能在监督下进行工作或学习。

第二级水平：要求学习者具有特定工作或学习领域的基本事实性知识；在完成任务和解决常规问题时学习者能使用简单的规则和工具，并具有基本的认知技能和实践技能；学习者能在监督下自主地工作或学习。

第三级水平：要求学习者具有特定工作或学习领域的事实性知识、原则、过程和一般性概念；具有选择和使用基本方法、工具、材料和信息来完成任务的技能以及解决问题时所需的一系列认知技能和实践技能；学习者能在工作或学习中负责完成任务，并能顺利解决问题。

第四级水平：要求学习者具有特定工作或学习领域中的广泛实践性和理论性知识；具有特定工作或学习领域中解决特定问题所需的一系列认知技能和实践技能；在可以预知并且变化的工作或学习环境中，学习者具有自我管理的能力并且能监督他人的常规工作，能负责评估和改进工作或学习活动。

第五级水平：要求学习者具有特定工作或学习领域中的综合性、专业性、事实性和理论性知识以及相关的边缘性知识；具有创造性地解决抽象问题所需的一系列综合性认知技能和实践技能；在不能预知变化的工作或学习活动中学习者能进行管理和监督，并能审查自己和他人的业绩。

第六级水平：要求学习者具有特定工作或学习领域中的高级知识，包括对理论和原则进行批判性的理解；在特定的工作或学习领域中学习者具有解决复杂的和不可预测问题所需的高级技能和创新能力；能管理复杂的技术性和专业性的活动项目，能在不可预知的工作或学习环境中负责决策问题和负责管理个人、团体的专业发展。

第七级水平：要求学习者具有特定工作或学习领域中的高级专业性知识和前沿性知识，能批判性地认识其他某一领域中的知识以及不同领域间的交叉性知识；在研究和创新活动中学习者具有解决问题所需的技能；学习者能应对复杂的和不可预知的工作或学习环境，能提高专业性的知识水平和实践水平，负责检查团队的战略性业绩。

第八级水平：要求学习者具有特定工作或学习领域中最前沿的知识和不同领域间的交叉性知识；具有研究和创造性解决关键问题时所需的最高级、最专业的技能，具有扩展已有知识和实践所需的最高级、最专业的技能；学习者在研究中能表现出真正的权威性、创新性、自主性、学术性和专业性，并能不断地发现新知识和新方法。

中国—东盟高等教育区学位资格框架，依据学习者的学习状况，分为学士、硕士和博士三阶段。第一阶段，学士阶段要求完成 180—240 学分，掌握某一领域的专业知识，并能将其付诸实践，具有良好的技能水平和自主学习的能力。第二阶段，硕士阶段要求完成 90—120 学分，在这一阶段的学习中，要求学习者在学士阶段的基础上，继续扩展自身的知识领域，能够在信息不完整的环境下，利用已有知识解决复杂问题，具备自主和持续学习的能力。第三阶段，博士阶段的学习没有专门学分要求，这一阶段要求学生掌握某一领域的单独的研究能力，能够在该领域提出原创性的核心观点，具备推动社会知识更新、文化进步的专业能力。

2. 中国—东盟签约国国家学位资格框架

中国—东盟资格框架作为中国—东盟范围内统一的资格参考标准，有助于各国转换和比较学习者在国内外不同教育与培训机构获得的资格，提高资格的透明度，加强对非正规和非正式学习成果的认证。中国—东盟资格框架的有效实施，最好的办法是各签约国建立一个与中国—东盟资格框架相适应的国家资格框架。

由于中国—东盟各签约国经济社会发展的水平不一，高等教育传统及资源各具特色，教育与培训体系多样化，其开发国家高等教育资格框架的起点和进程不一样，签约国资格框架的建立可以分步分段实施。至 2020 年，中国、新加坡、马来西亚、泰国 4 个国家可以开发出国家资格框架，发表国家高等教育资格框架与中国—东盟高等教育区资格框架相兼容的自我认定报告。印度尼西亚、菲律宾、柬埔寨、越南、老挝、缅甸、文莱 7 个国家，2030 年前可以开发出国家资格框架，发表国家高等教育资格框架与中国—东盟高等教育区资格框架相兼容的自我认定报告。

为保证资格框架建立的顺利推进，中国与东盟应该成立资格框架协调小组，专门负责协调落实资格框架建立及实施相关工作。各成员国在质量保障、认证、指导和关键能力方面，要加强合作，密切配合。开发国家高等教育资格框架涉及理念更新、制度建设和工具开发，难以期待多数国家在 2030 年前完成资格框架的开发进程，所以对资格框架开发、实施的复杂性和艰巨性应有充分的估计。资格框架的建立，需要以构建中国—东盟高等教育国际标准体系和质量保障体系为其支撑。中国—东盟高等教育区国际标准体系是高等教育国际接轨、高等教育标准化的基础，有益于消除高等教育服务贸易壁垒，促进高等教育、教学和科研创新，提高标准水平，健全标准体系，增强中国—东盟同世界各国的交流和合作。学分改制同样是构建中国—东盟高等教育区学历学位资格框架的一项重要改革任务。目前，中国—东盟高等教育区的联结程度还不够高，学历学位资格框架的建构在学分互认上应迈出坚实的第一步。中国—东盟高等教育区学分互认应跨越区域、国家、部门和高等院校，以增强中国—东盟高等教育区的可渗透性。建立中国—东盟高等教育学分转换机制，让学分互认在中国与东盟各成员国之间畅通无阻。

中国—东盟高等教育共同体学历学位资格框架是随着共同体的建设持续推进的，共同体学历学位资格框架的构建是共同体建设的重要组成部分，只有中国—东盟高等教育共同体学历学位资格框架进一步完善，形成良好的运行体制机制，共同体建设才能真正实现。学历学位资格框架关乎整个东盟区域高等教育一体化发展，中国与东盟唯有更加密切地合作，才能推动双边高等教育战略合作伙伴关系永续健康发展。

（二）实施区域学分累积制度

跨国高校间的学分积累和转换，是指跨国高校之间进行合作交流并进行学分的积累和转换，转换的学分能被彼此高校所认可。学分积累和转换是实现学生自由流动，促进社会成员终身学习，塑造21世纪亚洲合格公民的重要途径。学分积累和转换的价值目标可以概括为"三个促进"：一是促进资源共享；二是促进学生流动；三是促进终身学习。在中国—东盟高等教育共同体建设过程中，中国与东盟高等教育领域引入区域学分累积制度，即中国—东盟高等教育学分积累和转换系统，成为融合中国与东盟高等教育的重要工具。该系统在中国—东盟高等教育一体化进程中，对增强区域高等教育的合作力度和透明度，必将发挥重要作用。

在东南亚地区，自20世纪80年代以来，在亚洲开发银行的支持下，东南亚教育部长组织高等教育与发展区域中心致力于协调与联络大湄公河次区域的高等教育以及建立学分互认，并且和区域外国家（日本、韩国）协作，共同建立学分互认的机构，实施大湄公河次区域学分互认机制项目。2006 年，泰国佛统皇家大学与云南师范大学对外汉语专业本科生培养开展项目合作，实施学分互换互认。2012 年，中国百色学院与马来西亚英迪国际大学签署《中国百色学院与马来西亚英迪国际大学学分互认协议》。东盟部分成员国与中国地方高校借助中国—东盟博览会平台，积极开展高等教育学分互换互认的有益探索。东盟大学联盟建立的学分互认机制，旨在更加广泛地促进东盟国家间学术交流，为东盟 2015 年整合做好东盟大学联盟学生资源的储备，并在区域内协调统一东盟精神，通过向学生提供进一步选择课程方案的方式来给予大学相关补充项目。学分转换计划是一个以学习者为中心的学分积累和转换系统，它以学习结果和学习过程的透明性为基础。作为一种工具，它增加了课程和专业资格的透明度和可理解性，使不同国家、不同机构间的学习更具可比性，从而促进了学习成果的互认，为学生的流动提供了便利。学分转换计划宗旨在于打通东盟各国的高等教育学制系统，促进学历相互承认，为学生提供一个具有透明度的课程系统和学习项目，加强各国高等教育界的联系，促进东盟高等教育领域人员的流动，吸引留学生来东南亚求学。学分转换计划在东盟国家的实施，整合了区域内丰富的高等教育资源，增强了质量认证和学分互认的透明度，促进了学生的广泛流动，充分发挥了高等教育在人力资源开发中不可替代的作用。

面向 21 世纪，中国—东盟高等教育学分转换和累积系统的构建，适用于该区域学位体系中的学士和硕士阶段，博士阶段无学分修习要求。它的主要内容有以下几项：

第一，全日制的学生每年要修习 1500—1800 个学时，相当于大约 60 学分；

第二，学生要获得某一课程的学分，必须通过该课程的相关考试并且获得合格的评价；

第三，学习的评价不仅仅限于最终的考试，同时还包括平时的一些学习活动，例如平时的上课出勤，参加讲座和研讨会，独立学习的成果，完成作业的质量等，这些都会被纳入学生的评价体系之中；

第四，学生通过考核所获得的学分值由该课程的学习任务难度以及所需的学习工作量来确定；

第五，中国—东盟高等教育学分转换和累积系统将学生的评级分为合格和不合格两个层次，学生学习的优劣等级由各国评定。其中，合格这一层次分为五个等级，并且每个级别都有一定的人数限制（较为优秀占10%，优秀占25%，一般占30%，良好占25%，合格占10%），不合格分为适当努力即可达到合格水平和需要付出大量努力才可合格两个等级。

中国—东盟高等教育共同体实现的学分积累和转换的过程包括：为课程分配学分、授予学生学分、实现学分积累和转换。由于中国与东盟各国间学分所代表的学习工作量差异较大，不利于相互比较，因此建议中国—东盟高等教育学分转换和积累系统采用统一学分标准，并制定较为详细的学分分配策略。学生如果达到课程评价所设定的及格分数，将获得该课程的全部学分。中国—东盟高等教育学分转换和积累系统学分，没有体现学生完成学习的优秀程度，其课程完成质量需要通过各合作高校的评价等级系统来体现。根据转换系统规定，学生可以在一段非连续性的时间内学习，以积累学分，在条件成熟时取得相应的学位资格。当学生从一所学校转入另外一所学校继续学业时，如果转入学校认为该生在原来学校所选修某门课程的预期学习结果以及学生通过考试的情况满足本校该课程的要求，那么他们在原来学校所获得的课程学分，也应该转入该校并获得认可，即实现学分在不同教育机构之间的转换。中国—东盟高等教育学分转换和累积系统学分，不仅可以在空间上实现跨国、跨院校转移，打破校与校之间的藩篱，消除国与国之间的障碍，还可以在时间上实现跨学习阶段持续计算，为中国与东盟各国高等学历之间的相互比较提供方便。中国—东盟高等教育学分积累和转换系统在促进中国与东盟各国大学生在亚洲地区进行学业流动及就业，构建统一、透明的中国—东盟高等教育共同体，必将发挥着核心作用。

中国—东盟高等教育学分累积制度，是学分体制改革的重要内容，它的实施有利于提高中国与东盟各国高等教育建立合作执行效率，有利于各签约国高等教育资源的有效整合、优势互补，有利于推进中国—东盟高等教育协同发展，增强内生动力，提高国际竞争力。区域学分累积制度的具体实施，可以通过建立中国—东盟高等教育学分银行来实现。学分银行（school credit bank）是一种模拟和借鉴银行的功能特点，使学生能够自由选择学习内容、学习时间、学习地点的一种管理模式。西方发达国家多年前开始实行"学分制"，在校学生每学期可自主选择部分课程。"学分银行"制度将学生完成学业的时间从固定学习制改变为弹性学习制。根据"学分银行"制度，学生只要学完一门课就计一定的学分，参加技能培训、考证也计学分，然后按全部应得学分累计；同时，允许学生不按常规的学期时间进行学习，而是像银行存款零存整取一样，学习时间可集中也可中断，即使隔了几年，曾有的学习经历仍可折合成学分，存于"学分银行"。"学分银行"通过承认其已有学分吸引更多的潜在学习者，有利于调动学习者积极性，有利于高校与市场接轨，有利于各类教育沟通衔接。"学分银行"不仅仅是高等教育制度的创新，更为重要的是为中国与东盟各国普及高等教育提供人性化服务。当前，伴随"互联网＋"信息时代的到来，在学习化社会建设的宏观背景下，中国与东盟各国对于人才多样化需求和各国公民自身多元化发展需要将越发凸显，传统正规教育已经难以满足 21 世纪亚洲知识中心建设的现实要求，正规与非正规、线上与线下相结合的现代高等教育办学模式如何得到社会的认可，如何满足社会与个人的需要，如何更具合法性和可操作性，都将是建设"学分银行"的意义所在。

（三）推动跨校课程合作开发

推动跨校课程合作开发，旨在集聚合作高校力量推动优质课程资源建设、共享和应用，为深化人才培养模式、课程体系、教学内容和教学方法的改革提供强大的课程资源支持和公共服务保证。优质教学资源的合作共享，是深化中国—东盟高等教育战略合作伙伴关系，提升高等教育合作效益水平的必然选择。"互联网＋"网络信息化时代，拥有众多的教育参与者，开放、共享、协同成为可能和必然。高校教师既是教学资源的使用者，同时又是教学资源的创造者、建设者。发挥合作高校教师创新创造作用，建立健全教学资源共建共享机制，推动跨校课程合作开发，互通有无，相互借鉴，共同分享，是推进中国—东盟高等教育共同体建设又一重要举措。

中国—东盟跨校课程合作开发，就是要进一步促进双边人员交流、加快师资队伍建设和有效提升教育质量。这种跨校课程合作开发实质上是一种新型的课程教学联合体，联合体中各成员单位是独立办学的教育单位，各成员学校地位平等，自愿结合，互惠互利，协同发展。跨校联合体在联合课程开发中，发挥联合体优势，高效整合优质课程资源，使优质课程在联合体内互动共享，让学习者既能有机会体验他国学校特色课程及活动，更能真切体验合作开发的课程成果。当前，中国—东盟跨校课程合作开发可以采取两种方式：一是实施已有特色课程对外推广；二是开展课程联合优势开发。在已有特色课程推广方面，马来西亚双联制课程和学分转移课程模式值得学习借鉴。20世纪80年代以来，特别是亚洲金融危机爆发后，马来西亚积极推动高等教育改革，众多高等院校实行与英国、美国、澳大利亚、新加坡大学联校的"1+2""2+1""3+0"三种形式教育体制，将这些国家著名大学的课程部分或全部转移至马来西亚分校或合作院校，学生毕业时获得由合作高校颁发的学历文凭或学位证书。双联课程和学分转移课程模式，是一种独特的国际化水平很高的教育模式。这种教育模式不仅为中国所承认，更为国际公认。随着中国与东盟经贸领域合作的不断加深，特别是高等教育战略合作伙伴关系的不断深化，这种课程模式可以得到全面推广运用。中国与东盟各国跨校课程因地域分布、文化传统以及经济社会发展水平不同而表现出极大差异性。因此，对于联合优势课程开发，要注意因地制宜，力求体现地方特色，注重挖掘独具特色的民俗风情、自然风光、校园文化、地方史志等课程资源。另外，跨校课程开发要关注实效性，即在推动校企产学研相结合的同时，要注意强化亚洲文化价值观和全球合作意识，使课程富有人文关怀。

推动中国与东盟各国实施跨校课程合作开发，应遵循平等互利、人本关怀、多元灵活、操作实用等原则，以共建共享的模式，推动优质课程资源开发建设。为此，合作高等院校要建立并依托国家精品课程共享服务信息平台（即国家精品课程资源网），实现签约国高等院校之间方便、快捷的互动交流和资源共享，促进其有效地开展教学活动和校际合作。要充分发挥合作高校现有特色专业人才培养优势，推出优势特色专业为其他高校学生提供跨境、跨校、跨专业学习机会，着力培养应用型、学术型、复合型卓越人才，提高合作高校学生的就业竞争能力。要建立长期可持续的跨校课程资源共享合作机制，鼓励和推动签约国高等院校间基于各级精品课程的跨校选课和学分互认。学生跨校修读专业课程达到规定条件的，由开设修读课程的高校颁发辅修证书。学生跨校修读完成全部学习任务并达到学士学位授予条件的，由开设专业的高校依规授予相应学位（第二学位）。鼓励本校优势、特色学科推免生报读其他合作高校硕士研究生，接收高校在同等条件下，优先录取合作高校的推免生。

　　推动合作高等院校之间的图书文献、实验设备、信息资源、在线课程等的共享与共建，联合举办各类高端学术论坛及系列讲座。推进联盟成员之间文化、体育、艺术、科学等资源共享。相互开放校园，实现合作高校国家重点实验室、省部级重点实验室等在联盟内部开放。要充分利用中国—东盟教育交流周平台，广泛开展签约国合作高等院校间教学资源交流、技术交流和教学观摩活动，组织举办高等教育领域涉及教学过程的各种研讨会、展览会和培训班。有计划组织签约国合作高等院校承担、参与各国教育部和国家精品课程资源中心的研究课题或开发项目。联合申报和承担签约国国家重大研究项目或国际科技合作项目。

　　面对"互联网＋"信息时代的挑战，积极开展优质课程资源的数字化建设共享和信息化教学改革，探索信息技术支撑下的高等教育新模式，促进信息技术与教育的深度融合。合作高校要尽快启动跨校课程的数字化改造工作，推动教学的过程性评价改革，加快校际间"跨校选课，学分互认"和"慕课"建设。加强合作高校教学资源数据库建设，重点做好高校数据融合与共享，以及基于大数据的开发利用，提升教学管理的精细化、规范化和科学化水平。推动服务应用和融合应用，提升跨校课程合作的便利性。为方便联盟高校间的信息交流，提高工作效率，中国与东盟国家各高校要协同开发建设"中国—东盟区域高等院校教学联盟"网站，设置联盟动态、联盟工作、共享资源等功能模块。合作高校师生可以通过课程互选、教师互聘、实践教学等栏目查询相关信息，安排学习和交流。合作双方高校还可以建立微信公众平台，为师生及时掌握各高校最新信息提供便利。

　　制定出台中国—东盟区域高等院校教学联盟跨校学习管理办法、实践教学资源管理办法、教师互聘管理办法、信息资料馆际互借管理办法等，为联盟高校间的合作提供制度保障。合理的共建共享机制设计，是优质教学资源可持续发展的基础保障。中国与东盟合作高校要致力于建立一个有效的共享机制，既让广大师生享受到丰富的教学资源，又能保证资源提供者的权益。根据共建共享的原则，资源使用者需合理付费，资源提供者应得到合理回报，知识产权受到法律的保护。鼓励和支持建立中国—东盟区域高等院校教学联盟，加强跨校课程合作开发相关理论研究，探索实践区域性高校教学联盟建设的新途径、新方法，通过开设辅修专业、公选通识课程，开展联盟大学讲堂、大学生竞赛、实验室和仪器设备共享等，进一步推进跨校学习、学分互认。通过探索实践多种跨校修读课程实现方式，充分发挥地域相对集中的有利条件，调动学生学习的积极性，培养学生的自主学习能力。推动基于精品开放课程平台的跨校修读课程、学分互认工作，促进合作高校创新人才培养机制，有效利用优质教学资源，加强复合型、创新型人才培养，办出水平和特色。

通过中国与东盟各国实施跨校课程合作开发，深化合作，不断拓展合作内容，释放人才、资源等创新要素的活力，促进学科交叉融合，培育新的学科增长点，协同解决国家和区域发展的重大战略问题，使各校资源优势有效放大，加快学科、专业、人才和成果四个一流建设。建立起一种长期的互惠、互利的合作关系，充分发挥和利用合作学校的特色和优质办学资源，开展互补性合作，提升合作学校的教育质量、办学水平与社会声誉，实现合作学校的可持续发展，引领和促进区域高等教育发展，提升东南亚区域高等教育整体竞争力和影响力。

（四）推进跨境人员自由流动

美国高等教育学家克拉克·克尔把学习的国际化划分为四个组成部分，即新知识的流动、学者的流动、学生的流动和课程内容。[①] 终身学习框架的架构，流动性在高等教育交流合作中发挥着其他要素不可替代的作用。而这种流动性不仅是单纯的人员流动，还涵括了由人员流动所带来的文化知识、科学技术、习俗观念等的交流与传播。上千年以来，中国与东盟正是在持续推进跨境人员自由流动的过程中，增进了双边政治互信，巩固传统友谊，深化合作关系。特别是 1991 年中国与东盟开始对话、建立合作交流关系以来，中国—东盟自贸区建设、中国—东盟教育交流周、中国—东盟"双十万学生流动计划"等合作机制与平台的建立，各领域合作交流活动的开展，对推进双边经贸往来、互联互通、项目合作、学生交换等，发挥了积极作用。

中国—东盟教育部长会议强调，不断促进区域内人员的良性互动与积极流动，努力培养中国与东盟所需的高素质人才，大力开发区域内

---

① ［美］克拉克·克尔：《高等教育不能回避历史——21 世纪的问题》，浙江教育出版社 2001 年版，第 15 页。

各国的人力资源，必将增强中国与东盟的高等教育合作，提升高等教育合作质量水平，实现中国—东盟共同体经济、社会、政治、文化与生态等多领域的良性互动发展。然而，从目前情况看，尽管中国已经落户六大省区成立了国家级的东盟教育培训基地，并积极组建沿线国家大学联盟，定期举办中国—东盟大学校长论坛，积极实施中国—东盟"双十万学生流动计划"等，中国与东盟人员流动仍然停留于单一层面，表现出人员交流合作政策缺失、形式单一、内容空泛，以及在职培训多、会议论坛多等突出问题。同时，受制于资金与技术，中国—东盟区域内人员流动还受到信息流通程度不高的影响，以及生源竞争的牵制。目前，在中国与东盟高等教育合作过程中，虽然双方互派的留学生人数不断增长，但主要是以东盟高等教育欠发达国家如越南的学生为主，来自东盟高等教育发达国家的留学生几乎没有。另外，随着中国—东盟自贸区建设的提档升级，中国"一带一路"倡议与东盟"海洋支点"战略对接，加快推进中国—东盟跨境人员自由流动，打通中国与东盟各国繁荣兴盛的快速通道和绿色走廊，成为深化中国与东盟战略合作伙伴关系的迫切任务。

消除一切障碍，实现人才跨国自由流动，是中国—东盟高等教育共同体建设的基础，也是其重要举措之一。教师、学生、职员的国际流动，意味着文化的传播、学术的交流，意味着一个国家和地区教育的吸引力，也意味着一个国家对人才培养的重视。基于中国—东盟高等教育共同体建设的需要和国际人才市场的激烈竞争，中国与东盟各国应建立健全柔性化的人员流动体制和机制，制定出台跨境人员自由流动政策法规，搭建人员流动信息资源共享平台。按照市场经济发展的要求，打破传统的国籍、档案、身份等人员流动中的刚性制约，在不改变人员国籍和其原单位隶属关系的前提下，经过协商，双向选择，来去自由，形成进出更灵活、渠道更畅通、方法更人性的人员自由流动机制。推进人力资源共创、共享，以最大限度地利用人的价值，实现智力和劳动力充分而自由地流动。

为吸引更多的人员到双方国家学习、培训和开展项目合作，中国与东盟各国可以在海外市场推广合作国家语言、文化和教育，开放留学政策，努力减少外国留学人员的入境步骤和入学程序，设置前期适应性课程，规定公立大学免除学费，其他大学和高等教育机构提供学费优惠。

设立众多奖学金项目和助学金项目，对留学人员的住房提供补助。合作高校还可实施与企业合作开展实习制度，实习生还可以带薪实习，以优化留学人员的学习和就业条件。为留住人才，中国与东盟各国的移民政策还可推出"优秀人才居留证"，主要针对有特殊技能、出类拔萃、能对双边国家的发展做出贡献的人才，让他们能够长时间地居住在合作国家。

在学生流动方面，中国与东盟各国可以实施一系列的项目和计划，吸引双方国家留学生来本国学习和派送本国学生出国深造，促进学生在国际上的双向流动。东盟各国应该设立政府、学术团体、高校等多种奖学金，吸引海外的留学生和国际上的优秀人才，增加赴本国研修的国际交流生人数。另外，东盟各国还要设立针对研究生的奖学金，用来资助来自其他国家最优秀的人才来本国的高等学府和研究机构学习科学、医学、技术、工程等学科知识，并奖励那些做出了一定贡献的研究者。随着双方国家留学人数的上升，东盟各国要尽力简化签证手续，缩短签证时间，对学生能够尽快启动留学课程的学习提供便利。在推广本国的教育方面，东盟各国的高校在其他国家都应设置咨询服务机构，来扩大高校的宣传并招收留学生。而学校内部也要积极开拓多层次的国际课程项目，满足留学生的学习需要。东盟各国高校应该学习推广马来西亚"双联制"办学模式，与其他国内国外高校积极开展联合办学，实行学生双边交流。在吸引国外留学生的同时，也可设立贷款和奖学金制度，鼓励学生跨国学习国际丰富的知识和经验。

在教师的国际流动方面，中国与东盟各国政府应该鼓励合作高等院校邀请双方教授和专家来举办学术讲座、访学交流。聘请双方学者来校教学，派遣本国教师出国参加国际会议、专业进修、职业培训，推动教师们积极参加国内外的各种交流活动，并通过远程网络视频进行国际思想交流和研究讨论。聘请双方教师，要简化外籍教师申请程序，增加科研与教学岗位，改善教学和科研条件，提升待遇，加大对科研的投入，来吸引双方高等院校的教师和专家。中国与东盟各国还应开展各种学生、教师出国进修项目，除政府经费资助外，也要有来自各个企业、民间组织机构的经费支持。经过多年的努力，力争中国与东盟各国的人才流动国际化得到长足的发展，积极培养大批的社会精英，努力提高合作国家高等教育在国际上的地位和影响力。

（五）建立质量评估保障体系

建立高等教育质量评估保障体系，是中国—东盟高等教育共同体建设的重要抓手、关键环节。教育质量评估保障体系关系大学之根本、教师之权益、学生之发展。大学之根本，即以保证教育教学质量为根本。教师之权益，即以保证教师的教学和科研等正当权利得到合理维护。学生之发展，即学生接受教育后的获得感，这种获得感是建立在以产出为本的教育教学质量保障之上的，这是高等院校教育教学的出发点和最终落脚点。在中国—东盟高等教育共同体建设实施过程中，建立高等教育质量保障体系，不仅对于促进人员的自由流动，文凭、学位的相互承认等有着特殊的意义，而且也是提升中国与东盟各国高等教育透明度、兼容性和国际竞争力的重要手段。因此，建立高等教育质量保障体系，提高高等教育质量，一直都应是中国—东盟高等教育共同体建设的核心任务。

2002年，中国教育部设立教育涉外监管专职机构——教育涉外监管处，具体负责教育国际合作与交流领域的监督与管理工作，特别是加强与质量最为密切的招生、教学、发证等环节的监管。此外，还有中国留学服务中心，在境外学历学位认证、国际教育资质鉴定以及引进国外优质教育资源等方面都发挥着重要的作用。2003年3月1日，中国国务院颁布《中华人民共和国中外合作办学条例》，并于当年9月1日起正式施行。条例的颁布，为中国与其他国家包括东盟国家高等教育合作提供了基本的法律依据，对维护跨境教育质量管理发挥了规范性保障作用。中国跨境教育质量监管体系的逐步形成和不断发展，为中国—东盟高等教育质量的保障奠定了坚实的组织基础和政策保障。从东盟内部看，1998年，《东盟大学网络质量保障》（AUN－QA）制定并实施。2000年，东盟在泰国召开了第九次董事会会议并签署了《AUN－QA曼谷协议》。该协议通过提高教学与科研质量，改善成员大学总体学术能力的机制，以及提供一系列AUN－QA措施、方针和指南等方式，促进东盟高等教育质量保障系统的形成和发展。同年11月，在泰国曼谷又成立了AUN－QA协会工作室，其主要负责制定AUN－QA的政策、标准、方针、基准程序、评估指南和指标。2004年11月，第十六届东盟大学联盟理事会议在柬埔寨暹粒召开，会议通过并签署了《AUN－QA指导方针》。此外，《AUN－QA吉隆坡标准》制定了一系列具体的评估标准和指标，其中包括 6 项一级标准、24 项普通标准和 70 项评估指标。[①] 通过制定 AUN - QA 机制，建立与国际高等教育质量保障标准接轨的高等教育质量保障体系，促进师生的自由流动，推动成员大学跨区域学分互换与学历互认系统的建立，增强高等教育机构之间的交流与合作，提升东盟高等教育的质量。2012 年 1 月，AUN - QA 研讨会和东盟大学联盟首席质量官员会议在泰国清迈召开，会议制定了《AUN - QA 战略框架行动计划（2012—2015）》。[②] AUN - QA 的进一步发展，增强了该系统的评估能力，促进了系统的国际化发展，提高了东盟各成员国在质量评估方面的水平，为东盟国家优质人力资源的储备奠定了基础。

中国—东盟高等教育质量保障体系，应由中国—东盟高等教育质量保障协会构思。坚持以学生质量为中心，产出为导向，使学生、社会满意为指导思想。该质量保障体系分为外部和内部双层保障体系。外部质量保障体系的内容有形成固定的外部保障程序，评估活动的决策依据，评估过程与结果的一致性，评估报告的规范性等。外部质量保障体系设置为政策环境保障、体制机制保障、第三方监控保障和国际信息资源保障。其中，政策环境保障是中国—东盟高等教育共同体建设的最根本保障，是建立高等教育质量评估保障的基石。中国—东盟教育合作所签署的一切文件、备案等，都将在建立健全教育质量保障体系中发挥规范作用。体制机制保障是中国—东盟高教共同体建设必须突破的难点，由于中国与东盟各国高等教育体制存在根本性差异，同时这种体制差异导致各国高等教育系统运行机制的千差万别。由于质量评估保障体系总系全局，教育教学中的任一环节都会关系着评估的进程和质量，评估体系的建立和完善在整个高等教育共同体建设中起着牵一发而动全身的作用。而评估又关系着国家、学校、教师（学者）和学生的切身利益，所以教育质量评估制度的有效建立，即可看作是共同体建设的体制机制突破口、着力点。第三方监控保障作为高校与社会的有效联系，近年来在中国和东盟一些国家刮起了一阵旋风。然而，在实施过程中同样受到体制机制的制约。第三方监控，在中国和东盟一些国家的实践尚不成熟。随

---

① 覃玉荣：《东盟高等教育质量保障研究》，《高教发展与评估》2010 年第 2 期。

② AUN，AUN - QA. Guidelines for AUN Quality Assessment and Assessors & Framework of AUN - QA Strategic Action Plan 2012 - 2015 ［EB/OL］. http：//www. aunsec. org/pdf/documentations/03_ GuidelinesforAUNQualityAssessmentandAssessors&Framework. pdf，2014 - 01 - 19.

着中国—东盟高等教育共同体建设的持续推进，中国与东盟应以中国和东盟共同的亚洲价值观为前提，以中国和东盟各国学生的发展为宗旨，以中国和东盟的美好未来为目标，着手建立跨国型第三方监控平台。国际信息资源保障的作用，可以比作教育质量评估保障体系的眼睛和耳朵。在全球化进程加快、信息化浪潮涌进的今天，中国—东盟高等教育共同体建设需要全球信息和数据的支持。

中国—东盟高等教育共同体建设内部质量保障体系的内容，包含高校内部质量保障的政策和程序，定期对学校开设的专业质量和学生的学习质量进行考核，对学校的学位授予权和教学人员的教学水平进行评估，对校内学习资源（硬件资源和软件资源）的考察评价等。中国—东盟高等教育共同体内部教育质量保障体系的建立，应以先进的教育教学理念和较为成熟的人才培养方案为基础。具体包括学生培养方案的设计评估；教师教育教学能力评估；课堂建设评估；教育教学设备及其使用效率评估；科学管理和服务的评估；大学的文化和特色评估（包括特色学科）；大学国际化评估；毕业生和学校社会声誉评估等。中国和东盟各国各高校应该营造高校内部自下而上的评估氛围，做到学生进行自我学习的评估，教授进行自我教学的评估，行政管理人员进行自我管理评估等，使学校自我评估工作常态化。高校的内部教育教学质量评估是高校内部成员的义务和责任，要树立全员参与、各环节渗透的意识，才能把内部评估工作做细做实。中国与东盟各国应相互学习借鉴优秀的高校内部管理和评估的案例，坚持质量保证认证标准以学生中心、产出导向、改进可持续的原则。内部质量保障体系的建立重点在学校自身教育质量的建设上，而高校自身的教育质量体现在课堂教学质量上，课堂教学质量是以学生为本的，以学生为本和中国—东盟高等教育共同体建设是本盛末荣的关系。中国—东盟高等教育共同体在教育质量保障体系建设中，将更加注重探讨和研究高校课堂教学中的学生能力型课堂、师生研讨型课堂、开放型课堂、合作型课堂、体验实践型课堂等新型课堂的构建。

中国—东盟高等教育质量保障体系建设，也包括质量保障机构本身评估标准的制定。质量保障机构本身评估标准包含评估机构官方地位的合法性，评估机构的性质、目标任务的情况说明，具有一定的资金支持和人员保障，能够正常开展评估活动，评估机构自身的独立性等。

建立中国—东盟高等教育质量保障体系，是以建立高等教育质量检测中国—东盟国家总数据平台和各国分数据平台为支撑，以中国—东盟各国内、外部教育教学质量评估体系为基本保证的，形成中国与东盟国家间更为密切、内外联动、及时跟踪反馈、持续改进的高等教育质量评估保障体系。中国—东盟高等教育内部质量保障形式主要通过机构内部评价，资格证书授予批准、监控与周期性评价，学生评价，教师评价，学生资源和学习支持评价，以及信息系统和公共信息的评价来确保质量。中国—东盟高等教育外部质量保障形式有以下三种：第一，评估、认证、审计和基准，第二，中国与东盟注册、质量标志、亚洲排行，第三，协商论坛。

中国—东盟高等教育共同体建设进程中的高等教育质量保障框架，具有系统性、整体性与融合性的特点，它把中国与东盟各成员国的高等教育质量保障系统有机地结合起来，并将双方教育政策有意识地渗入成员国中，使之达成共识并予以认同，让成员国从中受益，这将是中国—东盟高等教育质量保障框架得以有效架构的原因所在。

（六）打造合作交流公共平台

搭建中国—东盟高等教育共同体建设公共平台，不只限于中国—东盟教育交流周、部长级会议和各国高校师生互学互鉴等，而是以中国—东盟已有的相关文化和教育交流形式为基础，打造更富有创新性、共享性、建设性和更富人性魅力、人本关怀的公共交流合作平台。平台的搭建要突出亚洲身份意识和共同价值观，彰显交流合作的实质性成效，形成公共性质凸显的全民参与的文化、教育、科技交流纽带，让教育合作的成果惠及双方国家老百姓。公共平台不仅要提升中国与东盟高等教育合作的层次，而且将加强双方高等教育理念方面的沟通理解，共同推动亚洲价值认同、文化认同和身份认同，协力培养中国—东盟各领域专业人才，夯实中国—东盟高等教育共同体建设的人文基础。

2016 年是"中国—东盟教育交流年"。2016 年 8 月 1 日，第九届中国—东盟教育交流周暨第二届中国—东盟教育部长圆桌会议在贵阳开幕。中国国务院副总理刘延东出席并发表主旨演讲。刘延东表示，中国与东盟国家在教育领域可以优势互补、资源共享、互利共赢。双方国家要完善合作机制，丰富交流形式，提升务实合作水平，努力将包括教育在内的人文交流合作打造成中国—东盟战略伙伴关系的新支柱。刘延东指出，2016 年是中国—东盟建立对话关系 25 周年，中国始终将东盟作为外交优先方向，习近平主席强调要携手构建更为紧密的中国—东盟命运共同体，李克强总理提出要推进中国—东盟"2＋7"合作。近年来，中国与东盟国家各领域交流合作日益深化，教育合作是其中一大亮点。双方连续 8 年举办教育交流周，签署了近 800 份合作协议，打造了人文交流的响亮品牌。可以说，中国与东盟教育交流合作已经取得丰硕成果，并彰显良好发展前景。但就目前情况看，中国与东盟高等教育区域合作仍存在诸多问题，与中国—东盟高等教育共同体建设的要求还存在极大距离。例如，重点大学之间合作多，非重点大学之间合作少；沿海沿边大学之间合作多，内地大学之间合作少；举办教育交流周、大学校长论坛等教育会议论坛多，项目合作、联合科技攻关少；合作高校院系之间壁垒森严，学科、单位、区域界限明显，高校与企业、科研院所等深度合作的主动性不强；合作高校数据库建设步伐滞后，协调组织机构不健全，"资源孤岛""信息孤岛"诟病严重等。因此，促进人才、资金、物质、信息等要素的深度有机结合，搭建资源共享平台，提升中国与东盟各国高校自主创新能力，推动区域一体化发展和创新型国家建设，是推进中国—东盟高等教育共同体建设的根本保障。[①]

1. 人才资源共享平台

人才资源是第一资源，也是起始资源，对推进中国—东盟高等教育共同体建设发挥着决定性作用。搭建中国与东盟区域合作高校人才资源平台，首先要完善人才队伍建设规划，加强区域合作高校人才队伍建设规划设计，出台制定涵盖区域人才选拔、引进、培养、使用、评价、激励、保障等体系的《中国—东盟区域战略联盟高校人才队伍建设中长期规划纲要（2020—2030 年）》《中国—东盟区域战略联盟高校拔尖人才选拔、引进、奖励管理办法》《中国—东盟区域战略联盟高校有突出贡献的拔尖人才选拔、管理办法》等政策文件。建立柔性宽松的人才引进机制，鼓励各地各类高层次人才到区域战略联盟高校从事兼职、咨询、讲学、科研合作、技术指导、转让专利等，促进合作高校各类人员的流动。建立灵活高效的中国—东盟区域合作高校人才培训、使用、奖

---

① 李化树、叶冲：《论我国高等教育区域合作与发展的基本框架——欧洲高等教育区建设的启示》，《教育发展研究》2015 年第 21 期。

励机制，通过配备专业导师、开设多种课程、设立专门基金、选拔人才项目、学术梯队建设、学科团队吸纳、教科研项目资助、国内外学术交流等方式，推动人才培养培训，努力提高人才队伍专业化水平。建立中国—东盟区域高校专家库，建设学术共同体，健全区域教授互聘制度，充分发挥专家在项目评审、科研发展中的决策咨询作用。积极开发中国—东盟区域教师资源，设立"联合教授"席位，建设区域共同师资市场，推动优质师资广泛流动，组建科研梯队，提升区域高校师资队伍的核心竞争力。① 另外，要积极扩大国际交流与合作，扩大招收双方国家留学生，定期开展教师、学生之间的国际互访交流，有计划地聘请双方国家专家相互讲学，加强专题和科学技术的合作研究，努力为各类拔尖创新人才搭建国际化的成长发展平台。

2. 资金资源共享平台

资金来源状况，决定着中国—东盟高等教育共同体建设速度与发展水平。从中国与东盟各国目前情况看，高校经费主要来源于国家财政预算内拨款，约占高校资金来源的50%以上。然而，随着高等教育战略合作关系的不断深化，高等教育大众化、国际化的深入推进，特别是高校绩效拨款政策的推行，促使高校的资金来源发生了结构性变化，一些综合实力较强的高校，非财政性资金投入逐年增多，预算外经费来源呈多元化发展。高校投入结构差异、地区差异、校际差异、学科差异越来越突出，国家财政投入的经费供给和扩招带来的建设资金激增的需求矛盾激化，面临着严重的资金短缺和获取资金的财务风险问题。为此，推进中国—东盟高等教育共同体建设，首先必须深化高等教育经费投入体制的改革，进一步加大政府高等教育的投入力度，实施转移支付政策以平衡地区间公共高等教育资源的差异。建立教育主管部门负责的高校贷款审批制度，完善企业、社会团体和个人捐赠的税收优惠政策，提高社会力量捐赠的积极性和主动性。中国与东盟各国高校要充分利用自身的人才、智力、科技资源优势，通过开办企业或与企业合作，转化科研成果，主动创造资金效益，并提高资金的利用率。中国与东盟各国高校应

---

① The Conference of European Ministers Responsible for Higher Education. The Bologna Process 2020 – The European Higher Education Area in the new decade [EB/OL]. http：//www. ond. vlaanderen. be/hogeronderwijs/bologna/conference/documents/Leuven_ Louvain – la – Neuve_ Communiqué_ April_ 2009. pdf, 2009 – 04 – 28/29.

积极实施多样化办学模式，开展与企业、科研院所、国内外知名高校之间的合作办学，通过项目合作、科技研发等，拓宽资金来源渠道，提高资金利用率，增强高校改革发展活力。另外，中国与东盟各国政府应加强对高等教育区域合作的政策引导，对高校战略合作所涉及的城市布局、产业结构、资金筹措、技术转让以及土地利用和有偿转让等方面的问题进行科学规划，制定出台相应政策、法规和条例，保障中国—东盟高等教育共同体建设依法有序推进。

3. 物质资源共享平台

学习借鉴欧洲高等教育区建设的成功经验，优化整合中国与东盟各国高校物质资源，包括校舍建筑、图书资料、设施设备、实验室、计算机、学生活动中心等，有利于区域合作高校实现资源共享、优势互补、互利互惠、共同发展。中国—东盟高等教育共同体建设，要善于"借鸡生蛋"和"借船下海"，积极鼓励区域合作高校之间、高校与科研机构以及高校与企事业单位之间开展合作，打破封闭式管理，不断提高公共设施开放水平，增强区域公共基础设施共享程度，打造中国—东盟区域高等教育共同体。同时，主动应对"互联网＋"时代挑战，破除"信息孤岛"弊端，借助数字化、信息化、网络化、智能化的发展环境，搭建互联互通的"网上港口"，优化资源开发服务模式，提升科研能力和成果转化能力，推动跨校协同创新，提高合作发展的科学化水平。推动中国与东盟合作高校与双方国家、省一级重点实验室的相互开放，共同构建区域科研共享平台，营造良好的科研环境。通过建立合作高校重点实验室、工程中心，整合优质资源，促进中国—东盟区域高等教育互融互通，推动区域内高校、科研机构、企业以及行业组织的持续健康发展。积极开发区域高校课程资源，建立课程互选、学分互认制度，建设区域共同课程资源库，提高优质课程资源利用率与区域高校科研整体水平。

4. 信息资源共享平台

信息资源是推进中国—东盟高等教育共同体建设充满活力和竞争力，增强内、外沟通交流的必要资源。长期以来，由于受主客观因素的制约，中国与东盟各国高校信息形成各自独立的系统和数据，信息系统缺乏有效集成，系统的管理维护、安全防护存在许多隐患，数据信息的深入挖掘和利用受到制约，信息缺乏有效共享，产生了"信息孤岛"，降低了信息的服务功能。随着"互联网＋"的迅猛发展，信息资源的共建共享已经成为中国—东盟区域高校合作追求的共同目标。加强中国—东盟区域高等教育合作，打造中国—东盟高等教育信息港，必须完善区域网络信息基础设施建设，利用大数据、云计算等新技术，建设合作高等学校信息数据库，建立中国—东盟区域高等教育信息发布制度，增强区域高等教育的信息互动能力，接受公众的监督、查询和评价，提高区域高等教育合作互动的可预测性。学习借鉴欧洲高等教育区建设的成功经验，加强中国—东盟区域高校网络环境与硬件基础设施建设，制定统一的信息标准，建立中国—东盟区域高校信息数据中心，精心开展门户设计、集成系统设计以及其他应用设计，建立健全相关信息管理制度。同时，要规避因信息不对称带来的合作风险，最大范围地推动中国—东盟区域内高等教育资源的共建、共享，为构建中国—东盟高等教育利益共同体、命运共同体作出重要贡献。[1] 当前，在推进中国—东盟高等教育共同体建设过程中，较为关键的是要积极构建区域合作高校教学资源的互通机制，实现信息资源的网络共享，特别是图书文献资源、课程资源以及就业信息等，提供校际间高水平便捷的信息资源"一站式"服务[2]，切实增强中国与东盟区域合作高校信息的服务功能。

（七）构建终身学习资格框架

自 20 世纪 70 年代终身教育观的提出，至今仅有近半个世纪。短短的几十年，人类学习方式、教育方式和管理方式发生了革命性变革。随着"互联网＋"时代的到来，云计算、大数据、物联网等现代网络技术广泛运用于我们的学习、工作和生活，传统教育理念、学习方式、管理模式受到强有力的冲击和挑战，客观现实让我们不得不对今天的教育观、学习观、人才观予以重新审视。中国—东盟终身学习资格框架的建立和实施，正是顺应时代发展潮流的必然之举，必将有助于减少中国与东盟各国制度性、体制性障碍，促进各国间工作和学习的流动，加快亚洲文化、社会和教育融合发展的进程；有助于推进亚洲终身学习的进程，进一步推动资格和能力透明度单一共同体框架"亚洲之路"证书、

---

① 倪怀敏：《我国高等教育国际化及发展战略思考》，《四川师范大学学报》（社会科学版）2013 年第 4 期。

② 李化树、叶冲：《论东盟高等教育共同空间构建及启示》，《比较教育研究》2015 年第 3 期。

"亚洲高等教育学分转换系统""亚洲职业和培训学分转换系统"非正规和非正式学习认证等共同工具的实施，构建亚洲学习型社会；有助于增进中国与东盟各国间互信和合作，推动各国间和教育系统间的资格的转换和使用，提高雇主对劳动力市场上的资格证书的性质、内容和相关性的判断和鉴别能力，使高等教育更好地适应亚洲以及整个国际劳动力市场的需求。

20 世纪 90 年代，新加坡和马来西亚即开始研制和实施资格框架，到 2013 年新加坡建立了职业教育和培训领域资格框架，马来西亚则建立了高等教育领域资格框架。中国《国家中长期教育改革和发展规划纲要（2010—2020 年）》明确提出搭建终身学习的立交桥，促进各级各类教育纵向衔接、横向沟通，建立学分积累与转换制度，实现不同类型学习成果的互认和衔接，提供多次选择机会满足个人多样化的学习和发展需要。2013 年 3 月，为推动终身学习，以应对知识经济和"互联网 +"时代的挑战，第四十七届东南亚教育部长理事会议在越南河内召开，会议主题确定为"教育的未来：掘金之路"。来自 SEAMEO 的 11 个成员国教育部长、7 个联系会员国代表和 3 个附属会员就终身学习和建设学习型社会，给东南亚国家教育部长们制定终身学习国家政策框架提出了建议。会议强调加强成员国间教育、科学和文化的区域合作，促进各成员国终身学习的发展，推动学习型社会建设。尽管经济发展水平、教育发展质量存在较大差异，东盟大多数国家都试图通过建设终身学习资格框架，建立普通教育和职业教育与培训之间的沟通和衔接机制，使教育更适应社会经济发展需要。促进区域人员流动和就业。推进学习成果认证体系建设，并建立相应的积累与转换制度，从制度上落实联合国教科文组织提出的发展全民教育、终身教育等主张，促进学习化社会的形成和发展。尽管起步与发展水平不一，中国和东盟各国为终身学习资格框架的建立已经提供了政策支撑，夯实了实践基础。

面向未来，中国—东盟终身学习资格框架的设计，不仅要覆盖高等教育和职业教育，同时也要将基础教育和职业培训纳入其中。参照欧盟终身学习资格框架的架构①，并按照知识传授和培训所能达到的技能水

---

① 李化树：《建设欧洲高等教育区（EHEA）——聚焦博洛尼亚进程》，人民出版社 2013 年版，第 128—129 页。

平的不同，我们将中国—东盟终身学习资格框架划分为 8 个等级，最开始的义务教育作为第一级，博士阶段的学习完成（或者同等学力）作为第八级。其中，终身学习框架中的 6—8 级与学位资格框架紧密相连，与学位资格框架中的三级学位（学士、硕士、博士）相适应。中国—东盟终身学习资格框架在分级方面应该有一套严谨的评判标准，使中国与东盟各国在教育与职业培训的资格认证上拥有权威性的参照依据，有助于不同国家的企业与用人机构对应聘者的知识和技能水平的鉴别，有利于活跃亚洲的人才市场。为此，中国与东盟组织协调机构中国—东盟中心应将建立中国—东盟终身学习资格框架列入重要工作日程，深入开展调查研究，组织双方开展座谈讨论，为早日推出终身学习资格框架做出努力。

中国—东盟终身学习资格框架的构建，应做到大处着眼、小处着手。所谓大处着眼，即终身学习资格框架构建要置于全球视野范围，以全局观为导向，以国际联系为脉络，以融合创新为方法。所谓小处着手，则涉及每个人的终身学习规划，以适合性、爱智型、获得感为个人终身学习基本导向。具体而言，终身学习规划应寻求适合个体自身的能力水平、兴趣爱好、职业发展、社会需求规划。主动自发地热爱生活、热爱智慧，让知识应用智慧化、人性化、创新化，构建爱智型终身学习观。以每个人的获得感为衡量终身学习成果的指标，让个人学习成果获得感体现在从小处着手的终身学习过程之中。

四　推进共同体建设的行动策略

中国—东盟高等教育共同体建设的推进过程，是一个思想观念不断激荡碰撞的过程、一个政策制度不断建立完善的过程、一个体制机制不断创立创新的过程和一个权利义务不断论争博弈的过程。顺应区域经济一体化、政治体制多元化、高等教育国际化发展趋势，对接中国—东盟自贸区提档升级，共同推进"一带一路"倡议实施，中国—东盟高等教育共同体建设必须建立分层定期会议机制，签订区域合作政策文件，强化效益质量监督评估，完善信息反馈沟通制度。强化顶层设计，注重策略谋划，规范运作流程，推动共同体建设不断走向纵深。

（一）建立分层定期会议机制

建设中国—东盟高等教育共同体，建立亚洲知识中心，增强亚洲认同和认同亚洲，提升东南亚及整个亚洲国际政治地位，是中国与东盟应对区域经济一体化、高等教育国际化挑战的战略选择，是推进中国—东盟命运共同体、东盟共同体建设的题中应有之义。按照中国—东盟命运共同体建设路线图，推动中国—东盟高等教育共同体建设，应当建立健全定期举行会议的工作机制。

建立分层定期会议机制，中国与东盟就双方高等教育合作交流问题展开实时对话磋商，制订一系列工作计划，签署各类合作文件，出台合作谅解备忘录，这是推进双边高等教育合作交流健康有序运行的有力举措。从目前情况看，中国与东盟已经建立了举办年度领导人会议、召集年度部长级会议和召开工作层对话会议的合作机制，定期举办中国—东盟文化论坛、中国—东盟教育交流周、中国—东盟教育部长圆桌会议、中国—东盟工作层对话会议，以及中国—东盟大学校长论坛等，深化了双边高等教育各个领域务实合作，提升了高等教育战略合作效益水平。成果丰硕，影响深远。但同时，在组织机构、顶层设计、机制构建等方面也存在不少问题。突出表现为对中国—东盟高等教育共同体建设缺乏顶层设计，运作机制不良，统筹协调不足，成果转化率低等。

以消除区域教育服务贸易壁垒，促进区域经济一体化发展为宗旨，参照国际服务贸易规则，融入区域性教育市场特点，创新分层定期常态化会议机制，协调和加强中国与东盟双方高等教育务实合作，是推进中国—东盟高等教育共同体建设常态化和法制化的有效行动策略。一是优化中国—东盟年度领导人会议、年度部长级会议和工作层对话会议机制。将中国与东盟高等教育区域合作纳入会议内容，实行定期会晤磋商，对双方共同关心关注的热点、难点问题适时沟通，协调立场，落实行动。二是建立中国—东盟高等教育峰会。峰会是涉及中国—东盟高等教育共同体建设进程签约国国际性问题、由各国相关领导人参加的、就共同体建设达成某些共识或某些共同纲领性文件的国际会议，会议每年一次发布会议公报或者宣言。会议以整个共同体建设进程推动过程中的一些专题为内容。所有与共同体建设政策制定的各签约国部长级别的官员、相关组织负责人、研究人员等都可以参加，一般是以制定和监督执行共同体建设进程的相关政策为目的。三是建立中国—东盟教育部长会议多边交流机制。中国—东盟高等教育共同体建设这一庞大计划的推动，需要开展定期的讨论，以适应不断发展的新形势。为此，各国教育部长要提交共同体建设工作报告，加强高等教育合作顶层设计，对双边高等教育合作开展定期和不定期高层磋商，并发布决策方案公报。部长级会议可以组织专门的后续工作组进行管理。工作组的主席由中国与东盟秘书长担任，副主席由负责下一次教育部长会议的主办国有关负责人担任。教育部长会议由主办国主持。四是构建中国—东盟高等教育论坛。定期组织双方国家的教育专家、学者共同研讨高等教育区域合作，强化政策设计、专题研讨、国别研究，共商高等教育改革发展大计，改进和完善共同体建设进程行动目标，推动共同体建设井然有序实施。五是建立中国—东盟大学校长论坛。定期组织双方国家高等院校开展多层次、多类型、多级别工作交流研讨，推动普通高等教育、高等职业教育和网络虚拟大学多层次的沟通联系。六是设立中国—东盟教育博览会。进一步完善中国—东盟教育交流周机制，逐步在东盟成员国建立中国教育中心，充分利用博览会会展平台，增设专门的教育会展展台，共同举办高水平的教育交流活动，加大双方教育宣传推广工作力度。

为加强高等教育的国际合作与交流，每隔两年召开教育部长会议的同时还可以举行中国—东盟政策论坛，为世界高等教育的合作提供参考。为推动中国—东盟高等教育共同体建设顺利实施，双方还应该设立共同体建设秘书处，主要是为共同体建设后续工作组、教育部长会议、高等教育峰会以及后续工作小组提供基础性服务。

（二）签订区域合作政策文件

随着中国—东盟自由贸易区的提档升级，特别是对接"一带一路"倡议实施，深化中国与东盟各国高等教育领域的务实合作，提升双边高等教育战略合作水平，成为推进中国—东盟命运共同体建设的一项重要任务。为促进中国与东盟各国高等教育区域合作，推动中国—东盟高等教育共同体建设，迫切需要制定强有力的政策制度，为双方教育合作做出规范性限定或约束，提供相应活动规则准则，推进共同体建设沿着合法、规范、有序轨道运行。

经过上千年的沟通交往，特别是自1991年建立对话伙伴关系以来，中国系列对外教育政策的制定，以及中国—东盟教育合作相关政策的出台，为中国—东盟高等教育共同体建设奠定了坚实的基础。这些政策从制定主体看，涵括中国制定出台的对外教育政策、中国与东盟共同签订的教育政策，以及中国与东盟各国签订的教育政策。从政策制定形式看，包括双边或多边签订的各种合作协议协定、联合声明、谅解备忘录、联合公报、管理办法、工作条例等。从政策制定内容看，包括高等教育学历学位互认政策、外来学生奖学金政策、跨国校际合作政策、境外办学政策、跨境教育培训政策、招收外籍留学生政策等。从政策制定时间看，经历了高等教育共同体建设"意向阶段"（2002 年之前）、"起步阶段"（2002—2007 年）和"拓展阶段"（2008 年至今）三个阶段。在各个阶段高等教育合作内容不同，合作政策的重点也不一样。"意向阶段"，还没有签订专门的高等教育合作政策，高等教育合作政策渗透于其他专项合作的政策之中，政策具有模糊性。"起步阶段"，高等教育合作政策实现稳步和较快发展，主要侧重于教育培训与校际合作方面，专门性合作政策文件逐渐增多，政策规约更加具体与明确。"拓展阶段"，高等教育合作政策主要侧重于高等教育学历学位互认、招收留学生和学生奖学金政策等。这一阶段的合作政策主要是专门性政策，更具规范性、法制化和具体化。不同时期签订的政策，对不同阶段的双边或多边高等教育合作交流发挥了规范、约束和引领作用。

从目前中国与东盟高等教育合作政策整体看，也还存在诸多问题与不足。一是高等教育合作领域政策尚未全覆盖。例如，中国—东盟学位资格框架政策、中国—东盟区域学分累积政策、中国—东盟高等教育质量保障政策、中国—东盟各类人员流动政策、中国—东盟终身学习资格框架政策等，至今双方都未签署签订。二是不同国家高等教育合作政策不均衡。经济发达程度、教育发展水平不同的国家，和中国签订的高等教育合作政策文件数量及质量存在差异性。新加坡、马来西亚、泰国等国家与中国高等教育合作的紧密性及政策约束性更强。三是跨境校际合作规范化指导政策相对缺乏。目前，还没有出台一部专门针对中国与东盟各国校际合作办学的政策文件或法规，难以适应高等教育国际化发展的现实需要。

加强中国—东盟高等教育区域合作，推进中国—东盟高等教育共同体建设，是一项多要素集聚、动态发展的长期的系统工程，需要双方签署出台相关协议协定，完善合作政策法律体系，营造良好合作法治环境。为此，中国与东盟双方应立足当前、着眼长远，指定中国—东盟高等教育共同体建设后续工作组，以已制定出台相关政策文件为基础，深入开展调查研究，针对双边多边各领域全方位高等教育合作，参照欧盟、非盟等国际组织高等教育合作政策法规，拟定中国与东盟高等教育全面区域合作政策文件，例如中国—东盟学位资格框架政策、中国—东盟区域学分累积政策、中国—东盟各类人员流动政策、中国—东盟高等教育质量保障政策、中国—东盟高等教育合作资金投入政策、中国—东盟终身学习资格框架政策、中国—东盟高等教育合作风险防控政策等。中国与东盟双方应适时签订高等教育区域全面合作政策文件，出台高等教育区域合作各领域各方面指导性、规范性专门协定协议或法规，为推进中国—东盟高等教育共同体建设提供重要政策依据。

（三）强化效益质量监督评估

进入 21 世纪，伴随高等教育大众化、国际化、信息化发展，高等学校治理结构优化、办学模式创新、教育质量提升等热点问题，引发社会广泛关注。东盟各国经济发展水平、高等教育质量参差不齐，存在极大差异性。在此背景下开展与中国高等教育区域合作，建设高等教育共同体，必然存在一定的困难。然而，东盟各国高等教育也各具特色，拥有突出后发优势、资源优势。加强成员国内部相互学习借鉴，强化与中国及其他国家的广泛合作交流，注重高等教育合作质量监管，必将增强自身高等教育发展内生动力，提升区域合作交流效益水平，推动中国—东盟高等教育共同体建设走深走远。

为强化高等教育对外合作，提高高等教育质量水平，提升高等教育核心竞争力，20 世纪 90 年代以来，中国政府出台了一系列对外合作办学的政策文件。2002 年，中国教育部还设立了教育涉外监管专职机构——教育涉外监管处，具体负责教育国际合作与交流领域的监督与管理工作。此外，还设立中国留学服务中心，加强境外教育资源质量监管。中国跨境教育质量监管体系的逐步形成和不断发展，为中国—东盟高等教育质量的保障奠定了坚实的组织基础。从东盟内部看，1998 年，东盟制定与实施《东盟大学网络质量保障》（AUN - QA）。2000 年，东盟签署《AUN - QA 曼谷协议》。2004 年 11 月，东盟大学联盟理事会议通过并签署《AUN - QA 指导方针》。2012 年 1 月，AUN - QA 研讨会和东盟大学联盟首席质量官员会议制定《AUN - QA 战略框架行动计划（2012—2015）》。东盟各国政府将高等教育质量保障系统作为其高等教育优先发展的领域,通过建立 AUN – QA 机制,建立与国际高等教育质量保障标准接轨的高等教育质量保障体系,强化质量评估监督管理。

中国与东盟为深化双方高等教育区域合作、推进中国—东盟高等教育共同体建设营造了较好的法治环境。当前,面对东盟合作机制从过去的"黄金十年"走向未来新的"钻石十年",对接"一带一路"倡议实施,奋力推进东盟共同体建设的新形势新任务,强化中国与东盟高等教育合作效益质量监督评估,首先,要建立相应的专门组织机构,负责质量监督评估的组织协调工作。该机构可以确定为中国—东盟高等教育共同体建设后续工作小组,中国—东盟高等教育共同体建设秘书处,或者中国—东盟中心,专事质量监督评估专家遴选、标准制定、组织实施等工作。其次,中国与东盟要适时签订高等教育区域合作质量监督评估的专门性政策文件,就高等教育区域合作质量监督评估做出法律规定,为质量监督评估的顺利推进提供重要政策依据和法治保障。最后,建立中国—东盟高等教育质量保障和认证制度。中国与东盟要注重合作方式创新,参照欧盟等国际组织运作管理方式,制定出台高等教育质量保障和认证标准。要从项目驱动转向标准驱动与项目驱动相结合,逐步走向以标准和标准提升推动共同体建设。开展中国—东盟高等教育共同体建设,必须加强和扩大在高等教育质量监督和认证领域的合作。要在本科教育、研究生教育、职业教育等领域,寻求建立相互认证安排的可能性。强化在学历学位互认、留学生交流、语言教学、互换奖学金学生、教师培训等方面的务实合作,培养更多高层次专门人才。逐步建立中国—东盟教育服务质量标准,以保护教育消费者的权益。

强化中国—东盟高等教育区域合作质量监督评估,创新高等教育共同体建设管理方式,建立健全高等教育区域合作决策、执行、监督既相互制约又相互协调的权力结构和运行机制,建立中国—东盟、中国与东盟各国、中国各省区与东盟各国各地方政府三级完整的、相对独立的高等教育合作督导委员会及日常办事机构,建立各级各类高等教育合作督导评估制度。未来中国—东盟高等教育区域合作督导评估工作模式,即以监测评估为基础,以督政督学为重点,以整改问责为手段,突出专业性,体现科学性,增强实效性。坚持督政与督学并重、监督与指导并重,强化对合作双方政府落实教育合作法律法规和政策情况的督导检查。推行督学责任区制度,全面规范合作学校办学行为,建立督导检查结果公告制度和限期整改制度。要积极开展委托社会第三方评估机构组织开展高等教育合作质量评估监测，进一步调动行业协会、专业学会、基金会等社会组织参与教育合作公共治理的积极性，鼓励专门机构和社会中介评估监测高等教育区域合作质量效益水平。

（四）完善信息反馈沟通制度

信息资源是区域与区域、国家与国家、教育行政部门以及高等院校之间充满活力和竞争力，增强内、外沟通交流的一种无形资源，所以建立和完善信息反馈沟通机制，必须从入口到出口，从校内到校外，从中国到东盟，从东南亚到世界其他各区域，形成一条全方位、立体式信息反馈链，建立起一条资源共享的信息高速通道。加大对各种生源市场、人才市场、科技市场、专利市场等信息的搜集、分析和传递的力度，使中国—东盟高等教育共同体建设规划设计、实践运行、风险防控、督察评估等各环节工作达成一致目标，这就要求我们时刻把握共同体建设各合作国家、各合作高等院校、各种资源市场、各类高等教育消费者需求的变化，从学位互认、质量认证、课程设置、学分安排、人员流动等环节不断推陈出新，以满足高等教育服务贸易需求的多样化。只有在充分搜集、整理、归纳、分析、总结信息资源的基础上，才能准确捕捉市场信息，抢占市场先机，并为制定出正确的共同体建设策略提供科学依据。

从高等学校情况看，长期以来，由于受到各种因素的制约，高等院校信息形成各自独立的系统，系统缺乏有效集成，系统的管理维护、安全防护存在诸多隐患，数据信息的深入挖掘和利用受到制约。由此导致中国与东盟各国高等院校之间信息缺乏有效共享，信息不对称，产生了"信息孤岛"，降低了信息的服务功能。从中国与东盟已有信息反馈交流机制看，随着中国—东盟高等教育共同体建设的进一步推进，中国与东盟双方已经建立了一定的信息沟通运行机制，例如，定期举办中国—东盟教育部长会议、中国—东盟教育交流周、中国—东盟大学校长论坛等活动。但是，这种机制还比较单一，缺乏完整性，不能全覆盖。中国与东盟高等教育交流合作究竟应开展哪些方面的信息沟通、资源共享，如何防范信息风险，克服信息不对称的影响，如何加强信息基础设施建设，建立信息数据库，加强信息数据收集、分析、应用等，合作双方尚未建立相应政策制度，在一定程度上，制约了合作效益、质量和水平。

在市场经济环境中，受"互联网＋"的时代冲击和挑战，社会各领域对信息品种、质量、形式等要求越来越高，其需求也由潜在的需求迅速向现实的需求转化。同时，随着中国与东盟关系的不断深化发展，双方高等教育合作交流进一步拓展，完善信息反馈沟通制度，加快信息资源的共建共享，提升双边多边高等教育交流合作的层次水平，已经成为中国与东盟高等教育合作交流所面临的一项紧迫任务。

　　中国—东盟高等教育共同体可打造"1平台＋3中心＋分层定期会议"的信息反馈沟通制度。而完善信息反馈沟通制度，是中国—东盟高等教育共同体行动策略实施中的一项重要基础工作，这项工作的核心是加强信息基础设施建设和相关信息运行管理，从整体上建构"1平台＋3中心＋分层定期会议"的信息反馈沟通制度。1平台是指建立中国—东盟高等教育信息共享中心，建设中国—东盟高等学校信息数据库，形成一个多元的信息市场及各种大型的数据库，专门从事信息的搜集、传递、分析和处理，推动数据资源共享，及时地通过一定的渠道为中国—东盟高等教育共同体建设提供咨询服务。3中心是指信息管理须建立中国—东盟高等教育信息处理中心，承担对信息源的初步筛查、选择和发布等工作；建立中国—东盟高等教育数据信息理解中心，解决中国与东盟各国因高等教育理念、文化和制度等差异而形成的高教信息误解误判等问题；建立中国—东盟高等教育信息维护中心，加强中国与东盟各国高教反馈信息处理，形成各国交流合作信息的反馈—修正—再反馈—再修订的良性循环机制。分层定期会议机制则是有效信息沟通和反馈的重要载体，同时也是中国—东盟高等教育共同体建设的重要制度之一。中国—东盟高等教育共同体信息反馈沟通体制的建立应遵循公开、透明、民主、全面的原则。公正友好地对待信息源，全面细致地收集和反馈信息内容，积极疏通和扩展信息通道，提高各国信息工作人员的信息素养、业务水平。

　　学习借鉴欧洲高等教育区建设的成功经验，打造中国—东盟高等教育信息港，中国与东盟各国要充分利用互联网、大数据、云计算等新技术，完善各自高等院校、中国—东盟高等教育区域网络环境与硬件基础设施建设，加强中国与东盟各国高校网络环境与硬件基础设施建设，制定统一的信息标准，建立区域高校信息数据中心，精心开展门户设计、集成系统设计以及其他应用设计。要建立中国—东盟高等教育信息管理制度，施行中国—东盟高等教育信息发布制度，接受公众的监督、查询和评价，切实强化中国—东盟高等教育信息互动与共享，克服区域高等教育信息不对称的局限性，增强区域高等教育合作互动的可预测性。切实规避信息不对称所潜在的合作风险，使双方高等教育资源共享更加有效快捷，最大范围地推动区域内高等教育资源的共建、共享，为构建中国—东盟高等教育利益共同体、命运共同体做出重要贡献。[1] 当前，在中国—东盟高等教育共同体建设过程中，较为关键的是要积极构建中国—东盟高等院校教学资源、教师资源、学生资源、科研资源的互通机制，实现信息资源的网络共享，特别是图书文献资源、课程资源以及就业信息等，提供校际间高水平便捷的信息资源"一站式"服务[2]，切实增强区域高等院校信息的服务功能。

构筑中国—东盟高等教育资源共享平台，建设多层次、多功能、交互式资源服务体系，消除"信息孤岛"现象，化解高等教育资源老化、同质化以及优质资源匮乏等突出矛盾，推动区域高等教育资源共享，优势互补，实现区域高等教育资源倍增效应。推进中国—东盟高等教育共同体建设，要善于"借船下海"，"借鸡生蛋"，不断提升区域公共设施共享程度。鼓励双方高校之间、高校与科研机构以及企事业单位之间开展合作，打破封闭式管理模式，实行公共设施相互开放。同时，借助网络化、数字化信息环境，优化资源开发服务模式。积极开发教师资源与课程资源，建立并实施课程移植、学分互换、教师互聘、学生交流等制度，建设中国—东盟共同师资市场与课程资源库，设立"联合教授"席位，搭建科技研发平台，组建科学研究团队，强化科技研发合作，注重科技成果转化，提升服务"一带一路"倡议、中国—东盟命运共同体建设和东盟共同体建设整体效益水平。[3]

① 倪怀敏：《我国高等教育国际化及发展战略思考》，《四川师范大学学报》（社会科学版）2013 年第 4 期。

② 李化树、叶冲：《论东盟高等教育共同空间构建及启示》，《比较教育研究》2015 年第 3 期。

③ 李化树、叶冲：《我国高等教育区域合作与发展的基本框架——欧洲高等教育区建设的启示》，《教育发展研究》2015 年第 21 期。

第六章　中国—东盟高等教育共同体建设愿景

2010 年中国—东盟自贸区全面建成，中国—东盟关系进入战略合作的"钻石十年"。着眼建立面向和平与繁荣的战略伙伴关系，深化中国—东盟高等教育战略合作伙伴关系，打造亚洲知识中心，强化人文交流，夯实民意基础，增进文化认同和身份认同，打造中国—东盟自贸区升级版，推进共建 21 世纪"海上丝绸之路"，建设中国—东盟命运共同体、利益共同体、责任共同体，保持东南亚地区的和平和稳定，积极参与全球治理，维护世界和平、安全与发展，中国—东盟高等教育共同体建设站在了新的历史起点上。面向 2030 年的远景目标规划，区域经济一体化，高等教育国际化，对中国—东盟高等教育提出了更高的要求和强有力的挑战。中国—东盟高等教育共同体建设，正迈向一个更广阔的领域，更高的发展平台。

一　强化共同体建设合约化

中国—东盟高等教育共同体建设，经历了"意向阶段"（2002 年之前）、"起步阶段"（2002—2007 年）和"拓展阶段"（2008 年至今），现在进入规范发展的"深化阶段"。经过长期不断探索、实践，中国与东盟双方签署了一系列合作协定、协议、法令、办法、条例等，在对外教育政策制定、中国—东盟高等教育区域合作政策构建方面，成效显著，有力地推动了共同体建设沿着规范化、合约化轨道运行。

当前，顺应世界政治多极化、区域经济一体化、高等教育国际化发展趋势，积极参与全球治理，协调解决包括全球安全、生态环保、国际经济、跨国犯罪、基本人权等跨国性事务，维护国际社会正常秩序，历史地摆在了各国政府、国际组织和全球公民社会组织面前。如何应用跨国性原则、规范、标准、政策、协议、程序等，以参与、谈判和协调方式，构建起一套管理国内和国际公共事务的新规制和新机制，调节国际关系，规范国际秩序，协调国际行动，实现治理主体多元化，治理方式民主化，治理绩效效能化，是共同推进"一带一路"倡议实施、推动中国—东盟命运共同体建设所面临的崭新课题。

强化中国—东盟高等教育共同体建设合约化，这是中国与东盟各国深化合作关系、增强政治互信在交流合作中的具体体现，承载着中国—东盟共同体对区域合作各国的希望，更凝聚着区域合作各国对共同体建设的美好憧憬。实施合约化管理，既是顺应全球治理民主化、法治化的客观要求，也是推进共同体自身运行规范化、效能化的内在需要。推进中国—东盟高等教育共同体建设合约化，从实践角度出发，就是要完善共同体建设合约中的各种合作条款，力争让合作各国以共建亚洲知识中心为荣，增强亚洲身份认同、文化认同、价值认同，体验到"我是亚洲公民"的美好愿景。让中国与东盟各国在共同体建设管理上"瘦身"，追求"越简单越好"的运营理念。让每个区域合作国家明白自己的责、权、利之所在，及时发现问题，解决问题，避免管理出现"重叠"或"空白"的现象，提升办事效率水平。

中国—东盟高等教育共同体建设合约化管理，包括"品质承诺""服务承诺"和"质量鉴定"三要素。合约化运营，就是在规则允许范围内，中国与东盟自由发布愿意给教育消费者提供的"产品"（例如，学历学位、学时学分、人员流动、奖学金设置、实验仪器设备、图书资料等）与服务承诺，自由定义愿予承担的责任，从而形成"品质承诺＋质量鉴定"的模式。第三方只提供平台和工具，并且监督服务承诺的履行，而把权力交还给服务与被服务者双方。随着教育资源市场的成熟以及第三方评估规则的不断优化，基于消费者的个性化教育需求，不同层次的服务提供者——合作高等院校也应该能够根据自身的能力和水平，与教育消费者直接进行服务约定，并且根据合约中约定的内容提供相应服务，以利于满足多样性个性化教育需求，助推终身学习资格框架的落实，努力塑造 21 世纪亚洲公民。

实现中国—东盟高等教育共同体建设合约化管理，事前必须明确双方权责，将做出服务承诺的权利还给服务提供者——合作高等院校，将选择接受教育服务者特色承诺的权利交还教育消费者。品质承诺指服务提供者——合作高等院校自主就"产品"质地、数量、周期等跟教育消费者做出约定，如违约将承担约定的违约责任。服务提供者——合作高等院校可在品质承诺中做出"产品"质地、数量、周期等约定内容，并进一步明确履行前提、违约责任、判定方法等。服务承诺的约定，即服务提供者——合作高等院校在服务过程中与教育消费者做出约定。品质鉴定的环节，发生在教育消费者就服务"产品"质地提出维权时，通过第三方评估机构对被投诉服务"产品"进行质检，质检结果将成为维权证据。

中国—东盟高等教育共同体建设是一项涉及多要素、宽领域、全方位的系统工程，必然存在各种困难、问题和矛盾，如何规避合约管理中面临的各种风险呢？其一，中国与东盟各国双方应本着诚实守信原则，加强沟通协商，互敬互让，增信释疑，精诚合作。其二，要明确合作双方目标任务、工作职责、绩效评估，加强合作绩效管理。其三，中国与东盟各国要提供强有力的相关政策与法规支持，切实维护好合作双方的权益。共同体建设合约化是法治化的基础，法治化是合约化的根本保障。中国与东盟各国应建立健全区域高等教育合作相关法律法规，优化合作法制环境，最大限度地减少区域内各国高校在合作中因权力边界不清产生的各种矛盾，提升区域合作积极性，促进项目合作开展，推动人员自由流动，进一步强化区域内高等教育资源的合理整合与有效利用，推动高等教育共同体建设沿着法治化、规范化、合约化方向健康发展。

二 推动共同体建设信息化

中国上下 5000 年的灿烂文明、东南亚文化及整个亚洲文化，为中国—东盟高等教育共同体建设提供了思想文化养分，而信息技术的发展则为其提供了外部条件和技术保障。信息通信新技术，是诱发人类第三次科学技术革命的核心技术，也是 20 世纪下半叶特别是 90 年代以来最具影响力的技术。进入 21 世纪，伴随"互联网＋"时代的到来，大数据、云计算、物联网、移动计算等信息新技术，推动着世界各国、各地区走向互联互通，各种网络使不同国家和地区的人及机器紧密联系在一起，并走向大融合。互联网爆炸性发展，以 Web 应用为代表的 IP 数据通信快速增长，并不断改变我们的教育方式、生产方式和生活方式，带动形成新的网络经济。[①] 信息通信新技术对区域经济产生了直接的影响，它将信息资源变成重要的生产要素，催生信息产业新的业态，促进区域劳动生产率的提高。信息通信新技术又通过优化区域产业结构、区域组织空间结构，对经济发展产生间接作用。面对日益发展的信息新技术，1992 年 1 月，东盟召开第四次首脑峰会，提出建立"东盟大学网络"组织设想，最终实现建立东盟大学联合体目标。1977 年 12 月，第一次东南亚教育部长会议提出加强成员国地区间的认同与合作，建立网络和伙伴关系。确定了 SEAMEO 的战略发展目标，提出发展卓越的区域中心。[②] 2000 年，东盟第四次非正式首脑会议决定实施初期东盟一体化工程。2007 年 3 月，第四十二次东南亚教育部长组织会议和第二次东盟教育部长会议通过《2004—2010 万象行动计划》，强调要增强东盟认同意识，增进人员交流与互动，构建高等学校数学与科学网络，加强东盟人力资源开发和东盟大学网络建设，提高高等教育质量，从而提升东盟各国的发展实力和国际竞争力。[③] 2013 年 12 月 5—7 日，东南亚高校联合会（ASAIHL）国际会议主题确定为：全民教育的展望与挑战。这一时期，东盟各国已普遍意识到，面对区域经济一体化、政治格局多元化和高等教育国际化，必须加强合作和交流，必须培养具有原创知识、世界眼光、家国情怀、创新能力的亚洲公民。为了实现这一目标，东盟更加注重推进高等教育区域合作，加强各国高等教育领域的联系和交流。同时，东盟各国也采取了一系列改革措施，积极应对来自各个方面的冲击和挑战。

新信息通信技术的高速发展，使世界的联系更为方便，全球开始进入"互联网＋"信息化和网络化的时代，也为中国—东盟高等教育共同体建设提供了外在动力。信息化和网络化的发展，转变了人们的教育观念，打破了高等教育的国家与时空界限，为高等学校与学习者个体提供了前所未有的新时空，使高等教育的时间、空间、形式和手段都发生了前所未有的变革。从东盟各国的物理条件看，各成员国之间已建成了

---

① 李进良：《信息通信技术的发展趋势》，《中兴通信技术》2001 年第 6 期。
② 覃玉荣：《东盟高等教育一体化的发展历程》，《东南亚纵横》2009 年第 4 期。
③ SEAMEO. What is SEAMEO？［EB/OL］. http：//www. seameo. org/index. php？ option ＝ com_ content&view ＝ article&id ＝ 90&Itemid ＝ 518，2013 － 12 － 26.

全世界比较通畅的公路、铁路、海路、航空和信息通信系统，这一系列基础设施使东南亚成为全球信息化和网络化较为发达的地理区域。近年来，东盟成员国马来西亚、新加坡、越南、泰国等国家已经开始利用已有的信息和网络通信资源，提供一些跨校、跨国的双联制网络课程，而一些跨地区甚至跨国的虚拟网络大学也逐渐受到大众和政府的关注。现在，通过网络提供线上线下课程学习，已是较普遍的事情。随着信息技术的广泛运用，人们的学习期望越来越高，学习型社会逐渐进入人们的视野，智慧教育、智慧学校、智慧课堂如雨后春笋般应运而生，不同学校和国家间教育的网络化程度不断提高，这一切对进一步加快推进中国—东盟高等教育共同体建设夯实了基础，创造了条件。

当前，互联网背景下的云计算、大数据、物联网、移动计算等新技术逐步广泛应用，社会各行各业信息化步伐不断加快，社会整体信息化程度不断提升，信息技术对教育的革命性影响日益凸显。推进中国—东盟高等教育共同体建设，构建网络化、数字化、个性化、终身化的国际高等教育体系，建设人人皆学、处处能学、时时可学的亚洲学习型社会、亚洲知识中心，培养亚洲合格优秀公民，不能简单地将现代信息技术作为高等教育的技术平台或工具，也不是两者的简单相加，而是突破传统高等教育模式的时间和地域界限，立足于网络大数据资源的优势，基于现代信息技术的"互联网"与"高等教育"的深度融合，相互内嵌与交叠，重构中国—东盟高等教育共同体新的组织生态、运行模式以及相应的课程体系、教学体系、学习体系与评价体系，实现"互联网＋"时代高等教育合作组织的流程再造，促进中国—东盟高等教育资源的价值传递、价值共享和价值创造。为此，中国与东盟各国应当按照"服务全局、融合创新、深化应用、完善机制"的原则，坚持应用驱动、机制创新的基本方针，加强双边高等教育信息化顶层设计，加快制订"互联网＋"行动计划、促进大数据发展行动纲要等有关政策文件，将信息化上升为国家战略、国际联盟战略，稳步推进双边国家高等教育信息化各项工作，积极推动信息技术与高等教育融合创新发展，推动形成基于信息技术的新型高等教育合作交流方式，提升高等教育治理体系和治理能力现代化水平，形成与教育现代化发展目标相适应的中国—东盟高等教育信息化体系，充分发挥信息技术对高等教育的革命性影响作用，推进中国—东盟高等教育共同体建设有序高效运行。

中国与东盟要着手编制《中国—东盟高等教育信息化十年发展规划（2020—2030 年）》，制定《中国—东盟构建利用信息化手段扩大优质高等教育资源覆盖面有效机制的实施方案》，进一步健全高等教育信息化政策法规，构建良好的高等教育信息化生态环境，积极发展在线教育与远程教育，推动各类优质高等教育资源开放共享，向东南亚甚至整个亚洲区域及世界其他地区提供服务。切实增强教育领域网络安全意识，健全信息管理制度体系，逐步完善标准规范，形成与中国—东盟高等教育共同体建设相适应的网络安全体系。加快推进"宽带网络校校通"，全面推进"优质资源班班通"，大力推进"网络学习空间人人通"，基本形成与亚洲学习型社会建设需求相适应的信息化支撑服务体系。积极利用云计算、大数据等新技术，创新资源平台、管理平台建设。创新"网络学习空间人人通"建设与应用模式，从服务课堂学习拓展为支撑网络化的泛在学习。深入推进中国与东盟高等教育管理信息化，充分释放教育信息化的潜能，系统发挥信息化在政府职能转变、教育管理方式重构、教育管理流程再造中的作用，促进中国与东盟各国政府教育决策、管理和公共服务水平显著提高，推动教育治理能力的现代化。

三　推进共同体建设国际化

推进高等教育共同体建设国际化，是现代信息全球化的产物，是区域经济一体化的内在要求，是世界物质与精神生产国际化的必然结果，是现代大学战略联盟建设的重要特征及发展理念。伴随区域经济一体化进程的加快，尤其是中国—东盟自由贸易区建设的提档升级，以及共同推进"一带一路"倡议实施，扩大高等教育对外服务贸易市场，深化高等教育区域战略合作，建设中国—东盟命运共同体、利益共同体，这是摆在中国与东盟各国面前的一项紧迫任务。

高等教育国际化，是 20 世纪 80 年代联合国教科文组织提出的现代高等教育发展三个核心概念之一。所谓高等教育国际化是指把跨国界、跨民族、跨文化的国际化视野与高等教育的目标、主要功能（教学、科研、社会服务、文化创新、国际合作交流）和运行实践相结合的过程。日本广岛大学喜多村和之教授 1986 年在"亚洲高等教育国际研讨会"上曾对国际化提出了三条衡量标准：一是"通用性"，即能为他国、他民族所承认和评价；二是"交流性"，即确立章程、规则与制度，与国外进行平等交流；三是"开放性"，即平等对待他国个人与组织，能够充分地对外开放。全美州立院校联合会1987年敦促美国加快教育国际化的报告建议，根据世界发展趋势，"学生应该接受正确反映世界社会、政治、文化和经济的全方位的国际化教育"，由此"使他们具备适应多变的国际环境，在复杂条件下作出准确判断和进行有效工作的品质"。加拿大不列颠哥伦比亚国际教育理事会专家小组认为："国际化就是一国为成功地参与日益相互依赖的世界做准备的过程。在加拿大，多元文化的现实就是国际化的舞台。这一过程应该渗透到中学后教育系统的各个方面，促进全球的理解，培育有效地生活和工作在多样化世界的各种技能。"欧洲国际教育协会认为："国际化是一个总体的过程，在这一过程中，高等教育更少地趋向于本国，更多地趋向于国际发展。"① 由此可以认为，高等教育国际化，就是高等院校面向世界发展的一种办学理念，是大学教育面向世界各民族和地区，培养国际性优秀人才的一种教育理想。高等教育国际化，就是将高等院校、高等教育改革和发展置于世界背景之中，积极开展教育国际交流与合作，博采世界各国教育所长，努力推进本国、本地区高等教育现代化。高等教育国际化的要义，就是贯彻和平、平等、全人类道德原则；理解、宽容和尊重异国文化、多元文化；能够和外国人一道顺利开展工作、研究；掌握外语；教育达到很高水平，能够和外国进行学术和文化交流，接纳留学生、访问学者等；为国际社会做出贡献。

高等教育国际化发端于欧洲中世纪的大学，基于一切学问都是全球性的理念，决定了高等教育作为一项国际性的事业的不断向前推进。其后的数百年中，高等教育国际化在不同的时空中呈现出不同的发展图景。第二次世界大战后，尤其是东西方"冷战"状态结束以来，世界各国普遍开始意识到新的国际化时代的到来。国际竞争已从主要是军事对峙转向包括技术、知识、人才在内的经济的竞争，各国所面临的许多问题越来越成为国际性问题，例如环境保护、民族宗教、能源交通、和

---

① 陈学飞：《高等教育国际化——从历史到理论到策略》，《上海高教研究》1997年第11期。

平发展等。20 世纪 90 年代以来，在经济全球化与现代信息技术革命的推动下，特别是在"互联网＋"信息时代的冲击下，世界各国都对加强教育尤其是高等教育国际交流高度重视，越来越多国家的政府都把教育国际化作为本国发展教育的一项战略方针，提上了重要议事日程。1965 年东南亚教育部长组织成立，积极提出教育政策、教育规划设计，努力推动高等教育国际化发展。日本早在 1974 年的中央教育审议会报告中就提出"国际化时代的教育"问题。1980 年美国卡内基教育政策研究理事会在《扩展高等教育的国际维度》一书中呼吁推进美国高等教育国际化。1993 年欧洲经济与发展组织召开高等教育国际化学术会议，积极推动学历、文凭等的国际认证。1995 年联合国教科文组织提交《关于高等教育的变革与发展的政策性文件》，呼吁加强高等教育国际合作，全面开发人类的潜力。伴随世界经济与贸易的日趋全球化，特别是现代高新科学技术的发展，世界范围内的教育交流更加频繁，教育合作更加密切。高等教育资源的跨国界流动进一步加速，人员流、物资流、信息流、资金流、服务流在全球不断扩展，高等教育呈现出无限开放的态势。高等教育世界体系进一步多元化，高等教育国际化的实施主体进一步下移，留学主体流动的模式进一步多样化。随着高等教育国际化的推进，科技无国界、教育无国界、文化无国界和学习无国界的全球化时代正在向我们走来。①

世界范围内兴起的高等教育国际化浪潮，互惠型、跨国界的高等教育交流合作，赋予了中国—东盟高等教育共同体建设以更深、更广的含义和使命。中国与东盟各国要整体谋划，科学设计，精心施工，完善中国—东盟高等教育共同体建设组织流程与组织文化，优化共同体国际化建设管理机制，签署共同体国际化建设协议协定，制定共同体国际化建设法律、章程、规则和制度。要以更加开放的思想、宽广的视野，布局国际交流与合作网络，吸纳、优化、整合国际办学资源，搭建云计算和虚拟化技术基础硬件平台，夯实共同体国际化建设技术保障。进一步创新中国—东盟区域高校人才合作培养模式，着力开发慕课（MOOC）、私播课（SPOC）、大众开放在线研究课（MOOR）、大众开放在线实验

---

① 黄福涛：《"全球化"时代的高等教育国际化——历史与比较的视角》，《北京大学教育评论》2003 年第 2 期。

室（MOOL）等在线教育模式，引进国外优质课程资源，强化人才合作培养。完善学分、学历、学位互认与质量认证机制，切实加强区域高等院校教师、职员、学生的自由流动。建立出国留学人员人才库、国际人才信息库，创建中国—东盟高等教育智库，拓展利用国际人才学术空间，增强与国际同行协作，加强项目合作、科技攻关，注重国际关系研究、地区研究和国别研究，努力推进科学研究国际化。中国与东盟各国各级政府要依法行使高等教育共同体建设管理、监督、检查和评估的权利，积极发挥学术团体、地区性和全球性组织的推动作用与协调作用，顺应高等教育国际化发展潮流，加强双边、多边高等教育区域合作，推动中国—东盟高等教育一体化发展。

附录一　中国—东盟大事记（1991—2016 年）^①

1991 年

2 月 12 日，中国国务院总理李鹏在北京会见柬埔寨主席西哈努克亲王。

3 月 14 日，中国国务院总理李鹏在北京会见柬埔寨抵抗力量三方领导人，重申中国将继续支持他们为政治解决柬埔寨问题所作的努力。

6 月 5—10 日，中国国家主席杨尚昆对印度尼西亚进行国事访问。印度尼西亚总统苏哈托、副总统苏达尔莫与杨尚昆会谈，讨论双边关系和共同关心的国际问题，并达成广泛共识。

6 月 10—15 日，中国国家主席杨尚昆对泰国进行国事访问。泰国国王普密蓬·阿杜德、政府总理阿南、国家安全委员会主席顺通上将和政府前副总理差瓦立分别会见杨尚昆。

7 月 3 日，中国国家主席杨尚昆在北京会见柬埔寨全国最高委员会主席诺罗敦·西哈努克亲王和夫人莫尼克公主。

7 月 17 日，中国国务院总理李鹏在北京会见西哈努克亲王。李鹏对柬埔寨全国最高委员会北京工作会议成功召开和西哈努克亲王出任柬全国最高委员会主席表示祝贺，并且表示：联合国安理会制定的框架文件，为政治解决柬埔寨问题提供了一个基础，但起决定性作用的还是西哈努克亲王为首的柬埔寨全国最高委员会。

7 月 19—20 日，中国国务委员兼外交部部长钱其琛出席第二十四届东盟外长会议开幕式，并同东盟 6 国外长就本地区的形势、合作以及

---

① 广西社会科学院编写组：《中国与东盟关系大事记》（1991—2006 年），《东南亚纵横》2006 年第 11、12 期；东方网：《中国—东盟建立对话关系大事记》（1991—2013 年）；中国东盟传媒网：《中国—东盟建立对话关系 25 周年大事记》（1991—2016 年）；《中国—东盟年鉴》编辑部：《中国东盟年鉴》（2004—2016 年）。

中国同东盟进一步发展友好关系等问题交换意见。这是中国首次同东盟组织进行正式接触，标志着中国同东盟对话的开始。

8 月 20—25 日，缅甸联邦国家恢复法律和秩序委员会主席苏貌大将对中国进行工作访问。中国国家主席杨尚昆、国务院总理李鹏和中共中央总书记江泽民分别会见苏貌。23 日，中缅两国签署《经济技术合作协定》。

9 月 6—12 日，马来西亚最高元首阿兹兰·沙阿苏丹对中国进行国事访问。中国国家主席杨尚昆和国务院总理李鹏分别会见苏丹。

9 月 7 日，中共中央总书记江泽民在北京会见柬埔寨全国最高委员会主席诺罗敦·西哈努克亲王。江泽民对西哈努克亲王成功主持在泰国帕塔亚举行的柬全国最高委员会会议表示祝贺。

9 月 9—16 日，新加坡总统黄金辉对中国进行国事访问。中国国家主席杨尚昆、中共中央总书记江泽民、国务院总理李鹏分别会见黄金辉。

9 月 22—25 日，泰国政府总理阿南·班雅拉春对中国进行正式友好访问。中国国务院总理李鹏、国家主席杨尚昆、中共中央总书记江泽民分别会见阿南。

9 月 30 日，中国外交部部长钱其琛和文莱外交大臣穆罕默德·博尔基亚亲王在纽约联合国总部签署关于中文两国正式建交的联合公报，宣布两国从是日起建立大使级的外交关系，两国政府同意在和平共处五项原则和联合国宪章的基础上发展友好合作关系。至此，中国与东盟所有国家建立或恢复外交关系。

10 月 22—25 日，老挝人民民主共和国政府总理坎代·西潘敦对中国进行正式友好访问。中国国家主席杨尚昆、中国国务院总理李鹏分别会见坎代。24 日，两国总理签署中国和老挝边界条约。

11 月 5—10 日，应中共中央总书记江泽民和中国国务院总理李鹏邀请，越南共产党中央委员会总书记杜梅和部长会议主席武文杰率领越南高级代表团对中国进行正式访问。江泽民、李鹏与杜梅、武文杰举行会谈。两国领导人一致认为，中越关系已经实现正常化。7 日，中越两国签署贸易协定等文件。10 日，双方发表《联合公报》。

11 月 9 日，中国国家主席杨尚昆会见并宴请柬埔寨全国最高委员会主席西哈努克亲王和夫人莫尼克公主，祝贺巴黎柬埔寨问题国际会议取得成功。11 日，中国国务院总理李鹏会见和宴请即将回国的西哈努克和夫人，祝愿柬埔寨人民在亲王领导下建设自己幸福的生活。

1992 年

1 月 7—10 日，中国国家主席杨尚昆访问新加坡。新加坡总统黄金辉、政府总理吴作栋、内阁资政李光耀分别会见杨尚昆。

1 月 10—14 日，中国国家主席杨尚昆访问马来西亚。马来西亚最高元首阿兹兰·沙阿苏丹和政府总理马哈蒂尔会见杨尚昆，就双边关系、国际形势交换意见，并取得广泛共识。

3 月 27 日，越南部长会议主席作出关于在越南—中国边境线开放 21 个边境贸易点的指示。

4 月 1 日，越南开放谅山口岸。

4 月 9—11 日，柬埔寨国家元首、全国最高委员会主席诺罗敦·西哈努克亲王率领柬埔寨全国最高委员会代表团访问中国。中共中央总书记江泽民、国务院总理李鹏、国家主席杨尚昆分别会见西哈努克亲王一行。

4 月 26 日—5 月 3 日，老挝人民民主共和国主席、老挝人民革命党中央委员会主席凯山·丰威汉访问中国。中国国家主席杨尚昆、中共中央总书记江泽民、国务院总理李鹏分别会见凯山。杨尚昆在会见时说：李鹏总理和坎代总理的互访标志着两国关系进入一个新的发展阶段，中老边界条约的顺利签署充分体现了双方的密切合作。

6 月 26 日，中国国务院总理李鹏在北京会见柬埔寨国家元首、全国最高委员会主席诺罗敦·西哈努克亲王。李鹏在会见时说：希望柬埔寨各方真诚努力，解决目前出现的困难，全面、公正地实施巴黎协定。

7 月 12 日，中国国务院总理李鹏、外交部部长钱其琛在北京分别会见柬埔寨金边方面领导人谢辛及其一行。钱其琛在会见时说：巴黎协定签署后，中国对柬四方采取一视同仁的态度，希望柬各方真正实现民族和解。

7 月 21 日，中国成为东盟的"磋商伙伴"。中国外交部部长钱其琛参加在菲律宾首都马尼拉市举行的第二十五届东盟外长会议及有关活动。钱其琛在会议上代表中国政府宣布：中国支持东盟关于建立东南亚和平、自由、中立区和东南亚无核区的主张，愿意同东盟在维护地区和平与稳定方面进行广泛密切的合作。钱其琛还阐述中国在南沙群岛问题上的立场：搁置争议，共同开发，在条件成熟时同有关国家谈判寻求解决的途径。

9 月 27 日，中国国务院总理李鹏在北京会见柬埔寨国家元首、全国最高委员会主席西哈努克亲王一行。

11 月 22 日，中国国家主席杨尚昆在北京会见柬埔寨国家元首、全国最高委员会主席西哈努克亲王和夫人。

11 月 30 日—12 月 4 日，中国国务院总理李鹏对越南进行正式友好访问。越南领导人杜梅、黎德英和武文杰分别会见李鹏。12 月 2 日，中越两国签署《投资保护协定》《经济技术合作协定》《科学技术合作协定》和《文化协定》。12 月 4 日，中越双方发表《联合公报》。

1993 年

1 月 31 日，正在老挝首都万象访问的中国国务委员兼外交部部长钱其琛和老挝政府副总理兼外长奔·西巴色分别代表两国政府签署《中老边界协定书》和《中老投资保护协定》。

2 月 2 日，缅甸国家治安建设委员会主席丹瑞在仰光会见来访的中国国务委员兼外交部部长钱其琛。

3 月 30 日，越南国家主席黎德英、国会主席农德孟、政府总理武文杰、越南祖国阵线主席阮友寿、外交部部长阮孟琴分别致电中国国家主席江泽民、全国人大常委会委员长乔石、国务院总理李鹏、全国政协主席李瑞环、国务院副总理兼外交部部长钱其琛，对他们继续当选中国国家领导人职务表示祝贺。

3 月 30 日，中国国务院总理李鹏在北京会见柬埔寨国家元首、全国最高委员会主席诺罗敦·西哈努克亲王和夫人一行。李鹏在会见时重申：中国始终主张全面实施巴黎协定，政治解决柬埔寨问题；支持柬各方在西哈努克亲王的领导下，全面实现民族和解，共建自己的国家。

4 月 19—21 日，新加坡政府总理吴作栋访问中国。中国国家主席江泽民、全国人大常委会委员长乔石、国务院总理李鹏分别会见吴作栋。

4 月 26—27 日，菲律宾总统拉莫斯访问中国。中国国家主席江泽民、全国人大常委会委员长乔石分别会见拉莫斯。江泽民对菲取消对华贸易限制表示赞赏，并表示中国政府已同意向菲提供 2500 万美元的卖方信贷；重申中国对南沙群岛问题的原则立场和"搁置争议，共同开发"的主张。中菲双方签署 3 个合作文件和 9 项贸易合作协议。

6 月 9—14 日，文莱外交大臣穆罕默德·博尔基亚亲王对中国进行正式访问。这是两国建交后，文莱外交大臣首次访华。中国国务院副总理兼外交部部长钱其琛同博尔基亚亲王就两国关系、国际和地区问题会谈，双方同意两国在对方首都互设常驻使馆。

6 月 13—22 日，马来西亚政府总理马哈蒂尔对中国进行正式访问。中国国家主席江泽民、国务院总理李鹏、全国人大常委会委员长乔石分别会见马哈蒂尔。中马双方签订 29 个协议或合作备忘录。

7 月，中国外交部部长钱其琛参加在新加坡举行的第二十六届东盟外长会议及有关活动。

8 月 25 日，泰国政府总理川·立派对中国进行正式友好访问。中国国务院总理李鹏、全国人大常委会委员长乔石分别会见川·立派总理。两位总理出席两国政府间 3 项文件的签字仪式。

9 月，中国和东盟举行首次经贸、科技合作磋商。双方决定建立中国—东盟经济、贸易合作联合委员会和中国—东盟科学技术合作联合委员会，以进一步发展双方在经济、贸易与科学技术领域的合作与交流。

10 月 19 日，中国外交部副部长唐家璇与越南外交部副部长武宽分别代表本国政府在越南首都河内签署《关于解决中华人民共和国和越南社会主义共和国边界领土问题的基本原则协议》。

10 月，中国、文莱两国正式通航。

10 月和 11 月，中国、文莱两国先后在对方首都设立使馆，互派常驻大使。

11 月 9—15 日，越南国家主席黎德英对中国进行友好访问。中国国家主席江泽民与黎德英会谈，双方在许多重大问题上取得相同或相似的看法。

11 月，文莱国家元首哈桑纳尔·博尔基亚苏丹对中国进行国事访问，苏丹访华期间，中文两国签署《民用航空运输协定》。

12 月 3—7 日，老挝人民革命党中央委员会主席、政府总理坎代·西潘敦访问中国。中、老两国签署《中老边界制度条约》和《中老汽车运输协定》。

1994 年

1 月 17—21 日，柬埔寨政府第一首相诺罗敦·拉那烈和第二首相洪森率柬政府代表团对中国进行正式访问。中国国家主席江泽民、国务院总理李鹏分别与他们会谈。

2 月 21—28 日，由越南共产党中央政治局委员、国会主席农德孟率领的越南国会代表团对中国进行正式访问。22 日，中国全国人大常务委员会委员长乔石与农德孟会谈。23 日，中国国家主席江泽民会见农德孟。

2 月，新加坡政府总理吴作栋访问中国。

4 月 17 日，中国东兴口岸与越南芒街口岸开通。

5 月 10—13 日，马来西亚政府总理马哈蒂尔访问中国。中国国家主席江泽民、国务院总理李鹏会见马哈蒂尔时强调，中国的稳定有利于亚洲及世界的稳定及和平。双方表示愿在友好合作的基础上通过对话和平解决南沙群岛问题。

6 月 2—4 日，柬埔寨国王诺罗敦·西哈努克访问中国。

6 月 6—14 日，以东盟各国议会组织当届轮值主席、菲律宾众议院议长何塞·德维内西亚为团长的东盟各国议会组织代表团访问中国。中国国家主席江泽民、全国人大常委会委员长乔石分别会见代表团一行。

7 月 25 日，中国外交部部长钱其琛参加在泰国首都曼谷举行的东盟地区论坛首次会议，并发言阐述中国对亚太地区安全的立场和观点以及关于亚太安全合作的原则和措施。

7 月，作为磋商伙伴国代表，中国外交部部长钱其琛参加在泰国首都曼谷举行的第二十七届东盟外长会议，并与各方代表签署关于建立东盟—中国经济、贸易合作联合委员会和东盟—中国科学技术合作联合委员会的协议。委员会将轮流在中国和东盟各国定期举行会议，研究和探讨进一步扩大双方在经贸和科技领域合作的途径。

8 月 11—14 日，中国外交部副部长唐家璇率中国政府代表团访问老挝。老挝政府副总理坎培·乔布拉帕会见唐家璇。唐家璇还与老挝副外长蓬沙瓦举行会谈，双方交换《中老边界制度条约》批准书。

9 月 8—9 日，缅甸恢复法律和秩序委员会秘书长钦纽中将访问中国。中国国务委员兼国务院秘书长罗干与钦纽会谈。中国国务院总理李鹏、国家副主席荣毅仁分别会见钦纽。

10月6日，中国国务院总理李鹏在北京会见到访的新加坡内阁资政李光耀。

10月7日，泰、中、老、缅运输和旅游合作会议在老挝首都万象开幕。会议主要讨论4国在湄公河上游航运和旅游合作问题。

11月7日，中国交通部长黄镇东出访老挝。中老双方签署《澜沧江—湄公河客货运输协定》。

11月8—9日，中国国家主席江泽民对新加坡进行正式访问。新加坡总统王鼎昌、政府总理吴作栋、内阁资政李光耀分别会见江泽民。

11月10—13日，中国国家主席江泽民对马来西亚进行正式访问。马来西亚最高元首加法尔、政府总理马哈蒂尔分别会见江泽民。

11月16—19日，中国国家主席江泽民对印度尼西亚进行国事访问。印度尼西亚总统苏哈托会见江泽民主席。两国政府签订《关于促进和保护投资协定》和《科学技术合作谅解备忘录》。

11月20—22日，中国国家主席江泽民对越南进行正式访问。越共中央总书记杜梅、国家主席黎德英、政府总理武文杰分别会见江泽民。中越双方发表联合声明，签订《关于成立中越经贸合作委员会协定》《汽车运输协定》和《关于保证出口商品质量和互相承认的合作协定》。

11月28日，中国国务院总理李鹏在北京会见来访的泰国外交部部长他信·西那瓦。中国国务院副总理兼外交部部长钱其琛同他信·西那瓦举行会谈。

12月26—28日，中国国务院总理李鹏对缅甸进行正式友好访问。缅甸国家恢复法律和秩序委员会主席兼政府总理丹瑞与李鹏举行会谈。中缅双方发表联合新闻公报。

12月31日，中国国家主席江泽民会见并宴请柬埔寨国王诺罗敦·西哈努克和莫尼克王后。

1995 年

1月7—13日，缅甸领导人丹瑞应邀对中国进行正式友好访问。这是他担任缅甸国家恢复法律和秩序委员会主席后首次访华。

4月3—4日，中国与东盟高级官员（副外长级）首次磋商会在中国浙江杭州举行。磋商的主要议题：一是关于中国同东盟的关系；二是国际和地区形势等问题；三是亚太地区的安全和合作及有关问题。

5 月 11—21 日，新加坡政府总理吴作栋访问中国。

5 月 27 日，第一次亚区域禁毒会议在中国北京举行。柬、中、老、缅、泰、越 6 个国家的代表和联合国禁毒署官员出席。会议通过《亚区域禁毒行动计划》和《北京宣言》。

6 月 29 日—7 月 6 日，老挝国家主席诺哈·冯沙万对中国进行国事访问。中国国家主席江泽民、国务院总理李鹏、全国人大常委会委员长乔石分别会见冯沙万。中、老两国签署经济技术合作协定，发表《新闻公报》。

7 月 21—26 日，中国国务院副总理兼外交部部长钱其琛出席在印度尼西亚首都雅加达举行的第三届东盟地区论坛和东盟与对话国会议。

8 月 21—28 日，新加坡总统王鼎昌、内阁资政李光耀访问中国。中国国家主席江泽民、全国人大常委会委员长乔石、国务院总理李鹏、全国政协主席李瑞环分别会见新加坡客人。两国领导人就加强在旅游、通讯等领域的合作交换看法。

9 月 1 日，中共中央总书记、国家主席江泽民和国务院总理李鹏，致电越南共产党中央委员会总书记杜梅、国家主席黎德英、政府总理武文杰、国会主席农德孟，热烈祝贺越南社会主义共和国成立 50 周年。

10 月 11 日，《中华人民共和国与老挝人民民主共和国和缅甸联邦政府关于确定三国交界点协议》核准书和批准书交换仪式在老挝首都万象举行。该协议从是日起生效。

11 月 26 日—12 月 2 日，越共中央总书记杜梅对中国进行正式友好访问。中共中央总书记江泽民与杜梅会谈。中、越两国发表《联合公报》，并就两国铁路通车问题达成原则协议。

1996 年

1 月 7—13 日，缅甸国家元首丹瑞大将对中国进行正式友好访问。中国国家主席江泽民、国务院总理李鹏、全国政协主席李瑞环分别会见丹瑞。中、缅两国签署《经济技术合作协定》和 1 份框架协议，并发表联合公报。

2 月 6—7 日，中国国家主席江泽民、国务院总理李鹏、全国政协主席李瑞环在北京分别会见泰国上议院议长米猜·立初潘一行。

2月11日，中国、缅甸和联合国代表在缅甸首都仰光签署关于在缅甸佤邦南部地区合作开展禁毒项目的文件。

2月14日，中断17年的中国凭祥—越南同登铁路恢复通车。

3月24—29日，泰国政府总理班汉·西巴阿差对中国进行正式访问。中国国家主席江泽民、国务院总理李鹏和全国政协主席李瑞环分别会见班汉·西巴阿差。中、泰两国总理共同出席两国政府关于增设总领事馆的协议签字仪式。

5月，东盟高级官员会议在印度尼西亚首都雅加达举行。会议决定把中国列为东盟的对话伙伴国。

6月6—7日，中国国家主席江泽民、国务院总理李鹏、国家副主席荣毅仁在北京分别会见来访的菲律宾外交部部长多明戈·西亚松。中国国务院副总理兼外交部部长钱其琛与多明戈·西亚松举行会谈。

6月10—11日，中国与东盟第二次外交部高级官员政治磋商在印度尼西亚武吉丁宜市举行。双方就当时国际及地区形势、东盟地区论坛、亚太经合组织等问题交换看法，取得广泛一致的共识。

6月12日，中国国务院总理李鹏和夫人会见柬埔寨国王诺罗敦·西哈努克和王后。

6月23—30日，由东盟各国议会组织当届轮值主席、泰国国会主席汶鄂·巴色素旺率领的东盟各国议会组织代表团对中国进行友好访问。中国国务院总理李鹏、全国人大常委会委员长乔石分别会见东盟客人。

6月24日，印度尼西亚外交部部长阿拉塔斯代表东盟各国外长正式致函中国国务院副总理兼外交部部长钱其琛，表示东盟各国外交部部长一致同意将东盟和中国的磋商伙伴关系改为全面对话伙伴关系，并邀请钱其琛出席7月下旬在雅加达举行的东盟对话国会议。

6月27—28日，应越共中央邀请，中共中央政治局常委、中国国务院总理李鹏率领中共代表团出席越南共产党第八次全国代表大会，并在大会上发表重要讲话，代表中国共产党对越共八大的召开表示热烈祝贺。越共中央总书记杜梅在河内会见李鹏。

7月1日，中共中央总书记江泽民致电祝贺杜梅当选越南共产党中央委员会总书记。

7月18—22日，柬埔寨政府第二首相洪森对中国进行工作访问。

中国国家主席江泽民、国务院总理李鹏分别会见洪森。李鹏和洪森共同出席两国政府关于促进和保护投资协定、贸易协定等合作文件的签字仪式。

7 月 21—26 日，中国国务院副总理兼外交部部长钱其琛出席在印度尼西亚首都雅加达举行的第三届东盟地区论坛外长会议和东盟与对话国会议，并分别在这两个会议上发表讲话。印度尼西亚总统苏哈托会见钱其琛。

8 月 24—27 日，马来西亚政府总理马哈蒂尔对中国进行工作访问。

8 月 30 日，亚洲银行澜沧江—湄公河区域经济合作第六届部长级会议在中国云南昆明举行。

11 月 26—27 日，中国国家主席江泽民对菲律宾进行正式访问。两国领导人同意建立中菲面向 21 世纪的睦邻互信合作关系，并就在南海问题上"搁置争议，共同开发"达成重要共识和谅解。

1996 年，东盟北京委员会（ACB）在中国北京成立。该委员会是中国与东盟建立全面对话伙伴关系的一项后续安排。由当时的东盟 7 国驻华大使组成，旨在促进东盟驻华机构与中国政府部门的交流与合作。ACB 现由东盟 10 国驻华大使组成，按半年期轮任主席。中国、文莱两国签署《卫生合作谅解备忘录》。

1997 年

2 月 20 日，越共中央总书记杜梅、国家主席黎德英、政府总理武文杰、国会主席农德孟向中共中央总书记、国家主席江泽民和国务院总理李鹏致唁电，哀悼邓小平同志逝世。

2 月 26 日，中国—东盟联合委员会在中国北京成立并举行首次会议。中国国务院副总理钱其琛和东盟秘书长阿吉特·辛格出席开幕式并致辞。该委员会的成立是中国与东盟建立全面对话伙伴关系的后续行动之一，旨在促进中国和东盟之间各领域合作的协调发展，并着力推动双方在人力资源开发、人员和文化交流等方面的合作。至此，中国与东盟已建立 5 个平等机制的总体对话框架，即中国—东盟经贸联委会、中国—东盟高官磋商会、中国—东盟科技联委会、中国—东盟联合合作委员会和东盟北京委员会。这些对话框架的建立，标志着中国和东盟的友好合作关系进入一个新的时期。

3月11日，中国国际商会和东盟商会在印度尼西亚首都雅加达宣布，双方一致同意建立中国—东盟商务理事会及中国—东盟信息中心。

4月2—5日，泰国政府总理差瓦立访问中国。中国国家主席江泽民、国务院总理李鹏与差瓦立举行会谈。

4月27日—5月3日，新加坡政府总理吴作栋访问中国。中国国家主席江泽民、全国政协主席李瑞环分别会见吴作栋。中国国务院总理李鹏与吴作栋举行会谈。中、新两国签署《关于民事和商务司法协助的条约》等文件。

4月，中国国际贸易促进会与东盟商会签署谅解备忘录，决定成立中国—东盟商务理事会。

5月23日，菲律宾驻中国广州总领馆开馆。这是菲律宾继在中国厦门设立总领馆后在中国开设的第二个总领馆。

5月，中国—东盟黄山会议举行。会上，中国承诺不在东南亚使用核武器，东盟表示支持一个中国的政策。

7月8—15日，马来西亚最高国家元首端古·贾阿法苏丹对中国进行国事访问。

7月14—18日，越共中央总书记杜梅对中国进行正式友好访问。中越双方就双边关系和共同关心的问题取得广泛共识。

7月29日，中国与东盟国家对话会议在马来西亚必打灵查亚举行。中国国务院副总理兼外交部部长钱其琛出席。

8月13日，中国国务院总理李鹏在北京会见由代理国家元首谢辛率领的来华觐见西哈努克国王的柬埔寨高级代表团。

8月14日，中国政府决定向泰国提供10亿美元3—5年期贷款，参加国际货币基金组织的"一揽子"援泰融资方案。

8月21—24日，中国国务院总理李鹏访问马来西亚。22日，马来西亚最高元首会见李鹏，政府总理马哈蒂尔与李鹏举行会谈。

8月25—26日，中国国务院总理李鹏访问新加坡。新加坡政府总理吴作栋与李鹏举行会谈，总统王鼎昌与内阁资政李光耀分别会见李鹏。

8月28日，中国国务院总理李鹏在北京会见来访的老挝外交部部长宋沙瓦·凌沙瓦。

12月16日，首次东盟—中国领导人非正式会议"10 + 1"在马来西亚首都吉隆坡举行。中国国家主席江泽民出席会议并发表题为"建立面向 21 世纪的睦邻互信伙伴关系"的重要讲话。会议结束后，双方发表《中华人民共和国与东盟国家首脑会晤联合声明》。联合声明确定了指导双方关系的原则，并将建立面向 21 世纪的睦邻互信伙伴关系作为共同的政策目标。此后，双方领导人在每年"10 + 3"领导人会议期间定期以"10 + 1"形式举行会议。

12 月 29 日，中共中央总书记、国家主席江泽民致电祝贺黎可漂当选越南共产党中央委员会总书记。

1998 年

4 月 16—17 日，第四次中国—东盟高级官员磋商在马来西亚举行。双方在磋商中重点就落实中国与东盟首脑会晤的成果、进一步加强全面合作交换意见。

5 月 27 日，中国国务院总理朱镕基、副总理李岚清在北京分别会见由新加坡政府副总理兼国防部长、新加坡—美国工商理事会主席陈庆炎率领的新加坡—美国工商理事会代表团。

7 月 25 日，中国外交部长唐家璇率团前往菲律宾大马尼拉市出席第五届东盟地区论坛外长会、东盟与对话国会议以及中国与东盟对话会。会议结束后，唐家璇顺访菲律宾，并对马来西亚进行工作访问。

10 月 19—23 日，越南政府总理潘文凯对中国进行正式访问。中国领导人江泽民、李鹏、胡锦涛分别会见潘文凯。中国国务院总理朱镕基与潘文凯举行会谈。两国政府签署《民事和刑事司法协助条约》《边贸协定》和《领事条约》。

11 月 17—18 日，亚太经合组织第六次领导人非正式会议在马来西亚首都吉隆坡举行。中国国家主席江泽民出席会议并发表重要讲话。会后发表《吉隆坡宣言》，并通过根据江泽民倡议制定的《走向 21 世纪的 APEC 科技产业合作议程》和马来西亚提出的《技能开发行动计划》。

12 月 15—19 日，中国国家副主席胡锦涛对越南进行正式友好访问。越南国家主席陈德良会见胡锦涛。越南共产党中央政治局常委范世阅、国家副主席阮氏萍与胡锦涛举行会谈，并出席中越经济技术合作协定签字仪式。

12月16日，第二次东盟—中、日、韩领导人非正式会晤和东盟—中国领导人非正式会晤在越南首都河内举行。中国国家副主席胡锦涛出席会议。在东盟—中国领导人非正式会晤中，双方领导人同意通过全面对话合作框架，保持东盟国家与中国在各个层次、各个领域、各个渠道的友好交往，通过协商妥善处理彼此间存在的一些分歧和争议，进一步推进睦邻互信伙伴关系的发展。

12月21日，中国国家主席江泽民在北京会见柬埔寨国王诺罗敦·西哈努克和王后。

1999 年

1月24—31日，老挝政府总理西沙瓦·乔本潘对中国进行正式访问。中国国家主席江泽民、全国人大常委会委员长李鹏分别会见西沙瓦·乔本潘，国务院总理朱镕基与乔本潘举行会谈。双方签署《中老两国关于民事、刑事司法协助的协定》《中老两国政府关于避免双重征税的协定》《中老两国政府关于中国向老挝提供优惠贷款的框架协议》《中老两国政府经济技术合作协议》和《中老两国教育部 1999—2001 年教育合作计划》。

2月9—12日，柬埔寨政府首相洪森对中国进行正式访问。中国国家主席江泽民、全国政协主席李瑞环分别会见洪森，国务院总理朱镕基与洪森举行会谈。两国签署《中柬经济技术合作协定》《中国政府向柬埔寨政府提供优惠贷款的框架协议》《中柬政府文化协定》《中柬引渡条约》和《中柬政府旅游合作协定》。

2月25日—3月2日，越共中央总书记黎可漂对中国进行正式友好访问。中共中央总书记江泽民与黎可漂举行会谈，并共同出席《中越经济技术合作协议》签字仪式。中国全国人大常委会委员长李鹏、全国政协主席李瑞环、国家副主席胡锦涛、国务院副总理李岚清分别会见黎可漂。中、越双方发表《联合声明》，确定两国"长期稳定、面向未来、睦邻友好、全面合作"的 16 字指导方针。

4月27日—5月3日，泰国政府总理川·立派应邀对中国进行正式访问并出席昆明世界园艺博览会。28日，中国国务院总理朱镕基与川·立派会谈。

4月30日，中国国家主席江泽民在昆明分别会见柬埔寨国王西哈努克和泰国政府总理川·立派。

6 月 8 日，中国国务院总理朱镕基、全国政协主席李瑞环、国务院副总理吴邦国、国务委员迟浩田在北京分别会见来访的缅甸国家和平与发展委员会秘书长钦纽。

6 月 9 日，中国国务院总理朱镕基在北京会见来访的老挝政府副总理兼国防部长朱马利·赛雅贡中将及其率领的老挝高级军事代表团。

8 月 18—19 日，马来西亚政府总理马哈蒂尔访问中国。中国国务院总理朱镕基与马哈蒂尔举行会谈。19 日，中国国家主席江泽民会见马哈蒂尔。

8 月 19 日，第三届马中论坛在中国北京举行，中国国务院副总理李岚清和马来西亚政府总理马哈蒂尔与会。会议主题是"金融危机后的复兴与合作"。

8 月 22—26 日，应中国国家主席江泽民邀请，文莱国家元首哈吉·哈桑纳尔·博尔基亚苏丹对中国进行工作访问。两国发表关于双边合作关系发展方向的联合公报，共同签署《文化合作谅解备忘录》。两国外交部已建立定期磋商制度。

9 月 2—6 日，应泰国国王普密蓬·阿杜德邀请，中国国家主席江泽民对泰国进行国事访问。

11 月 22—26 日，中国国务院总理朱镕基对马来西亚进行正式访问。两国签署文化合作协定及一些合作协议。

11 月 28 日，第三次东盟—中国领导人会议在菲律宾首都马尼拉市举行。中国国务院总理朱镕基在会上提出中方在新世纪加强与东盟睦邻互信伙伴关系的主张和具体建议。东盟国家对中国发展建设所取得的成就表示赞赏，高度评价中国在亚洲金融危机中给予东盟国家的支持和援助。

11 月 29 日，中国国务院总理朱镕基对菲律宾进行正式访问，并出席在马尼拉市举行的东盟与中日韩领导人第三次非正式会晤。朱镕基对发展中菲关系提出 5 点意见。

11 月 29 日—12 月 1 日，中国国务院总理朱镕基对新加坡进行正式访问。

12 月 1—3 日，印度尼西亚总统瓦希德对中国进行国事访问。中国和印度尼西亚发表《联合新闻公报》。

12 月 1—4 日，中国国务院总理朱镕基对越南进行正式访问，与越南领导人就两国关系、国际和地区形势及共同关心的问题深入交换意见，取得广泛共识。

12 月 3 日，中越双方共同宣布：两国陆地边界存在的问题已全部解决，有关实质性谈判业已结束，力争年内正式签署两国陆地边界条约。

12 月 30 日，中国外交部长唐家璇在越南首都河内与越南副总理兼外交部部长阮孟琴分别代表两国签署《中国与越南陆地边界条约》。31 日，越共中央总书记黎可漂在河内会见唐家璇，高度评价两国签署陆地边界条约。

2000 年

1 月 17 日，印度尼西亚总统瓦希德签署 2000 年第六号总统决定书，宣布撤销 1967 年颁布的限制华人公开庆祝自己节日的第十四号总统决定书。中国和越南的党和国家领导人互致贺电，祝贺两国建交 50 周年。

4 月 9—19 日，新加坡政府总理吴作栋访问中国。11 日，中新两国在北京发表关于双边合作的联合声明。

5 月，菲律宾总统埃斯特拉达对中国进行国事访问。埃斯特拉达访问期间，中、菲两国外交部部长在北京签署《中华人民共和国政府和菲律宾共和国政府关于 21 世纪双边合作框架的联合声明》，两国政府签署文化合作协定 2000—2001 年执行计划、关于在菲律宾建立中国农业技术中心的换文等文件。

7 月 6 日，《中国和越南陆地边界条约》批准书互换仪式在中国北京举行。该条约于是日起生效。

9 月 25—28 日，越南政府总理潘文凯访问中国。26 日，中国国家主席江泽民在北京会见潘文凯时表示：希望双方在边界问题上继续以大局为重，互谅互让以便年内解决北部湾划界问题。25 日，中国国务院总理朱镕基与潘文凯举行会谈。

11 月 11—13 日，中国国家主席江泽民对老挝进行国事访问。

11 月 13—14 日，中国国家主席江泽民对柬埔寨进行国事访问。两国签署《中柬关于双边合作的联合声明》。

11 月 14—18 日，中国国家主席江泽民出席在文莱举行的第八次亚太经合组织领导人非正式会议，并对文莱进行国事访问。17 日，江泽民与文莱国家元首哈吉·哈桑纳尔·博尔基亚苏丹举行会谈，就加强两国在新世纪的双边关系等问题交换意见和看法，并取得一致。苏丹向江泽民主席授予最珍贵的王室勋章。两国签署《互相鼓励和保护投资协议》《中国公民自费赴文旅游实施方案的谅解备忘录》等。

11 月 15 日，中国国家主席江泽民会见在文莱出席亚太经合组织领导人第八次非正式会议的马来西亚政府总理马哈蒂尔，双方就共同面临的问题再次交换意见。

11 月 24 日，中国国务院总理朱镕基在新加坡会见出席第四次东盟与中、日、韩 "10 + 3" 领导人会议的马来西亚政府总理马哈蒂尔。朱镕基在会见时说：中国政府十分重视与东盟的合作，愿根据《东亚合作联合声明》确定的方向向前推进；双方可以积极致力于湄公河流域开发、泛亚公路、铁路的建设以及为预防金融危机再度发生加强对话与协调。

11 月 25 日，第四次东盟—中国领导人会议在新加坡举行。中国国务院总理朱镕基在会上积极评价中国与东盟双边关系，并就以后一段时间内双方在政治领域、人力资源开发、加强湄公河流域基础设施建设、高新技术领域、农业、贸易与投资等方面的合作提出具体建议。

11 月 29 日，中国国务院总理朱镕基访问新加坡。

12 月 25—29 日，越南国家主席陈德良对中国进行正式访问。中国国家主席江泽民和陈德良举行亲切友好会谈，双方就共同关心的问题达成广泛共识。会谈后，两国签署《中越关于新世纪全面合作的联合声明》《中越关于两国在北部湾领海、专属经济区和大陆架的划界协定》《中越政府北部湾渔业合作协定》《中越政府和平利用核能合作协定》《新华通讯社和越南通讯社新闻合作协定》等重要文件。

2000 年，中国和菲律宾签署信贷协议书，中方承诺向菲方提供 1 亿美元信贷。菲律宾在中国澳门开设总领馆。

2001 年

2 月 26 日，中国国家主席江泽民在海南博鳌会见前来参加博鳌亚洲论坛的特邀嘉宾、马来西亚政府总理马哈蒂尔。

3月28日，中国—东盟经合联委会第三次会议在马来西亚首都吉隆坡举行。会议宣布在该联委会框架下成立中国—东盟经济合作专家组。

4月22日，中共中央总书记江泽民致电祝贺农德孟当选越共中央总书记。

4月24—29日，马来西亚最高元首萨拉赫丁·阿卜杜勒·阿齐兹·沙阿对中国进行国事访问。

5月14—17日，文莱苏丹哈吉·哈桑纳尔·博尔基亚出席在中国举行的亚太经合组织人力资源能力建设高峰会议并访问中国。

5月19日，中国国务院总理朱镕基对泰国进行正式访问。泰国总理他信·西那瓦与朱镕基举行会谈，双方就进一步加强中泰两国在各个领域的合作深入交换意见。双方表示，愿进一步扩大在文化、教育等领域的交流与合作。

5月23日，越共中央总书记农德孟在河内表示：越南共产党和政府将竭尽全力落实越中两国领导人达成的"长期稳定，面向未来，睦邻友好，全面合作"这一指导21世纪发展两国关系的16字方针，使两国友好合作关系不断发展。

8月27—29日，泰国政府总理他信·西那瓦对中国进行正式访问。

9月12—22日，新加坡总统纳丹对中国进行国事访问。

10月19—21日，文莱苏丹哈吉·哈桑纳尔·博尔基亚出席在中国上海举行的亚太经合组织第九次领导人非正式会议并访问中国。苏丹认为两国建交10年来各方面合作发展很快，并表示文方高度重视发展双方的睦邻友好关系。北京外国语大学授予文莱苏丹国际关系名誉博士学位。

菲律宾总统阿罗约出席在中国上海举行的亚太经合组织第九次领导人非正式会议并对中国进行国事访问。中、菲双方签署《引渡条约》《打击跨国犯罪合作谅解备忘录》《打击贩毒合作协议》等双边合作协议，并就菲方在上海设立总领馆互换照会。

10月20日，中国国家主席江泽民在上海会见出席亚太经合组织第九次领导人非正式会议的马来西亚政府总理马哈蒂尔。双方就大家共同关心的反对恐怖主义问题交换意见。

10月27日，中国和越南陆地边界第一块界碑揭幕仪式分别在中国广西东兴和越南芒街口岸举行。这标志着《中国和越南陆地边界条约》正式实施和边界实地勘界立碑工作启动。

11 月 6 日，第五次东盟—中国领导人非正式会议在文莱举行。中国国务院总理朱镕基出席会议并发表题为《携手共创中国与东盟合作的新局面》的重要讲话。朱镕基总理与东盟领导人达成共识，一致同意在 10 年内建立中国—东盟自由贸易区，并授权经济部长和高官尽早启动自由贸易协定谈判；双方同意将农业、信息通信、人力资源开发、相互投资和湄公河开发确定为双方在新世纪开展合作的 5 大重点领域。这是中国—东盟关系中又一个里程碑，推动了双方关系步入新的阶段。

11 月 6 日，在文莱出席东盟与中、日、韩领导人非正式会议和中国—东盟领导人非正式会议的中国国务院总理朱镕基会晤文莱苏丹哈吉·哈桑纳尔·博尔基亚。

11 月 7—11 日，中国国务院总理朱镕基对印度尼西亚进行正式访问。访问期间，中国—东盟商务理事会第一次会议在印度尼西亚首都雅加达举行，朱镕基和印度尼西亚总统梅加瓦蒂共同出席会议。

11 月 30 日—12 月 4 日，应中共中央总书记、国家主席江泽民邀请，越共中央总书记农德孟对中国进行正式友好访问。30 日，江泽民同农德孟举行会谈。

12 月 1 日，中国全国人大常委会委员长李鹏、国务院总理朱镕基、全国政协主席李瑞环、国家副主席胡锦涛分别会见农德孟。

2 日，中越双方在北京发表联合声明。

12 月 12—15 日，中国国家主席江泽民对缅甸进行国事访问。两国签署《中缅两国政府经济技术合作协定》《中缅两国政府投资保护协定》《中缅两国政府渔业合作协定》等 7 个文件。

2002 年

1 月，菲律宾总统阿罗约发布总统令，将中菲建交日（6 月 9 日）定为"菲华友谊日"。6 月，菲律宾外交部和华人各界举行一系列庆祝活动，阿罗约总统出席有关活动。

2 月 3—7 日，老挝人民民主共和国总理本杨·沃拉芝对中国进行正式访问。两国政府签署《中老引渡条约》《经济技术合作协定》《关于中国向老挝提供优惠贷款的框架协议》《中国人民银行与老挝人民民主共和国银行双边合作协议》《两国教育部 2002—2005 年教育合作计划》5 个文件。5 日，中国国家主席江泽民会见本杨·沃拉芝。

2 月 27 日—3 月 1 日，中共中央总书记、国家主席江泽民对越南进行正式友好访问。27 日，江泽民同越共中央总书记农德孟、国家主席陈德良举行会谈，双方一致认为：两国和两国人民要做好邻居、好朋友、好同志、好伙伴，互相信任，互帮互助，互谅互让，共同发展。两国签署《中华人民共和国政府和越南社会主义共和国政府关于中国向越南提供优惠贷款的框架协议》和《中华人民共和国政府和越南社会主义共和国政府经济技术合作协定》。28 日，江泽民在河内国家大学向师生们发表题为"共创中越关系的美好未来"的重要演讲。

4 月 23—26 日，中国国家副主席胡锦涛访问马来西亚。马来西亚最高元首西拉杰丁苏丹、政府总理马哈蒂尔、副总理巴达维、槟州元首阿卜杜先后会见胡锦涛。胡锦涛应邀出席马来西亚亚洲战略与领导研究所举办的演讲会，并就中国和亚洲的发展问题作题为"共同谱写亚洲和平与发展的新篇章"的演讲。

3 月 24—28 日，印度尼西亚共和国总统梅加瓦蒂·苏加诺对中国进行国事访问。中国国家主席江泽民与梅加瓦蒂举行会谈，并出席《中国—印尼关于印尼在广州、上海设立总领事馆的协议》《中国—印尼关于成立能源论坛的谅解备忘录》《中国—印尼经济技术合作谅解备忘录》《中国—印尼关于桥梁、公路和其他基础设施建设项目开展经济技术合作的谅解备忘录》以及《中国石油天然气国际有限公司和印尼国家石油公司合作协议的谅解备忘录》5 个文件的换文和签字仪式。

5 月 14 日，中国和东盟 10 国的经济官员在中国北京举行第三次中国—东盟经济高官会，就未来 10 年内建立中国—东盟自由贸易区的目标、原则、内容、时间框架等问题进行讨论。

6 月 6 日，首次中国—东盟贸易、投资和发展合作国际研讨会在中国云南昆明举行。来自中国和东盟 10 个国家的政府官员、学术机构和企业界的代表共 400 多人参加会议，就中国东盟经贸合作的现状和前景，建立中国—东盟自由贸易区的基本框架，双方合作的重点领域及方式、途径，贸易投资的便利化，以及自由贸易区的建立对中国西部地区开发带来的机遇等议题进行研讨。

9 月 10 日，中国国家主席江泽民会见来华访问的新加坡内阁资政李光耀。

9 月 12—15 日，中国全国人大常委会委员长李鹏对菲律宾进行正式友好访问。中菲双方签署《全国人大常委会与菲律宾众议院合作谅解备忘录》《中国向菲方提供渔港扩建项目贷款协议》等 5 个合作文件。

9 月 13 日，首次中国—东盟经济贸易部长会议在文莱首都斯里巴加湾市举行。会议双方就与中国—东盟自由贸易区相关的问题，包括中国—东盟的贸易投资关系、《中国—东盟全面经济合作框架协议》、在货物贸易自由化方面的"早期收获"等内容进行磋商，并就主要问题达成共识。会议原则通过《中国—东盟全面经济合作框架协议》草案。

9 月 20 日，首次中国与东盟"10 + 1"交通部长会议通过 2002 年 5 月交通高官会议提出的"东盟—中国交通合作职责范围"，并就以后具体合作重点项目达成一致意见。

11 月 1—4 日，1—2 日中国国务院总理朱镕基对柬埔寨进行正式访问，3—4 日出席首次大湄公河次区域经济合作领导人会议、第六次东盟与中日韩"10 + 3"领导人非正式会议、东盟与中国"10 + 1"领导人非正式会议。其间，朱镕基与柬埔寨政府首相洪森举行会谈，朱镕基提出 4 点旨在更加密切和稳固中柬友好关系的建议。朱镕基和老挝总理本扬·沃拉芝在柬埔寨首都金边共同出席《中国和老挝经济技术合作协定》和《中华人民共和国政府和老挝人民民主共和国政府关于建设昆曼公路老挝境内部分路段项目的议定书》的签字仪式。此外，还签署有关中国政府向柬埔寨政府、老挝政府和缅甸政府提供特别优惠关税待遇的换文。该换文规定：自 2004 年 1 月 1 日起，柬埔寨、老挝和缅甸向中国出口的部分产品享受"零关税"待遇。

11 月 3 日，首次大湄公河次区域经济合作（GMS）领导人会议在柬埔寨首都金边举行。中国国务院总理朱镕基出席会议，就加强次区域合作的重要性等问题作主旨发言，并表明中国参与次区域合作的决心和积极态度。

11 月 4 日，第六次东盟与中国"10 + 1"领导人会议在柬埔寨首都金边举行。中国国务院总理朱镕基出席会议。此次会议取得如下成果：一是签署《中国与东盟全面经济合作框架协议》，启动中国与东盟建立自由贸易区的进程，决定到 2010 年建成中国—东盟自由贸易区；二是中国发表《中国参与湄公河次区域合作国家报告》，决定与东盟在湄公河流域开发方面进行全面合作；三是中国和东盟共同发表《关于非传统安全领域合作联合宣言》，启动中国与东盟在非传统安全领域的全面合作；四是中国与东盟各国的外长在金边共同签署《南海各方行为宣言》。《南海各方行为宣言》强调通过友好协商和谈判，以和平方式解决南海有关争议，是中国与东盟签署的第一份有关南海问题的政治文件。

11 月 12 日，由中国政府提供优惠贷款支持的越南太原省高岸火力发电厂项目动工建设。该电厂概算总投资 1.1 亿美元，是当时中越两国之间最大的经济合作项目。

11 月 16 日，越共中央总书记农德孟致电祝贺胡锦涛当选中国共产党第十六届中央委员会总书记。

11 月 18—23 日，新加坡政府总理吴作栋访问中国。

12 月 14 日，中国和泰国在中国北京签署关于中国佛牙舍利赴泰供奉的协定。

2002 年，中国和菲律宾签署《桑托斯将军港渔港改建和扩建项目贷款协议》《北吕宋马尼拉—克拉克高速铁路项目合作谅解备忘录》和《马尼拉—南吕宋铁路项目合作谅解备忘录》等经贸合作协议。

2003 年

1 月 7—11 日，缅甸联邦国家和平与发展委员会主席丹瑞大将对中国进行国事访问。中国国家主席江泽民、中共中央总书记胡锦涛、全国人大常委会委员长李鹏、国务院总理朱镕基分别会见丹瑞。

2 月 18—19 日，泰国政府总理他信访问中国。18 日，中国国务院总理朱镕基与他信举行会谈。19 日，中国国家主席江泽民、国家副主席胡锦涛、国务院副总理温家宝分别会见他信。

4 月 7—11 日，越共中央总书记农德孟应邀对中国进行工作访问。中共中央总书记、国家主席胡锦涛，中共中央军委主席江泽民，中共中央政治局常委、全国人大常委会委员长吴邦国，中共中央政治局常委、国务院总理温家宝分别会见农德孟。胡锦涛在会见时表示：中国共产党和中国政府愿同越方共同努力，进一步充实和丰富"长期稳定、面向未来、睦邻友好、全面合作"16 字方针的内涵，把中越睦邻友好、全面合作提高到新的水平，使两国和两国人民永远做好邻居、好朋友、好同志、好伙伴。

4 月 16 日，由中国方面组织施工的上湄公河航道主体改善工程完工。

4 月 29 日，中国—东盟领导人关于非典型肺炎特别会议在泰国首都曼谷举行。会议就加强地区合作、采取切实措施防治"非典"问题进行讨论，就中国加入《东南亚友好合作条约》等问题进行磋商。会后发表《中华人民共和国与东盟国家领导人特别会议联合声明》。中国国务院总理温家宝出席会议并发表讲话，建议建立中国与东盟抵御"非典"及相关医疗合作的特别基金，并宣布中国政府出资 10000 万元人民币作为启动资金。

6 月 1 日，出席南北领导人非正式对话会议的中国国家主席胡锦涛会见马来西亚政府总理马哈蒂尔。两国领导人就一些国际问题交换意见。

6 月 12—14 日，老挝人民革命党中央主席、老挝人民民主共和国主席坎代·西潘敦对中国进行国事访问。12 日，中共中央总书记、国家主席胡锦涛在北京与坎代举行会谈。13 日，中共中央军委主席江泽民，中共中央政治局常委、全国人大常委会委员长吴邦国，中共中央政治局常委、国务院总理温家宝分别会见坎代。

8 月 18—19 日，第九次中国—东盟高官磋商会在中国福建省武夷山市举行。中国外交部副部长王毅和东盟 10 国高官率团参加，东盟秘书长王景荣出席。中方正式递交中国加入《东南亚友好合作条约》的加入书。

8 月 30 日—9 月 2 日，中国全国人大常委会委员长吴邦国对菲律宾进行正式友好访问。吴邦国与菲律宾总统阿罗约在马尼拉共同出席《中国人民银行与菲律宾中央银行货币互换协议》的换文仪式及《中国进出口银行与菲律宾财政部关于中华人民共和国政府向菲律宾共和国政府提供 4 亿美元优惠出口买方信贷的备忘录》的签字仪式。两国政府发表《联合新闻公报》。菲律宾众议院授予吴邦国国会成就勋章。

9 月 14—16 日，马来西亚副总理巴达维率各位内阁部长和数百名企业家访问中国。其间，巴达维与中国国务院副总理黄菊举行会谈，中国国家主席胡锦涛、全国人大常委会委员长吴邦国和国务院总理温家宝分别会见巴达维。两国政府签署《旅游合作谅解备忘录》《农业合作协定》《空间合作及和平利用外层空间的协定》《关于雇用中国劳务人员合作的谅解备忘录》《关于执行马来西亚机载遥感合作计划的互换备忘录》等。

10月1日，是日起，泰国、中国开始实施果蔬"零关税"。

10月6日，在印度尼西亚巴厘岛出席东盟与中日韩"10＋3"、中国与东盟"10＋1"领导人会议的中国国务院总理温家宝会见文莱苏丹哈吉·哈桑纳尔·博尔基亚。温家宝充分肯定中国与文莱睦邻友好合作关系的发展，表示中国愿从文莱进口更多石油，参与文莱油气开发、港口和电信等基础设施建设，积极推进两国教育、文化等领域的合作。苏丹表示，文莱愿进一步扩大双边贸易，并加强两国企业和人民之间的友好交往。

10月8日，第七次中国—东盟领导人会议在印度尼西亚巴厘岛举行。中国国务院总理温家宝在会上发表以"全面深入合作、促进和平繁荣"为主题的讲话。双方签署中国加入《东南亚友好合作条约》、中国与东盟《全面经济合作框架协议》的补充议定书，以及信息通信谅解备忘录。温家宝与东盟国家领导人还签署《中华人民共和国与东盟国家领导人联合宣言》，宣布双方建立"面向和平与繁荣的战略伙伴关系"。

10月17—21日，中国国家主席胡锦涛对泰国进行国事访问，并出席在曼谷举行的亚太经合组织第十一次领导人非正式会议。其间，胡锦涛先后会见泰国国王普密蓬、政府总理他信、国会主席乌泰、大理院院长抑他尼滴等，两国政府签署《中华人民共和国政府和泰王国政府关于成立贸易、投资和经济合作联合委员会的协定》等5个双边合作文件。

10月25日，第二次中国—东盟交通部长会议在缅甸首都仰光举行。会后发表联合声明重申，实现交通一体化对建立中国—东盟自由贸易区至关重要。

10月31日，中国和缅甸在缅甸首都仰光签署关于在缅建立橡胶苗木基地和技术培训项目的协议。

11月1日，中国国务院总理温家宝在海南博鳌会见前来出席博鳌亚洲论坛2003年年会的新加坡政府总理吴作栋。

11 月 18—23 日，新加坡政府总理吴作栋对中国进行工作访问。18 日，中国国务院总理温家宝与吴作栋举行会谈，并共同出席《中华人民共和国政府与新加坡共和国政府关于成立双边合作联合委员会的谅解备忘录》等 4 个文本的签字仪式。19 日，中国国家主席胡锦涛、全国人大常委会委员长吴邦国分别会见吴作栋。

12 月 17 日，中国国务院新闻办公室在北京举行新闻发布会，宣布，从 2004 年起，每年 11 月在广西南宁举办中国—东盟博览会。

2004 年

1 月 10 日，为庆祝马来西亚和中国建交 30 周年及中国明朝著名航海家郑和下西洋抵达马六甲 600 周年，马来西亚文化、艺术和旅游部及马六甲州政府在古城马六甲举行 2004 年马来西亚—中国友好年系列庆祝活动启动仪式。

2 月 2 日，中国和越南就共同出资在越南莱州、老街、河江三省与中国云南省建设 1 个 220—110 千伏的输电网对接项目达成协议。

3 月 2 日，中国—东盟防治禽流感特别会议在中国北京举行。中国国务院总理温家宝会见出席会议的各国代表团团长，会后双方发表《联合新闻声明》。

4 月 19—25 日，柬埔寨政府首相洪森对中国进行正式访问。20 日，中国国务院总理温家宝与洪森会谈。21 日，中国全国人大常委会委员长吴邦国会见洪森。两国签署《中华人民共和国政府与柬埔寨王国政府经济技术合作协定》等 10 个合作文件。

4 月 23 日，中国国家主席胡锦涛在海南博鳌会见参加博鳌亚洲论坛年会的柬埔寨政府首相洪森。

5 月 2 日，越南驻中国南宁总领事馆开馆。

5 月 20—24 日，越南政府总理潘文凯对中国进行正式访问。20 日，中国国务院总理温家宝在北京与潘文凯举行会谈，温家宝对发展中越合作关系提出 4 点建议。21 日，中国国家主席胡锦涛、全国人大常委会委员长吴邦国在北京分别会见潘文凯。中越双方确定合作建设"两廊一圈"（南宁—河内—海防、昆明—河内—海防经济走廊和北部湾经济圈）的意向。

5 月 27—31 日，马来西亚政府总理巴达维正式访问中国并出席两国建交 30 周年庆祝活动。中、马双方发表《联合公报》，一致同意推进两国战略性合作。双方签署《中马两国政府关于在外交和国际关系教育领域合作谅解备忘录》《中马两国政府关于卫生与植物卫生合作谅解备忘录》《中国市长协会与马中商务理事会合作备忘录》等。

6 月 21 日，中国国务院总理温家宝在青岛会见参加亚洲合作对话第三次外长会议开幕式的泰国政府总理他信。他信宣布，泰国承认中国完全市场经济地位。

6 月 28 日，为推动"早期收获计划"和中国—东盟自由贸易区的建设进程，中国政府决定从 2004 年 1 月起，给予 110 种缅甸出口中国的商品享受"零关税"待遇。

7 月 12 日，缅甸政府总理钦纽对中国进行正式友好访问。国务院总理温家宝与钦纽举行会谈。温家宝对缅甸政府长期以来奉行一个中国的政策表示赞赏；钦纽向温家宝介绍缅甸国内形势，双方就此交换了意见。会谈后，双方签署经济技术合作协定等 11 个文件。

9 月 1—3 日，菲律宾总统阿罗约对中国进行国事访问。这是她连任后首次出访。中国国家主席胡锦涛与阿罗约总统举行会谈，并共同出席《中菲渔业合作协议》《旅游合作协议执行计划》《中国海洋石油总公司和菲律宾国家石油公司在南海部分海域联合海洋地震作业协议》等双边合作文件的签字仪式。中央军委主席江泽民会见阿罗约。3 日，中国和菲律宾两国政府发表联合公报。在公报中，菲律宾表示承认中国的市场经济地位。

9 月 2 日，中国国务院总理温家宝会见来华参加第三届亚洲政党国际会议的泰国政府总理他信，就中泰双边关系和地区合作等问题交换意见。

9 月 3—8 日，柬埔寨政府首相洪森率领的柬埔寨人民党高级代表团对中国进行正式访问，并参加第三届亚洲政党国际会议。其间，洪森先后会晤中国国务院总理温家宝和副总理吴仪，并访问深圳。

9 月 20—22 日，应中国国家主席胡锦涛邀请，文莱国家元首苏丹哈吉·哈桑纳尔·博尔基亚对中国进行工作访问。胡锦涛在北京与苏丹举行会谈，中国全国人大常委会委员长吴邦国会见苏丹。22 日，两国政府发表联合公报。

9 月 28 日，连接中泰两国的果蔬陆路运输通道开通。这条运输通道从中国云南省景洪市出发，经打洛口岸，通过缅甸的勐拉、景栋、大其力，抵达泰国的咪赛，全长 250 千米，约 8 个小时车程。此前，中泰两国之间的货物贸易主要是通过澜沧江—湄公河水路运输。

10 月 6—9 日，中国国务院总理温家宝对越南进行正式访问，并出席在河内举行的第五届亚欧首脑会议。7 日，温家宝分别会见越共中央总书记农德孟、国家主席陈德良和国会主席阮文安，并与越南总理潘文凯举行会谈。两国总理出席两国《政府经济技术合作协定》等 8 项合作文件的签字仪式。

10 月 18 日，中国国家主席胡锦涛在北京会见柬埔寨新任国王诺罗敦·西哈莫尼。

11 月 3—6 日，首届中国—东盟博览会在中国广西南宁国际会展中心开幕。中国国务院副总理吴仪以及柬埔寨政府首相洪森、老挝政府总理本杨、缅甸政府总理梭温、泰国政府副总理比尼、越南政府副总理范家谦等东盟国家政要出席博览会。举办中国—东盟博览会是中国政府为全面深化中国与东盟国家"面向和平与繁荣的战略伙伴关系"，推动双方自由贸易区谈判和加快自由贸易区建设进程而采取的一项具体行动。

11 月 19 日，出席在智利首都圣地亚哥举行的亚太经济合作组织第十二次领导人非正式会议的中国国家主席胡锦涛会见新加坡政府总理李显龙。李显龙在会见时表示：新加坡政府的根本立场是坚持一个中国政策，新加坡反对"台独"的立场是明确的。

11 月 27 日，中国交通部部长张春贤和东盟秘书长王景荣在老挝首都万象签署《中国—东盟交通合作备忘录》，确定双方交通合作、物流往来的蓝图。

11 月 28 日，中国国务院总理温家宝对老挝进行正式访问。温家宝与老挝总理本杨举行会谈，并出席两国政府经济技术合作协定等 5 个文件的签字仪式。

11 月 29 日，第八次东盟与中国领导人非正式会议"10 + 1"在老挝首都万象举行。中国国务院总理温家宝和东盟 10 国领导人出席会议。双方签署《中国—东盟全面经济合作框架协议货物贸易协议》和《中国—东盟争端解决机制协议》。东盟在协议中宣布所有成员国承认中国是一个完全市场经济体。

2005 年

1 月 5 日，中国国务院总理温家宝前往印度尼西亚出席 6 日在雅加达举行的东盟地震和海啸灾后问题领导人特别会议，同机搭载中国政府向印尼提供的 16 吨紧急物资。温家宝在雅加达分别会见印尼总统苏西洛等受灾国领导人，代表中国政府和人民及国家主席胡锦涛，对遭受重大地震和海啸灾难的各国人民表示慰问，向遇难者哀悼。

1 月 25—26 日，中国—东盟地震海啸预警研讨会在中国北京举行。来自中国和东盟 10 国的高官和专家，东盟秘书处、联合国人道主义事务办公室、联合国教科文组织、联合国减灾战略办公室、联合国气象组织的有关官员，以及印度、斯里兰卡、马尔代夫、塞内尔、美国、日本、韩国等国的代表出席会议。中国国务院副总理回良玉出席研讨会开幕式并代表中国政府致辞。此次研讨会是根据中国国务院总理温家宝在东盟地震和海啸灾后问题领导人特别会议上的倡议举办的。

2 月 28 日，马来西亚最高元首西拉杰丁苏丹对中国进行国事访问。中国国家主席胡锦涛、国务院总理温家宝分别会见苏丹。

3 月 14 日，菲律宾国家石油公司、中国海洋石油总公司及越南石油和天然气公司在菲律宾首都马尼拉签署《在南中国海协议区三方联合海洋地震工作协议》，实践各自国家政府作出的使南中国海地区变成为"和平、稳定、合作与发展地区"的承诺。中、菲、越三国对此次签署的协议给予高度评价。菲律宾总统阿罗约 14 日接见三国石油公司代表时表示，协议的签署是中国与东盟落实《南海各方行为宣言》的历史性突破。中国外交部发言人表示，中国愿意在"搁置争议、共同开发"的主张下，与东盟有关国家在南海海域继续展开务实合作，使南海成为"友谊之海""合作之海"。

4 月 20—21 日，中国国家主席胡锦涛访问文莱。20 日下午，胡锦涛同文莱苏丹哈吉·哈桑纳尔·博尔基亚举行会谈，并就进一步发展两国关系提出 6 点建议。21 日中午，胡锦涛出席文莱—中国友好协会举行的工商界午餐会并发表重要讲话。

4 月 25—26 日，中国国家主席胡锦涛访问印度尼西亚。25 日，胡锦涛在雅加达同印尼总统苏西洛进行会谈时，提出旨在推动两国战略伙伴关系取得实质进展的 7 点建议。会谈后，双方签署《中华人民共和国和印度尼西亚共和国关于建立战略伙伴关系的联合宣言》。

4 月 27—28 日，中国国家主席胡锦涛对菲律宾进行国事访问。27 日，胡锦涛同菲律宾总统阿罗约举行会谈，就推动中菲关系的发展提出 7 点建议。两国决定建立致力于和平与发展的战略合作关系。会谈后，两国政府有关部门签署多项合作协议和文件，涉及金融、贸易投资、经济技术合作、交通、青年交流、能源等领域。同日，胡锦涛在菲律宾国会参众两院联席会议上发表了题为"深化睦邻互信，促进共同发展"的重要演讲。

6 月 30 日—7 月 2 日，泰国政府总理他信访问中国。7 月 1 日，他信与中国国务院总理温家宝举行会谈。同日，他信与温家宝互致贺电，祝贺中国和泰国建交 30 周年；泰国政府接受中国政府正式提交的 1100 多份泰国海啸遇难者 DNA 数据的检测结果，他信和温家宝出席在北京举行的交接仪式；中泰两国政府签署涉及能源、矿产、食品、零售等多个领域的 10 项双边经贸合作协定。2 日，他信和中国国务院副总理回良玉共同出席在北京举行的中泰投资研讨会。

7 月 2 日，中国、越南、老挝三国交界点界碑立碑仪式在位处中国云南省、越南奠边府省、老挝丰沙里省交界地带的十层大山山顶举行。

7 月 4 日，中国国务院总理温家宝在云南昆明分别会见前来参加大湄公河次区域经济合作第二次领导人会议的缅甸政府总理梭温。温家宝在会见时说：中方支持缅甸为保持国家稳定、促进民族和解、扩大对外交往所做的努力，希望缅甸实现国家长治久安；不论国际形势如何变化，中方发展中缅睦邻友好合作的方针不会改变。会谈后，两国总理共同出席《中国政府和缅甸政府经济技术合作协定》的签字仪式。双方还同意加强在禁毒领域的合作。

中国国务院总理温家宝在云南昆明会见前来参加大湄公河次区域经济合作第二次领导人会议的越南政府总理潘文凯。

7 月 5 日，大湄公河次区域经济合作第二次领导人会议在中国云南昆明举行。中国国务院总理温家宝、柬埔寨政府首相洪森、老挝政府总理本杨、缅甸政府总理梭温、泰国政府总理他信、越南政府总理潘文凯以及亚洲开发银行行长黑白东彦出席会议。本次会议主题是"加强伙伴关系，实现共同繁荣"。温家宝在开幕式上发表讲话并主持正式会议。会后通过《昆明宣言》。

7月18—22日，越南国家主席陈德良对中国进行国事访问。18日，中国国家主席胡锦涛与陈德良举行会谈。会谈后，两国元首出席《关于中越世界贸易组织双边市场准入协议》等3项文件的签字仪式。19—22日，中国全国人大常委会委员长吴邦国、国务院总理温家宝、全国政协主席贾庆林分别会见陈德良。

7月20日，中国—东盟自由贸易区降税计划如期启动。根据中国和东盟达成的《货物贸易协议》，从是日起，双方对原产于本区域的约7000种产品相互给予优惠关税待遇，以自由贸易区的税率实现彼此货物的通关，并在5年内将其中的大部分产品关税降至零。

7月27—30日，应中国国家主席胡锦涛邀请，印度尼西亚总统苏西洛对中国进行国事访问。28日，胡锦涛与苏西洛举行会谈，并一起出席经济技术合作协定等双边合作文件的签字仪式。同日，中国国务院总理温家宝会见苏西洛。29日，作为苏西洛访华的一项重要活动，中国、印度尼西亚双方共约500名企业家出席中国与印度尼西亚商务午餐会和企业合作签约仪式，合作金额逾40亿美元。同日，两国发表联合声明。

8月3日，第二届东盟与中日韩"10＋3"文化部长会议在泰国首都曼谷举行。中国文化部部长孙家正和东盟秘书长王景荣共同签署《中华人民共和国与东南亚国家联盟成员国政府文化合作谅解备忘录》。

8月10—14日，应中国国家主席胡锦涛邀请，柬埔寨国王诺罗敦·西哈莫尼对中国进行国事访问。中国国家主席胡锦涛、全国人大常委会委员长吴邦国、国务院总理温家宝分别会见西哈莫尼国王。

10月19—22日，第二届中国—东盟博览会和中国—东盟商务与投资峰会在中国广西南宁举行。中共中央政治局常委、国家副主席曾庆红，老挝国家副主席朱马利，柬埔寨政府首相洪森，缅甸政府总理梭温，泰国政府第一副总理颂吉，越南政府常务副总理阮晋勇，东盟秘书处秘书长王景荣等出席博览会和峰会。

10月21日，柬埔寨驻中国南宁总领事馆开馆。

10月25—26日，新加坡政府总理李显龙访问中国。25日，中国国务院总理温家宝在与李显龙会谈时，就深化中新友好合作提出4点建议。26日，中国国家主席胡锦涛会见李显龙。

12月11日，中国向柬埔寨、老挝、缅甸扩大特殊优惠关税待遇的换文签署仪式在马来西亚首都吉隆坡举行。中国将从 2006 年起对上述 3 国的部分输华产品实行单方面"零关税"待遇。

12 月 11—15 日，中国国务院总理温家宝出席在马来西亚首都吉隆坡举行的第九次中国与东盟、东盟与中日韩领导人会议和首届东亚峰会，并对马来西亚进行正式访问。其间，温家宝会见马来西亚最高元首西拉杰丁苏丹，与马来西亚政府总理巴达维举行会谈。中马双方发表《中华人民共和国和马来西亚联合公报》，签署《中华人民共和国政府和马来西亚政府卫生合作谅解备忘录》和《中华人民共和国政府和马来西亚政府教育合作谅解备忘录》。

12 月 12 日，第九次中国—东盟领导人"10＋1"会议、第九次东盟与中日韩领导人"10＋3"会议在马来西亚首都吉隆坡举行。中国国务院总理温家宝和东盟 10 国领导人出席会议。同日，温家宝出席东亚峰会领袖对话会议并发表题为《中国的和平发展与东亚的机遇》的重要演讲。

12 月 28 日，中国政府向柬埔寨政府提供 1 亿元人民币的经济援助协议在柬埔寨首都金边签署。柬埔寨外交与国际合作大臣贺南洪和中国驻柬大使胡乾文代表各自政府在协议上签字。柬埔寨政府首相洪森出席协议签字仪式。根据协议，中国政府向柬埔寨提供 5000 万元人民币的无偿援助和 5000 万元人民币的无息贷款，用于两国政府商定的经济技术合作项目。

2006 年

2 月 14—18 日，应中国国务院总理温家宝邀请，缅甸政府总理梭温对中国进行正式访问。14 日，温家宝与梭温举行会谈，并共同出席两国政府经济技术合作协定、航班协定等文件的签字仪式。15 日，中国国家主席胡锦涛、全国人大常委会委员长吴邦国分别会见梭温。

3 月 20—24 日，中共中央政治局常委、全国政协主席贾庆林对越南进行正式友好访问。其间，贾庆林与越共中央政治局委员、书记处常务书记潘演和越南祖国阵线主席范世阅分别举行会谈，分别会见越共中央总书记农德孟、国家主席陈德良、政府总理潘文凯等越方领导人。

3 月 21 日，中国共产党中央委员会总书记胡锦涛致电祝贺朱马利·赛雅贡当选老挝人民革命党第八届中央委员会总书记。

4月3日，文莱苏丹哈吉·哈桑纳尔·博尔基亚会见率广西代表团访问文莱的中国广西壮族自治区主席陆兵。

4月7日，泰国驻中国南宁领事办公室开馆。泰国公主诗琳通主持开馆仪式。

4月7—8日，应柬埔寨政府首相洪森邀请，中国国务院总理温家宝对柬埔寨进行正式访问。其间，温家宝同洪森举行会谈，会见柬埔寨国王诺罗敦·西哈莫尼、参议院议长谢辛和国民议会议长韩桑林。8日，中柬两国政府发表联合公报。

4月8—9日，中国—东盟文艺会演暨青年音乐家交响乐表演在柬埔寨举行。这是纪念中国与东盟建立对话关系暨中国—东盟友好合作年系列庆祝活动的第一项。来自中国和东盟10国的150多名艺术家在宏伟壮观的世界文化遗产吴哥窟前同台演出。

4月21日，第二届中国—东盟电信周信息通信部长论坛及中国—东盟电信周活动在马来西亚槟城闭幕。

4月27日，中国人民解放军海军舰艇编队同越南人民军海军舰艇编队开始在北部湾海域进行联合巡逻。这是中国人民解放军海军首次与外国海军举行联合巡逻。

5月22日，越南国家主席陈德良致电中国国家主席胡锦涛，就中方及时救助遭受台风"珍珠"袭击的越南渔民表示感谢。

6月13日，第三届中国—东盟博览会高官会在中国广西南宁举行。来自中国、东盟各国及东盟秘书处的近60名代表共商第三届中国—东盟博览会筹备工作。

9月18—19日，2006中国—东盟文化产业论坛在广西南宁举办。中国和东盟文化部门高层人员、国内外著名专家学者以及著名文化企业代表就中国与东盟国家之间的文化交流与合作进行了探讨。

9月28日，2006中国—东盟礼仪小姐总决赛在南宁举行。

10月6日，"中国石油杯"2006中国—东盟国际汽车集结赛在广西壮族自治区首府——南宁民族广场发车。

10月8日，第八次东盟新闻部长会议在柬埔寨首都金边闭幕。会议发表的公报说，新闻媒体在东盟走向和平、和谐、人道与繁荣的进程中发挥着重要作用。公报指出，与会部长们认为，新闻媒体在促进相互了解、正确评价各成员国政治、经济、文化和历史以及推动成员国之间信息流通等方面有着非常重要的作用。东盟各国共享信息对合作反恐、控制疾病跨境传播和增进公众对共同关心问题的了解具有重要意义。

10 月 28—31 日，2006 中国—东盟舞蹈论坛大会在南宁举行。

10 月 31 日—11 月 3 日，由中国总理温家宝倡议，中国商务部和东盟国家经贸主管部门共同主办的第三届"中国—东盟博览会"（CHINA ASEAN EXPO）在中国南宁国际会展中心隆重举行。10 月 30 日，中国—东盟建立对话关系 15 周年纪念峰会在南宁举行。在峰会上，温总理指出，双方要密切人文交流。要加强在科技、文教、体育等领域的协作，促进双方社会团体、媒体、教育与学术机构之间的联系，定期举办文化、艺术和体育活动。青年代表着国家的未来和希望。要鼓励双方青年到对方国家开展志愿者工作，加深了解和情谊，使双方友好事业世代相传。

2007 年

1 月 6—9 日，广西南宁举办了首届中国东盟绿色食品博览交易会。

1 月 14 日，第十次中国—东盟"10＋1"领导人会议在菲律宾宿务举行。温家宝总理出席会议并发表题为"共同谱写中国—东盟关系的新篇章"的讲话。

6 月 8 日，在南宁举行了"越南—广西经济合作论坛"，本次论坛是南宁市贸促会受越南驻南宁总领事馆委托组织的该年度中国—东盟经济合作论坛较大的一次。

6 月 20 日，2007 中国—东盟礼仪形象大使选拔大赛新闻发布会在南宁市红林大酒店举行。

7 月 6 日，第三届中国—东盟青年营在广州闭幕，东盟各国青年代表陆续返程回国。

9 月 5—7 日，中国—东盟海事磋商机制第三次会议在青岛举行。

9 月 12 日，2007 中国—东盟礼仪形象大使选拔大赛桂林分赛区总决赛在桂林电视台演示厅如期举行。

9 月 20 日，由中国国家质检总局、东盟各国 SPS 主管部门和东盟秘书处共同举办的"第三届中国—东盟质检部长会议（SPS 合作）"在广西南宁召开。

9 月 27 日—10 月 22 日，由国家体育总局和广西壮族自治区人民政府联合主办、广西壮族自治区体育局承办的 2007 中国—东盟国际汽车拉力赛开赛。

10 月 28 日，中国·广西·南宁第四届中国—东盟博览会暨 2007 南宁国际民歌艺术节在南宁国际会展中心以及民歌广场正式拉开帷幕。

10 月 29 日下午，由南宁市促贸会与印尼—印中中小企业商会联合举办的"南宁—印尼经贸合作洽谈会"在南宁举行。

11 月 8—11 日，在广西南宁举办 2007 中国东盟文化产业论坛。

11 月 14 日，2007 东盟国防部长会议在新加坡举行。

12 月 21 日，中国东盟电视合作峰会闭幕。

2008 年

1 月 6—9 日，2008 中国东盟节能减排科技创新（广西）博览会在南宁的广西展览馆举办。

2 月 21 日，广西壮族自治区政府在南宁举行《广西北部湾经济区发展规划》新闻发布会。

3 月 31 日，大湄公河次区域经济合作（GMS）第三次领导人会议在老挝万象举行，中国国务院总理温家宝、柬埔寨首相洪森、老挝总理波松、缅甸总理登盛、泰国总理沙马、越南总理阮晋勇出席了会议，波松主持会议。

5 月 4 日，东盟 10 国以及中国、日本和韩国 3 国的财政部长在马德里举行会议，就进一步推动东亚金融合作进行磋商。

8 月 1 日，2008 中国—东盟（南宁）国际教育展会暨第十二届南宁国际学生用品交易会在南宁国际会展中心开幕。

8 月 27 日，第七次中国与东盟经济部长磋商会在新加坡举行。

9 月 19—22 日，2008 中国—东盟文化论坛在广西钦州举办。

9 月 21—25 日，第九届中国—东盟博览会和商务与投资峰会召开。

10 月 15 日，由共青团广西区委、中国—东盟礼仪协会、中国—东盟博览会广西国际博览事务局主办的"2008 中国—东盟礼仪形象大使选拔大赛"决赛在广西南宁市隆重举行。

10 月 22 日，第五届中国—东盟博览会在南宁国际会展中心隆重开幕。

10 月 22 日，中国—东盟商务与投资峰会开幕式在广西人民会堂举行，本届商务与投资峰会的主题是"广阔的视野，积极的行动"。

10 月 28 日，2008 中国—东盟文化产业论坛在广西南宁开幕，来自中国和东盟国家的 500 余名文化官员、专家学者、列席代表和媒体记者参加了本次论坛。

11 月 7—10 日，中国—东盟国际口腔医学交流与合作论坛在广西南宁举行。

12 月 5—9 日，以"一个城市的汽车梦想"为主题的 2008 中国东盟（南宁）国际汽车展览会在广西南宁举行。

12 月 15 日，印度尼西亚首都雅加达东盟秘书处举行了《东盟宪章》生效仪式，标志着《东盟宪章》正式生效。

12 月 16 日，东盟成员国在新加坡签署了促进贸易、鼓励投资和进一步开放服务业的三项东盟经济协议，以促进东盟成员国之间的贸易和投资，并希望通过东盟这个单一市场和生产基地，吸引更多海外投资到东盟来。

12 月 17—21 日，由中国业余篮球公开赛组委会、中国业余篮球公开赛广西赛区组委会、中国百色市委、百色市人民政府主办，中共平果县委、平果县人民政府承办的中国—东盟 CBO 男子篮球邀请赛在平果县体育馆激情上演。

12 月 30 日，中国政府正式任命薛捍勤为首任中国住东盟大使。

2009 年

1 月 5—12 日，2009 东盟旅游论坛在河内举行，论坛主题为"东盟旅游——向新高度迈进"。

3 月 1 日，东盟领导人在泰国华欣签署《东盟共同体 2009—2015 年路线图宣言》东盟政治与安全、社会与文化蓝图等一系列对东盟发展及共同体建设有重要战略意义的文件。

4 月 10—12 日，第十二次东盟与中国领导人会议、第十二次东盟与中日韩领导人会议，以及第四届东亚峰会在帕塔亚举行。

8 月 15 日，中国与东盟共同签署《中国—东盟自由贸易区投资协议》。协议的签署标志着双方成功完成了中国—东盟自贸区协议的主要谈判。

9 月 6 日，东盟卫视集团发展有限公司与广西大学副校长黄维义签署协议，成立广西大学东盟学院。

9月18—20日，2009中国东盟（南宁）国际教育展览会新广西动漫节在南宁国际会展中心举办。

10月12日，2009中国—东盟礼仪形象小姐大赛在广西南宁举办。

10月17—21日，中国东盟国际项目对接会、2009年亚太（投融资）华人经济年会暨第四届中国国际循环经济高峰论坛在南宁盛大举行。

10月18日，2009（首届）中国—东盟国际摄影节在中国南宁开幕。

10月28日，以"文化产业与社会发展"为主题的2009中国—东盟文化产业论坛在南宁隆重举行。来自中国和东盟国家的88名代表参加会议。

10月28—31日，2009年中国东盟博览会于广西南宁市会展中心举行。

11月12—14日，2009第二届中国东盟（南宁）国际造纸技术及设备展览会在广西南宁国际会展中心举行。

12月4—8日，2009中国东盟第二届南宁国际汽车展览会在广西南宁国际会展中心举行。

12月15日，在中国—东盟自由贸易区即将建成之际，由共青团中央、全国青联与广西壮族自治区人民政府共同举办的2009中国—东盟青年企业家论坛在南宁开幕。

2010年

1月1日，中国—东盟自由贸易区正式建成。这是一个惠及19亿人口、接近6万亿美元GDP、4.5万亿美元贸易总额、由发展中国家组成的最大自贸区。

1月7—8日，中国—东盟自贸区建成庆祝仪式暨自贸区论坛在广西南宁成功举办。

3月24日，清迈倡议多边化协议正式生效，总规模为1200亿美元的区域外汇储备库和7亿美元的区域投资信用担保基金也相继建成。

6月28日，2010中国—东盟礼仪形象大使选拔大赛新闻发布暨广西礼仪文化交流协会五周年盛典在南宁隆重举行。

9 月 17 日，第一届中国—东盟行业合作会议在昆明召开，并通过了《第一届中国—东盟行业合作昆明会议主席声明》。中国和东盟 10 国的有关行业商（协）会负责人出席会议，共同探讨双方行业对接与互利合作。

9 月 21 日，2012 中国—东盟自贸区论坛隆重开幕。

10 月 19—24 日，第七届中国—东盟博览会和中国—东盟商务与投资峰会在南宁举行。本届博览会以"自贸区与新机遇"为主题。

10 月 29 日，在第十三次中国与东盟领导人会议上通过了《落实中国—东盟面向和平与繁荣的战略伙伴关系联合宣言的第二个五年行动计划》。

10 月 29 日，中国与东盟签署了《〈中国—东盟全面经济合作框架协议货物贸易协议〉第二议定书》，双方企业可更方便地使用自贸区优惠政策，从自贸区中得到更多利益。

11 月 26 日，2010 中国—东盟文化产业论坛在南宁召开，中国文化部、广西文化厅以及国内相关文化产业的代表，越南、缅甸、老挝、泰国、柬埔寨等东盟国家驻南宁总领事馆的总领事以及相关人员参加了本次论坛。

12 月 2—6 日，2010 东盟—中国第三届南宁国际汽车展览会召开。

2011 年

1 月，中国—东盟外长会议在昆明举行。此次会议是首次在华举行中国—东盟外长会，对进一步推进包括互联互通在内中国—东盟战略合作，提升双方关系水平具有重要意义。会前，中国与东盟国家外长及高官共同出席了中国—东盟友好交流年启动仪式。

5 月 30 日，由国土资源部、广西壮族自治区人民政府主办，为期 3 天的 2011 中国—东盟矿业合作论坛开幕式在广西南宁国际会展中心隆重举行。论坛主题为"加强矿业合作，推进互利共赢"。

7 月，中国外交部长杨洁篪出席在印度尼西亚巴厘岛举行的中国—东盟"10 + 1"外长会，会议通过了落实《南海各方行为宣言》指导方针，为推动落实《宣言》进程、推进南海务实合作铺平了道路。

8 月，中国总理温家宝与东盟轮值主席国印度尼西亚总统苏希洛互致贺电，热烈庆祝中国—东盟建立对话关系 20 周年。

8 月 12 日，第十次中国—东盟"10 + 1"经贸部长会议在印度尼西亚万鸦老举行，来自中国和东盟 10 国的经贸部长参会。会议一致同意将中国—东盟贸易谈判委员会改名为中国—东盟自贸区联合委员会。

9 月 29 日，2011 中国—东盟青年创新大赛在北京大学启动。赛事旨在以新模式培养青年的"创新、创业、创意"思维和能力，提升创新项目的社会价值和商业价值，促进中国与东盟各国青年在交流、了解中加深友谊。

10 月 21—26 日，第八届中国—东盟博览会在广西南宁隆重举行。

10 月 22 日，由国家新闻出版总署和广西壮族自治区政府共同主办的 2011 中国—东盟出版博览会在南宁广西民族博物馆开幕。

10 月 22 日，以"创新与绿色发展"为主题的 2011 中国—东盟环保合作论坛首次在广西南宁举行。

11 月 18 日，温家宝总理在中国—东盟建立对话关系 20 周年纪念峰会上宣布，中方将于 2012 年在雅加达设立常驻东盟使团①。

11 月 4 日，以"友好合作共赢"为主题的第六届中国—东盟青年营活动，4 日在南宁开营。来自东盟 10 国的 72 名青年代表与中国青年展开多领域对话，增进双边了解和友谊，推动东盟与中国的关系向纵深发展。

12 月 1—5 日，东盟—中国（南宁）国际汽车展览会在南宁国际会展中心举办。

12 月 27 日，2011 中国—东盟经贸论坛在曼谷举行。该论坛是为庆祝中国、东盟建立对话关系 20 周年而举办的。

2012 年

1 月，中国和东盟国家在北京举行落实《南海各方行为宣言》第四次高官会和第七次工作组会议。

1 月，中国—东盟宽带通信技术与应用培训班在深圳举行。

2 月，中国国家发展改革委员会与中国—东盟中心和国家旅游局合作在北京举办了首届中国—东盟绿色旅游论坛。

---

① 中国—东盟建立对话关系 20 周年大事记，http：//finance. sina. com. cn/stock/t/201110 29/113210717847. sthm/。

3 月中国—东盟信息通信高官会工作组会和 7 月中国—东盟电信监管理事会圆桌会议，就中国—东盟通信发展情况、监管政策及信息通信合作项目等进行交流。

3 月 29 日，第二届中国—东盟卫生发展高官会在菲律宾宿务召开。7 月 6 日，第四届中国—东盟卫生部长会在泰国普吉岛召开。会议确定了双方卫生合作优先领域，就各国控烟经验进行交流，并签署《中华人民共和国政府和东南亚国家联盟成员国政府关于卫生合作的谅解备忘录》。

4 月，在国家旅游局协助下，中国—东盟中心率领中央电视台摄制组赴柬埔寨拍摄了当地旅游资源，并在中央电视台播放。

4 月，以"将传统医药纳入国家医疗卫生体系"为主题的中国—东盟传统医药研讨会在北京举行。

5 月 17 日，国家开发银行在北京主办中国—东盟银联体理事会第二次会议，各成员行签署了《中国—东盟银行联合体合作协议的补充协议》，就加强务实合作进行了深入交流，探讨了为东盟各国基础设施、电力、农业、中小企业、能源资源等领域重点项目提供融资支持以及在本币结算、资金交易等领域开展合作的可行性，为今后进一步深化合作奠定了基础。

5 月 18 日，第七次中国—东盟科技联委会会议在缅甸首都内比都召开。

5 月 22—24 日，中国—东盟绿色发展青年研讨会在北京举行。2012 年 7 月 15 日至 21 日，中国—东盟绿色经济与环境管理研讨班在北京举行。

5 月 29 日，中国国务委员兼国防部长梁光烈上将在柬埔寨金边出席了首次中国与东盟国防部长磋商会，各方就地区安全形势及深化互信合作等问题交换了意见。

5 月，中国警方联手泰国、马来西亚、柬埔寨、印度尼西亚、菲律宾等 7 个东盟国家警方采取统一行动，成功摧毁了"11·29"特大电信诈骗犯罪集团，抓获犯罪嫌疑人 482 名，有效遏制了该类犯罪多发的势头。

5 月，第八届澜沧江—湄公河青年友好交流活动在中国、泰国和柬埔寨举办，来自次区域 6 国、包括 11 名中国代表在内的共 68 名青年代表参加活动。迄今，该项目共举办了 8 届，次区域 6 国共 519 名各界优秀青年代表参加。

5 月 25 日，首次中国—东盟文化部长会议在新加坡举办。与会各方确认建立中国—东盟文化部长会议机制，并就该机制的运行、下阶段双方文化领域合作及《中国—东盟文化合作行动计划》等事宜进行了探讨。

6 月，中国—东盟中小企业信息化研讨会在连云港举行。

6 月，中国—东盟警察组织高级警官研修班在浙江举行。

6 月，中国—东盟海关"经认证的经营者"（AEO）研讨班在广西桂林举行。

6 月 5—9 日，第十次中国—东盟海关署长磋商会在菲律宾马尼拉举行，就加强能力建设、推进国际供应链安全与便利、世界海关组织和世界贸易组织事务等进行了交流。

6—8 月，第九期中国与东盟刑侦技术培训项目在北京举行。此外，中方还拟于年内举办高级执法官员研修班，邀请来自东盟成员国的执法官员参加。

6 月，在河内举行落实《南海各方行为宣言》第五次高官会，就推动落实《南海各方行为宣言》、推进南海务实合作达成广泛共识。

7 月，杨洁篪外长出席了在金边举行的东盟地区论坛系列外长会，重申了我国对推进中国与东盟睦邻友好和互利合作的政策。

7 月 8 日和 9 月 13 日，中国和东盟国家就探讨制定"南海行为准则"保持沟通。各国高官分别在金边举行"准则"非正式磋商，就有关问题进行探讨，增进了相互理解，表达了共同维护南海和平稳定的积极意愿。中方派员出席东盟国家智库在马来西亚举办的"准则"问题研讨会，就有关问题交换意见。

9 月 10—12 日，中方在北京举办"2012 中国—东盟知识产权与传统知识及遗传资源保护研讨会"，组织来自中国和东盟成员国的知识产权主管部门官员及业界的专家、学者就传统知识和遗传资源的保护展开积极讨论，寻求共同合作。

9 月 10—14 日，"中国—东盟文化论坛"在广西南宁举办。

9 月 13—15 日，"第七届中国—东盟社会福利与发展高官会"在河内举办，会议主题为"促进弱势人群的社会服务和社会保护"。

9 月 18 日，中国—东盟生物多样性保护实践研讨会在北京举办，就生物多样性保护成功实践交流意见，分享经验。

9 月 19—21 日，第三届中国—东盟质检部长会议（SPS 合作）在广西南宁举行。本届部长会议的主题为"加强合作，服务中国—东盟自贸区建设"。会议审议批准《中国—东盟 SPS 合作备忘录 2013—2014 年度执行计划》，确定了今后两年中国与东盟在 SPS 领域的重点合作项目，发表《第三届中国—东盟质检部长会议（SPS 合作）联合新闻声明》。

9 月 20 日，由中国和东盟合作开发的中国—东盟 SPS 联合网站正式开通，主要栏目包括新闻中心、部长会议、SPS 协调机制、SPS 知识、SPS 法规标准、有害生物、合作交流、SPS 相关协议等。

9 月 21—25 日，第九届中国—东盟博览会在广西南宁举行。中国国家副主席习近平、本届博览会主题国缅甸总统吴登盛、老挝总理通邢、越南总理阮晋勇、马来西亚副总理穆希丁、泰国副总理吉迪拉、菲律宾总统特使罗哈斯、东盟秘书处副秘书长林康宪、联合国贸发会议秘书长素帕猜等出席。

9 月 22 日，首次中国—东盟科技部长会在广西南宁举行，科技部部长万钢和东盟 10 国科技部长、东盟秘书处高级官员出席会议。同日，"中国—东盟科技伙伴计划"在南宁正式启动。科技伙伴计划框架下第一个项目——共建资源卫星数据共享平台同时启动。

9 月 26—27 日，以"中国与东盟：包容性发展与减贫"为主题的"第六届中国—东盟社会发展与减贫论坛"在广西举行。

10 月和 11 月，面向东盟国家的科技政策与管理研修班和中国—东盟论坛相继在中国举行。

11 月 19 日，中方在云南举办中国—东盟民航运行安全管理研讨班，为东盟国家培养 20 名民航安全管理专业人员。

11 月 20 日，温家宝总理出席第十五次中国—东盟领导人会议。温家宝提出：第一，坚持互尊互信、睦邻友好。中方愿与东盟国家加强在安全和战略领域对话与合作，为东亚持久和平、稳定和繁荣提供更有力的支撑。第二，支持东盟维护团结、联合自强。中国不仅反对霸权主义和强权政治，也反对大国共治或大国主宰地区事务。第三，本着协商一致、照顾彼此关切的精神，妥善处理分歧和矛盾，维护东亚合作发展大局。第四，同舟共济，应对国际金融危机。我们要排除各种干扰，全面推动东亚一体化进程，促进本地区实现更长时期、更高水平、更好质量的发展。

11 月 21 日，中方举办第七届"中国—东盟青年营"，邀请东盟 10 国 100 名青年访华。

11 月，中国—东盟第十一次交通运输高官会议及部长级会议在印度尼西亚举行，中国民用航空局派员参会，向会议报告一年来中国—东盟在民航领域的合作情况及最新进展。

2013 年

1 月 24 日，2013 中国—东盟新春联谊会暨 2012 中国企业走进东盟和东盟企业走进中国评选颁奖典礼在北京举行。

4 月 7 日，博鳌亚洲论坛 2013 年年会开幕大会上，2013 年东盟轮值主席国文莱苏丹哈吉·哈桑纳尔·博尔基亚说，作为亚洲的一部分，东盟在推动和平与国家之间更好的合作方面要发挥作用。

5 月 10 日，2013 中国—东盟矿业论坛在广西南宁开幕。

5 月 26 日，由广西艺术学院主办的第二届中国—东盟（南宁）音乐周在广西音乐厅开幕。

7 月 5 日，第十七届南宁国际学生用品交易会暨 2013 中国·东盟（南宁）国际教育展览会在南宁国际会展中心开幕。

9 月 2—6 日，"艺域无疆共圆梦想——2013 中国—东盟（广西）艺术品交流交易博览会"在南宁市邕江湾美术馆举行。

9 月 3 日，以"发展现代职业教育服务经济转型升级"为主题的 2013 中国—东盟职业教育联展暨论坛在南宁开幕。

9 月 3—6 日，第十届中国—东盟博览会、第十届中国—东盟商务与投资峰会及 2013 南宁国际民歌艺术节在南宁市举行。

9 月 10 日，2013 中国—东盟国际汽车拉力赛在泰国素可泰举行发车仪式。

9 月 3 日，李克强总理出席第十届中国—东盟博览会和中国—东盟商务与投资峰会开幕式并发表主旨演讲，就进一步加强中国与东盟的合作提出五项倡议。

10 月 9 日，中国国务院总理李克强在文莱首都斯里巴加湾市出席第十六次中国—东盟 "10＋1" 领导人会议。

10 月 3 日，国家主席习近平在印度尼西亚国会发表题为 "携手建设中国—东盟命运共同体" 的重要演讲，习近平主席全面阐述了中国对东盟政策，明确了中国—东盟关系的长远发展目标。指出中国同东盟国家在发展进程中有共同追求，在维护地区繁荣稳定上有共同利益，在国际和地区事务中有共同语言。强调中国将继续坚持与邻为善、以邻为伴，坚持讲信修睦、合作共赢，愿同东盟国家商谈缔结睦邻友好合作条约，携手建设更为紧密的中国—东盟命运共同体，做守望相助、安危与共、同舟共济的好邻居、好朋友、好伙伴。中国将扩大对东盟国家开放，提高中国—东盟自由贸易区水平，使双方贸易额 2020 年提升至 1 万亿美元。中方倡议筹建亚洲基础设施投资银行，以促进东盟及本地区发展中国家的互联互通建设。中国愿同东盟国家发展好海洋合作伙伴关系，共同建设 21 世纪 "海上丝绸之路"。

12 月 5—9 日，2013 第六届中国—东盟（南宁）国际汽车展览会在南宁国际会展中心盛大举行。

2014 年

4 月 7 日，2014 中国—东盟文化交流年开幕式在清华大学新清华学堂举行①。

5 月 8 日，2014 中国—东盟矿物珠宝展在南宁国际会展中心正式开展，来自中国和东盟国家的 800 多家企业和个人参展。

5 月 9 日，以 "建设绿色矿山，促进矿业可持续发展" 为主题的 2014 中国—东盟矿业合作论坛暨推介展示会在广西南宁开幕。

5 月 11 日，第二十四届东盟领导人会议在缅甸首都内比都开幕，会议重点是评估东盟共同体建设执行情况，并就在 2015 年底建成东盟共同体所需的努力进行磋商。

5 月 29 日—6 月 1 日，2014 中国—东盟博览会文化展首次在广西南宁国际会展中心隆重举办。

8 月 28—30 日，2014 年第四届中国—东盟（泰国）商品贸易展览

---

① 2014 中国—东盟文化交流年在清华大学开幕，中国社会科学网，http：//www. cssn. cn/zx/zxgx/gxpic/201404/t20140409_ 1060725. shtml。

会在泰国曼谷 IMPACT 展览中心举行。

9 月 16 日，中国—东盟电力合作与发展论坛在广西南宁举行。

9 月 16—19 日，2014 东盟博览会暨第十一届中国—东盟博览会在广西南宁举办。

11 月 6—8 日，2014 东盟（曼谷）中国进出口商品博览会在泰国国际会展中心举办。

11 月 13 日，国务院总理李克强当地时间下午在缅甸内比都出席第十七次中国—东盟"10＋1"领导人会议并发表讲话。

11 月 14—16 日，2014 首届中国—东盟国际瑜伽文化节在广西南宁举办。

12 月 5—9 日，2014 第七届中国—东盟（南宁）国际汽车展览会在南宁国际会展中心举办。

2015 年

4 月 7—10 日，越共中央总书记阮富仲访华。11 月 5—6 日，中共中央总书记、国家主席习近平访问越南。这是两国建交 65 年来中越最高领导人首次实现年内互访。

6 月 10—14 日，应中国共产党邀请，缅甸全国民主联盟主席昂山素季访华。11 日，中共中央总书记习近平会见了昂山素季。

8 月 5 日，中国外长王毅在吉隆坡举行的中国—东盟外长会议时提出，南海地区国家承诺全面有效完整落实《南海各方行为宣言》，加快"南海行为准则"磋商，积极探讨海上风险管控预防性措施；域外国家承诺支持地区国家上述努力，不采取导致地区局势紧张和复杂化的行动；各国承诺依据国际法行使和维护在南海享有的航行和飞越自由。

9 月 18—21 日，在第十二届中国—东盟博览会上，中国高铁展成功举办，向东盟国家集中展示中国铁路创新发展历程和中国高铁现代化技术装备，受到高度关注。

9 月 19 日，以"中国—东盟财富管理"为主题的第七届中国—东盟金融合作与发展领袖论坛在南宁举行。作为中国对东盟开放合作的前沿窗口和"一带一路"倡议建设的重要节点，广西提出进一步扩大沿边金融综合改革试验区试点业务范围，深化跨境金融创新，持续推进金融领域的对外开放、交流合作及共同发展。

9 月 20 日，代号为"和平友谊——2015"的中国与马来西亚实兵联演海上科目演练在马六甲海峡演习预定海域举行。这是中马两军首次实兵联演，也是中国迄今为止与东盟国家举行的规模最大的双边联合军事演习。

10 月 15—16 日举行的中国—东盟国防部长非正式会晤中，国务委员兼国防部长常万全围绕"迈向中国—东盟命运共同体，加强防务安全合作"主题，就推进中国—东盟防务安全合作提出了五点倡议。

10 月 16 日，中国与印度尼西亚公司签署合建印尼首都雅加达至万隆的高铁协议。这将成为印度尼西亚乃至东南亚地区的首条高铁。12 月 2 日，中老铁路老挝段（磨丁至万象）举行开工奠基仪式，这将是与中国铁路网直接连通的境外铁路项目。12 月 19 日，中泰铁路合作项目在泰国大城府正式启动，双方将合作建设泰国首条标准轨复线铁路。

10 月 23 日，中方与东盟 10 国执法安全部长、警察首长以及国际组织代表举行对话会，决定共同建立"安全促发展"中国东盟执法安全合作部长级对话机制，以共同应对非传统安全领域面临的挑战。

10 月 28 日，中国—东盟国家企业投资风险研讨会在北京召开，来自法律、经济界的近百位专家学者，就东盟经济发展、法律环境、"一带一路"倡议机遇与挑战、中越跨国投资法律风险防控等话题，进行了主题演讲和交流。

11 月 12 日，澜沧江—湄公河合作首次外长会在云南景洪举行。中国、泰国、柬埔寨、老挝、缅甸、越南 6 国外长一致同意正式启动澜湄合作进程，宣布澜湄合作机制正式建立。这是沿岸六国携手推动的首个合作机制。

11 月 17—19 日，应菲律宾总统阿基诺的邀请，中国国家主席习近平赴马尼拉出席 APEC 领导人非正式会议，体现了中方对 APEC 进程的重视和对菲方办会的支持。

11 月 21 日，在马来西亚吉隆坡举行的第十八次中国—东盟领导人会议主席声明中阐述了中国与东盟之间紧密经济关系和更大区域经济一体化的重要性。

11 月 21 日，老挝第一颗卫星"老挝一号"在中国西昌卫星发射中心成功发射升空。"老挝一号"通信卫星是中国向东盟国家和地区出口的首颗卫星，将为老挝提供卫星电视直播、无线宽带接入、国际通信等服务，对老挝经济社会发展将发挥重要作用。

11 月 22 日，在马来西亚举行的东盟峰会及系列会议期间，中国总理李克强与东盟 10 国领导人共同见证了标志着中国—东盟自贸区升级谈判全面结束成果文件的签字仪式。议定书涵盖货物贸易、服务贸易、投资、经济技术合作等领域，体现了双方深化和拓展经贸关系的共同愿望和现实需求。

2016 年[①]

1 月 12 日，2016 年中国—东盟教育交流年工作磋商会在曼谷举行，标志着教育交流年工作正式启动。教育交流年的成功举办将进一步密切中国—东盟教育合作，深化中国—东盟人文交流，造福双方人民。

1 月 16 日，由中国倡议成立、57 国共同筹建的亚洲基础设施投资银行在中国北京举行开业仪式。亚投行正式成立并开业，将有效增加亚洲地区基础设施投资，多渠道动员各种资源特别是私营部门资金投入基础设施建设领域，推动区域互联互通和经济一体化进程。

1 月 21 日，中国承建的印度尼西亚第一座高铁（雅万高铁）项目开工仪式在印度尼西亚瓦利尼隆重举行。雅万高铁是中印合作的重大标志性项目，是中国"一带一路"倡议与印度尼西亚"全球海洋支点"战略对接的早期收获工程。

3 月 23 日，澜沧江—湄公河合作（澜湄合作）首次领导人会议在中国海南三亚举行，中国、柬埔寨、老挝、缅甸、泰国、越南六国领导人共同出席。会议签署了《三亚宣言》和《澜湄国家产能合作联合声明》等重要文件，对澜湄合作的政治架构、合作领域和发展方向都做了详细的规定。

5 月 26 日，第九届泛北部湾经济论坛暨中国—中南经济走廊发展论坛在广西壮族自治区南宁市开幕。作为第九届泛北论坛的重要组成部分，中国—东盟港口城市合作网络工作会议在南宁举行。会议讨论了《中国—东盟港口城市合作网络合作办法》《中国—东盟港口城市合作网络愿景与行动》，成立了合作网络中方秘书处，标志着这一国际组织

---

① 龙源期刊网编辑部：《中国—东盟 2016 大事记》（2016 年 1 月—2016 年 7 月），《中国—东盟博览》（政经版）2016 年第 12 期。

进入正式运行新阶段。

6 月 1 日，中国人民对外友好协会和文莱驻华大使馆在北京联合举办招待会，庆祝中国—文莱建交 25 周年。中国和文莱于 1991 年 9 月 30 日建立外交关系。建交后，两国高层交往频繁，政治互信不断深化，经贸、教育、人文等领域合作日益扩大。

7 月 12 日，菲律宾南海仲裁案仲裁庭做出非法无效的所谓最终裁决。在 7 月 25 日于老挝万象举行的中国—东盟"10 + 1"外长会议上，中国与东盟国家外交部部长发表了关于全面有效落实《南海各方行为宣言》。声明重申了《宣言》在维护地区和平稳定中发挥的重要作用，承诺根据国际法原则由直接有关国家通过磋商和谈判以和平方式解决领土和管辖权争议，承诺全面有效完整落实《宣言》，并在协商一致的基础上实质性推动早日达成"南海行为准则"。

8 月 17—19 日，缅甸国务资政昂山素季访华。此次访华之行，双方确定了优先发展中缅关系的主线，后期中缅两国计划加强战略对接，推动双方合作向农业、水利、教育、医疗等更直接惠及民生的领域倾斜，同时扩大人文领域交往，筑牢两国民心相通的桥梁。

9 月 6—8 日，第二十八、二十九届东盟峰会及系列会议在老挝首都万象召开，东盟领导人与各对话伙伴国举行系列会议共同商讨了国际和地区重大议题。其中 9 月 7 日举办的第十九次中国—东盟"10 + 1"领导人会议暨中国—东盟建立对话关系 25 周年纪念峰会上，各方发表了《纪念峰会联合声明》《产能合作联合声明》以及涉及海上安全合作的多份成果文件。在 9 月 8 日举行的第二十八届东盟峰会闭幕式上，菲律宾正式接棒老挝成为新一任东盟轮值主席国。

9 月 10—15 日，越南总理阮春福访问中国。这是 2016 年初越共十二大换届以来，越南政府高级领导人首次访问中国。访华期间，阮春福出席了第十三届中国—东盟博览会，今年也是越南首次成为这一展会的主题国。

9 月 11—14 日，第十三届中国—东盟博览会、中国—东盟商务与投资峰会在广西南宁召开。本届盛会以"共建 21 世纪海上丝绸之路，共筑更紧密的中国—东盟命运共同体"为主题，得到中国和东盟各国以及区域外国家的高度重视和关注。

10 月 13 日，在位 70 年的泰国国王拉玛九世普密蓬·阿杜德逝世，享年89岁。中国国家主席习近平代表中国人民并以个人名义，对普密蓬逝世表示深切哀悼，向泰国其他王室成员和泰国人民表示诚挚慰问。

10月16日，中国—东盟国防部长非正式会晤在北京举行。

10月18—21日，菲律宾总统杜特尔特对中国进行国事访问。中国是杜特尔特上任以来首次出访的非东盟国家。中国宣布取消针对菲律宾的旅游提醒，并恢复27家菲律宾企业对华热带水果的出口；其间，双方共签订了价值135亿美元的协定。此行及两国元首会谈，标志着两国友好关系全面恢复到正常轨道。

10月31日—11月6日，马来西亚总理纳吉布对中国进行正式访问。中马两国领导人一致认为，中马关系正处于历史最高水平。此次访华，中马两国签署包括马来西亚东海岸衔接铁路计划及购买军舰等总值约1440亿林吉特（约2325亿元人民币）的商业交易。

附录二 中国—东盟教育交流周统计^①

届数	时间	地点	主题	主办	承办	活动内容
第一届	2008 年 7 月 26 日—8 月 1 日	贵阳	携手共创新世纪中国与东盟教育合作伙伴关系	中华人民共和国外交部、中华人民共和国教育部、贵州省人民政府	贵州大学、中国教育国际交流协会和中国教学仪器设备总公司	以高校国际化和高校伙伴关系的建设、语言合作、联合科研、终身学习和就业能力为重点，按照会议既定六个目标，开展了三大板块六大内容系列活动。中共中央政治局委员、国务委员刘延东发去贺信。章新胜、王晓东、龙超云、刘健、梅格·伊瑞娜女士一同启动了"中国—东盟教育信息网"。举办了"中国—东盟国家教育展"和"中国教学资源展"，"中国—东盟青少年夏令营"开营授旗仪式。发表了旨在加强多边教育交流合作的《贵阳声明》
第二届	2009 年 8 月 6—7 日	贵阳	深化中国—东盟务实性教育合作	中华人民共和国外交部、中华人民共和国教育部、贵州省人民政府	贵州省教育厅、贵州省外事办公室、贵州大学中国教育国际交流协会	围绕深化"中国—东盟务实性教育合作"主题进行广泛探讨和磋商。举办包括中国—东盟国家大学校长论坛、中国—东盟教育行政官员研讨会、中国—东盟青少年夏令营、中国—东盟环境教育研修班等一系列活动。7 位大学校长和行政官员作了主题发言，15 所东盟大学和 26 所中国大学签署了 80 份合作协议

① 根据以下网站相关资料整理：http：//www.gzmu.edu.cn/info/1110/1977.htm；http：//www.gz.chinanews.com/speeia/dmjy/index.htm；http：//www.sohu.con/a/160971668 – 644578。

续表

届数	时间	地点	主题	主办	承办	活动内容
第三届	2010 年 8 月 3— 8 日	贵阳	合作共赢 和谐共生	中华人民 共和国外 交 部、中 华人民共 和国教育 部、贵州 省人民政 府	贵州大学 等	中共中央政治局委员、国务委员刘延东 会见东盟十国教育部长,并在开幕式上 发表题为"携手共建中国—东盟互联互 通的人文之桥"主旨演讲。举办中国— 东盟教育部长圆桌会议,以及中国—东 盟环境教育论坛、中国—东盟人文学术 研讨会、中国—东盟高等职业教育和人 力资源发展国际论坛、中国—东盟青少 年夏令营、中国教学资源展。发表第二 个《贵阳声明》
第四届	2011 年 8 月 16— 20 日	贵阳	走向更加 务实有效 的中国— 东盟高等 教育合作, 打造开放 创新的交 流平台, 推动贵州 高校率先 扩大对外 开放	中华人民 共和国外 交 部、中 华人民共 和国教育 部、贵州 省人民政 府	贵州大学 等	举办中国—东盟高校国际交流论坛、中 国—东盟跨文化交流论坛、中国—东盟 "官、产、学"合作论坛、中国—东盟青 年体育文化节,为"携手共建中国—东 盟互联互通的人文之桥"的区域教育合 作目标再次添力加码,进一步落实"双 十万学生流动计划"等倡议。举行"中 国—东盟学术论坛基地"和"中国—东 盟研究中心"成立授牌仪式
第五届	2012 年 9 月 17— 20 日	贵阳	开放创新 与务实合 作	中华人民 共和国外 交 部、中 华人民共 和国教育 部、贵州 省人民政 府	贵州大学 等	首次开设医学教育论坛、中国—东盟自 由贸易区国际商务人才培养论坛、旅游 人才培养论坛、职业教育论坛及民族文 化产业发展研讨会。中国—东盟中心与 贵州省教育厅签署《关于促进中国—东 盟教育交流周的合作备忘录》

续表

届数	时间	地点	主题	主办	承办	活动内容
第六届	2013 年 9 月 16—17 日	贵阳	务实合作、和谐发展、共创繁荣	中华人民共和国外交部、中华人民共和国教育部、贵州省人民政府	贵州大学等	举办"我的东盟和中国"多媒体艺术系列展之文莱摄影展、中国—东盟职业教育成果展、中国—东盟跨文化教育暨第十届国际双语学研讨会、东盟国家在华留学生"多彩贵州"行、东盟校长"多彩贵州"行等 17 项活动
第七届	2014 年 9 月 1—5 日	贵阳	友邻相携教育惠民	中华人民共和国外交部、中华人民共和国教育部、贵州省人民政府	贵州大学等	举办常规的校长论坛、教育成果展示,首次纳入高官对话、中国—东盟教育合作政策对话、东盟留学生听写大赛、中国—东盟留学生趣味运动会等 20 余项活动,在贵阳、遵义、黔南 3 地进行,涵盖高等教育、民办教育、职业教育、青少年交流等多个领域。举行了中国(贵州)—马来西亚教育服务中心揭牌仪式及东盟留学生服务中心揭牌仪式
第八届	2015 年 8 月 3—7 日	贵阳	互学互鉴福祉未来	中华人民共和国外交部、中华人民共和国教育部、贵州省人民政府	贵州省教育厅、贵州省外事办公室、贵州大学等	成员由"10 + 1"变为"10 + 1 + 4",在原有框架下增加澳大利亚、新西兰、韩国、瑞士 4 个特邀伙伴国。举办了"中国—东盟教育培训联盟"揭牌仪式。着眼于世界发展新格局,将"一带一路"倡议、"海洋合作"、青年交流项目等作为重要主题,致力于提升教育交流与合作、共享人才培养经验、构建互通人文桥梁效益水平
第九届	2016 年 8 月 1—7 日	贵阳	教育优先共圆梦想	中华人民共和国外交部、中华人民共和国教育部、贵州省人民政府	贵州大学等	举办中国—印度尼西亚副总理级人文交流机制第二次会议、首次举办中国—东盟大学校长合作论坛、中国—东盟教育培训联盟 2016 年会、民心相通教育先行——中国—东盟跨境教育合作对话、2016 年首届中国—东盟青年教育论坛暨演讲比赛、中国—东南亚职教人才流动与网络工作坊、中国东盟教育交流与合作研讨会暨中外合作办学国(境)外学历学位认证工作培训会、东盟留学培训项目国际研讨会。通过《中国—东盟教育合作行动计划(2016—2020)》

参考文献

（一）中文文献

1. 著作

［1］［美］布鲁贝克：《高等教育哲学》，浙江教育出版社 1987 年版。

［2］［美］克拉克·克尔：《大学的功用》，江西教育出版社 1993 年版。

［3］［美］伯顿·克拉克：《高等教育系统——学术组织的跨国研究》，浙江大学出版社 1994 年版。

［4］［美］德里克·博克：《走出象牙塔——现代大学的责任》，浙江教育出版社 2001 年版。

［5］［美］亚伯拉罕·弗莱克斯纳：《现代大学论》，浙江教育出版社 2001 年版。

［6］［美］库姆斯：《世界教育危机》，赵宝恒等译，人民教育出版社 2001 年版。

［7］［英］皮特·斯科特：《高等教育全球化：理论与政策》，周倩、高耀丽译，北京大学出版社 2009 年版。

［8］［荷］德维特等：《拉丁美洲的高等教育：国际化的维度》，李锋亮、石邦宏、陈彬莉译，教育科学出版社 2011 年版。

［9］［英］约翰·亨利·纽曼：《大学的理想》，湖北教育出版社 1995 年版。

［10］［美］杜威：《民主主义与教育》，人民教育出版社 1990 年版。

［11］亚当·斯密：《国民的财富的性质和原因的研究》，商务印书馆 1979 年版。

［12］联合国教科文组织：《学会生存——教育世界的今天和明天》，教育科学出版社 1985 年版。

［13］［美］希尔斯：《学术的秩序：当代大学论文集》，商务印书馆

2007 年版。

[14] 联合国教科文组织:《教育的使命——面向二十一世纪的教育宣言和行动纲领》,教育科学出版社 1998 年版。

[15] 联合国教科文组织:《教育——财富蕴藏其中》,教育科学出版社 1992 年版。

[16] 保尔·朗格·朗:《终身教育引论》,中国对外翻译出版公司 1988 年版。

[17] [德] 韦伯:《学术与政治》,广西师范大学出版社 2010 年版。

[18] 张秀琴、何天淳:《东亚峰会框架下的高等教育合作》,云南大学出版社 2011 年版。

[19] 张秀琴、赵庆年:《区域高等教育差异发展问题研究》,华南理工大学出版社 2010 年版。

[20] 王柯:《东亚共同体与共同文化认知——中日韩三国学者对话》,人民出版社 2007 年版。

[21] 贺小飞:《高等教育区域服务职能研究》,北京出版社 2007 年版。

[22] 张海英:《高等教育合作与经济发展互动关系研究》,天津大学出版社 2014 年版。

[23] 张振助:《高等教育与区域互动发展论》,广西师范大学出版社 2004 年版。

[24] 李化树:《建设西部高等教育区——西部高等教育区域合作与发展模式研究》,人民出版社 2016 年版。

[25] 郑晓齐、叶茂林:《高校科技创新与区域经济发展》,社会科学文献出版社 2006 年版。

[26] 覃玉荣:《东盟共同身份东盟一体化进程中认同建构与高等教育政策演进研究》,接力出版社 2009 年版。

[27] 张建新:《21 世纪初东盟高等教育》,云南人民出版社 2010 年版。

[28] 李枭鹰等:《中国—东盟高等教育区域性合作研究》,广西师范大学出版社 2015 年版。

[29] 刘丽建:《潘懋元高等教育论述精要》,福建教育出版社 2015 年版。

[30] 邹晓东、陈劲:《省部共建大学发展战略研究》,浙江大学出版社

2008 年版。

[31] 经济合作与发展组织:《高等教育与区域:立足本地制胜全球》,教育科学出版社 2012 年版。

[32] 郝瑜、孙二军:《区域高等教育发展战略与政策保障》,社会科学文献出版社 2014 年版。

[33] 王全旺:《区域高职教育发展之劳动力市场适切性探究》,人民日报出版社 2015 年版。

[34] 任君庆:《服务型区域教育体系的校企合作研究》,高等教育出版社 2016 年版。

[35] 杨吉兴:《区域教育发展战略研究:湘鄂渝黔桂五省际边境区域教育发展新思路》,华中科技大学出版社 2010 年版。

[36] 高文兵:《中国高等教育资源分布与协调发展研究》,高等教育出版社 2008 年版。

[37] 袁振国:《中国教育政策评论(2006)》,教育科学出版社 2006 年版。

[38] 许家康、古小松:《中国—东盟年鉴(2005)》,线装书局 2005 年版。

[39] 林志杰:《中国—东盟预科教育比较研究文集》,北京理工大学出版社 2012 年版。

[40] 秦红增:《多元视角下的中国—东盟研究》,民族出版社 2012 年版。

[41] 徐天伟:《面向东盟的云南高等教育国际化发展战略研究》,中国社会科学出版社 2015 年版。

[42] 腾珺:《流动与融合:教育国际化的世界图景》,山东教育出版社 2015 年版。

[43] 王家庭、曹清峰、孙哲:《我国西南地区与东南亚国家跨国区域合作开发研究》,南开大学出版社 2015 年版。

[44] 黄成授、陈洁:《亚洲史的创新范式:中国与东盟的合作共赢》,广西人民出版社 2011 年版。

[45] 强海燕:《东南亚教育改革与发展(2000—2010)》,广东高等教育出版社 2010 年版。

[46] 林尚立:《全球化、亚洲区域主义与中国和平发展》,复旦大学出

版社 2012 年版。

[47] 吕余生、王士威：《中国—东盟年鉴 2012》，线装书局 2012 年版。

[48] 许家康、古小松：《中国—东盟年鉴 2006》，线装书局 2006 年版。

[49] 张彦通：《欧洲地区高等教育质量保障体系研究》，北京航空航天大学出版社 2007 年版。

[50] 李明明：《超越与同一——欧盟的集体认同研究》，上海人民出版社 2009 年版。

[51] 胡娟、李立国：《大学协会组织研究》，中国人民大学出版社 2007 年版。

[52] 黄崴、孟卫青：《泛珠三角区域教育发展合作的背景、现状与政策建议》，载《泛珠三角区域合作与发展研究报告 2008》，社会科学文献出版社 2008 年版。

[53] 贺国庆、王保星、朱文富等：《外国高等教育史》，人民教育出版社 2003 年版。

[54] ［比］里德－西蒙斯：《欧洲大学史》（第一卷），张斌贤等译，河北大学出版社 2008 年版。

[55] 冯增俊：《走向新纪元的粤港澳台教育》，人民教育出版社 2003 年版。

[56] 卡尔·达尔曼、曾智华、王水林：《终身学习与中国竞争力》，高等教育出版社 2007 年版。

[57] 潘懋元：《新编高等教育学》，北京师范大学出版社 1999 年版。

[58] 裴娣娜：《教育科研方法导论》，安徽教育出版社 1995 年版。

[59] 东盟大学联盟：《东盟大学联盟质量保障指导方针实施手册》，张建新译，云南出版集团公司、云南人民出版社 2009 年版。

[60] 刘立群：《金融危机背景下的德国及中德关系》，社会科学文献出版社 2011 年版。

[61] 李化树：《建设欧洲高等教育区（EHEA）——聚焦博洛尼亚进程》，人民出版社 2013 年版。

[62] 张秀琴、何天淳：《东亚峰会框架下的高等教育合作》，云南大学出版社 2011 年版。

[63] 顾建新：《跨国教育发展理念与策略》，学林出版社 2008 年版。

[64] 经济合作与发展组织：《OECD 展望高等教育至 2030》（第 2 卷）

（全球化），重庆大学出版社 2012 年版。

[65] 张建新：《高等教育体制变迁研究——英国高等教育从二元制向一元制转变探析》，教育科学出版社 2005 年版。

[66] 李富强：《中国与东盟交流合作史研究》，民族出版社 2006 年版。

[67] 联合国教科文组织亚太教育创新发展计划、东南亚教育部长组织高等教育发展研究地区中心：《东南亚高等教育》，张建新译，云南人民出版社 2008 年版。

[68] 袁振国：《教育政策学》，江苏教育出版社 1996 年版。

[69] 符娟明、迟恩莲：《比较高等教育教程》，原子能出版社 1998 年版。

[70] 祝怀新：《面向现代化：澳大利亚高等教育研究》，浙江大学出版社 2009 年版。

[71] 崔爱林：《"二战"后澳大利亚高等教育政策研究》，河北大学出版社 2011 年版。

[72] 张建新：《21 世纪初东盟高等教育》，云南人民出版社 2010 年版。

[73] 宫占奎：《中国与东盟经济一体化》，中国对外经济贸易出版社 2003 年版。

[74] 叶辅靖：《走向 FTA——建立中国东盟自由贸易区的战略与对策》，中国计划出版社 2004 年版。

[75] 黄定高：《中国—东盟自由贸易区与西南民族经济》，民族出版社 2004 年版。

[76] 陈俊伟：《中国—东盟自由贸易区区域分工研究——兼论广西的应对战略》，广西人民出版社 2006 年版。

[77] 陈学飞：《高等教育国际化：跨世纪的大趋势》，福建教育出版社 2002 年版。

[78] 潘懋元：《多学科观点的高等教育研究》，上海教育出版社 2001 年版。

[79] 蒋满元：《中国—东盟自由贸易区概论》，中南大学出版社 2011 年版。

[80] 杨汉清：《比较高等教育概论》，人民教育出版社 1997 年版。

[81] 闵维方：《高等教育运行机制研究》，人民教育出版社 2002 年版。

［82］王勤：《中国与东盟经济关系新格局》，厦门大学出版社 2003 年版。

［83］夏鲁惠：《我国高等教育区域化发展研究》，广西师范大学出版社 2009 年版。

［84］王新凤：《欧洲高等教育区域整合研究——聚焦博洛尼亚进程》，社会科学文献出版社 2013 年版。

［85］王柯：《东亚共同体与共同文化认知——中日韩三国学者对话》，人民出版社 2007 年版。

　2. 学位论文

［1］丁庆：《中国—东盟高等教育合作研究》，硕士学位论文，西华师范大学，2016 年。

［2］郭明玉：《地方政府对区域高等教育发展的影响研究》，硕士学位论文，大连理工大学，2015 年。

［3］毛仕舟：《CAFTA 背景下广西与东盟跨境高等教育与区域经济互动模式研究》，硕士学位论文，广西大学，2015 年。

［4］白翠敏：《京津冀高等教育协同发展战略研究》，硕士学位论文，山东财经大学，2015 年。

［5］张海英：《高等教育合作与经济发展互动关系研究》，博士学位论文，天津大学，2014 年。

［6］刘静：《我国区域高等教育协同发展及其对综合水平的影响》，硕士学位论文，湖南大学，2014 年。

［7］卢璇：《云南高校中外合作办学问题探究》，硕士学位论文，云南师范大学，2015 年。

［8］孙丽：《云南省与东南亚高等教育合作的绩效研究》，硕士学位论文，昆明理工大学，2010 年。

［9］刘磊：《云南省面向南亚发展跨境高等教育的机遇与能力建设研究》，硕士学位论文，云南财经大学，2016 年。

［10］陈晓喻：《高等教育与区域经济发展适应性分析》，硕士学位论文，中国地质大学，2007 年。

［11］王奕：《区域大学联盟机制研究》，硕士学位论文，重庆大学，2013 年。

［12］李婧：《欧洲高等教育区资格框架研究》，硕士学位论文，北京师

范大学，2010 年。

[13] 张蕾蕾：《长三角区域高等教育联动改革与协调发展的行动路线研究》，硕士学位论文，苏州大学，2013 年。

[14] 廖琼：《区域高校联盟发展的路径选择与策略优化——以安徽省"行知联盟"为例》，硕士学位论文，淮北师范大学，2014 年。

[15] 杨海怡：《上海高等教育中外合作办学模式的研究》，硕士学位论文，上海师范大学，2013 年。

[16] 黄裕钊：《广东省高等教育与区域协调发展研究》，硕士学位论文，华中师范大学，2005 年。

[17] 郑海蓉：《中国跨国高等教育质量保障体系研究》，博士学位论文，华中科技大学，2013 年。

[18] 刘泽芳：《区域高等教育资源的网格化整合机制研究》，硕士学位论文，电子科技大学，2014 年。

[19] 陈文东：《高等教育信息资源共享中的政府角色研究》，硕士学位论文，湖南师范大学，2014 年。

[20] 张进清：《跨境高等教育研究》，博士学位论文，西南大学，2012 年。

[21] 赵庆年：《区域高等教育发展差异问题研究：基于 1998—2006 我国省级行政区域的视角》，博士学位论文，厦门大学，2009 年。

[22] 张振助：《高等教育与区域互动发展研究》，博士学位论文，华东师范大学，2001 年。

[23] 金英：《东盟一体化进程中高等师范教育的国际化研究》，硕士学位论文，广西师范学院，2014 年。

[24] 张朝晖：《福建省高等教育中外合作办学研究》，硕士学位论文，福建师范大学，2007 年。

[25] 邵争艳：《中国区域高等教育资源优化配置评价与对策研究》，博士学位论文，哈尔滨工程大学，2006 年。

[26] 岳建军：《高等学校教育资源共享问题研究》，博士学位论文，辽宁师范大学，2012 年。

[27] 刘军明：《发达国家高等教育国际化政策的发展》，硕士学位论文，复旦大学，2008 年。

[28] 吴志先：《中外合作办学政策的变革研究》，硕士学位论文，西北

农林科技大学，2013年。

[29] 曾健坤：《高等教育国际化背景下我国地方院校开展中外合作办学对策研究》，硕士学位论文，湖南师范大学，2010年。

[30] 冉源懋：《从隐性生存走向软性治理：欧盟教育政策历史变迁及发展趋势研究》，博士学位论文，西南大学，2013年。

[31] 尤碧珍：《欧盟国家高等教育国际化研究》，硕士学位论文，山东师范大学，2006年。

[32] 罗淑云：《广西高等教育国际化及对策研究》，硕士学位论文，华中农业大学，2006年。

[33] 李楠：《高等教育省级统筹权力结构优化研究》，硕士学位论文，湘潭大学，2010年。

[34] 刘坤：《中国、越南、新加坡高等教育管理体制比较研究》，硕士学位论文，广西师范学院，2010年。

[35] 郑阳：《长三角都市圈高等教育资源整合研究》，硕士学位论文，华东师范大学，2009年。

[36] 李璐：《中原经济区建设背景下河南省中外合作办学研究》，硕士学位论文，河南大学，2013年。

[37] 丁礼：《"两型社会"视角下的长株潭高等教育资源整合与共享研究》，硕士学位论文，湖南大学，2011年。

[38] 杨萌：《高等教育全球化视角下的博洛尼亚进程：分析与借鉴》，硕士学位论文，山东经济学院，2011年。

[39] 李萍：《广西沿海地区高等教育发展战略研究：基于广西北部湾经济区开放开发背景》，硕士学位论文，广西师范大学，2009年。

[40] 覃玉荣：《东盟一体化进程中认同建构与高等教育政策演进研究》，博士学位论文，华东师范大学，2009年。

[41] 韦玫：《中国—东盟背景下广西高等教育国际化对策研究》，硕士学位论文，广西师范大学，2007年。

[42] 谭莉：《中外合作办学研究》，硕士学位论文，武汉理工大学，2006年。

[43] 李祝启：《区域性高校文献资源共享体系研究：以安徽高校文献资源共享体系为例》，硕士学位论文，安徽大学，2010年。

[44] 晏志新：《江西省高校办学国际化发展现状与对策研究》，硕士学

位论文，南昌大学，2012 年。

[45] 季艳艳：《欧盟伊拉斯谟计划（ERASMUS）的发展及成效研究》，硕士学位论文，上海师范大学，2011 年。

[46] 王金莲：《我国大学战略联盟问题研究》，硕士学位论文，西南大学，2013 年。

[47] 沈成飞：《跨区域高校联盟的发展研究——以中西部高校联盟为例》，硕士学位论文，南昌大学，2016 年。

[48] 芦雪晨：《面向东盟的广西高等教育国际化路径研究——基于服务贸易的视角》，硕士学位论文，广西师范学院，2015 年。

[49] 谭郁：《浙江高校中外合作办学模式比较研究》，硕士学位论文，浙江工业大学，2015 年。

[50] 陈新星：《北京市中外合作办学的监管研究》，硕士学位论文，北京理工大学，2014 年。

[51] 吴红：《区域高等教育资源共享机制构建研究》，硕士学位论文，湘潭大学，2008 年。

[52] 罗剑平：《"跨国高等教育"发展历程考察》，硕士学位论文，中南大学，2009 年。

[53] 薛雅宁：《欧盟高等教育品质保证制度之研究》，硕士学位论文，淡江大学，2007 年。

[54] 张一帆：《广西高校东盟留学生教育的现状分析与对策研究》，硕士学位论文，广西大学，2009 年。

[55] 吴越：《中国高校联盟运行机制研究——基于多案例的分析》，博士学位论文，华中科技大学，2011 年。

[56] 李阳：《西部地区高等教育中外合作办学研究》，博士学位论文，厦门大学，2016 年。

[57] 王璐：《粤港高校合作办学机制研究》，博士学位论文，中山大学，2013 年。

[58] 张磊：《长三角区域高等教育竞争力评价与提升战略研究》，硕士学位论文，苏州大学，2010 年。

[59] 吴宏元：《大学战略联盟系统构建》，博士学位论文，北京航空航天大学，2007 年。

[60] 王丽婷：《珠港澳高等学校教育合作的现状分析与对策研究》，硕

士学位论文，中山大学，2007 年。

[61] 陈婕：《欧洲高等教育一体化探析》，硕士学位论文，武汉大学，2006 年。

[62] 黄春秀：《中泰跨境高等教育项目质量保障的研究——以广西项目为例》，硕士学位论文，华东师范大学，2016 年。

[63] 焦健：《东盟来桂留学生教育存在问题及对策研究》，硕士学位论文，广西民族大学，2014 年。

[64] 张雪莲：《中国西南地区——东盟高等教育合作研究》，硕士学位论文，厦门大学，2009 年。

[65] 杨波：《中国—东盟高等教育国际合作战略研究》，硕士学位论文，广西大学，2004 年。

[66] 陈芳兰：《东盟来华留学生教育服务质量研究：以广西为例》，硕士学位论文，广西师范大学，2008 年。

[67] 何亨瑜：《广西高校来华留学生教育服务质量研究：以越南留学生为例》，硕士学位论文，广西大学，2014 年。

[68] 陈郛：《北部湾经济区建设中北海钦州高等教育发展战略研究》，硕士学位论文，广西师范大学，2011 年。

[69] 唐佩斌：《20 世纪 90 年代以来云南与泰国高等教育交流与合作问题及思考》，硕士学位论文，云南师范大学，2007 年。

[70] 李柏英：《缅甸在华留学生留学动机研究》，硕士学位论文，广西大学，2014 年。

[71] 李碧：《中国—东盟背景下广西高校与泰国合作办学问题研究》，硕士学位论文，广西大学，2013 年。

[72] 黄丽春：《基于与东盟对比视角下的广西旅游专业本科课程体系优化研究》，硕士学位论文，广西师范大学，2013 年。

[73] 韦洁璨：《20 世纪 50 年代以来越南高等教育政策法规研究》，硕士学位论文，广西民族大学，2013 年。

[74] 覃洁：《高职院校中外合作培养外派学生的管理问题研究——以广西国际商务职业技术学校为例》，硕士学位论文，广西大学，2014 年。

[75] 黄阳坚：《广西发展高等教育服务贸易的研究》，硕士学位论文，广西大学，2010 年。

[76] 刘鹏昊：《区域间高等教育协同治理研究》，硕士学位论文，大连理工大学，2016 年。

[77] 李宏茜：《云南与东南亚高等教育合作的供给与需求研究》，硕士学位论文，昆明理工大学，2010 年。

[78] 钱绘旭：《东南亚留学生在云南的跨文化适应调查分析》，硕士学位论文，云南师范大学，2015 年。

[79] 杨晓琴：《广西—东盟高等教育合作现状及对策研究》，硕士学位论文，广西师范大学，2011 年。

[80] 周海飞：《越南财政性高等教育投资的研究》，硕士学位论文，广西大学，2015 年。

[81] 郭莹：《中外高等教育合作创新模式及策略研究》，硕士学位论文，东南大学，2015 年。

[82] 郭淑娜：《柬埔寨与广西高等教育合作办学研究》，硕士学位论文，广西民族大学，2014 年。

[83] 孙维克：《中国—东盟高等教育服务贸易研究》，硕士学位论文，广西大学，2013 年。

[84] 刘荣愉：《中国与印尼高校合作办学研究》，硕士学位论文，广西民族大学，2013 年。

[85] 冉凌峰：《云南与印度高等教育合作研究》，硕士学位论文，云南师范大学，2013 年。

[86] 黄方明：《泰国私立高等教育政策研究》，硕士学位论文，广西民族大学，2013 年。

[87] 魏航：《欧盟高等教育合作交流政策研究》，硕士学位论文，东北师范大学，2011 年。

[88] 杨延军：《中国—东盟跨境教育政策研究》，硕士学位论文，广西师范学院，2010 年。

[89] 刘源源：《中国—东盟自由贸易区教育服务贸易研究》，硕士学位论文，广西师范大学，2010 年。

[90] 肖小平：《区域高等教育人力资源开发与合作的制度创新研究》，硕士学位论文，湖南师范大学，2006 年。

[91] 徐汉成：《高等教育国际合作的研究与分析》，硕士学位论文，武汉理工大学，2004 年。

3. 期刊论文

[1] 李馨、张春明:《中国—东盟高等教育合作制度比较研究——以中国、越南、泰国和新加坡的具体承诺为例》,《昆明理工大学学报》(社会科学版)2012 年第 1 期。

[2] 陈秀琼:《广西与东盟高校合作办学的战略思考》,《广西民族大学学报》(哲学社会科学版)2007 年第 5 期。

[3] 李化树、赵晓颖:《高等教育区域合作与发展研究综述》,《成都中医药大学学报》(教育科学版)2015 年第 1 期。

[4] 李化树、叶冲:《我国高等教育区域合作与发展的基本框架——欧洲高等教育区建设的启示》,《教育发展研究》2015 年第 21 期。

[5] 宋燕青、李化树、赵晓颖:《西部高等教育区域合作发展战略推进措施》,《云南开放大学学报》2014 年第 3 期。

[6] 罗文洁:《广西高校与东盟高校合作办学的现状与启示》,《学术论坛》2009 年第 1 期。

[7] 李玫姬:《关于广西与东盟高等教育合作的战略思考》,《教育与职业》2009 年第 36 期。

[8] 茹宗志、张鹤、胡少明:《"关—天经济区"高等教育区域合作发展的可行性与对策研究》,《宝鸡文理学院学报》(社会科学版)2010 年第 6 期。

[9] 姜光铭、张继河:《湘赣鄂跨区域高等职业教育合作发展可行性研究》,《中国农业教育》2015 年第 1 期。

[10] 刘赞英、刘兴国:《加强京津冀区域高等教育合作促进高等教育内涵式发展》,《河北工业大学学报》(社会科学版)2013 年第 4 期。

[11] 储著斌:《高等教育内涵发展中的区域联动合作平台建设:以副省级城市综合大学联席会议机制为例》,《牡丹江教育学院学报》2013 年第 2 期。

[12] 栗海晶:《分工与合作:区域高等教育发展的必然选择》,《煤炭高等教育》2012 年第 1 期。

[13] 李化树、黄媛媛:《区域高等教育合作与发展能战略架构》,《大学》(学术版)2010 年第 6 期。

[14] 周巧玲:《构筑高等教育与区域发展的合作体系——"OECD/IM-

HE 支持高等教育机构对区域发展的贡献"项目评述》，《全球教育展望》2008 年第 7 期。

[15] 冒荣、宗晓华：《合作博弈与区域集群：后大众化时代我国高等教育发展机制初析》，《高等教育研究》2010 年第 4 期。

[16] 赵庆年：《分工与合作：区域高等教育协同发展的现实需要与理性诉求》，《黑龙江高教研究》2009 年第 1 期。

[17] 陈锡坚：《区域性高等教育合作发展探索——以肇庆和澳门为例》，《高教发展与评估》2007 年第 4 期。

[18] 房文红、王坤：《中日韩高等教育区域合作的现状、问题及对策》，《文化学刊》2017 年第 6 期。

[19] 黄明东、吴亭燕：《"一带一路"与高等学校教育质量标准建设》，《中国高等教育》2017 年第 10 期。

[20] 张晶、汤建：《安徽省高等教育中外合作办学的现状、问题与对策——基于中部六省和江浙沪的对比分析》，《重庆高教研究》2017 年第 3 期。

[21] 刘鹏昊、孙阳春：《区域间高等教育合作的"碎片化"困境及出路》，《知识经济》2016 年第 17 期。

[22] 于翠翠：《"一带一路"战略视域下的高等教育发展模式研究》，《中国成人教育》2017 年第 4 期。

[23] 侯晓丽、张红颖：《加拿大高等教育区域合作战略研究》，《现代职业教育》2016 年第 1 期。

[24] 房文红、王坤：《中日韩高等教育区域合作现状、机遇及挑战》，《比较教育研究》2016 年第 10 期。

[25] 郝晶晶：《京津冀协同发展背景下高等教育资源衔接与优化研究》，《黑河学院学报》2017 年第 6 期。

[26] 薛卫洋：《区域跨境高等教育合作新模式的探析与借鉴——以巴伦支海跨境大学为例》，《比较教育研究》2016 年第 12 期。

[27] 孙善学、杨蕊竹、吴霜、苑大勇：《国际高等教育多边合作的新模式》，《首都经济贸易大学学报》2016 年第 5 期。

[28] 刘俊霞：《西北五省区与中亚五国高等教育跨区域合作构想》，《现代教育管理》2016 年第 8 期。

[29] 秦东兴：《日本高等教育国际化的新路径——以"加强大学世界

拓展力事业"为例》,《中国高教研究》2017 年第 3 期。

［30］李化树、叶冲、孟亚歌:《论非盟高等教育空间创建及启示》,《比较教育研究》2016 年第 12 期。

［31］郝艳杰:《京津冀区域发展机遇下的警察高等教育推进策略》,《教育与职业》2016 年第 13 期。

［32］唐宁、苏颖宏:《优化福建省高等教育中外合作办学布局的路径探索》,《教育评论》2016 年第 1 期。

［33］田汉族、王超:《京津冀高等教育合作困境的制度分析》,《首都师范大学学报》(社会科学版)2016 年第 5 期。

［34］曾坤生、顾志敏:《"海丝"背景下,广东省面向东盟国家高等教育服务贸易研究》,《经济界》2017 年第 1 期。

［35］古明明:《欧洲联盟政治认同的塑造:以高等教育合作为例》,《当代世界与社会主义》2016 年第 4 期。

［36］方泽强:《"一带一路"战略下云南高等教育的新发展》,《云南农业大学学报》(社会科学版)2016 年第 1 期。

［37］王喜娟:《中国—东盟高等教育区域性合作的基本原则》,《高等农业教育》2015 年第 2 期。

［38］苏梦夏、徐向梅:《欧亚高等教育一体化构想》,《欧亚经济》2016 年第 1 期。

［39］张晓新、张彬:《区域性大学联盟可持续发展建设路径研究》,《北京教育》(高教)2017 年第 1 期。

［40］穆伟:《京津冀区域高等教育协同发展》,《教育与职业》2015 年第 28 期。

［41］毕文健:《区域现代职业教育联盟建设的策略研究》,《教育探索》2016 年第 11 期。

［42］闫玉华、伊丽莎白·克维琦卡:《欧洲高等教育区建设及其对世界高等教育的影响》,《江苏高教》2016 年第 2 期。

［43］车如山、姚捷:《"丝绸之路经济带"战略下中格高等教育的交流与互动》,《高校教育管理》2016 年第 3 期。

［44］李枭鹰、牛军明:《中国—东盟高等教育区域合作的战略审视》,《高教探索》2015 年第 8 期。

［45］李尔平、黄文凤:《东盟与欧盟跨区域高等教育合作进程评析》,

《岭南师范学院学报》2015 年第 5 期。

[46] 张雪、静丽贤、孙晖、陈岩：《基于大学联盟视角的京津冀区域高等教育合作》，《河北联合大学学报》（社会科学版）2015 年第 3 期。

[47] 王贤：《论中国—东盟高等教育区域性合作的政策构建》，《黑龙江高教研究》2015 年第 6 期。

[48] 云建辉、朱耀顺：《"一带一路"背景下云南高校面向南亚东南亚留学生教育发展研究》，《云南农业大学学报》（社会科学版）2017 年第 1 期。

[49] 古永司、林静：《美国高等教育国际化及对省级开放大学的启示——以陕西广播电视大学为例》，《教育理论与实践》2016 年第 3 期。

[50] 许可、刘畅、张佳宜：《京津冀一体化背景下高等教育优化结构的对策》，《教育评论》2016 年第 7 期。

[51] 方泽强、刘红鸽：《区域高水平大学：内涵、指向与方略》，《山东高等教育》2016 年第 2 期。

[52] 李化树、叶冲：《论东盟高等教育共同空间构建及启示》，《比较教育研究》2015 年第 3 期。

[53] 张梅：《广东高等教育中外合作办学存在的问题及模式研究》，《广东第二师范学院学报》2015 年第 4 期。

[54] 覃玉荣、毛仕舟：《越南跨境高等教育合作：政策、实践与问题》，《比较教育研究》2015 年第 3 期。

[55] 杨成良：《"二战"后美国南方高等教育区域协作发展的措施与成效》，《高教探索》2015 年第 9 期。

[56] 刘国斌、孙雅俊：《高等院校人才培养助推"一带一路"战略的对策研究》，《职业技术教育》2016 年第 17 期。

[57] 陈·巴特尔、张琦：《高等教育协同发展：京津冀一体化的重要推动力》，《中国高等教育》2015 年第 23 期。

[58] 高伟浓、何美英：《中国—东盟高等教育交流合作的新发展》，《东南亚纵横》2011 年第 7 期。

[59] 王勇辉、管一凡：《中国对东盟教育服务贸易：优势、问题与对策——以东盟来华留学生教育为视角》，《东南亚研究》2014 年

第 5 期。

[60] 潘立：《广西面向东盟发展教育服务贸易的策略思考》，《高教论坛》2011 年第 11 期。

[61] 黄勇荣、丁丽丽、何亨瑜：《中国—东盟合作背景下广西高校发展战略研究》，《广西社会科学》2013 年第 10 期。

[62] 李慧勤、李宏茜、王云、孙丽：《云南省与东南亚高等教育交流与合作研究》，《教育研究》2010 年第 2 期。

[63] 李怀宇：《云南—东盟高等教育国际化的战略思考》，《东南亚纵横》2004 年第 8 期。

[64] 陈立、刘剑虹：《美国区域高等教育联盟的现状与特征》，《宁波大学学报》（教育科学版）2014 年第 5 期。

[65] 张继龙：《区域高等教育合作：美国的经验与启示》，《江苏高教》2014 年第 6 期。

[66] 曾骞、王晶：《中国—东盟高教合作的经济动因分析》，《亚太教育》2016 年第 26 期。

[67] 张磊：《我国高等教育国际化政策的实践运作及未来走向》，《当代教育科学》2015 年第 9 期。

[68] 熊华军、常亚楠：《美国西部区域高等教育合作组织的工作重点及启示》，《大学》（学术版）2014 年第 3 期。

[69] 刘青秀、贾云鹏：《关于实施区域高等教育规划的思考》，《黑龙江高教研究》2014 年第 2 期。

[70] 王璞、傅慧慧：《马来西亚跨国合作教育质量保证的政策法规综述》，《重庆高教研究》2015 年第 3 期。

[71] 周浩波：《加快推进区域高等教育国际化进程的若干思考》，《现代教育管理》2014 年第 2 期。

[72] 单春艳、宋芳：《日、韩、俄等东北亚国家高等教育发展态势及启示》，《高等农业教育》2014 年第 3 期。

[73] 段从宇、李兴华：《"一带一路"与云南高等教育发展的战略选择》，《云南行政学院学报》2014 年第 5 期。

[74] 张振：《主体功能区规划下的我国区域高等教育发展战略》，《现代教育管理》2014 年第 9 期。

[75] 李莉：《论西部高校与中亚国家发展合作战略的建构》，《当代教

育与文化》2015 年第 2 期。

[76] 刘玉成:《中国—东盟高等教育区域性合作的方略研究》,《广西教育》2013 年第 35 期。

[77] 卢蓬军:《中国—东盟教育交流的情况、问题与对策——以广西北部湾经济区高校对外汉语专业为例》,《世界教育信息》2014年第 20 期。

[78] 季飞:《贵州招收东盟留学生现状及其战略选择》,《长江大学学报》(社会科学版)2013 年第 12 期。

[79] 梁燕华:《全球化时代高等教育功能的嬗变及其启示》,《商丘师范学院学报》2014 年第 10 期。

[80] 刘稚:《全球化区域化下的云南—东盟高等教育合作论略》,《学术探索》2009 年第 3 期。

[81] 覃玉荣:《欧盟与东盟高等教育政策演进比较》,《比较教育研究》2009 年第 10 期。

[82] 黄砾、冯向东:《论中国东盟高等教育战略伙伴关系的构建》,《大学教育科学》2011 年第 5 期。

[83] 黄砾、冯向东:《关于中国—东盟高等教育合作的几个前置关系的思考》,《大学教育科学》2012 年第 4 期。

[84] 陈涛:《新形势下云南省和东盟高等教育国际合作与交流战略新思路》,《文教资料》2010 年第 17 期。

[85] 伊继东、程斌、冯用军:《云南—东盟高等教育国际化发展路径探究》,《高等工程教育研究》2007 年第 3 期。

[86] 张文平:《中国—东盟自贸区视角下广西地方高校服务区域经济发展的对策思考》,《广西财经学院学报》2010 年第 4 期。

[87] 韦茂繁:《广西与东盟高等教育合作发展探析》,《广西民族大学学报》(哲学社会科学版)2010 年第 5 期。

[88] 万秀兰:《非洲教育区域化发展战略及其对中非教育合作的政策意义》,《比较教育研究》2013 年第 6 期。

[89] 谭灵芝:《区域高等教育合作研究》,《中南林业科技大学学报》(社会科学版)2011 年第 6 期。

[90] 郑红梅、许刚:《京津冀地区高等教育合作创新机制研究》,《中国成人教育》2013 年第 10 期。

［91］刘琪：《中国—东盟中等竞争力水平国家高等教育合作路径探析——基于马来西亚、泰国高等教育发展状况的分析》，《中国高教研究》2017 年第 7 期。

［92］张建新：《21 世纪初东盟高等教育的挑战与展望》，《黄河科技大学学报》2009 年第 1 期。

［93］张成霞：《东盟大学联盟在促进东盟高等教育发展中的作用》，《世界教育信息》2011 年第 2 期。

［94］张建新：《东南亚高等教育的国际化特征》，《昆明理工大学学报》（社会科学版）2011 年第 5 期。

［95］覃玉荣：《东盟高等教育政策：价值目标、局限与趋势》，《外国教育研究》2010 年第 7 期。

［96］范伟、唐拥军：《广西—东盟高等教育国际化战略思路》，《东南亚纵横》2003 年第 11 期。

［97］王兰：《东南亚高等教育国际化进程研究——以老挝、越南、泰国为例》，《前沿》2013 年第 18 期。

［98］王喜娟、李枭鹰：《东盟著名大学办学特色探析》，《重庆高教研究》2014 年第 1 期。

［99］欧阳常青：《论中国—东盟高等教育的合作》，《教育评论》2011年第 3 期。

［100］刘稚：《中国—东盟高等教育合作的现状与前景》，《思想战线》2010 年第 4 期。

［101］唐晓萍：《中国—东盟教育合作的预期、方式及规则分析》，《高教论坛》2008 年第 1 期。

［102］杨行玉：《中国与东盟国家高等教育合作及发展对策》，《东南亚纵横》2012 年第 7 期。

［103］韩秀丽：《对中国—东盟〈服务贸易协定〉框架下高等教育服务承诺的法律解读》，《比较教育研究》2007 年第 7 期。

［104］唐拥军、杨波：《中国—东盟高等教育国际合作与交流的障碍与对策》，《东南亚纵横》2004 年第 10 期。

［105］彭文平：《中国—东盟高等教育合作中的孔子学院——发展现状及其面临的问题》，《东南亚纵横》2013 年第 1 期。

(二) 外文文献

[1] Ching – Mei Hsiao. Transnational Education Marketing Strategies for Postsecondary Program Success in Asia: Experiences in Singapore, Hong Kong, and Mainland China [D] . The University of South Dakota, USA, 2003.

[2] Corbeil A. The Experiences of International Students in Transnational Higher Education Programs in Singapore [D] . University of Toronto, 2006.

[3] Deni Friawan. Recent Development to Higher Education in Indonesia: Issues and Challenges [M] . ASAIHL International Conference in Sukhothai Thammathirat Open University on April, 2008: 8 – 9.

[4] European Communities. ASEAN – EU University Network Programme (AUNP): overview: a co – operation programme for EU and ASEAN higher Education Institutions [M] . Robert Langhorst & Company Booksellers, 2011: 18 – 21.

[5] Feuer, Hart Nadav. Recovering from Runaway Privatization in Cambodian Higher Education: The Regulatory Pressure of ASEAN Integration [J] . Sojourn: Journal of Social Issues in Southeast Asia, 2016 (2): 648 – 683.

[6] Hart N. Feuer, Anna – Katharina Hornidge. Higher Education Cooperation in ASEAN: Building towards Integration or Manufacturing Consent? [J] . Comparative Education, 2015 (3): 327 – 352.

[7] Paipan Thanalerdsopit, Komsak Meksamoot, Nopasit Chakpitak, Pitipong Yodmongkol, Anchalee Jengjarern. The ASEAN Economic Community 2015: A Case Study of Challenges in Thai Higher Education [J]. International Journal of Management in Education, 2014 (4): 321 – 342.

[8] Nuruzzaman Arsyad, Peter Hwang. Multinational Expansion of ASEAN firms: The Role of Technological, Political, and Knowledge Resources [J]. Journal of Asia Business Studies, 2014 (2) .

[9] Zeng, Qian, Adams, John, Gibbs, Andy. Are China and the ASEAN ready for a Bologna Process? – Factors Affecting the Establishment of the China – ASEAN Higher Education Area [J] . Educational Re-

view, 2013 (3): 321 – 341.

[10] Dang, Que Anh. ASEM – The Modern Silk Road: Travelling Ideas for Education Reforms and Partnerships between Asia and Europe [J] . Comparative Education, 2013 (1): 107 – 119.

[11] Welch, Anthony. China – ASEAN Relations in Higher Education: An Analytical Framework [J] . Frontiers of Education in China, 2012 (4): 465 – 485.

[12] Rui, Yang. Internationalization, Regionalization, and Soft Power: China's Relations with ASEAN Member Countries in Higher Education [J] . Frontiers of Education in China, 2012 (4): 486 – 507.

[13] Molly N. N. Lee. Regional Cooperation in Higher Education in Asia and the Pacific [J] . Asian Education and Development Studies, 2012 (1): 18 – 23.

[14] Anthony Welch. The Limits of Regionalism in Indonesian Higher Education [J] . Asian Education and Development Studies, 2012 (1): 24 – 42.

[15] Suwanvong, Danuvat, Chaijaroenwattana, Bussabong. A Framework for the Development of Strategies Administrative of Higher Education Institutions for the Three Southern Border Provinces in Thailand: An Emphasis for Sustainable Development and the Asian Community [J] . Research in Higher Education Journal, 2012 (18): 1 – 10.

[16] Umemiya, Naoki. Regional Quality Assurance Activity in Higher Education in Southeast Asia: Its Characteristics and Driving Forces [J] . Quality in Higher Education, 2008 (3): 277 – 290.

[17] Robertson, Susan. "Europe/Asia" Regionalism, Higher Education and the Production of World Order [J] . Policy Futures in Education, 2008 (6): 718 – 729.

[18] Anthony Welch. China – ASEAN Relations in Higher Education: An Analytical Framework [J] . Emerging International Dimensions in East Asian Higher Education, 2014: 103 – 120.

[19] Welch, Anthony. Evolving ASEAN – Australia Relations in Higher Education. Towards a Regional Knowledge Network? [J] . International

Education Journal: Comparative Perspectives, 2016 (1): 5 – 25.

[20] Wen Wen. China's Approach toward HE Regional Cooperation with ASEAN [J]. The Palgrave Handbook of Asia Pacific Higher Education, 2016: 173 – 182.

[21] Kazuo Kuroda, Takako Yuki, Kyuwon Kang. Institutional Perception on East Asian Regional Framework of Cross – Border Higher Education [J]. 2015 (3): 131 – 155.

[22] César de Prado Yepes. Regionalisation of Higher Education Services in Europe and East Asia and Potential for Global Change [J]. Asia Europe Journal, 2007 (1): 83 – 92.

[23] Peter Tan Keo, Alexander Jun. Higher Education Institutions and ASEAN: Current Trends and Implications for Future Innovation and Change [J]. The Palgrave Handbook of Asia Pacific Higher Education, 2016: 615 – 624.

[24] Atcharaporn Yokkhun, Khanittha Inthasaeng, Fudailah Duemong, Wichian Chutimasakul, Borworn Papasratorn. Cultural Difference and Perceived CIO Role Effectiveness in Higher Education in ASEAN [J]. Advances in Information Technology, 2012: 191 – 198.

[25] A Study on the Mechanism of Quality Assurance of Higher Education in ASEAN at the Beginning of the 21st Century [J]. Advances in Education, 2011 (1): 34 – 39.

[26] V. Selvaratnam, S. Gopinathan. Higher Education in Asean towards the year 2000 [J]. Higher Education, 1984 (1): 67 – 83.

[27] PETERSON P M G. Diplomacy and Education: A Changing Global Landscape [J]. International Higher Education, 2014 (75): 2 – 3.

[28] Wendy W. Y. Chan. International Cooperation in Higher Education: Theory and Practice [J]. Journal of Studies in International Education, 2004 (8): 32 – 55.

[29] Tristan Bunnell. The Growing Momentum and Legitimacy Behind an Alliance for International Education [J]. Journal of Research in International Education, 2006 (5): 155 – 176.

[30] Stephen P. Heyneman. International Education Quality [J]. Econom-

ic of Education Review，2004（4）：441 - 452.

［31］Knight J. Higher Education and Diplomacy ［Z］. CBIE Briefing Note，2014.

［32］Asean Secretariat. Mid - Term Review of the ASEAN Socio - Cultural Community Blueprint（2009 - 2015）［R］. 2014：47 - 50.

［33］Susan Robertson. "Europe/Asia" Regionalism，Higher Education and the Production of World Order ［J］. Policy Futures in Education，2008，（6）：718 - 729.

［34］Yasushi Hirosato. Subregional Collaboration in Higher Education：Harmonization and Networking in the Greater Mekong Subregion（GMS）［M］. Springer Netherlands，2014.

（三）其他文献

［1］国家发展改革委、外交部、商务部联合发布《推动共建丝绸之路经济带和21世纪海上丝绸之路的愿景与行动》，2015年。

［2］国务院：《国家中长期教育改革和发展规划纲要（2010—2020年)》，2010年。

［3］国务院：《中华人民共和国中外合作办学条例》，2003年。

［4］教育部、外交部、公安部：《高校接受外国留学生管理规定》，2000年。

［5］文化部：《中华人民共和国政府和东南亚国家联盟成员国政府文化合作谅解备忘录》，2005年。

［6］中国、东盟各国：《中国—东盟全面经济合作框架协议》，2002年。

［7］教育部：《留学中国计划》，2010年。

［8］《曼谷协定》，2005年。

［9］《东盟大学联盟质量保障通用政策与标准》，2005年。

［10］《东盟大学联盟质量保障长远战略规划》，2005年。

［11］《东盟大学联盟质量保障指导方针》，2005年。

［12］《中柬教育合作协议》，2005年。

［13］《中新（加坡）教育交流合作协议》，2005年。

［14］《中越学位学历互认协议》，2005年。

［15］《中泰教育合作协议》，2005年。

后　记

　　《中国—东盟高等教育共同体建设行动框架》，系我主持的国家社会科学基金项目（项目批准号：15XJL021）"丝绸之路经济带高等教育区域合作发展战略研究"阶段成果，西华师范大学重点学科建设专项经费资助项目的研究成果。

　　在本书研撰和出版过程中，四川省教育厅原副厅长、四川省高等教育学会会长唐小我教授，原四川省人大常委、四川省人大教科文卫委员会副主任、四川省教育厅原副厅长、四川省高等教育学会原常务副会长唐朝纪教授，四川省教育厅总督学、四川省教育厅政策法规与综合改革处处长傅明教授，西华师范大学党委书记王安平教授、副书记聂应德教授，西华师范大学副校长李健教授、刁永锋教授、刘利才教授，成都师范学院校长陈宁教授，南充市人大常委会副主任、南充职业技术学院党委书记徐远火研究员，四川省社科规划办黄兵主任，四川省教育科学研究所规划办主任王真东教授，对本书的撰写给予了帮助。中国社会科学出版社编辑部刘晓红编辑在本书的编审工作方面付出了大量的心血。

　　重庆师范大学外国语学院副教授杨璐僖、四川文理学院发展规划处助理研究员叶冲，重庆邮电大学国际学院讲师何雨桑，重庆医科大学人事处讲师丁庆，西华师范大学四川省教育发展研究中心马惠，我的研究生范丽娜、罗晓雯、王曦等在搜集资料和图表制作方面给了我很大帮助。杨璐僖、叶冲撰写了本书第一章，并负责对全书做技术处理。丁庆撰写了本书绪论文献综述"关于东盟高等教育改革发展的研究""关于中国与东盟高等教育合作的研究"、第四章"中国—东盟高等教育共同体建设的环境评估"的"中国—东盟高等教育共同体建设的社会基础"，何雨桑翻译了本书前言。附录一"中国—东盟大事记（1991—2016年）"中，1991—2006年部分为广西社会科学院编写组编写，2016年1月—2016年7月部分为龙源期刊网编辑部编写。值本书付梓之际，谨向他们表示诚挚的谢意！在课题研究和本书的研撰过程中，参阅了中国—东盟中心、中国—东盟研究院、中国—东盟法律研究中心、中国—东盟区域发展协同创新中心、中国—东盟自由贸易区网站、中国—东盟博览会官网、中国社会科学网、中国政府网等机构和网站相关资料，吸收了同行的许多研究成果，在此一表谢忱！

　　文章千古事，得失寸心知。由于学问粗疏，资料所限，初生之物，其形必简。贻笑大方之处，恳请方家批评。

　　不忘初心，方得始终。只要方向正确，就不怕路途遥远。寻道、问学，始终在路上。

李化树谨识
2017 年 7 月 27 日于西华师范大学华凤校区